Todo sobre
la Navegación Deportiva

Ignacio Nogueras

e-Diciones

kolab.es

Todo sobre la Navegación Deportiva

Ignacio Nogueras

Versión P.O.D. - 1a Edición - Abril 2013

ISBN: 978-84-941028-5-1

SOBRE EL AUTOR

Ignacio Nogueras nació en Lumpiaque, Zaragoza, en 1934.
Tras estudiar Peritaje Mercantil, obtuvo un Master en Dirección y Administración de Empresas, y otro Seguro de Vida y Pensiones.
A los veintitrés anos, movido por una gran curiosidad por todo lo relacionado con el mar, se traslado a Barcelona. Allí se encontró de lleno con el mar; aquello que tantas veces había soñado, se hacia realidad y disfrutaba del placer día a día de navegar, practicar la pesca con cana, al volantín, al curri...
Al terminar su vida laboral se ha dedicado a la confección de material de ayuda a la obtención de los títulos náuticos deportivos.
Además del Libro Test de Patrón de Yate ha escrito los Libro Test correspondientes a los títulos de Patrón de Embarcaciones de Recreo (PER), de Patrón de Navegación Básica, un Diccionario Náutico y Todo Sobre la Navegación Deportiva, un libro que ofrece un curso de navegación completo.

CAPÍTULO .01

ESTRUCTURA DEL BARCO

Inicio y evolución de la vela

La vela ha sido uno de los deportes que ha tenido más rápida expansión. Tiene aficionados en todas las partes del mundo. Su rápida evolución como deporte, sin embargo, es muy reciente. La afición que había sido un deporte exclusivamente para ricos, en los siglos del XVII al XIX, se fue poniendo al alcance de muchas personas cuando llego la fabricación en serie de las embarcaciones de fibra de vidrio, hecho que se produjo cuando terminó la segunda Guerra Mundial.

No cabe duda que el mar, desde siempre, ha tenido una gran atracción para el hombre y éste ha encontrado la forma de utilizarlo para su propio provecho. Con su ingenio, y utilizando los materiales que tenía a su alcance, el hombre ha construidos embarcaciones ajustadas a sus necesidades y adaptándolas al lugar donde vivía. El mar, los ríos y los lagos, no solo les permitían vivir y les ofrecían los alimentos necesarios para ello, sino que también les permitía desplazarse de un lugar a otro en territorios en el caso de los ríos, selváticos y hostiles y en la mar desconocidos. Es muy posible, que las primeras embarcaciones fueran construidas para ser usadas en aguas interiores, más que en mar abierto, ya que el hombre no disponía de conocimientos de navegación, y la gran extensión de los océanos les causara un cierto temor. Estas embarcaciones muy primitivas suponemos que serían simples troncos movidos por la corriente. Conforme fue pasando el tiempo, suponemos que estos troncos los fue uniendo entre sí haciendo balsas, que impulsaría con ramas de madera que haría servir como remos o como palancas haciendo fuerza al apoyarlas en el fondo. En los lugares que no había madera, sabemos que utilizaba en su lugar juncos, y que en estos momentos se utilizan estos barcos con la misma construcción en el Lago Titicaca, Nilo y en los Andes. Con posterioridad, el hombre comenzó a vaciar troncos de árboles dando lugar a la construcción de las canoas, que también eran impulsadas por ramas de los mismos árboles.

Inicio de la vela

Como es sabido, hacia la Edad de Bronce, eran construidos barcos con tablones de madera que eran unidos entre sí, y de esta forma, se fue introduciendo la vela. Según se cree, los primeros veleros serían del estilo de la maqueta que fue encontrada en una tumba egipcia en 1906. Esta maqueta se calcula que era del 2400 antes de Cristo. Llevaba un aparejo de una vela cuadra izada sobre un mástil central bastante corto, y era gobernada con un gran remo con forma de canalete que iba amarrado a popa. Los egipcios utilizaron este tipo de barcos durante mucho tiempo, y este aparejo de vela cuadra se fue extendiendo hacia oriente; en nuestros días se sigue utilizando en aguas de Malaca. Se cree, que la vela latina también fue una invención egipcia. La vela latina es una vela de forma trapezoidal, que tiene un grátil corto, que va envergada a una entena dispuesta oblicuamente con relación al palo. El diseño de esta vela era entonces revolucionario ya que permitía que el barco navegara en cierta forma contra el viento. La vela latina, fue precursora del parejo de cuchillo que fue adoptado por la mayoría de los cruceros modernos y todavía es utilizada en algunos lugares por los árabes. Los marinos chinos fueron desarrollando una forma ligeramente distinta, un poco más cuadrada, llamada vela de tercio. Tenía una sola vela, formada por distintas secciones reforzadas con cañas de bambú, que está también en uso en estos momentos y se conoce como aparejo de junco. Igual que el latino, es envergada en una entena, pero se apareja a sotavento del palo cuando se iza y porta con el puño de amura a proa del palo. La vela al tercio es práctica porque se maneja y arria con facilidad.

Si queremos saber el porqué de los diseños de los veleros actuales es necesario saber algo sobre la evolución de los primitivos tipos de cascos y aparejos, porque muchos aspectos de estas formas anteriores se han incorporado a los diseños modernos. Tanto antes, como ahora, una de las principales preocupaciones de los constructores de estos barcos era la velocidad. Los antiguos constructores navales entendieron que la eficacia de las velas era proporcional a su tamaño, y cuanto mayor fuese la vela que un barco pudiera portar, a mayor velocidad navegaría. No obstante, el uso de las velas era incómodo y antieconómico, excepto en aquellas partes del universo en que la mano de obra era barata. Las empresas constructoras de barcos, en particular en el mundo occidental, solventaron el problema repartiendo el paño en varias velas más pequeñas que serían izadas en más de un palo.

Este aparejo redondo, y un casco fuerte y muy mangudo de elevado franco bordo, fue durante mucho tiempo el diseño que se utilizaba en Europa para los grandes barcos de carga. Conforme se iban descubriendo y cartografiando nuevos océanos, se fueron construyendo gran cantidad de estos barcos y de esta forma poder aprovechar los nuevos mercados.

En las costas de los países europeos, se fueron aplicando consideraciones diferentes, y los distintos aparejos que se crearon para adaptarse a las necesidades de cada lugar fueron enormes. A pesar de que los barcos de aparejo, redondo, preparados para navegar con viento largo, podían sacarle rendimiento al soplo constante de los vientos alisios, los buques que navegaban por las aguas costeras tenían necesidad de llevar un aparejo más adaptable. Por lo cual, se hizo una combinación de aparejo redondo por uno de cuchillo (una modificación de la vela latina) que permitía a los barcos navegar bien a barlovento. Bergantines corbeta, bergantines redondos y goleta, bergantines de esnón, goletas y queches corrían las costas europeas, cada uno diseñado para un determinado fin, teniendo en cuenta del tipo de carga y de la clase de aguas en que navegara.

Al llegar al siglo XIX, estos grandes barcos de carga se habían modificado y perfeccionado mucho. La competencia que había en las rutas comerciales hacia el Lejano Oriente y a Australia hizo pensar a los diseñadores la forma de encontrar mejores aparejos que permitieran mayor velocidad. El que causó mayor revolución fue el diseño del clíper que fue construido en 1845 y que fue uno de los mejores ejemplos. Los clípers podían reducir prácticamente a la mitad los tiempos de travesía que invertían otras embarcaciones. Su diseño se basaba en una proa muy fina, un casco hidrodinámico y una combinación de los aparejos de cuchillo y redondo.

Al llegar la Revolución Industrial se habían hecho los primeros experimentos de propulsión de barcos con máquinas de vapor. Estas primeras embarcaciones resultaron ser poco fiables, pero al finalizar el siglo el vapor se había impuesto a la vela en los grandes barcos de carga y pasaje, y por esto, en los años siguientes solo los barcos pesqueros y de cabotaje continuaron con la navegación a vela.

Con los comienzos del siglo XX, la propulsión a motor había ganado virtualmente al uso de la vela. No obstante, algunos navegantes comenzaron a volver a la vela para su recreo y por puro placer, y los entonces poco utilizados barcos de faena a vela se empezaron a transformar en embarcaciones de crucero. Desde entonces, el arte de la navegación a vela ha sido conservado por los aficionados a la misma. Al haber un importante incremento de diversas formas de competición, el diseño naval ha cambiado y perfeccionado con el fin de tener barcos más seguros y veloces, y también mucho más fáciles de manejar. La fuerza de la aventura y la sensación de libertad, ha impulsado a muchas personas en todo el mundo a la afición a la vela y en particular a la vela ligera.

Competiciones de vela ligera

Se han multiplicado las competiciones de regatas de vela ligera, y las de altura en los últimos 40 años. Se han incrementado el número de clases, y existen en este momento tal variedad de barcos que cualquier aficionado que quiera un bote no le será difícil adquirir uno que se adapte a sus necesidades. Los botes, han existido siempre, aunque los tipos a elegir fueran mucho más limitados. En el siglo XIX se encontraban veleros pequeños en todos los puertos. Igual que los barcos más grandes, eran distintas las formas de sus cascos y sus planos bélicos de los barcos de faena. Los atractivos más inmediatos eran su relativa baratura y su comparativa facilidad de manejo. También ocurre en la actualidad. La realidad nos dice que los botes de aquella época eran completamente distintos a los diseños actuales mucho más modernos. Los barcos pequeños de entonces, como los veleros más grandes, llevaban lastre fijo. Tanto unos como otros, portaban una gran cantidad de vela. Llevaban largos botalones, las botavaras lanzadas y las escandalosas eran habituales. En la actualidad todas estas tendencias se han invertido por completo. Las superficies velicas se han reducido y el lastre en cuanto se refiere a los veleros pequeños, lo constituyen los tripulantes. Hasta las orzas, que eran de pesado hierro, se hacen en estos momento de aleación ligera o de madera.

Antes en el siglo XIX no existían clases nacionales. Hasta tal punto, que el concepto de mono tipo no se conocía. Los botes eran diseños especiales. Tan solo hacia el fin de siglo fueron apareciendo clases de barcos pequeños que podían regatear en condiciones de igualdad. El moderno diseño de botes comienza entre ambas guerras mundiales. En Estados Unidos y en Inglaterra se crearon dos tipos de botes que sentaron la base de la vela ligera moderna. Durante, los años veinte fueron construidos unos botes de 14 píes, que tenían sección redondeada, y que resultaron ser unas buenas embarcaciones en su época. Hacia el l927, un bote determinado de 14 pies adquirió la denominación de internacional. Este bote era una clase restringida, lo que significaba que su forma y diseño podrían alterarse mientras el barco se ajustase a un reducido número de medidas. Debido al resultado de esta fórmula el barco evolución convirtiéndose en un bote avanzado de regatas, debido en parte a los resultados de los adelantos de diseño de Uffa Fox. A su experiencia en el diseño de aviones, le permitió introducir una sección en V que permitía que la proa del barco navegando con vientos largos, se levantase del agua, reduciendo de esta forma el rozamiento en el agua por lo cual aumentó considerablemente la velocidad.

El éxito que obtuvo el 14 Internacional era que los distintos diseños de los botes de este tamaño podían unirse bajo una misma normativa. Por este motivo, se abría así el camino de las regatas internacionales. Resumiendo, el 14 Internacional fue el propulsor de la racionalización de muchos diseños de botes. A su vez, como era una clase restringida y no un mono tipo, originó una evolución que ha dado origen a las numerosas clases de botes que actualmente existen.

Hacia el 1930, en Estados Unidos había aparecido otro tipo de bote. Era más pesado que el 14 Internacional, que disponía de un casco de pantoques agudos, que no dispusiera de un casco redondeado, sino de sección angular, que disponía de una sección velica bastante más pequeña y era bastante más lento. A pesar de todo esto, el modelo conocido como Snipe, disponía de numerosos atractivos. Los barcos eran mucho más baratos que otros y, al disponer de un casco de pantoques. se adaptaban perfectamente a la construcción por los propios aficionados. Eran muy marineros gracias a su media cubierta. Esta clase se fue extendiendo por Europa manteniendo su popularidad durante muchos años.

Las distintas partes de un barco

A continuación vamos a dar una extensa mirada sobre la construcción de los barcos; no para que cualquier aficionado pueda construir uno, ni para que se convierta en un profesional, sino para señalar algunas de las razones por las cuales los barcos tienen el aspecto que tienen. Realmente existen una gran variedad de diseños, todos los barcos se parecen en lo más básico ya sean de regata, de pesca o crucero. Todo esto es como los coches, las motos o una batidora, el diseño solo cambia en función de la finalidad de la máquina, y, una vez conseguido esto, para lograr un efecto estético distinto.

Por lo general, los veleros tienen formas finas en la proa, adquieren una anchura distinta en la manga y son algo chatos en la popa. Disponen de mástiles, altos o bajos, y velas. Al disponer de velas exige que también tengan una orza, tal y como veremos más adelante.

En el caso de que se trate de un pesquero, será lento, llevará un palo corto, y estará construido con materiales muy fuertes, pues tendrá que superar condiciones muy duras; tendrán que cargar una cantidad importante de pescado y disponer de una gran potencia de motor para poder arrastrar las redes.

Si es un barco pequeño de regatas, ofrecerá espacio a dos, o lo máximo a tres personas. Tendrá que ser muy ligero para llevarlo hasta la playa en un remolque y tendrá un fondo plano y una orza abatible. Todo esto es debido a que un barco de estas características navega por lo general en bahías o aguas resguardadas, el peso de la tripulación lo mantiene adrizado y será necesario que tenga la menor superficie mojada posible para que así pueda navegar a la mayor velocidad. Cuando se trata de un barco destinado a regatas de altura no dispondrá de caseta su palo dará la sensación de extraordinariamente ligero en una embarcación tan potente, y tendrá un amplio surtido de velas de recambio. Sin embargo, si se trata de un barco que destinemos a un crucero de altura vendrá equipado con un palo muy sólido, en algunas ocasiones con peldaños laterales, y dispondrá de una bañera amplia y una gran caseta. Por lo general, su manga será mucho más ancha que la de un barco de regatas, aunque no necesariamente siempre es así, y tendrá velas enrollables y los controles reenviados a la bañera.

Lo que queremos dejar claro con toda esta explicación es, que por más que la finalidad específica del barco afecte al diseño, este sigue dependiendo de muchos factores. Igual que el diseño puede modificarse con un propósito especial, también puede cambiar en función de los materiales disponibles en el momento de su construcción.

Tanto es así, que los materiales para la construcción de los cascos han cambiado de forma muy sustancial. Antes los diseñadores, utilizaban madera, fibra de vidrio, aluminio y acero, trabajan ahora con *sándwich* de espuma y Kevlar, madera de balsa recubierta exterior e interiormente por otra fina piel de madera más dura, fibra de carbono y otros materiales más propios de la era espacial. Hay que tener en cuenta, que las técnicas tradicionales de construcción, que se han venido utilizando hasta hace pocos años y se habían mantenido prácticamente intactas desde los tiempos bíblicos, han quedado completamente anticuadas. En estos momentos los cascos se moldean, incluso se *cuecen* en grandes hornos con el fin de curar los materiales exóticos, que son mucho más ligeros que las aleaciones de aluminio y mucho más fuertes que el acero. También han variado las formas de los cascos. Teniendo en cuenta a la resistencia que les proporciona su orza, los baros modernos, anchos y poco profundos, navegan de ceñida mucho mejor que los modelos tradicionales. Teniendo en cuenta su ligereza, son más rápidos que los viejos barcos de madera. Una de las ventajas que tiene un barco antiguo y pesado es que las grandes olas y los rompientes lo desplazan lateralmente menos que a un barco ligero.

No obstante, por más que hayan cambiado las formas y los materiales, el esqueleto de un barco sigue siendo básicamente el mismo. Cuando se entiende la estructura de un casco es entender las fuerzas que actúan sobre él y, por lo tanto, saber cómo reducirlas o evitarlas. No es el propósito de este libro discutir cuales son los diseños más recientes y mejores. El armador es el que decide estas cuestiones por si mismo ya que esto es muy particular. Tan solo queremos saber lo suficiente sobre el diseño naval para conocer cómo se reparten las tensiones y las fuerzas generadas por el mar. Por lo tanto hablaremos sobre los elementos de construcción de los cascos antes de hablar de la jarcia firme y de labor, y de cómo se deben ajustar el palo y las velas.

Efecto que tiene la forma del casco

Dependiendo de la forma del casco afectará profundamente a la velocidad del mismo. Teniendo la misma superficie velica, los barcos largos y estrechos son más rápidos que los barcos cortos y con mucha manga. El barco que tenga el fondo plano con un timón y una orza de sable y que tenga poca superficie mojada será todavía más rápido. Todo barco que sea de orza larga tendrá más estabilidad direccional que un barco de orza corta.

Cuando hablamos de barcos la velocidad siempre depende de la eslora de flotación. Por lo generla se acepta que la máxima velocidad que un barco puede alcanzar –velocidad crítica del casco- viene dada por la fórmula: **velocidad en nudos = raíz cuadrada de la eslora de flotación x 1,5.** La fórmula es aproximada. Puede haber alguna variación entre los distintos tipos de barcos unos serán más rápidos y otros más lentos que el resultado calculado, pero la diferencia nunca es muy grande. Sabemos que los factores que impiden que un barco alcance una velocidad mayor son por lo general la resistencia laminar del agua y la creación de las olas. En ocasiones, con tiempo fresco, veremos que tenemos un barco por el través que, por su viejo aspecto, pensábamos dejar por la popa muy pronto. Vemos que su largo casco ha alcanzado su velocidad máxima, llegando a un equilibrio a la resistencia laminar y la resistencia de las olas. Nuestro barco también se encuentra en ese punto, pero su menor eslora de flotación le impide alejarse del viejo barco. Conforme aumenta la velocidad del barco, la distancia entre la ola de proa y la de popa se aproxima cada vez más a la media de la eslora del barco, el cual tiende a asentarse en el seno formado entre estas olas, aumentando la superficie mojada, y, por lo tanto, la fricción.

Solo hay la única posibilidad que tiene un velero de superar su velocidad de casco es el planeo. En esto es donde los diseños modernos y ligeros tienen ventaja, incluso sobre los diseños de hace tan solo 10 años. Llegan a ser tan ligeros en relación con su superficie velica que pueden subir sobre una ola mucho antes que sus rivales más pesados y alejarse planeando de los barcos que tienen una eslora bastante mayor.

La estructura que tiene el casco

Cualquiera que sea el material de construcción empleado, un barco tiene una quilla, una roda y un codaste. Sabemos que la quilla es la columna vertebral del barco. Que la roda prolonga la quilla en la parte anterior del barco y el codaste se eleva en la parte posterior. Tanto la roda como el codaste se fijan a la quilla. Las cuadernas salen de la quilla en ángulo recto y dan forma al casco. En cuanto a los baos, son travesaños que aguantan la cubierta, conectan con el extremo superior de las cuadernas. Tambien sabemos, que las cuadernas se fijan en sentido longitudinal por medio de los palmejares, piezas que corren de proa a popa. En cada intersección de las cuadernas y los baos, unas piezas angulares refuerzan aún más la estructura. Tambien las cuadernas se unen a la quilla mediante unas piezas llamadas varengas. Una vez que el forro se fija a esta estructura, siguiendo su forma, el casco se hace muy fuerte. No obstante, no es totalmente rígido y por tanto puede llegar a moverse cuando navega entre las olas. Si un casco no pudiera torcerse ligeramente se rompería pronto, ya que no sería capaz de absorber los movimientos bruscos.

Las embarcaciones de construcción modernas, particularmente las de fibra de vidrio, tienen cuadernas y palmejares muy ligeros, ya que la rigidez del casco reside esencialmente en el moldeado; pero, en cualquier caso, también tienen estos elementos.

Jarcia firme

Las personas que hayan navegado bastante sabrán los nombres de los componentes de la jarcia, pero puede que no tenga un conocimiento completo de su función. Si se tiene este conocimiento te permite tomar la decisión correcta cuando un componente de la jarcia falla y hay que trasladarlo o eliminar la carga sobre la pieza.

El **estay de proa** es el cabo o cable que sujeta un palo o mastelero que impide que el palo caiga hacia popa, determina el grado de inclinación del palo y sirve para envergar el grátil de las velas de proa.

El **estay de popa** es el cabo o cable que sujeta un palo o mastelero y evita que el palo caiga a proa. Al tensarse, tira el tope del palo hacia popa y evita que el estay se combe a sotavento bajo la presión de la vela de proa.

Los **Obenques** son cada uno de los cables metálicos que sujetan un cabo macho o mastelero desde la cabeza a la cubierta, mesa de guarnición o cofa correspondiente por una y otra banda y, cuando están bien ajustados, mantienen el palo en posición vertical. También transmiten el poder de las velas al casco.

El **babystay** Estay corto que va anclado a medio palo. Su función es la de ajustar la flexión del palo y la posible bolsa de la mayor cuando aumenta la fuerza del viento.

Las **burdas volantes** son cada uno de los cabos o cables que en los veleros bajan desde la encapilladura de los masteleros de juanete o sobre y se hacen firmes a la mesa de guarnición a las bordas o al trancanil. Anulan el movimiento de flexión del palo. Son esenciales para prevenir las roturas ya que si están ajustadas adecuadamente impiden las vibraciones del palo. Las burdas bajas son en este aspecto más importantes que las altas.

La contra de la mayor

Aparato usado para aguantar la botavara en sentido contrario a la escota evitando así que se mueva con los balances, puede considerarse parte de la jarcia de labor, pero consideramos que también tiene una función como jarcia firme ya que aplana la mayor, tira la botavara hacia abajo a la vez que la empuja hacia proa, influyendo en la curvatura del palo.

La jarcia de labor

Es la que está compuesta por aparejos móviles. Antes de empezar a escribir sobre la jarcia de labor, nos gustaría resaltar dos normas de la máxima importancia que deben respetarse siempre: jamás hay que tomar una vuelta mordida al hacer firme un cabo sobre una cornamusa, pues se atascará y no podrá liberarse aprisa. Es posible que sea muy peligroso. Si damos una vuelta completa en la base de la cornamusa (entrando desde el ángulo abierto), seguida por un **ocho** en los cuernos de la cornamusa y otra vuelta completa en la base proporciona la fricción suficiente y además puede soltarse con facilidad. Tendremos muy presente que, nunca debe hacerse una lasca en el chicote de una escota o una driza. En ocasiones, cuando una vela está fuera de control y el barco corre peligro, la única solución es dejar correr la escota o la driza, y esto será imposible si hay un nudo en el chicote.

Las drizas

Aparejo o cabo para izar o suspender velas y vergas, así como banderas y gallardetes, izan las velas hasta su posición y se hacen firmes a una cornamusa. Deben tensarse con vientos frescos y amollarse con viento flojo.

La escota de la mayor

Es un aparejo que controla esta vela. Este cabo es el más largo de toda la jarcia de labor, una circunstancia que debe tenerse en cuenta al preparar un aparejo de fortuna. Esta escota pasa por un escotero con patín, que se desliza por un patín o barra de escota. Si el barco se muestra ardiente, como primera medida, el escotero se situará a sotavento. Si esta maniobra ya no surte efecto, es el momento de tomar rizos.

También, los restantes controles de la mayor sirven para ajustar la posición de la botavara. Algunos de estos, como la contra, se han descrito antes en el apartado de la jarcia firme. Si navegamos de empopada, se puede impedir que la botavara se eleve por medio de una **retenida adicional** (normalmente un aparejo fijado a un grillete en la botavara) colocada de tal manera que, cuando la botavara esté totalmente abierta, el anclaje quede situado encima de la regala. Entonces la retenida se fija a la regala, se tensa para mantener firme la botavara y evitar una trasluchada involuntaria. Hay algunos casos –generalmente de crucero- para evitar la trasluchada se coloca también una **retenida a proa,** que consta de un cabo atado al extremo de la botavara y hecho firme a proa o reenviado a popa.

Con las **escotas de proa** controlamos las velas de proa. Si navegamos de ceñida, pasan por un escotero ajustable con patín desplazado de la crujía. Navegando con vientos portantes deben pasar por una polea colocada en la regala de sotavento. Podemos conseguir el control entre estas dos posiciones mediante un aparejo de cabos y poleas (**barberhaul),** hecho firme sobre la regala, y que varíe el ángulo de tiro de la escota.

En cuanto al **spinnaker** es controlado por medio de una **escota** y una **braza.** Es conveniente llevar siempre dos escotas y dos brazas afirmadas a la vela, aunque solo trabaja una de cada clase a la vez. La escota y braza que no trabajan se les llama **perezosa.** Con la escota y braza que no trabajan se llaman "perezosa" o "tontas". A la braza la afirmaremos al extremo exterior del tangón, y la escota, al puño de escota contrario. En cuanto a la escota perezosa se afirma a la braza, y la braza perezosa a la escota que trabaja. El motivo por la cual hay que tener el doble de cabos es que los cabos **perezosos** en una amura trabajarán cuando naveguemos de la otra amura, al trasluchar. El cabo de control del spinnaker es el **snotter,** un cabo con una polea sencilla en el extremo por la cual pasa la escota del spinnaker. A este cabo lo pasaremos a su vez por una polea de cubierta situada cerca del puño de escota. Una vez que se tensa el cabo, la escota del spinnaker baja y así se estabiliza la vela, que navegando en popa tiene tendencia a moverse lateralmente. En cuanto al **snotter** se emplea cuando hay que navegar de popa con viento fresco.

El conjunto de todas las velas se controlan por medio de las drizas y escotas.

Reglaje del palo

Siempre tendremos presente que el reglaje del palo es un asunto complicado. Sabemos que no hay posibilidad de amarinar el barco y conseguir su máxima velocidad si antes no se regla el palo. Lo vamos a explicar con un aparejo de una sola cruceta, esto incluye a los pequeños mono tipos de regata y cruceros menores. Si el tamaño del barco aumenta, el aparejo debe ganar altura pero sin que su peso crezca excesivamente, por lo que necesitará dos o quizá tres crucetas. Sabemos que la inclinación o caída del palo en sentido proa-popa es el reglaje más fácil. Hay mucha gente que cree que un palo caído a popa es mucho más eficaz que un palo vertical. A pesar de que la mayoría de la gente piensa que el viento sopla paralelo a la superficie de la Tierra, no es así. De la forma que sopla es hacia abajo, con un ángulo aproximado de entre 4 y 5 grados. Cuando un palo está inclinado 4 o 5 grados representa un perfil casi en ángulo recto con el viento. Lo que parece lógico pensar que será más eficaz. Es posible que exista un reglamento para su clase de barco que especifique como debe reglarse el palo. Si esto es así, debe seguir el reglamento al píe de la letra o correrá el riesgo de que el comité de regatas lo descalifique o penalice de alguna otra manera. De cualquier forma, vamos a suponer que esos 5 grados de inclinación son los adecuados en este primer reglaje. Si queremos conseguir la inclinación adecuada, debemos emplear los controles proa-popa de la jarcia firme: el estay de popa y el estay de proa. En las embarcaciones menores es muy probable que el palo descanse sobre la cubierta y, en algunos casos, que se pueda desplazar hacia proa y popa. De momento lo situaremos en la posición central, y después hablaremos de porque podría interesar desplazar el palo a proa o a popa.

Conforme aumenta el tamaño del barco, y pasemos de un barco con orza abatible a un barco de orza fija, los palos que descansan sobre cubierta adquirirán una fogonadura fija y el reglaje será más sencillo. La forma más fiable de reglar el palo es, en primer lugar, abrir al máximo los tensores de los estayes y los obenques y afirmarlos a sus anclajes. Si es un barco pequeño, un tripulante puede aguantar el palo. Si esto no resulta práctico, el palo puede sostenerse temporalmente con drizas y otros cabos mientras se afirma la jarcia. En primer lugar tensaremos los obenques mientras el palo se aguante firmemente en posición vertical, pero solo apretando los tensores levemente. Seguidamente, tensaremos el estay de proa y el estay de popa, de manera sincronizada, mientras otra persona se asegura de que el palo presente una leve inclinación hacia popa. Tensaremos los estayes, pero no tanto como los obenques. En este momento apenas habrá carga de compresión, el palo se aguantará perfectamente en la posición requerida. Un tripulante puede subir entonces al tope del palo con total seguridad y dejar caer una plomada para poder medir la inclinación con un transportador o un clinómetro. Igualmente puede emplearse una driza con un peso en el extremo, método que le permitirá medir el ángulo de inclinación con bastante precisión. Si queremos ajustar el ángulo de precisión, hay que tensar o aflojar el estay hasta que consigamos un ángulo de 5 grados. En la inmensa mayoría de los barcos pequeños solo habrá un par de obenques bajos, que irán desde la base de la única cruceta hasta la cubierta, un poco más a popa que los obenques altos. La función de los obenques bajos es mantener el palo firme, oponiéndose a la fuerza de empuje que ejerce la botavara hacia proa. (Aguantan el palo lateralmente cuando la presión de la cruceta lo empuja hacia una banda.) Los veleros mayores, o los barcos que tienen palos muy altos debido a su diseño extremo, precisan burdas volantes para controlar el empuje longitudinal (popa-proa) y mantenerse tenso el estay de proa. Con los aparejos de una sola cruceta y un par de obenques bajos, el reglaje es bastante sencillo.

Cuando el palo está en posición correcta, deben tensarse los obenques altos para aumentar la compresión sobre el palo. Apretaremos los dos al mismo tiempo, dando un número de vueltas preestablecido al tensor. Seguiremos usando la plomada para controlar que el palo continúa en posición vertical. Será necesario que no caiga a estribor ni a babor. Una vez que el palo esté totalmente vertical en el sentido lateral y tenga la inclinación adecuada, podemos tensar los obenques bajos.

Cuando tengamos el palo aproximadamente en su sitio, saldremos a navegar. Lo haremos un día adecuado, cuando sople un viento moderado y constante que proporcione una presión continuada sobe el aparejo. Es completamente imposible reglar bien un palo con oleaje y viento racheado, ya que los movimientos bruscos de cabeceo y escora del barco provocan cambios erráticos y constantes en el equilibrio de fuerzas. Una vez hayamos orientados las velas hasta conseguir una velocidad media. Nos aseguraremos de que las escotas del Génova estén bien ajustadas. Adelantaremos y atrasaremos el escotero hasta que los cataventos de la vela caigan al unísono al aproarse el barco.

A continuación, compruebe la tensión de la driza del Génova. La tensaremos hasta que desaparezcan las arrugas horizontales en las velas envergadas en un perfil o radiales en las de garruchos. Continuaremos tensando hasta obtener una arruga vertical paralela al estay de proa, a lo largo de toda la vela. Una vez alcanzado este punto de tensión, amolle hasta que la arruga desaparezca totalmente. La vela adoptara una bolsa suave y bonita. Guarde en su memoria su aspecto agradable ya que los navegantes experimentados, que son buenos observadores, no necesitan nada más para saber si un barco está adecuadamente amarinado.

En el momento que el Génova está ajustado para las condiciones del día, trabajaremos con la mayor. Si queremos conseguir la tensión de driza adecuada en la mayor, se aplica el mismo método que en el Génova. Al confeccionar la mayor, el velero ha incorporado cierta curva al grátil de la vela. La curva debe corresponder a la curvatura o flexión que adquiere el palo, y la vela tiene un aspecto suave y poderoso cuando se ajusta bien a ella. Cuando existe una arruga paralela al palo y cerca de él, nos indica que hay demasiada tensión en la driza, y que esta debe amollarse. Cuando la vela tiene un ollao **cunninghan,** la tensión de la driza debe ser un poco más suave para poder ajustar la forma de la vela con el **cunninghan** al variar las condiciones.

El control que precisa la mayor, y no tiene equivalente en el Génova, es la tensión en la base de la vela o pujamen. Una mayoría de los navegantes poco expertos ajustan mal el pujamen. En casi todas las ocasiones lo tensan demasiado porque piensan que a mayor tensión significa también mayor potencia. Pero de esta forma lo único que consiguen con ello es aplanar demasiado la vela. Por lo general ocupan el último lugar en las regatas ya que, navegando con vientos bonancibles, ajustan las velas como si fuera una galerna.

Existe una regla para conseguir una bolsa adecuada en la mayor: la profundidad máxima de la bolsa debe ser igual a 1:10 de la anchura de la vela en toda su altura. Una buena manera de apreciar la forma de la vela es mirarla desde abajo y por barlovento para poder ver toda la bolsa hasta el tope del palo. Cuando la distancia entre palo y baluma es de 3 metros, la bolsa de la vela debe medir 0,30 metros en su punto más profundo. Conforme la vela se estrecha, la bolsa se hace cada vez menos profunda. Cuando ocurre esto, es algo que un buen navegante puede apreciar a simple vista.

En este momento que el barco está más o menos amarinado, puede comprobar la disposición del palo con más detalle. Póngase a navegar de través y compruebe que el palo no adopta formas raras ni sufre movimientos violentos. Generalmente no es probable que esto ocurra si hemos seguido las instrucciones anteriores, ya que la tensión del aparejo será esencialmente correcta. Pero es importante ser cauteloso. Cuando en la primera maniobra no muestra ningún síntoma desagradable, póngase a ceñir. Cuando a bordo hay un timonel que puede ceñir sin orzar demasiado, vaya hasta el palo e inspecciónelo a fondo. Lo primero asegúrese de que no hay vibraciones en el sentido proa-popa. Cuando la parte central de la vela se mueve mucho, tense los obenques bajos poco a poco. Empiece trabajando con el obenque bajo de sotavento, por ejemplo, dos vueltas, virar y, seguidamente, tense el nuevo obenque de sotavento, también dos vueltas. Siga con la operación hasta que el palo deje de vibrar.

Seguidamente debe determinar si el palo cae a sotavento por encima de la cruceta. Como sea así, está claro que debe tensar los obenques altos. Siempre los obenques altos deben estar más tensos que los estayes de proa y popa. Debemos seguir el sistema anterior, cambiando de amura y de obenque, hasta que el palo se mantenga completamente vertical bajo la presión de la vela. Hay muchas ocasiones, en que los barcos de una sola cruceta tienen dos obenques bajos por banda, dos de proa y otros dos de popa. Siempre los de popa deben estar más tensos que los de proa, ya que su cometido es impedir que el palo se desplace hacia proa debido a la presión de la botavara. Por lo general, los obenques bajos no se tensan tanto como los altos. Al ser más cortos y gruesos y, por lo tanto, no son tan propensos a alargarse bajo presión. En este momento el aparejo ya está regulado, pero aún se pueden hacer pequeños ajustes que pueden tener un efecto importante sobre la velocidad del barco.

A continuación trataremos el aparejo de dos crucetas, que en realidad son dos palos, uno montado sobre otro. Cuando se imagine que el primer palo que tiene que reglar termina en la primera cruceta y que luego hay otro encima, también de una sola cruceta, y que hay un juego de obenques altos que pasan a través de ambas crucetas, desde los cadenotes hasta el tope del palo, entonces comprenderá lo sencillo que resulta reglar un palo de dos crucetas.

Comprobar primero el tope del palo. Cuando navegando de ceñida cae a sotavento, debe tensar los obenques altos, de la misma forma que en un aparejo sencillo, hasta que el palo se mantenga vertical. No obstante, un aparejo de doble cruceta tendrá por lo regular el píe de palo sobre la quilla, y esto introduce otra variante en el proceso de reglaje. En muchos de los barcos cuyos palos atraviesan la cubierta, se emplean cuñas para sujetar firmemente el palo en la posición adecuada. Pero, acuñar el palo no siempre resulta tan sencillo como puede parecer, ya que en la fogonadura hay mucho menos espacio a los lados que delante y detrás del palo. Como al colocar las cuñas se golpee con demasiada fuerza, podemos provocar una "S" en la parte baja del palo que resulta muy difícil eliminar. Procuraremos que las cuñas se coloquen en lugar estable con el barco amurado en el puerto o junto a un muelle, antes de sacar el barco al mar para hacer el reglaje con las velas izadas. Procuraremos colocar las cuñas dando golpes suaves teniendo en cuenta que el palo guarde la verticalidad. Podemos emplear una plomada para asegurarnos de que la operación no provoca curvatura en el palo. Tendremos presente no cometer el error de colocar las cuñas con poca fuerza, ya que estas soportan mucha presión y, si no se introducen con fuerza, probablemente saltarán, lo cual puede resultar muy peligroso.

Serán tensados los obenques altos y los estayes de proa y popa para obtener la inclinación correcta, tal y como lo hicimos en el aparejo de una sola cruceta. En ese momento nos tenemos que asegurar de que el palo mantenga la inclinación y la verticalidad lateral bajo la presión de las velas. Lo mismo que aplicamos en el caso anterior es válido ahora, así que seguiremos el procedimiento hasta que toda la jarcia quede firme al tacto y el palo quede recto.

Todos los elementos de la jarcia que sostienen el "primer palo" reciben el nombre de obenques intermedios. A estos obenques los tensaremos hasta que estén firmes, sin demasiada fuerza. Como el palo esté correctamente reglado, los obenques altos son los más tensos, los bajos quedan tensos -los de proa más que los de popa- y los intermedios, solo escasamente firmes. En este momento no debe existir ninguna curvatura ni torsión y el palo debe poder moverse libremente hacia proa y popa a nivel de la cubierta para poder dar una curvatura controlada en el lugar adecuado.

Casi todos los aparejos de dobles y triples crucetas necesitan mayor apoyo en los largos tramos que hay entre las crucetas. Todo esto lo conseguiremos con un estay de proa intermedio o un babystay y unas burdas volantes. El babystay baja aproximadamente desde la segunda cruceta y, dibujando un ángulo agudo, llega a la cubierta a unos 2 metros del palo en un barco de unos 12 metros.

Todas las burdas volantes parten del anclaje de las crucetas, se unen y llegan a unos winches situados en la popa del barco. Lo más importante de las burdas volantes y del babystay es evitar el movimiento de vaivén en el palo, sobre todo con tiempos duros y cuando la mar comienza a arbolarse. Si nos referimos a los barcos de regatas oceánicas, estos controles-las burdas el babystay, la contra de la botavara y, a veces, el primer rizo- se accionan mediante aparejos hidráulicos, y el palo recibe una gran parte de la atención de la tripulación. Cuando se aplican grandes cargas al palo sin las compensaciones adecuadas, en otras palabras, si hay 225 kilos de tensión en el babystay y las burdas no se ajustan adecuadamente, el palo corre aún mayor peligro que si no se ajusta sin ningún control. Tendremos que tener mucho cuidado con la contra de la mayor ya que es particularmente peligrosa si navegamos con vientos portantes y con spinnaker. Cuando la botavara se halla fijada en una posición muy baja por la acción de la contra, y el barco escora lo suficiente, puede meterse en el agua y romperse. Por lo general en algunos barcos de regatas, el timonel tiene un dispositivo que libera la contra para evitar que se produzcan este tipo de accidentes.

Lo mismo que ocurre con la mayoría de elementos de los barcos, si a los esfuerzos del aparejo se oponen las fuerzas adecuadas, utilizando los controles adecuados, el palo tendrá buen aspecto. De esta forma presentará una curvatura regular, sin desvíos. También la vela pintará bien y se verá hermosa. Y el resto del aparejo presentará un aspecto firme, poderoso y eficaz.

Si nos referimos al parejo de tres crucetas se le añade otro palo más, que se regula con los obenques intermedios exactamente de la misma forma que un aparejo de doble cruceta. En cuanto a los violines y otros controles del tope de palo son para los expertos.

La vibración armónica en los palos y los problemas de las mismas

Investigaciones llevadas a cabo por una empresa han demostrado que muchos barcos pierden sus palos a causa de las vibraciones. Esta empresa especializada en el estudio de vibraciones en edificios altos creó una aplicación adaptada a un ordenador de un velero de regatas que perdió su palo en una regata oceánica. A este velero se le había roto el palo a media travesía, pero no de la manera habitual. Una vez que pudo superar con éxito una galerna durante la noche, el barco se acercaba en el océano con vientos de 40 nudos y mar cruzada pero sin grandes olas. Al amanecer el día, el barco había caído varias veces desde lo alto de las olas, dando fuertes pantocazos. Llevava una jarcia firme de varilla que sostenía el palo. Este palo se rompió por tres sitios, alrededor de 25 centímetros por encima de cada cruceta, y se fue por la borda. Las roturas no se hendieron como suele suceder cuando se rompe un tubo, solo la rotura inferior lo hizo. El resto de las roturas presentaban un aspecto limpio, como si el palo hubiera sido cortado con una sierra. Por ninguna parte aparecía la evidencia de hendidura. Entonces el armador del barco, un ingeniero que trabaja en el desarrollo de edificios de gran altura. Pensó que la vibración armónica podría ser la causa de la rotura y comunicó sus sospechas a una empresa consultora. Uno de los colaboradores de la empresa, muy cualificado, construyó una aplicación para comprobar si las roturas eran producidas por lo que sospechaba podría ocurrir y confirmó que el palo se había roto a causa de la vibración armónica. Por tal motivo, pensaron que muchos otros palos siguieron la misma suerte.

Puede ocurrir lo siguiente. El palo se apoya gracias a la compresión de la jarcia. Sabemos que todas las estructuras, sean palos, edificios altos, un avión, o un casco, tienen la frecuencia natural de vibración. Cuando se diseña un edificio alto, los ingenieros tienen presente la vibración causada por el viento que choca contra él y por los remolinos que se crean a sotavento. Se han realizado pruebas en los túneles de viento que han proporcionado muchos datos y estos, han definido las formas más eficaces para reducir la vibración. Tampoco la fuerza que da esta vibración no tiene por qué ser muy grande, pero una vez iniciada el palo se romperá si no se elimina amollando una escota o reduciendo trapo.

Por desgracia, aunque estas medidas eliminen la vibración, es muy probable que esta vuelva a producirse una vez el barco se estabilice de nuevo.

Desafortunadamente, las vibraciones no pueden verse. Seguramente serán del orden de unos10 Hz (ciclos por segundo), lo que quizás permite oírlas, pero no con seguridad. En cuanto al barco que estamos estudiando su armador comenta que se despertó con la sensación de que algo andaba mal, pero no sabía de qué se trataba. Sabemos por los ingenieros, que la frecuencia de vibración del cuerpo humano está cerca de los 10 Hz, por lo que se sentía claramente incómodo debido a la vibración del palo, sin duda producto de la caída del barco en el seno de una ola.

Por la aplicación de ordenador sabemos que, a medida que la jarcia adquiere tensión, la frecuencia de vibración armónica se reduce hasta llegar a cero. Seguramente este es el momento que el palo se deforma y se rompe así. Por lo tanto, si un barco cae de una ola, se eleva la frecuencia natural de vibración al reducir la tensión sobre el aparejo, y, al dar el pantocazo, la tensión aumenta bruscamente. Una vez más, la investigación demuestra que, cuando el aparejo vuelve a adquirir tensión de forma tan brusca, se carga de la energía que da lugar a la vibración. Por este motivo el palo también se ve expuesto a la "excitación de la banda ancha" que aumenta la gama de frecuencias que pueden iniciar la vibración destructiva. Por lo tanto, el palo se muestra vulnerable en cualquier armónico de su frecuencia de vibración natural (la mitad de su frecuencia, el doble, etc.). Seguramente el problema reside en que, mientras se conocen las fuerzas que afectan a los edificios altos pues se ha investigado acerca de ellos en profundidad, no existen demasiados datos en lo que se refiere a los palos. Aún deben llevarse a cabo pruebas en el túnel del viento sobre palos bajo carga y libre de ella.

Seguramente que habrán personas que hayan visto la película de la caída del puente de Tacoma en Estados Unidos. Este puente se rompió con un viento de solo 20 nudos. Cuando alcanzó su frecuencia natural de vibración y comenzó a ondularse hasta que falló y se destruyó por completo. Por lo tanto, este es precisamente el tipo de onda que recorre un palo cuando vibra. Como el aparejo vibre a 10 Hz, por ejemplo, no tardan mucho en producirse centenares de miles de ondulaciones en el metal. Con toda seguridad estas ondulaciones causan fatiga en el material y el daño es acumulativo. Luego entonces, la vibración a que se somete un palo determina su vida útil.

Cuando se construyen edificios altos pueden emplearse, masas de material calculadas para amortiguar la vibración. Tenemos el ejemplo, en la torre de Sídney, de 300 metros de altura dispone de un contenedor de agua de 200 toneladas que se mueve en sentido contrario al movimiento del edificio, manteniendo la vibración dentro de los límites permitidos por las normas internacionales.

Masas de materiales similares, que no pesarían más de 1 kilo, podría instalarse en el interior del palo con el fin de evitar el inicio de la vibración, que o bien causa el fallo del palo o acumula fatiga que eventualmente causa la rotura.

La aplicación de ordenador, que mostró como el palo se ondulaba como si fuera una bailarina polinesia bajo la tensión, también demostró que el aparejo que reparte mejor la carga, presenta menos posibilidades de fallo.

Existe la perpetua discusión entre navegantes, sobre si es mejor una jarcia floja o una jarcia bien tensa, que siempre es tema de mucho interés. Cuanta mayor información informatizada podamos obtener, mejor será nuestro conocimiento sobre los palos y las jarcias.

Para todos aquellos que deseen explorar a fondo la teoría de los aparejos, hay muchas publicaciones especializas en este tema.

Las velas

Las velas son piezas o conjunto de piezas cosidas de lona o tela fuerte de tejido de fibras naturales o artificiales, que se sujetan a una antena, palo, pico o estay, según la clase, para recibir el viento y poner en movimiento una embarcación y hacerla evolucionar. Ahora que hemos adquirido una compresión básica de la construcción y de las tensiones sobre los cascos y la jarcia, vamos a tratar las velas que se izan sobre ellos.

El propósito más importante de los veleros ha sido, desde hace siglos, conseguir un material que sea lo suficientemente estable y desarrollar las técnicas de confección necesarias para que las velas mantengan su forma original durante el mayor tiempo posible. Cuando aparecierón hace más de 25 años las fibras sintéticas han hecho que este sueño se convierta en una realidad. Pensamos que el próximo paso será obtener colas para pegar las costuras de los paños, con objeto de reducir el deslizamiento de las costuras y que la vela sea cada vez más estable. Es muy posible que, esto se consiga utilizando cintas especiales con cola en las dos caras, una evolución del modelo que en la actualidad se emplea para los parches. Disponer de una vela perfectamente lisa y estable, sin costuras, es el objetivo al que llevan las investigaciones actuales. En estos momentos, los veleros emplean generalmente Dracon, Mylar, Spectra y Kevlar para las mayores y velas de proa, y nailon para los spinnakers. Parece ser que hay otro material, el Génesis, que se deforma mucho menos que el Mylar-Kevlar, pero aun no existen pruebas que lo confirmen. Por lo general, la mayoría de las velas fabricadas con Dracon, están utilizando un corte trirradial que da como resultado velas muy estables, similares a las innovadoras velas de Kevlar de hace unos años. Sabemos que el Kevlar con una base de Mylar es todavía más estable, y tiene un factor de contracción del 1% a los seis meses. Con los paños de Mylar de una vela de Mylar-Kevlar, generalmente utilizados en la zona del grátil, pueden tener un factor de alargamiento mayor, ya que no se someten a una carga suficiente para que la vela adopte su forma original. Tambien conocemos que las velas que son fabricadas exclusivamente con Kevlar son las más estables, pero no duran demasiado. Parece ser que el Génesis emplea su base de Tedlar en vez de Mylar, otro tipo de película sintética que no se arruga tanto. Hay muchos patrones partidarios del Tedlar que sostienen que este material reduce la contracción prácticamente a cero y que la vela mantiene su forma durante más tiempo.

En estos momentos, casi todas las velas se diseñan con ayuda del ordenador. En cuanto a las costuras se cortan siguiendo la línea de tensión calculada mediante modelos informáticos. Aquellas velas con cintas de curvatura, que se hicieron muy populares hace pocos años, mostraron donde se concentraban las tensiones de las velas. Sin embargo, esto no sucede con las velas actuales, ya que las cintas no siguen las tensiones. El hecho de que los nuevos materiales tengan mayor resistencia de tracción que el acero plantea nuevos problemas. Como la resistencia de estos nuevos materiales es tal que a veces fallará e aparejo antes que las velas. Seguramente que, ahora, es todavía más importante saber cuándo hay que tomar rizos, de modo que la carga aplicada sobre el aparejo tenga un nivel adecuado a las condiciones de viento y mar.

Estos nuevos materiales resisten los tratamientos más atroces. Cuando el timonel de un barco de unos 12 metros de eslora, que navegaba con vientos portantes de 30 nudos en una regata de unas 600 millas, perdió el control y se produjo una trasluchada involuntaria. En un momento determinado el tangón del spinnaker se dobló y arrancó un metro de carril del palo y un cáncamo de cubierta. A continuación, atravesó la mayor haciendo un agujero de unos 60 centímetros de anchura. Aunque a pesar de la fuerza del viento, el agujero no se desgarró durante la hora que tardó la tripulación en arranchar la cubierta.

Consejo para el inventario de velas

Si tenemos en cuenta que los veleros tanto si se dedican a las regatas como al crucero, todos los barcos, sean del tamaño que sean, necesitarán una mayor y una vela de proa grande. Esta es la combinación que hace navegar a un velero. Los barcos de crucero tendrán un método simple para reducir trapo a medida que la fuerza del viento aumente, por lo general enrollando la vela de proa sobre si misma hasta obtener un tamaño adecuado al viento. En cuanto a la mayor se enrollará dentro del palo, o a veces dentro de la botavara, y si se trata de barcos más viejos es posible que se enrolle en el exterior de la botavara. Por lo general en la mayoría de los casos, los controles del enrollado estarán en la bañera para que la maniobra sea más sencilla. Si partimos de esta premisa, el inventario de velas dependerá del armador. Llevar dos tangones, para izar dos velas de proa en las empopadas en lugar de emplear el spinnaker, es un sistema muy frecuente en los cruceros. Esto es muy eficaz con los vientos fuertes y regulares que soplan en diversas zonas del mundo, y puede emplearse en travesías oceánicas. Sabemos que el moderno spinnaker asimétrico, una combinación entre el spinnaker y una vela de proa, se iza sin tangón, es una buena vela para incluir en el inventario de un navegante que evita las ceñidas.

Si pensamos en los barcos de regatas habrá que hacer otro tipo de consideraciones. En las pequeñas embarcaciones de vela ligera, que no acostumbran a navegar con vientos muy fuertes y no disponen de mucho espacio para la estiba, suelen llevar una sola vela de proa y una mayor que no puede rizarse. Suelen disponer de un solo spinnaker, aunque algunos monotipos llevan un spinnaker plano para cuando se navega de través y otro más embolsado para cuando se navega de popa. Por lo general, los pequeños barcos de regatas que navegan en aguas protegidas suelen llevar dos spinnakers.

Cuando un barco alcanza los 8 metros de eslora, aunque esto es muy flexible, lleva más de una vela de proa. Una buena combinación será un Génova del tamaño máximo y un Génova del n° 3, equivalente en superficie a la mitad del anterior. Conforme va aumentando el tamaño del barco, aumentará también el número de velas de proa que llevará a bordo. A continuación del n° 3, le tocará el turno al tormentín, una vela muy pequeña y confeccionada con un material muy resistente para poder hacer frente a lo peor. Además del tormentín viene también la mayor de capa, que se enverga al palo de la manera habitual, pero tiene el pujamen libre (no se introduce en la guía de la botavara) para que no estalle si una ola la alcanza.

En el momento que estas cuatro velas están a bordo, las únicas limitaciones son las que imponen las normativas de las clases y el poder adquisitivo del armador.

Si hablamos de un barco de regatas de 12 a 16 metros de eslora tendrá un inventario parecido a este:

- Mayor y menor de respeto (para utilizar en caso de rotura de la mayor original)
- Génova ligero, de la máxima superficie posible
- Mayor de capa
- N° 1 normal.
- N° 2

- Nº 3 de cuchillo (vela alta y estrecha, generalmente de Kevlar)
- Nº 4
- Tormentín
- Spinnaker de ¼ onza
- Spinnaker de ½ onza
- Spinnaker de ¾ onza
- Spinnaker de 1,2 onzas
- Spinnaker de 1,8 onzas
- Spinnaker pesado de tormenta
- Tallboy (vela de estay alto y estrecho)

Todos los veleros, tanto los de cruceros como los barcos de regatas llevaran velas de estay para la mesana que les permita aumentar la superficie velica con vientos portantes. Los grandes barcos con mesana llevarán también un spinnaker de mesana.

Como cuidaremos las velas

Cuando no disponíamos de las fibras sintéticas, como el Nailon, el Dracon, el Mylar, el Kevlar y el Spectra, el cuidado de las velas era un asunto importante y requería mucho tiempo. Ahora esto ha cambiado mucho. Entonces las velas debían lavarse cada vez que se utilizaban para eliminar la sal, y después era necesario secarlas, doblarlas y estibarlas. En estos momentos, solo se lavan si están impregnadas de sal y aguantan un trato mucho más rudo que antes. Que las lavemos aún es una buena práctica si el clima permite secarlas antes de estibarlas. No obstante, no sufrirán demasiado si se doblan y guardan directamente en sus sacos. En casi todos los barcos pequeños, la mayor se enrolla y se deja atada a la botavara. Esta es una solución recomendable ya que la vela no adquiere las hendiduras que provocan los pliegues.

Cada vez que vea un agujero, sobre todo si se trata de un tejido como el de un spinnaker, debe taparlo rápidamente por ambas caras con la cinta adhesiva para velas que se vende en rollos. Corte un tozo del tamaño adecuado y redondee las esquinas del parche. Es impresionante el tiempo que dura un parche si no hay una esquina que pueda engancharse.

Cuando el daño sea mayor, debe repararlo un velero. Si se navega en un crucero oceánico, al igual que en un barco de regatas, no podrá hacer uso de este servicio, así que debe poder llevar a cabo las reparaciones en alta mar. Todo esto resulta más sencillo para un barco de regatas, ya que dispone de una tripulación numerosa y que a menudo incluye un velero. Las demostraciones para coser de un patrón de crucero se desarrollan sin duda con las horas de práctica.

Dimensiones

Eslora máxima

La eslora máxima es la distancia que hay medida desde la proa hasta la popa. También se le conoce como eslora total.

Se incluyen todas las partes estructurales o integrales como son proas o popas metálicas o de madera, amurada o uniones de casco con cubierta. Se excluyen el pulpito de proa, partes desmontables, como botalón, bauprés, elementos de gobierno, timones, motores fueraborda y sus soportes.

Manga máxima

La manga máxima es la máxima anchura del casco medida a la cara exterior del forro.

Puntal

El puntal es la máxima dimensión vertical medida a la mitad de la eslora desde la cara suprior del trancanil o línea de cubierta hasta la cara inferior del casco en su intersección con la quilla.

Franco bordo

El franco bordo es la distancia vertical en el casco desde la cara superior del trancanil o línea de cubierta hasta la línea de agua en la condición de desplazamiento máximo.

Calado

El calado es la máxima dimensión sumergida del casco medida verticalmente y sin contar el timón, la orza, las colas de los motores y otros apéndices similares, que no contribuyan sustancialmente al desplazamiento. El calado máximo es el correspondiente al desplazamiento máximo.

Asiento

El asiento es la diferencia entre el calado de popa y el caldo de proa.

Cuando el barco tiene más calado de de popa que de proa se dice que tiene asiento apopante y cundo cala más de proa que de popa, tiene asiento aproante.

Se llama alteración a la diferencia entre el asiento final y el asiento inicial.

Cuando el centro de flotación coincide con el centro de eslora, la alteración es la mitad del asiento. O sea, que la distancia que sumerge un extremo es la misma que la que emerge en el otro extremo.

Desplazamiento máximo

El desplazamiento máximo es el peso del volumen de agua de mar desplazado por el casco, incluyendo todos los apéndices sumergidos. Se considera la embarcación con todo su equipo e instalaciones fijas, con los motores de mayor peso que esté diseñada, con los tanques llenos y el máximo de personas autorizadas (75 kg. por persona), elementos de seguridad, contra incendios, salvamento y navegación.

Arqueo

El arqueo es sinónimo de tonelaje de registro y expresa el volumen interior del casco y superestructuras. Se mide en toneladas Moorson. Siendo:
1 tonelada moorson = 2,83 m3 = 100 pies cúbicos.

Nombres del casco

Proa

La proa es la parte delantera del barco, Afinada en forma de cuña, que corta las aguas en su movimiento avante. Los finos de proa se llaman amuras.

Popa

La popa es el extremo opuesto a la proa. Es el final de la estructura del casco y en ella está el timón y la hélice. Estas partes finas de popa se llaman aletas.

Babor

Babor es el nombre que recibe el costado de de un barco que nos queda a la izquierda visto hacia proa.

Estribor

Estribor es el nombre que recibe el costado de un barco que nos queda a la derecha visto hacia proa.

Línea de flotación

La línea de flotación es la que se forma por la intersección del agua con el casco. Para cada situación de pesos a bordo habrá una nueva línea de flotación, separando la obra viva de la obra muerta.

Obra viva

La obra viva es la parte del casco que se encuentra sumergida en agua.

Obra muerta

La obra muerta es la parte del casco que se encuentra fuera del agua.

Costados

Los costados son los dos lados verticales que forman el casco, siendo el de estribor el de la derecha y el de babor el de la izquierda.

Amuras

Las amuras son la parte del casco en que los costados dejan su continuidad transformándose en cuña hasta llegar a la proa. La amura puede ser de babor o de estribor.

Aletas

Las aletas son la parte del casco en que los costados dejan su continuidad, disminuyendo la manga

Cubierta

La cubierta es el cierre del casco por su parte superior haciéndolo estanco al agua. Está provista de unas aberturas llamadas escotillas o lumbreras, según el uso que se les dé. Se llama cubierta principal a la que va sin interrupción de proa a popa.

Plan

El plan es el piso plano que se construye encima de la sobrequilla donde se basan las cámaras, camarotes, aseos, etc.

Sentinas

Las sentinas son la parte baja del casco que recorre todo el pantoque del barco entre varengas, formando un canal por donde pasan todas las aguas que por cualquier circunstancia entren a bordo. En la sentina se coloca la bomba de achique para expulsar el agua que haya entrado a bordo.

Estructura del casco

Casco

El casco es el vaso que forma el cuerpo del barco sin contar su arboladura y jarcia. Puede ser de   madera, acero, hierro, aluminio, fibra de vidrio, hormigón, goma, etc.

La forma del casco será la idónea para la función a la que será destinado el barco, así pues, los barcos rápidos podrán tener forma fusiforme para disminuir su rozamiento y los yates de crucero, de tipo familiar, serán muy anchos de manga y con alojamientos confortables.

Quilla

La quilla es una pieza de hierro o madera que corre de proa a popa por la parte inferior del casco formando la columna vertebral del esqueleto. En ella se unen las cuadernas que vienen a ser las costillas del esqueleto, la roda a proa y el codaste a popa. Es la primera pieza que se coloca en el astillero al construir un barco.

La orza es una pieza suplementaria que se coloca en la quilla de las embarcaciones a vela para aumentar así su plano de deriva y disminuir el abatimiento. También sirve de lastre. Las hay de varios tipos, fija, de sable y de pivote.

Roda

La roda es una pieza de hierro o madera que forma la prolongación de la quilla a proa, tomando una dirección que dependerá del tipo de proa. La unión entre la quilla y la roda se consigue mediante una pieza curva que se une a escarpe entre ambas, llamada píe de roda.

Codaste

El codaste es una pieza de hierro o madera que unido a la quilla por su parte de popa y en una dirección más o menos vertical, termina la popa. La pieza que une la quilla con el codaste se llama curva coral.

El codaste para los buques mono-hélices está formado por una pieza de hierro forjado, subdividiéndose el codaste en dos: codaste proel que tiene un orificio por donde pasa la hélice y el codaste popel que tiene las hembras para que se alojen los machos del timón. El espacio entre ambos codastes por donde gira la hélice se llama vano.

En los buques de madera, el falso codaste es una pieza colocada en la cara de popa del codaste y se fijan en él las hembras del timón

Cuadernas

Las cuadernas son piezas de hierro o madera en forma de U o de V que partiendo de la quilla   van a terminar en la parte alta del costado. Son como las costillas del esqueleto y sobre ellas se colocan las planchas del forro exterior. La cuaderna de mayor anchura se llama cuaderna maestra.

Baos

Los baos son piezas de madera o metálicas que unidas a las cuadernas, van de babor a estribor y sirven para aguantar las cubiertas. Los baos deben tener una determinada curvatura hacia arriba con el fin de que las cubiertas escurran el agua por los costados mediante unos orificios llamados imbornales.

Borda

La borda es la parte alta del codaste de un barco.

Regala

La regala es una pieza que une los extremos de los barraganetes que forman la borda y corre de proa a popa. La cinta de madera que va por encima de la regala se llama tapa de regala. Normalmente es una pieza de madera noble y bien barnizada.

Mamparos

Los mamparos son los tabiques que forman las separaciones interiores del barco.

Estanqueidad

El mantenimiento de la embarcación tiene gran importancia para asegurar un perfecto estado de conservación, que a la vez significa una mayor seguridad para el barco y la tripulación.

Se recomienda que anualmente se saque el barco al varadero o a tierra, se raspa, se lava con agua y detergente para eliminar todas las grasa pegadas al casco y se deja secar durante varios días. Si el casco es de madera, se revisaran todas las hiladas de la tablazón y si se observa alguna humedad, cuando el resto del casco está ya seco, se procederá a sacar la masilla y la estopa vieja y se reemplaza por nueva. Luego se dan dos manos de imprimación y a continuación, respetando los períodos de secado, se aplican dos manos de anti incrustante (antifouling).

Los elementos que producen el deterioro del casco en los barcos metálicos son la oxidación y la acción galvánica.

Para combatir la oxidación se debe proteger el casco mediante pinturas de base de óxido de zinc, óxido de hierro o pinturas a base de resinas de epoxi, aislando totalmente las planchas del agua del mar.

La acción galvánica ataca a los metales de distinta composición creándose corrientes a través del agua, que van del metal más duro, produciéndose un deterioro del mismo. Para evitar la acción galvánica se colocan pastillas de zinc, llamadas ánodos, para que la corriente que se forma entre dos metales como pueden ser el eje de la hélice y la propia hélice, no se deteriore ésta, sino que vaya directamente a la pastilla de zinc. Se vigilará al sacar la embarcación si los ánodos han trabajado bien, esto se nota porque deben estar medio gastados. Si estuviesen intactos, significaría que no han hecho su función. No se deben pintar con el fin de que las conexiones con la masa del barco sean efectivas.

Si el casco es de fibra, una vez limpio se mirará si tiene ósmosis, que consiste en la aparición de pequeñas ampollas que acaban reventando por efecto de la presión osmótica, dejando en su lugar los conocidos cráteres que, si son abundantes y agrupados, forman la fatídica "viruela" del poliéster.

Para prevenir la ósmosis el mejor procedimiento consiste en recubrir el gelcoat con una barrera impermeable con un revestimiento adecuado que evite la absorción del agua.

Todas las aberturas practicadas en el casco que comunique con el interior de la embarcación con excepción de los escapes del motor, los suspiros de los tanques de combustibles y las descargas de las bombas de achique irán provistas de piezas pasantes de materiales resistentes a la corrosión y compatibles con el material del casco.

Bañera

Es el espacio a popa de las embarcaciones donde va el timonel. Hay bancos alrededor para que se puedan sentar los acompañantes.

Las bañeras y los achiques de la misma deberán cumplir con las especificaciones de construcción para cada tipo de navegación. Por ejemplo:

-Para las embarcaciones pequeñas serán estancas y autoachicantes.

-Para las mayores de 6 metros de eslora serán autoachicantes.

Se considera que una bañera es autoachicante si se achica en 3 minutos en las condiciones que especifica la Inspección de Buques.

Imbornales

Los imbornales son orificios que se practican en el trancanil y en el forro exterior para dar salida al agua que haya en cubierta.

Grifos de fondo

Los grifos de fondo son válvulas que se colocan fijas en el casco que permiten la entrada de agua de mar para la refrigeración del motor. La válvula que se emplea en los yates es del tipo de bola y para accionarla basta dar un cuarto de vuelta a la palanca de la misma.

La válvula debe ir firmemente conectada al casco para evitar la aspiración de suciedad que podría obturar el tubo de aspiración.

A continuación del grifo de fondo se instala un filtro de agua que debe estar, como mínimo, a 15 cm. de la línea de flotación.

Escape del motor

Según la normativa vigente los escapes de los motores que descarguen por aberturas en el casco, tendrán piezas pasantes formando parte integral del mismo o sujetas a su estructura de forma integral, robustas y totalmente estancas. Serán de materiales resistentes a la corrosión y compatibles con el material del casco y con los residuos y temperaturas de los gases de escape.

Bocina

Por la cara de proa del codaste va un tubo llamado bocina de la hélice que se remacha o suelda al codaste y al mamparo de popa el cual atraviesa.

En la parte de proa de la bocina va un prensa-estopa el cual está constituido por una empaquetadura de sección cuadrada que se introduce dentro de un casquillo, este casquillo se aprieta a medida que va tomando alguna holgura y empieza a gotear. Hay prensas que van refrigerados por grasa y otros por medio de agua, ambos sirven para evitar las altas temperaturas de rozamiento.

Otro sistema de prensa-estopa consiste en sustituir la estopada por unos retenes de plástico muy resistentes a la fricción del eje de transmisión. Aseguran una completa estanqueidad y no precisan mantenimiento.

Limera del timón

La limera del timón es un tubo por donde pasa la mecha del timón. Está provista de casquillos para centrar la mecha y retenes para la entrada de agua a bordo. Se debe revisar periódicamente.

Portillos

Los portillos son aberturas practicadas en los costados o superestructuras para dar paso a la luz natural y ventilación en cámaras y camarotes. Tienen una tapa de cristal o metraquilato y algunos también tienen otra ciega que se cierra en caso de mal tiempo.

Escotillas

Las escotillas son aberturas practicadas en la cubierta que dan acceso al interior del barco, en unos casos, y en otros solamente luz y ventilación.

Lumbreras

Las lumbreras son aperturas practicadas en cubierta o sobre las cabinas para dar luz y ventilación al interior del barco.

Manguerotes de ventilación

Los manguerotes rígidos son recogedores de aire que se orientan convenientemente encima de las cabinas para dar ventilación interior. El de barlovento se pone en dirección opuesta al viento, para evitar que entren rociones de agua, y el de sotavento se orienta con la abertura hacia el viento.

Los manguerotes-vela son telas de nilón con forma de tubo o de balón que sirven para introducir aire fresco al interior de los veleros. El puño alto se amarra a una driza y los otros dos bajos se afirman al portillo o lumbrera a donde se quiera introducir el aire. Generalmente se emplea cuando se está fondeado.

Otros son del tipo de hongo que se pueden abrir o cerrar a voluntad.

Bombas de achique

La instalación de la bomba de achique de la sentina está concebida para expulsar del barco el agua que entra a bordo por circunstancias ordinarias o extraordinarias. Entre las primeras causas se encuentran la entrada de agua de lluvia, la pérdida de la empaquetadura de la caja del eje de cola, la pérdida de una toma de mar o del circuito de agua dulce o de refrigeración del motor.

Acontecimiento extraordinario es, por ejemplo, una vía de agua. De aquí se deriva la importancia del estado de eficiencia de la instalación que ha de ser convenientemente dimensionada.

A menudo las bombas de achique son de mando manual y a veces están accionadas eléctricamente de manera automática, de forma que se ponen en funcionamiento cuando el agua en la sentina llega a un determinado nivel.

Cuando el motor sea de gasolina solamente se podrá instalar en la sentina una bomba si su mando es manual y el accionamiento ha de ser hecho sólo después de haberse asegurado que cerca del motor no existen vapores de gasolina. En este caso, siempre es aconsejable airear bien esta zona durante algún tiempo antes de poner en funcionamiento la bomba.

El servicio de achique, además, dispone de un bombillo manual que permite achicar en caso de fallo eléctrico.

También se puede montar un sistema de achique por medio del agua de refrigeración del motor. Para ello se acopla una tubería entre el grifo de fondo y el filtro de agua, provista de su correspondiente válvula y rejilla en el extremo. Para achicar basta con abrir la válvula de esta tubería que va a la sentina y cerrar el grifo de fondo.

Pasamanos

Son cabos, cadenas o cables que pasan por unos orificios en los candeleros forman una barandilla alrededor de la borda, o bien, en la plancha para subir a bordo. La altura de los pasamanos sobre cubierta para las embarcaciones con cabina no será inferior a 60 cm. en embarcaciones de eslora igual o superior a 8 metros y 45 cm. en las demás.

Cornamusa

La cornamusa es una pieza en forma de T que sirve para afirmar cabos de amarre, escotas, drizas, etc., dando vueltas en forma de 8 sobre ella.

Bitas

Las bitas son piezas de hierro o acero que colocadas en cubierta en los lugares de maniobra, sirven para los cabos de amarre.

Anclas de arado y danforth

Las anclas, al igual que otros objetos, han ido sufriendo modificaciones y perfeccionándose lentamente al transcurrir el tiempo. Las primeras anclas consistían en barras de madera con piedras amarradas a ellas para que se fuesen al fondo, luego aparecieron las de hierro pero con el cepo de madera, más tarde el ancla Almirantazgo completamente de hierro y que aún se sigue utilizando en algunos veleros o embarcaciones menores.

Molinete o maquinilla de levar

El molinete es una máquina que sirve para levar o arriar la cadena del ancla. La energía que lo mueve puede ser eléctrica, hidráulica o manual. Está provisto de un tambor con unas almohadillas donde se engrana la cadena del ancla, llamado barboten.

El barboten puede desacoplarse del eje del motor del molinete accionando un volante que mueve una espiga roscada y dejándolo completamente libre. Con ello se consigue dejar libre el tambor del barboten solamente aguantando sobre un freno que al ser abierto, deja libre el ancla y su cadena facilitando su salida rápidamente en el momento de dar fondo. A la operación de desacoplar el barboten se le llama desengranar. También es necesario desengranarlo cuando se vaya a virar los cabos de amarre.

Existen mecanismos para poder dar fondo y virar la cadena desde el puente o la bañera. Antes de proceder a fondear se habrán destrincado las anclas zafando boyas y estopores, si los hay, y se desengrana el barboten dejándolo sobre el freno. La transmisión desde el puente al freno del barboten se efectúa eléctricamente por medio de un solenoide que actúa sobre el freno dejándolo libre o bloqueándolo. Otro circuito eléctrico conecta con el motor del molinete pudiendo levar el ancla sin necesidad de ir a proa.

Otro tipo de molinete lleva a proa, cerca de él, un contacto que al pisarlo da corriente al motor y vira la cadena o gira el cabirón.

Timón: ordinario y compensado

El timón es una superficie plana que gira alrededor de un eje vertical colocado a popa del barco, por detrás de la hélice y haciendo formar un ángulo con la dirección de la quilla, se obtiene un momento evolutivo que sirve para mantener el rumbo o cambiarlo.

La superficie plana se llama pala o azafrán, el eje se llama mecha del timón y l mera es por donde se introduce la mecha en el casco. Se llama caña a la palanca que hace mover al eje.

Hay varios tipos de timones: ordinario, compensado, colgado, semicompensado y de espada.

El esfuerzo que se requiere para mover el timón compensado es aproximadamente la mitad del requerido para mover el timón ordinario.

Hélice

Es una pieza formada por unas palas de forma helicoidal que acoplada al eje, gira en el sentido de él y hace mover el barco.

Se llama curva hélice a la descrita por un punto que se traslada sobre la superficie de un cilindro. Este punto tiene dos movimientos simultáneos, uno horizontal y el otro vertical.

Paso

El paso es lo que avanzaría una hélice en una vuelta si girara en un medio sólido. Hay hélices de paso constante cuando el avance es proporcional al ángulo girado, de paso variable cuando no es proporcional. La hélice puede ser de paso a la derecha o dextrógira cuando en marcha avante y vista desde popa gira en el sentido de las agujas del reloj. Es de paso a la izquierda o levógira cuando gira en sentido contrario.

Diámetro e la hélice

Es el diámetro del círculo circunscrito al girar la hélice.

Cavitación

La cavitación es la formación de espacios vacios o cavidades cerca de las palas al girar la hélice en condiciones determinadas. En la cara pasiva se forma una depresión que es favorable para el debido rendimiento. Se manifiesta en un aumento de revoluciones y en la formación de espuma en la popa. Se evita reduciendo las revoluciones y aumentándolas paulatinamente.

Hélice de paso variable

La hélice de paso variable es aquella en la que el paso no es proporcional a la circunferencia descrita

Hélice de paso múltiple o controlable

Es aquella que mediante un mecanismo permite hacer girar las palas sobre un eje vertical dándoles el paso requerido en un sentido o en otro o dejándolo anulado girando las palas como un disco sin producir efecto. El motor gira siempre en el mismo sentido y permanece en marcha constante.

Hélice de arrastre

La hélice de arrastre es aquella que tiene mucho diámetro y poco paso.

Hélice de velocidad

La hélice de velocidad es aquella que tiene poco diámetro y dispone de mucho paso.

Hélice plegable

La hélice plegable es aquella que mediante un mecanismo se pueden rebatir las palas en la misma dirección del eje con el fin de evitar rozamiento en los veleros.

Hélice de proa

La hélice de proa es una hélice que gira dentro de un túnel que atraviesa la proa por las amuras en la obra viva, alrededor de un eje transversal.

Para accionar la hélice de proa, en el puente hay un panel con tres botones: "babor", "estribor" y "para". Cuando pulsamos el botón de "estribor", un motor eléctrico se pone en marcha, la hélice empieza a girar y crear una corriente de expulsión hacia babor, haciendo caer la proa hacia estribor. Igual ocurre con "babor".

Doble hélice

En la doble hélice una gira en sentido contrario de la otra, creando un cilindro de agua que impulsa a la embarcación con mayor aprovechamiento al evitar la pérdida del 40% de su potencia con el roce con el agua y por la propia turbulencia que crea a su alrededor.

Retroceso

Se llama retroceso de la hélice a la diferencia entre lo que debía avanzar el barco en su paso teórico y lo que avanza en realidad al dar la hélice una vuelta. Esto ocurre debido a que como la hélice se enrosca en un medio líquido, al apoyarse en él se produce un resbalamiento de la masa de agua.

Elementos de amarre

Chicote

El chicote es el extremo libre del cabo.

Seno

El seno es la curvatura del cabo entre los extremos que lo sujetan.

Gaza

La gaza es el lazo que se hace en el chicote, trenzando los cordones sobre el firme y que sirve para encapillarlo al noray del muelle.

Firme

El firme es la parte más larga del cabo.

Boza

La boza es el cabo de proa de un bote. También se le llama de esta forma a un ramal de cadena o cabo que firme a proa del molinete sirve para trincar el ancla y no pueda desviarse sola.

Noray

El noray o bolardo, es una pieza de hierro colado, con la extremidad superior curvada, que se coloca en el cantil del muelle para amarrar a los barcos.

Muertos

Los muertos son ramales de cadena firmes en el fondo a grandes bloques de hormigón que sirven para amarrarse los barcos. Hay muertos que sirven para amarrarse a ellos en zonas resguardadas o dársenas, en lugar de fondear el ancla. En los puertos deportivos se colocan paralelos a los muelles para formar el tren de fondeo. Consiste en un ramal de cadena llamado hija y a continuación un cabo de mena apropiado llamado orinque, al que se amarran los barcos para atracar de punta al muelle. El extremo del orinque lleva un cabo fino llamado guía, que se afirma a un noray del cantil del muelle.

Boyas

Las boyas son flotadores que se emplean para señalizar un punto de terminado, como puede ser la existencia de un muerto de fondeo, la presencia de peligros para la navegación, etc.

Defensas

Es todo cuerpo más o menos flexible, hinchable o no, que sirve para colocar entre el costado del barco y el muelle u otro barco para evitar rozamientos o golpes.

Bichero

El bichero es un hasta larga con un gancho de poliéster o metálico, que sirve para ayudar a atracar o desatracar, coger un cabo u otro objeto del agua, etc.

Cabos de fibra artificial y su aplicación

Los cabos de fibra artificial son: de nilón, poliéster, polipropileno, etc.

Cabos preestirados

Son cabos de fibra sintética de poliéster que debido a la propiedad de su material de tener poca elasticidad y a la preparación que recibe en su construcción, prácticamente no sufre deformaciones. Su empleo es indicado en drizas, escotas, brazas, trapa y contra.

Los cabos de poliéster generalmente son trenzados, no se deforman ni alteran con los rayos solares y no se endurecen con la salinidad. No flotan en el agua.

Cabos de kevlar

La fibra de kevlar es muy ligera y muy resistente, por lo que se puede reducir el diámetro de los cabos. Es muy sensible a los rayos ultravioletas del sol y sufre mucho desgaste con el laboreo de las roldanas de los aparejos. Se pueden emplear para drizas y escotas de spi y en toda aquella jarcia de labor que requiera resistencia y se quiera reducir el diámetro como se hace en la vela ligera.

Cabos de polipropileno

Son de fibra sintética ligera, por lo que flotan en el agua, tienen mucha elasticidad y gran resistencia, haciéndolos apropiados para utilizarlos como cabos de amarre, fondeo y remolque. Pueden ser trenzados o colchados y su principal enemigo es el sol.

Cabos de nilón

Son fibras sintéticas elaboradas con poliamidas procedentes de la destilación del petróleo, englobados dentro de la familia de plásticos, llamados polímeros.

Las características principales son su gran elasticidad, resistencia y poco peso, lo que hacen que floten en el agua. Generalmente se emplean para cabos de amarre, fondeo y remolque, no resisten bien las elevadas temperaturas y se vuelven ásperos al tacto.

Terminología

Escorar

Significa separarse de la posición vertical por efecto de una racha de viento, un golpe de mar o el traslado de un peso a bordo. Los barcos de vela por efecto del viento sobre las mismas se escoran y para compensarla la tripulación se coloca en la banda de barlovento. A esto se llama hacer banda.

Adrizar

Cuando cesa la fuerza que mantenía el barco escorado, por efecto de la estabilidad transversal, el barco vuelve a la posición vertical y se dice que está adrizado.

Barlovento

El barlovento es la parte del barco de donde viene el viento.

Sotavento

Sotavento es la parte del barco opuesta a barlovento, o sea, por donde sale el viento.

Cobrar

Hacer entrar a bordo todo o parte de un cabo que forme seno o esté en banda, hasta dejarlo teso o recuperarlo totalmente a bordo.

Templar

Templar es dar igual tensión a todos los cabos que trabajan en una dirección y la misma finalidad.

Lascar

Lascar un cabo significa ir arriando poco a poco de él sobre vuelta, lo que vaya pidiendo.

Arriar

Significa bajar algo que está suspendido, como por ejemplo arriar el foque, arriar la mayor, arriar el spi, etc.

Largar

Largar significa soltar un cabo de donde estaba firme. Largar amarras significa soltar los cabos del muelle.

Manejo de los cabos

Adujar

Adujar significa coger un cabo por medio de vueltas o adujas en el sentido de las agujas del reloj. Esta operación se hace siempre que se sale de puerto con los cabos de amarre para que no se enreden y estén siempre listos para amarrar de nuevo.

Tomar vueltas

Tomar vueltas consiste en dar una o dos vueltas a la vita o cornamusa para aguantar y posteriormente hacer firme.

Amarrar por seno

Amarrar por seno es hacer firme el chicote a bordo, pasar el cabo por dentro de la argolla o noray del muelle y luego hacerlo firme a bordo. Con ello se consigue que cuando nos tengamos que marchar no necesitemos a nadie que nos ayude a desamarrar.

Vuelta

Consiste el pasar el cabo alrededor del tambor del molinete, cabrestante, bita o cornamusa.

Nudos que se necesitan

El navegante solo necesita saber unos pocos nudos, y de todos ellos el más importante es el as de guía. Este nudo tiene dos grandes virtudes. La primera, que no cede bajo carga; la segunda, que es fácil de deshacer sea cual sea la carga que haya soportado.

As de guía

Pensamos que solo hay una forma de hacer un as de guía correctamente, sin importar lo que pueda contarle cualquiera que tenga su método particular. Decimos esto porque si utilizamos la técnica correcta, en el agua, el nudo puede hacerse en la oscuridad, en el agua, en la espalda o en todas estas circunstancias a la vez, y esto puede salvarle la vida. El único motivo por el cual la gente no hace el nudo de esta manera es porque les da pereza practicar. Se puede hacer con cualquier tipo de cabo, mirando hacia cualquier lado. Si empleamos una semana de práctica concienzuda, seguida de un uso constante del nudo, nos darán la habilidad para toda la vida.

Hay que aprender con un cabo bastante duro. Cuando el cabo es demasiado blando hace el aprendizaje excesivamente difícil. Se forma una gaza, asegurándose que el dedo índice de la mano derecha debe estar en la parte superior del extremo de la gaza, apuntando en dirección al chicote. Los restantes dedos sujetan el cabo.

A continuación, gire el dedo, forzando el chicote hacia abajo con un movimiento circular, para que el dedo índice guie el chicote hacia la nueva gaza formada por esta acción. Se tiene que practicar esto hasta que pueda formar la gaza y meter el chicote todas las veces. Este es el secreto del nudo. Procure no pasar a la siguiente etapa hasta que pueda formar directamente la gaza.

Una vez domine la formación de la gaza, el resto es fácil. Aguantando la gaza con el dedo índice izquierdo, tire del chicote y páselo por detrás del firme. Será necesario sostener la gaza porque sino los movimientos se hacen demasiado complicados. Una vez haya pasado el chicote por detrás del firme, dóblelo hacia adelante y vuelva a meterlo en la gaza. Ahora que ha formado el nudo, debe apretarlo cambiando la mano derecha al firme y apretando la mano izquierda sobre la gaza inferior. No deje de hacerlo aunque le cueste horas de práctica, le ruego que aprenda a hacer el nudo de esta manera, así podrá sorprender a los viejos lobos de mar de que usted sabe lo que hace.

Ballestrinque

El ballestrinque es un nudo muy útil para amarrar pero recuerde que se aprieta bajo carga y, si lo emplea para hacer firme el cabo de remolque del chinchorro, por ejemplo, puede que tenga que deshacerlo con un cuchillo. Practique haciendo el nudo en un palo. Tome una vuelta y luego otra que pase por encima de la primera. Pase el chicote por la parte suelta.

Vuelta mordida

Con este nudo se tiene que tener cuidado ya que necesita estar bajo carga o fricción para mantenerse firme. Lo importante es que el peso que soporta, de un toldo o la funda de la vela, lo apriete, pero que al mismo tiempo pueda soltarse de un solo tirón. Con este nudo no se puede sujetar el chinchorro, y ni hablar de amarrar con él la embarcación.

Vuelta de braza

Sumamente útil si hay que arrastrar algo, sobre todo por tierra, ya que traspasa la tensión en línea recta.

Nudo o doble lasca

Se trata de un nudo simple en forma de ocho.

Nudo llano

Su mayor utilidad es para unir cabos. Se cruzan los dos chicotes, el derecho sobre el izquierdo; el chicote del derecho se pasa por detrás y debajo del firme del izquierdo y cruzan de nuevo a cierta distancia; A continuación el chicote que está en la derecha se pasa por delante y debajo del seno correspondiente al de la izquierda, se tendrá cuidado de que los chicotes salgan por el mismo seno.

Nudo de pescador

Se hace con dos medios nudos sobre cada cabo y se tira de ellos para azocarlo. Es empleado por los pescadores.

Nudo de tejedor

Se hace el chicote de un cabo por el seno de otro y después alrededor de las dos partes del mismo cabo, se trae por debajo del mismo seno.

Lasca

Probablemente, el mejor nudo para impedir que un cabo pase por una polea. Los barcos pequeños lo usan; los veleros oceánicos no. A veces es preferible que un cabo se escape a que ponga en peligro un barco, por no poder largarlo bajo carga.

Vuelta de escota

Es un nudo útil para aunar dos cabos de distinta mena y es muy fácil hacerlo. Sin embargo, para este propósito, es preferible usar el nudo de pescador.

CAPÍTULO .02

MANIOBRAS

Maniobras

Por qué no son muy marineras, las embarcaciones a motor no salen a la mar tanto como los veleros. Es muy difícil que hayamos visto alguna vez un barco a motor que cruce el atlántico. Es probable que lo haya visto, pero su tamaño sería grande y seguramente dispondrá de tripulación y patrón profesionales. Por lo general las motoras no emprenden largas travesías como lo hacen los veleros.
Existe alguna diferencia entre un velero y una motora que realiza una travesía costera y que puede radicar en la estiba de los pertrechos. Sabemos que el diseño interior de las motoras se parece tanto al de una casa flotante que la estiba de la vajilla, los cubiertos, las botellas y demás no es tan segura como la de un velero. En el momento que el tiempo empeora el barco se mueve violentamente, los pertrechos mal estibados pueden verse lanzados por la cabina con mucho peligro para la tripulación. Cualquier navegante que pretenda hacer una travesía de más de 30 millas, debe asegurarse de que todos los pertrechos pueden trincarse firmemente en caso que sea necesario. Sabemos que una motora potente puede llegar rápidamente a su destino, volver a la base o refugiarse en algún punto intermedio en caso de mal tiempo. Todo esto soluciona la mayor parte de los problemas, pero un barco que navegue bastante por la costa se verá en apuros tarde o temprano. En ese momento precisará de mucha habilidad con el timón y los motores para alcanzar el puerto.
Cuando la mar se ha embravecido tanto que la motora no puede tomar las olas de proa, la embarcación debe de correr a favor de las olas. La velocidad de la motora se ve restringida; no debe ser tan baja que las olas levanten el casco hacia delante con peligro de atravesarse. Tampoco debe de avanzar tanto que suba sobre las olas y baje hacia

el seno de ellas a gran velocidad, también con riesgo de atravesarse. Hasta que la tormenta y las olas son tan fuertes que ya no sea posible avanzar contra ellas.

Gobierno con caña o rueda

Si gobernamos con caña de timón tendremos siempre presente que la proa siempre caerá a la banda contraria a la que pongamos la caña. Si se emplea la caña, la caída del barco es mucho más rápida y, cuando se trata de un barco de vela, se controla mucho mejor el rumbo al sentir en la mano la tendencia a seguir o a desviarse del rumbo que llevamos.

Si navegamos con rueda, es lo más parecido a un coche, la proa gira a la misma banda que la giramos y no notamos directamente el esfuerzo que tenemos que hacer para mantener el rumbo, ya que de ello se encarga el servomotor eléctrico o hidráulico que hace muy suave el manejo de la rueda. Sin embargo, todos los barcos que llevan rueda, también llevan una caña de emergencia en caso de rotura de los guardines o transmisiones de la rueda.

Velocidad de gobierno

Siempre que un barco va a poca velocidad el efecto del timón es más limitado. Para incrementarlo será necesario aumentar las revoluciones lo necesario para que la proa obedezca al timón. Por el contrario, cuando se lleva demasiada arrancada, se deberá actuar continuamente sobre el timón debido a las turbulencias y presiones que se crean a proa.

El efecto causado por exceso de velocidad para otros barcos, es debido a la creación de una fuerte interacción de otros barcos con el muelle, que si no están bien amarrados se pueden romper los cabos una vez llegue el oleaje al muelle.

La velocidad máxima a la entrada del puerto y dentro de las dársenas no deberá ser superior a 3 nudos.

Arrancada

Siempre la arrancada dependerá del peso del barco y de la velocidad que lleva antes de parar. Por lo general, las lanchas de alta velocidad son muy ligeras y al poner los motores en punto muerto, la velocidad cae bruscamente sumergiéndose más el casco en el agua y quedando prácticamente paradas. Indudablemente se pierde arrancada, en caso de aproximación excesiva a un objeto, desembragando los motores y dando marcha atrás.

Efecto de la hélice en la marcha atrás

La hélice al girar aspira las aguas de proa y las expulsa hacia popa. Por la parte de proa de la hélice se forma una corriente llamada de aspiración y por la parte de popa otra llamada de expulsión.

Cuando se hace marcha atrás la corriente de expulsión choca con la bovedilla de popa de la embarcación con un ángulo bastante perpendicular haciendo caer la popa a la misma banda de giro de las palas en la marcha atrás.

Si queremos conocer el efecto de la hélice en marcha atrás, primero deberemos saber si la hélice es de paso a la derecha o a la izquierda, o sea, si vista la hélice desde popa en marcha avante gira hacia la derecha o hacia la izquierda respectivamente. Una hélice de paso a la derecha, al dar atrás, gira hacia la izquierda haciendo que la popa caiga hacia babor y la proa hacia estribor. Si fuese de paso a la izquierda, la popa caería a estribor y la proa a babor.

Se aprovecha la corriente de expulsión de la hélice en la marcha atrás para facilitar la atracada al muelle. Así pues, si vamos a atracar al muelle por babor, al dar atrás para parar la arrancada, la popa se aproximará al muelle, si es de paso a la derecha, facilitando la atracada.

Ciaboga con una hélice

Cuando la embarcación ésta parada al poner la marcha avante la hélice, el efecto de la presión lateral de las palas al chocar contra la masa de agua será muy grande, haciendo caer la popa a estribor y la proa a babor, pero a medida que tome arrancada, la corriente de expulsión aumenta y disminuye la presión lateral, haciendo que la popa caiga a babor y la proa a estribor.

Cuando la embarcación está parada y damos atrás la corriente de expulsión y la presión lateral de las palas se suman haciendo caer la popa a babor y la proa a estribor. En ambos casos hemos considerado que la hélice es de paso a la derecha, el timón está a la vía y el viento en calma.

Si una embarcación tiene que abandonar el puerto y no tiene su proa dirigida a la salida, tiene que hacer girar el barco un cierto número de grados. La maniobra para poner la proa en la dirección de la bocana del puerto se llama ciaboga.

Vamos a considerar algunos casos: ciaboga por estribor, ciaboga por babor con viento en calma o que sople de una o de otra banda.

Ciaboga por estribor con viento en calma.- La maniobra mencionada se hace siempre con toda la fuerza de la máquina para aprovechar las corrientes de propulsión.

Daremos a avante con el timón todo a estribor, empezará a caer a estribor avanzando poco a poco, antes que tome arrancada, se para. Daremos atrás toda con el timón al medio; la corriente de expulsión será muy grande haciendo caer la proa a estribor y la popa a babor. Sin que e barco tome arrancada atrás, se para. Daremos avante toda y el timón todo a estribor y seguirá cayendo a estribor. La maniobra se repetirá todas las veces que sean necesarias hasta tener la proa en dirección a la salida.

Ciaboga por estribor con viento de babor.- Esta maniobra es más fácil, pues todo barco que con viento da avante y atrás sucesivamente, acaba por poner la popa en dirección del viento. El motivo por el cual esto se produce es porque la hélice actúa de ancla flotante.

*Ciaboga por estribor con viento de estribor.-*Cuando hagamos esta maniobra será dificultosa hasta que no tengamos el viento abierto por babor. En cuanto pase ese instante nos ayudará a la caída a estribor.

Ciaboga por babor en calma.- Daremos avante toda con el timón a babor. En ese momento la proa irá cayendo a babor y cuando se encuentre en el lugar deseado se para, pondremos el timón al medio y atrás toda. La embarcación irá atrás pero nos echará la popa otra vez a babor. Se para y se da avante toda con todo a babor, repitiendo la operación varias veces.

Cuando se hace esta maniobra es bastante complicada porque será necesario mucho espacio y el barco no obedece bien al timón.

Ciaboga con dos hélices

Cuando se hace esta maniobra con un barco con hélices gemelas es muy rápida y se realiza con el mínimo espacio.

Si se queremos evolucionar cuando estamos sin arrancada, se hará ciaboga dando avante de una hélice y atrás de la otra el mismo número de revoluciones. La embarcación girará sobre su eje sin avanzar ni retroceder y La superficie ocupada será la de su propia eslora.

Cuando hagamos las maniobras de atraque y desatraque y todas aquellas en que la embarcación no tenga arrancada, los timones no hacen efecto, por lo que se dejan al medio y se maniobra solamente con los motores.

Si tenemos problemas con los timones se podrá seguir a rumbo con un motor a régimen regular y el otro aumentando o disminuyendo las revoluciones, llevando de esta forma el barco a rumbo.

Agentes que influyen en la maniobra: Viento, corriente y olas

Efecto del viento, mar y corriente.-En particular en las maniobras, el efecto del viento es uno de los factores a tener en cuenta y que cada maniobra de atraque o desatraque deberá realizar según su dirección y fuerza. Debemos observar la dirección real del viento dentro del puerto por las banderas de los otros barcos atracados, que a veces no concuerdan con el viento que hace en la mar.

Tendremos en cuenta la influencia de la corriente en las maniobras de un puerto con mareas, se tendrá siempre muy presente que la corriente de marea sea entrante o vaciante en el momento que se realice la maniobra; lo mismo ocurrirá si se trata de un rio con mareas. Para tener una buena referencia será conveniente observar la dirección de las proas de los barcos fondeados o si alguna boya se le observa que hace estela al chocar el agua con ella.

Si tenemos que atracar a un muelle será mucho más fácil hacerlo proa al viento o a la corriente. Por lo general los barcos gobiernan mal con marcha atrás y se corre el peligro de quedarse atravesado al viento o a la corriente y queda empeñado sobre otros barcos.

Cuando estamos en navegación, el efecto del viento sobre la obra muerta y superestructura de un barco parado será considerable, haciéndole tomar una posición de equilibrio que dependerá de la forma del casco y también, del calado a proa y a popa. Si un barco tiene asiento grande a popa tiene tendencia a ponerse de aleta al viento, ya que la proa ofrece menos resistencia al agua.

Cuando un barco tiene la superestructura muy alta a popa tenderá a ponerse proa al viento y si tiene la proa muy alterosa, el viento le hará arribar, separando la proa del viento.

Si el barco tiene arrancada, el viento le hará desviar su derrota produciéndole un abatimiento que le separará del punto de destino.

Si Hay corriente, el barco será arrastrado por la masa del agua produciéndole una desviación llamada deriva. Seguidamente vamos a tratar de explicar ambos conceptos.

El efecto del estado de la mar en la navegación influirá en el rumbo produciendo un abatimiento o una disminución de la velocidad cuando la marejada sea de proa.

Si navegamos a vela, el estado de la mar de costado influirá mucho en el abatimiento y ofrecerá un problema en la virada por avante, ya que al quedarse el barco con poca arrancada, para pasar la proa por el viento, el oleaje lo hará arribar inmediatamente y, por tanto, frustrando la virada.

Deriva y abatimiento.- Llamaremos deriva a la desviación que sufre un barco de su derrota por efecto de la corriente.

Si queremos corregir el efecto de la deriva se debe construir el triángulo de velocidades, tal como se explica en el capítulo de navegación. Y de esta forma, obtendremos un rumbo que nos permita contrarrestar el efecto de la corriente, llamado rumbo de superficie o rumbo aparente y una velocidad efectiva real de desplazamiento sobre el rumbo efectivo. Llamaremos abatimiento a la desviación que sufre el barco por efecto del viento. Lo definiremos como el ángulo que forma la línea proa-popa con la estela del barco. Si queremos corregir el abatimiento se deberá hacer un rumbo tantos grados hacia barlovento, lugar de donde viene el viento, como grados tiene el abatimiento. Si lo hacemos de esta manera, el punto de destino aparecerá por la proa.

Libre a sotavento

Si hacemos las maniobras dentro de las dársenas o lugares estrechos se deberá tener siempre presente que el barco está sometido continuamente a la acción del viento que, además, en las maniobras de ciaboga de avante y atrás, el barco irá abatiendo hacia sotavento pudiendo llegar a quedarse atravesado al viento y echarse sobre otros barcos amarrados produciéndoles averías. Siendo esto así, en las maniobras debemos asegurarnos que tenemos el suficiente espacio a sotavento para efectuarla sin ningún riesgo.

Por lo tanto, para las maniobrar dentro de dársenas con poco espacio disponible y con viento de través, es conveniente aprovechar el efecto de los cabos, así pues, para salir del amarre, no se suelta el orinque del muerto, sino que se acompaña hacia proa y se aguanta firme. Si tenemos el viento en la dirección de salida, al quedarse firme la proa, la popa se pondrá inmediatamente en la dirección que se va el viento. Si tenemos la proa enfilada con la salida, se larga el orinque, se deja que llegue al fondo y luego se da avante. La misma maniobra también se puede hacer de popa.

Conceptos de viento real y aparente

Si navegamos con un determinado rumbo y velocidad notamos en la cara un viento, que necesariamente no hace falta que sea de proa. Al mirar la vela o la bandera veremos que ambos marcan la misma dirección. Este viento se llama aparente y será más intenso del través hacia proa y menos hacia popa. Al representarlo gráficamente, tomamos la dirección y velocidad del viento aparente, que será la resultante de un paralelogramo y el rumbo y la velocidad del barco será una componente; el viento real será la otra componente.

Trazaremos el rumbo aparente del viento y su velocidad en un papel cuadriculado, eligiendo previamente una escala para las magnitudes de la velocidad. Seguidamente se traza el rumbo efectivo del barco y su velocidad. Si unimos los extremos los dos vectores obtendremos el viento real y la velocidad real.

Maniobras de atraque y desatraque

Atracar por babor en calma y con viento

Pondremos proa al lugar de atraque y al estar a unas tres esloras del muelle se pone el timón todo a estribor, el motor lo habremos parado. Posiblemente sea necesario durante la evolución dar unas paladas avante. Una vez que la amura esté cerca del muelle se dará atrás, la popa caerá a babor y la proa a estribor. A continuación daremos cabos a tierra.

Con vientos de fuera.- En el supuesto de que el viento es bastante fresco será conveniente hacer la atracada algo separada del muelle. De esta forma el viento nos irá aconchado y en seguida que se pueda se dan cabos a tierra. En caso de necesitarlo daremos atrás. En el supuesto que la popa se fuese con violencia sobre el muelle, cuando se haya parado la caída se para el motor.

Suponiendo que la proa se va contra el muelle, se da fondo aguantando la cadena lo suficiente.

Desatracar con y sin ancla

a)   Con el ancla fondeada: Largaremos todos los cabos menos el largo de proa y el largo de dentro de popa. Viraremos cadena y se larga a proa. La embarcación pasará y cuando se encuentre en la misma dirección de la cadena con la proa, la popa y el largo de popa, se largará este y se sigue virando, se zapa y se da avante.

b)   Sin el ancla fondeada: Largaremos todo menos el spring de proa. Colocaremos una defensa a proa y se da avante muy poco y con el timón al muelle. La embarcación irá abriendo. Largaremos el spring y se da atrás. Se para y se da avante.

Maniobra para abarloarse a otra embarcación

El abarloarse es la maniobra de atracar al costado de otra embarcación. Seguiremos las mismas reglas que para atracar al muelle con la única diferencia que se tendrá que ir con mucho cuidado para no producir avería en ambos barcos. El abarloante y el abarloado colocarán defensas en ambos costados. La embarcación se aproximará con muy poca arrancada, teniendo en cuanta la dirección del viento y su intensidad para aproximarse más o menos al otro barco. Cuando esté cerca de él se darán cabos y al estar atracando no se deben apoyar las manos o los pies contra los candeleros o pasamanos, para no romperlos, si se hace será contra la borda. Estos cabos de amarre se encapillarán a las bitas del otro barco dando por igual un spring a proa y otro a popa. Colocaremos las defensas, una vez atracado, en los lugares y a la altura apropiada.

Fondeo: Elección del tenedero

Al fondear es la manera por medio de la cual el barco deja caer el ancla al fondo.

Lo primero que haremos antes de fondear será elegir un lugar resguardado de la costa que ofrezca abrigo de los vientos predominantes de la costa así como del oleaje. Toda información se obtiene del derrotero de la zona, donde da a conocer los vientos y corrientes predominantes en cada punto de la costa.

Este fondeadero no solamente debe de ser abrigado, sino lo suficientemente espacioso para poder filar toda la cadena necesaria, poder ciabogar en él y asegurar en todo momento la salida del mismo.

Llamaremos tenedero a la calidad del fondo de un fondeadero. Los buenos tenederos son los fondos de fango, cascajo, conchuela, y arena. Los malos los de piedra, alga y arcilla.

Resumiendo, se puede decir que la operación de fondear no consiste meramente en echar el ancla en el fondo, sino asegurarse que, por medio del ancla y su cadena, el barco queda completamente inmóvil, seguro y sin impedimento para poder abandonar el fondeadero.

Escandallo

El escandallo es una pieza de plomo de forma troncocónica y en su base mayor lleva un agujero que se rellena de sebo o de grasa consistente para que cuando llegue al fondo se pegue en él la calidad del mismo, alcas, arenas, fango, etc., que permita saber la calidad del mismo. Sirve para conocer la profundidad.

El escandallo se amarra a un cabo fino llamado sondaleza, el cual lleva unas marcas a base de lazos de colores para marcar los metros de profundidad.

Longitud de fondeo

Por motivos del viento, el oleaje o la corriente o ambas cosas, el ancla tendrá que vencer una fuerza producida por los elementos citados. Esta resistencia que ofrezca el ancla juntamente con la cadena será tanto mayor sea el ángulo que forma la cadena con el fondo. Si queremos disminuir este ángulo será necesario filar la cantidad de cadena suficiente para formar la mayor curvatura posible. Por ello es conveniente que el sistema de fondeo conste de un ramal de cadena firme al ancla para que al dar fondo, debido a su peso, permanezca en contacto directo con el fondo. Esto no ocurrirá así si todo el cabo es de fibra que tiende a flotar.

Si el tiempo es bueno se filará una cantidad de cadena equivalente a tres o cuatro veces la profundidad, y con vientos frescos se filará todo lo que se pueda asegurando así una resistencia al garreo.

Garrear

El garreo consiste en arrastra el ancla por el fondo sin que se calve o ajuste a él. Todo esto ocurre cuando el tenedero es malo o no se ha filado la suficiente cadena.

Una de las primeras precauciones que se tomarán para evitar el garreo será dar atrás cuando se fondea para obligar a que se clave el ancla en el fondo y asegurarse que efectivamente se ha clavado. Para descubrir esto lo sabremos apretando el freno y dando unas paladas atrás; si entra en fuerza la cadena es señal que el ancla se ha clavado. Si queremos detectar si el barco garrea, se tomará enfilaciones a dos puntos por el través, de manera que cuando se observe que no se está en la enfilación, es señal que se está garreando. Otra forma de poder saber que se está garreando, será porque la cadena al suspenderla, en las embarcaciones pequeñas, tiene una vibración característica.

Bornear

El borneo se produce cuando un barco fondeado da vueltas alrededor del ancla por acción del viento o de la corriente.

Cuando vayamos a fondear se deberá tener la precaución de no hacerlo demasiado cerca de los otros barcos fondeados, porque si cambia el viento puede ocurrir que nos vayamos sobre ellos. Siempre que sea posible, lo haremos hacia proa o hacia popa de los barcos fondeados. Cuando hagamos el fondeo hacia proa nos aseguraremos de no dar fondo sobre su cadena, pues si sale antes que nosotros, se nos echará encima al virar.

Cuando fondeemos en sitios pequeños se puede evitar el borneo echando un anclote por la popa o dando una codera a tierra.

Vigilancia durante el fondeo

Cuando hayamos fondeado y hecho el barco cabeza, o sea, proa al viento y la suficiente cadena filada, se tomarán varias marcaciones a puntos de tierra para situar el barco y se toma la sonda bajo la quilla. Cada poco tiempo iremos comprobando la situación y la sonda para asegurarse que el barco no garrea. Igualmente será conveniente vigilar a los otros barcos que tenemos cerca por si estuviesen garreando y se nos echaran encima. Tomaremos enfilaciones de puntos por el través del barco para no tener que recurrir a instrumentos para asegurarse que se sigue en el mismo sitio.

Cuando estemos fondeados en un fondeadero de tenedero dudoso, será una buena práctica conectar la sonda y ajustar la alarma a una determinada profundidad para que si se garrea, al llegar a ella tengamos suficiente tiempo para virar y enmendar el fondeadero.

También podemos emplear la alarma del GPS, Pero dado el error que tiene éste en la situación, puede ocurrir que se dispare la alarma y sea falsa, por tratarse de distancias pequeñas.

Orinque

El orinque es un cabo fino que se amarra en la cruz del ancla y por el otro chicote a un boyarín llamado de orinque. Cuando damos fondo se tira al mar y sirve par balizar el ancla y que otros barcos no fondeen sobre ella y, especialmente, debe emplearse al fondear en fondos de piedra por si el ancla quedara enrocada.

Fondeo con un ancla

Cuando e barco se dirige al lugar del fondeadero, se deberá preparar el ancla y la cadena para dar fondo. Si el barco dispone de molinete eléctrico, se conectará la corriente al mismo y se zafa la boza de la cadena. Aflojaremos el freno y se arría el ancla poco a poco para que salga del escobén o del varadero de cubierta, dejándola colgada o a la pendura, lista para fondear. Apretaremos el freno y se desengrana el barbotén, o sea, se queda el tambor donde pasa la cadena solamente firme con el freno.

Cuando el barco no tiene molinete se prepara la cadena sobre la cubierta, a proa, se aduja la misma haciendo eses para que quede clara para fondear. Destrincaremos el ancla del varadero y se arría dejándola a la pendura y afirmando la cadena a una bita.

Si queremos fondear se dirige el barco al fondeadero elegido con poca arrancada y al estar en el sitio pondremos proa al viento dando atrás para parar la arrancada y obligar a tomar arrancada atrás. Una vez que hemos terminado la maniobra se para el motor y se da la voz de "fondo", se suelta el freno o se deja la cadena filando libremente hasta que llega al fondo y luego, poco a poco, se va filando para evitar que la cadena quede amontonada en el fondo. Si el barco tiene algo de arrancada atrás se va filando y aguantando de tanto en tanto para obligar al ancla a que se clave en el fondo. La cadena debe quedar sembrada en línea recta para que todo el contacto de la misma con el fondo haga de freno. Filaremos la cantidad de cadena que se ha dicho, pero siempre teniendo en cuenta las circunstancias del momento. Cuando esté filada la cadena suficiente, se aprieta el freno y se afirma la boza.

Fondeo con dos anclas

Se conocen tres formas de fondear con dos anclas: a barbas de gato, las dos por la proa y a la entrante y a la saliente o vaciante.

Fondear a barbas de gato: Al fondear con dos anclas de manera que el ángulo que forman las dos cadenas no sobrepase los 120°.

La embarcación se dirige al lugar del fondeadero haciendo un rumbo perpendicular al viento o a la corriente. Llevaremos poca arrancada y al llegar al sitio se fondea el ancla de barlovento y seguido se fila cadena, cuando hayamos filado *doble número de grilletes menos uno,* de los que queremos quedar fondeados, damos fondo a la otra ancla. Se engrana la primera y la vira y fila la segunda. La embarcación se irá aproando al viento y en el momento que entre por el grillete deseado del escobén de la primera ancla fondeada saldrá por la de sotavento del mismo grillete, quedando las dos anclas con el mismo número de grilletes. La ventaja que presenta fondear así es que el borneo es menor.

Fondear las dos por la proa: Llegaremos con poca arrancada al lugar del fondeadero y proa al viento. Cuando estemos en el lugar deseado, ya con el motor desembragado, se da fondo a un ancla, el barco aún conserva alguna arrancada y se sigue filando cadena, se coloca el timón a la banda contraria del ancla fondeada para separarnos de ella y al estar un poco separados, se da fondo a la otra ancla. Daremos marcha atrás filando el mismo número de grilletes de cada cadena y cada una de ellas soportará la mitad del esfuerzo total. Con este sistema tiene el inconveniente que las cadenas toman vueltas al menor cambio de viento y el arco de borneo es grande

Fondear a la entrante y a la saliente: Se fondea de esta forma en los ríos para hacer el borneo menor.

Levar

Cuando hagamos la maniobra de levar el ancla consistirá en cobrar la cadena o cabo a mano o virar con el molinete y subir el ancla a bordo. Si tenemos que virar con el molinete, se conecta la corriente a proa, se zafa la boza, se engrana el barbotén y se aprieta con el píe o con la mano el botón de contacto. En ese momento la cadena va entrando directamente a la caja de cadenas. Al producirse como un montón de cadena en ella, si tiene poca altura pronto llegará al cielo de la cubierta impidiendo que ente la cadena por la gatera. Será necesario que una persona vaya al pañol de proa provista de un bichero para estibar la cadena a medida que va entrando. Si lo hacemos así quedará clara para volver a fondear.

Cuando el ancla esté arriba y estibada en su varadero y se afirma la boza a la cadena dejando el ancla perfectamente trincada.

Si está a proa indicará al patrón la dirección que tiene la cadena al virar y si hace mucha fuerza hacia proa, se darán unas palas avante y luego se para.

Equipo de fondeo

Todas las embarcaciones deberán disponer de una línea de fondeo. Se tendrá en cuenta que la longitud de la citada línea debe ser por lo menos 5 veces la eslora de la embarcación. La longitud del tramo de cadena será como mínimo igual a la eslora de la embarcación, excepto en las embarcaciones menores de 6 metros de eslora en las que la línea de fondeo puede estar constituida enteramente por un cabo.

En cuanto al diámetro de las cadenas, cabos y peso de las anclas será según las normas de la Inspección General de Buques.

El conjunto del equipo de fondeo será: el ancla, el molinete, la caja de cadenas, la boza y el orinque.

Se llama boza a un pequeño ramal de cadena que firme a la proa del molinete se engancha a la cadena cuando el ancla está arriba en el escoben o en el varadero. Su labor es aguantar la cadena y el ancla para que no pueda filarse con los pantocazos.

El viento y las velas

Como es sabido, la explicación de por qué un barco navega, se equili-
bra y como se ajusta es común a todos los veleros, con independencia
de su tamaño. Nunca los principios varían. Nuestra pretensión sin embargo es explicar al principiante, o al navegante poco experimentado,
que no existe ningún misterio que impida entender por qué los veleros
se comportan tal como lo hacen. Cuando esto se entienda, puede
ponerse en práctica.

El paralelogramo de fuerzas

El poder comprender las fuerzas involucradas en la producción de un
movimiento hacia adelante de un barco, que tantos siglos ha costado
descubrir, puede resumirse en el paralelogramo de fuerzas que ahora
veremos. Estas fuerzas implicadas son cuatro, y estas cuatro fuerzas
permiten que el timonel haga navegar al aparentemente sencillo velero
hasta el límite impuesto por su propia habilidad.

Vamos a describir lo que sucede; imaginemos que el viento golpea
las velas del barco desde un costado, desde un ángulo de 90º respecto a la dirección en que se mueve un velero. La embarcación se
verá forzada a escorar (no hay nada más seguro que esto). Esta es
la característica que distingue a los veleros de otras embarcaciones.
Por todo esto, este es el principio de avance de un velero. Si un barco
no llevara orza zozobraría porque el peso de la orza actúa como contrapeso, esta fuerza de contrapeso se conoce como el **par adrizante.**
Cuando no hay oleaje, el viento se mantiene absolutamente constante
y el barco conserva su rumbo perfectamente, el ángulo de escora se
mantendrá constante mientras el barco se desliza por el agua.

Hay algún punto del palo donde existe un apoyo, un punto, donde las
dos fuerzas estén en perfecto equilibrio, pero solo en el plano vertical.
Si queremos entender por qué un barco avanza, debemos saber qué
pasa con las otras dos fuerzas, las que actúan en el plano horizontal.

Todos sabemos que el barco avanza cuando el viento sopla sobre las
velas pero ¿por qué lo hace? ¿Cómo es que el viento lateral lo impulsa
hacia adelante? Porque la respuesta es que el viento que golpea el
grátil de la vela se divide; parte de él pasa por la cara de sotavento, y
parte, por la de barlovento. Cuando el viento que pasa por sotavento,
a lo largo de la curva de la vela, recorre un camino más largo por lo
que su presión decrece. La reducción de la presión del aire succiona
literalmente al barco hacia adelante. A la vez, el viento que pasa por el
canal formado entre la vela de proa y la mayor se comprime y acelera,

provocando el efecto Venturi, que de nuevo succiona el viento hacia adelante.

Ya tenemos tres de las cuatro fuerzas que forman el paralelogramo: el par de escora, el par adrizante (el efecto que le produce la orza) y el movimiento hacia adelante del barco. ¿Cuál es la cuarta fuerza? La cuarta es la **resistencia al avance,** el efecto de la fricción del agua a medida que avanza.

Si Observa cuidadosamente la figura de nuevo verá que cualquiera de estas fuerzas, de no estar en equilibrio, tendrá un efecto importante sobre el barco si bien impediría que este avanzara bien, haría que navegara de manera ineficaz. Si no llevara las velas el barco permanecería vertical e inmóvil. Como no tuviera orza, el barco volcaría. En el momento que estas fuerzas alcanzan el equilibrio, el barco puede avanzar, pero entonces la resistencia al avance pone límite a su velocidad.

Una vez que comprenda estas fuerzas básicas podrá navegar porque sabrá que navegar eficazmente solo es posible si estas fuerzas están en equilibrio. En un lugar de la vela mayor existe un punto que es el **centro velico,** el punto donde las cuatro fuerzas alcanzan el equilibrio. Cuando comparamos la diferencia entre un buen navegante y uno malo es que el bueno consigue equilibrar con mayor frecuencia las cuatro fuerzas (por eso se dice que el barco está equilibrado). Cuando en cualquier momento, debido a que el patrón lleva mal el barco, estas fuerzas se desequilibran, y el barco pierde su eficacia. Para tener una demostración palpable de lo que decimos, salga a navegar solo con la mayor, sin la vela de proa. Comprobará que el barco apenas consigue ceñir, tiene un movimiento pesado y es necesario aguantar la caña con fuerza para mantener el rumbo y evitar que orce. Esto no resulta nada satisfactorio. En este momento ice la vela de proa y ajústela. Entonces el barco cobra vida, puede gobernarse con precisión, ciñe y no trata de orzar. Comienza a estar equilibrado.

Podremos comprobar más adelante, que cuando el centro velico está demasiado a popa la mayor proporciona excesiva fuerza lateral al barco. Entonces el barco orza y es difícil gobernarlo, si el centro velico se desplaza demasiado a proa, la vela de proa intentará hacer arribar al barco y la mayor no presentará suficiente contrapeso. Por lo tanto, y en primer lugar, debemos entender como el movimiento hacia adelante del barco convierte el **viento real,** el viento que sopla cuando nada interfiere en él, en el **viento aparente.** Por lo tanto el viento real es el que hemos descrito, el que sopla en ángulo recto respecto al barco. Cuando el barco arriara todas las velas y se quedara quieto en el agua, el viento que sopla sería el viento real. A medida que el barco cobra arrancada, parece que el viento se desplace hacia proa. Por lo que este viento, provocado por el avance del barco, se llama viento aparente. Conforme el barco avanza, el viento con quien tratará será el viento aparente. Cuando consiga entender el viento aparente y la fuerza lateral, también será capaz de llegar a ser un buen navegante. Una vez que ya conoce la teoría, vayamos a la práctica.

Izar velas

Cuando vayamos a izar las velas debemos poner al barco proa al viento, orientándolo bien girando el remolque o maniobrando en el agua.

La mayor

Lo primero que haremos será, izar la mayor y nos aseguremos de que haya por lo menos un par de metros de escota sueltos con el fin de que la botavara puedas moverse libremente. Indique a los novatos que deben apartarse de la botavara, ya que de aquí en adelante puede ser peligrosa. Una vez tenga el viento por la proa, ponga a uno o más tripulantes a tirar de la driza. La forma más fácil de hacer esta maniobra es situar un tripulante en el palo, tirando directamente de la driza, mientras otro cobra del winche. Una vez que la vela esté casi arriba, y por tanto su peso sea mayor, el tripulante del winche acabará de izar usando la manivela. Entonces la vela flameará a medida que sube, pero el barco no avanzará porque la escota está libre y la vela no portará a ninguna amura. Tendremos que tensar la driza hasta que aparezca una ligera arruga vertical paralela al palo, en el grátil. Seguidamente tense el pujamen hasta que se forme una arruga parecida en la base de la vela. Cuando le sea posible ya ajustará la tensión.

La vela de proa

Vamos a izar ahora la vela de proa. Vamos a imaginar que sopla un viento perfecto, de unos 12 nudos y muy regular, por lo que se izará el foque más grande en caso de tener más de uno. Primero engrilletaremos el puño de amura, para que la vela esté bien aferrada en caso de una racha repentina, y luego la driza y las escotas. Cuando la vela tiene garruchos, se conectan ahora, y, si hace tiempo que no les ha dado una rociada de aerosol hidrófugo, hágalo ahora. Nos aseguraremos de que las escotas estén libres y a continuación izaremos la vela. Sobre la maniobra del barco en aguas concurridas que expondremos más adelante, por lo que imaginaremos que no hay impedimentos y que se puede navegar libremente. Para ello intentaremos ponernos a navegar desde la playa, utilizando un remolque o a motor, pero cuando haya que dejar un muerto a vela la cosa se complica.

Tiene que decidir porque amura quiere dejar el muerto y a continuación pida a un tripulante que cace la escota del foque de la misma amura. Cuando el foque se acuartele, es decir se hinche por su cara exterior y haga caer la proa en la dirección elegida. Tenga mucho cuidado de que no se hinche por la cara interior porque si es así, caerá por la banda contraria. Cuando la proa haya caído lo suficiente para poder tomar el rumbo deseado, meta la caña en esa dirección, deje pasar la vela a la otra banda y cace la escota hasta que la vela se llene y empiece a tirar. Una vez que sucede esto, diga al tripulante que se ocupa de la mayor que cace la escota hasta que la mayor también se hinche y tire. Entonces el barco escorará y ganará velocidad.

Cuando el barco se pone a rumbo y se cazan las escotas, otro miembro de la tripulación soltará la amarra de la boya del muerto y, pasando por la banda de barlovento, andará hacia popa, donde la dejará caer mientras el barco acelera.

Si salimos de la playa o de cualquier otro punto libre de un puerto, se sigue el mismo proceso. La proa se empujada hacia la dirección deseada, se cazan las velas, y el barco acelera y empieza a navegar. Aquí no es necesario preocuparse por dejar un amarre.

Los controles

A través de las escotas se controlan las velas y transmiten el poder del viento al barco. Si se trata de la mayor, al cazar la escota la botavara se desplaza hacia la crujía. A medida que se vaya acercando al centro del barco, más se planta la vela y menor es su ángulo de ataque respecto al viento aparente. Al final, cuando se ha cazado la escota al máximo y la botavara está en la misma línea de la crujía, el barco está preparado para ceñir al máximo.

Como no hayamos tocado la escota del foque, flameará fuertemente y no transmitirá potencia al barco. Mande a un tripulante que cace la escota con el winche (ajustar el foque), hasta que alcance prácticamente el punto de máxima tensión. Debe asegúrese de que no aplica demasiada tensión y evitará que la vela se deforme o incluso se rasgue.

Cuando ya estemos navegando, compruebe el grátil de ambas velas. Procure que no haya arrugas o pliegues. Si hubiera alguna arruga, reduzca la tensión de la driza hasta que el grátil, aunque tenso, no muestre ninguna. Si lo hacemos así, esta será la tensión adecuada para las condiciones reinantes. A continuación haga lo mismo para la tensión del pujamen en la base de la mayor. Esta vela adquirirá una bolsa suave y uniforme, sin arrugas ni pliegues. Y las velas tendrán entonces un aspecto poderoso y bonito.

En este momento domina el pujamen, las drizas y las escotas. Conforme adquiera experiencia, podrá ajustar estos controles básicos con mayor habilidad y sutileza. Otro tipo de control, como los aparejos **Barbehaul, snotters,** retenidas, etc., son refinamientos. Ya que la potencia se transmite a través de estos controles básicos, pero para que esto ocurra cualquier tensión debe tener la tensión adecuada a las condiciones reinantes. Que sea ni demasiado elevada, pues distorsionaría los ajustes, ni demasiado leve, pues dispararía la energía.

Existe un control que puede considerarse situado entre los básicos y los refinados: la barra de escota de la mayor. Se ponen muchos tipos de barras pero su función es, en esencia, permitir que la mayor se desplace de la línea de crujía, y reducir así el par lateral y el par de escora, sin modificar la forma de la vela. Como sabemos, la barra de escota tiene sus propios controles, independientes de los mecanismos que permiten ajustar la escota. Por supuesto que con esto no queremos decir que no se pueda cambiar la forma de la mayor al mismo tiempo, pero no debe ser necesario. Tenemos algunos momentos en los que se quiere dar menor tensión a la vela y se larga escota al mismo tiempo que el escotero se desliza por la base de la barra. Se ha de tener en cuenta que para analizar esta maniobra es necesario tener mucha experiencia.

En cuanto al tipo de control del foque que recomendamos, y lo hacemos encarecidamente, es el escotero ajustable. Si utilizamos este sistema, el escotero no se fija con una clavija en un punto determinado sino que se desliza libremente por el carril, controlado por un aparejo que permite fijarlo en un punto deseado. Si utilizamos este sistema nos permite cambiar la posición del escotero en cualquier momento, aunque la escota trabaje. Pensamos que no habrá muchas tripulaciones que quieran llegar al extremo de utilizar los sistemas de los barcos de regatas, con controles que permiten desplazar el escotero tanto en sentido longitudinal como transversal. Lo que ocurre es que el sistema da un número casi infinito de posiciones para el puño de escota del foque. Tiene el inconveniente que resulta demasiado difícil reproducir las posiciones óptimas con este sistema, por lo que es preferible el aparejo más sencillo, donde el patín no tiene clavija para fijar la posición. Este aparejo consta de un cabo que parte del borde de la proa del patín del escotero, pasa por una de las poleas del aparejo doble, vuelve al patín, vuelve a la segunda polea y termina en una cornamusa situada en la bañera. Se puede utilizar un sistema similar con una sola polea. En muchas ocasiones, si no hay tensión en el aparejo, el escotero se coloca libremente en la posición de equilibrio de todas las fuerzas. Si tomamos esta posición será muy cercana a la posición óptima, lo cual permite ajustar el escotero realizando pequeños movimientos hasta dar con la posición deseada. Si utilizamos otros sistemas, la distancia de los agujeros para las clavijas alcanza hasta 10 centímetros, lo que significa que el control es algo burdo.

Hay veleros que tienen dos carriles por banda. Generalmente la escota se coloca en el carril exterior, más cercano a la regala. También el carril interior que se utiliza para navegar con vientos moderados y mar llana, y puede ajustarse de la misma manera. Ya que por él pasa una segunda escota (generalmente lleva un grillete automático) que se afirma al puño de escota. Este sistema de doble carril permite cerrar el ángulo de cazado del Génova o foque, cazando la escota interior y soltando la exterior.

Hay navegantes que opinan, que este sistema da una amplia variedad de posiciones para el control del foque. Cuando navegamos con una tripulación experta es muy fácil conseguir un ajuste perfecto para las condiciones del día. Naturalmente, al arribar y navegar de través, debe abrirse el ángulo de cazado, pero un tercer carril resultaría demasiado complicado. Se puede colocar una pasteca (polea que se abre) en la regala y pasar una nueva escota por ella, soltando la escota principal. Aunque hay marinos que piensan que lo mejor será colocar un aparejo **barberhaul** a la escota.

Muchas veces la vela de proa pierde potencia al navegar de través porque el puño de escota queda demasiado alto. Por lo tanto, una escota secundaria, colocada temporalmente, es muy útil. Lo anterior es particularmente cierto cuando se utiliza el tangón. Muchos patrones creen que el tangón debe estar horizontal para conseguir la mayor superficie vélica posible. En un principio parece que sea así, pero eche un vistazo el puño de driza. Entonces verá que la parte alta de la vela abre demasiado y pierde mucho viento. En el momento que bajemos el extremo del tangón a nivel de la fogonadura del palo, cerrará la zona alta de la vela y aprovechará mejor la presión del viento.

Los catavientos y la forma de sacarleslo máximo

En el momento que tengamos nuestros controles situados, debemos aprender cómo sacar el mayor partido de ellos empleando los catavientos; probablemente, la mejor ayuda del timonel tanto de día cómo de noche, pero sobre todo de día. Estos artilugios son cintas de material ligero o de lana que vuelan incluso con vientos ligeros. Van colocados en las velas para poder ver el flujo del aire que se desliza sobre ellas. Se mueven volando horizontalmente cuando el barco navega en su punto óptimo. Por lo general se tienen dos, o mejor tres hileras de catavientos. Colocaremos la primera hilera a unos 20 centímetros del grátil de la vela, la segunda en el centro, y la tercera, cerca de la baluma. En las velas mayores, la tercera hilera se cose habitualmente en la misma baluma para indicar que la vela se vacía correctamente. Estas filas de catavientos deben quedar separadas entre sí aproximadamente 2 metros.

El llevar catavientos constituye el mejor sistema para visualizar el flujo del viento en las velas. Pero, pueden resultar desconcertantes y hay que aprender a interpretarlos correctamente. Existe una teoría que dice que los catavientos deben caer antes en la parte alta de la vela que en la inferior (incluso algunos patrones de veleros la defienden). Que se diga esto es una tontería. En el momento que la parte superior de la vela queda desventada antes que la inferior, indica que el extremo superior no trabaja adecuadamente. Esto significa también que una parte de la superficie velica del barco, que se ha medido para calcular su **rating,** no se aprovecha. Ya qué, el ángulo de influencia del viento varía en función de la altura. Por lo que no tiene sentido ajustar el barco de otra manera que no haga posible utilizar las escotas para controlar el grátil de la vela, de modo que pinte bien en toda su longitud y aproveche bien el viento. Existe una premisa: el barco debe estar bien reglado. En el momento que la posición del palo, la longitud del estay de proa y la tensión del estay de popa no son los adecuados, entonces la vela no pinta bien, haga lo que haga. Por lo tanto que, si no consigue que la vela pinte bien o el barco pierde arrancada cuando lo consigue, hay que buscar el problema en otra parte.

Existe otra trampa en la que caen incluso los timoneles expertos cuando navegan en ceñida y no pueden ver los catavientos de sotavento. Tan sólo ven los interiores, que vuelan perfectamente. En ese momento suelen pensar que, puesto que el barco navega rápido, va a su máxima velocidad y su ángulo de ceñida es el mejor. Esto no es cierto.

Porque lo que ocurre es que el barco ha abierto un poco el rumbo. Es un fallo frecuente en los barcos que buscan la máxima velocidad en todo momento, a costa del compromiso entre el ángulo de ceñida y la velocidad. Pensamos que la mejor manera de comprobar si los cata-vientos interiores (de barlovento) indican que el barco está en su ángu-lo máximo de ceñida es aproarse ligeramente y ver si los catavientos interiores empiezan a levantarse. Algunos timoneles tienen miedo de hacer esto, pero cuando se navega de ceñida, sobre todo con vientos duros, los catavientos interiores deben levantarse. Cuando navega-mos con vientos moderados, deben saltar de vez en cuando para que los exteriores vuelen horizontalmente, sin saltar. Continúe probando este sistema y verá que navega casi tan rápido y con un ángulo de ceñida mucho mejor.

Si tenemos vientos ligeros, es más difícil hacer saltar los catavientos interiores ya que el flujo de aire se desplaza a proa y el ángulo de ataque es mayor. Una vez que el timonel haya aproado el barco lo su-ficiente como para desventar las velas y comprobar el viento, la vela ya estará desventada en casi una cuarta parte de su anchura. Si tenemos viento suave es más importante que el barco navegue, que escore lo justo y que todos los catavientos vuelen de manera regular.

Si los catavientos se levantan es muy importante en un barco apa-rejado a tope que navega de ceñida, ya que desventar el grátil del foque no afecta significativamente su velocidad. Navegando con vien-tos fuertes ceñir a rabiar y desventar parcialmente el grátil significa navegar a un ángulo más cerrado que el óptimo. Notaremos que los primeros 30 centímetros del grátil flamean y no portan potencia. Aun-que con un aparejo a tope el resultado es que el barco mantiene un buen rumbo y una velocidad excelente, sin estar sometido a un esfuer-zo excesivo. Con un aparejo fraccionado no puede navegar así, pierde potencia y cae a sotavento. Seguramente el ángulo de ataque de un aparejo a tope, más suave que el de uno fraccionado, sea más ade-cuado para desventar la vela de manera regular. Si llevamos un barco aparejado a tope, ceñir a rabiar desventando parcialmente la vela es una buena técnica. Si el barco está ajustado para los recalmones pero ligeramente sobrado de potencia en las rachas, está ajustado, como corresponce a un buen barco de regatas, para los recalmones.

Gobernar con velas y su importancia

Hay cursos de vela que incluyen entre su temario, una sección sobre como gobernar el barco utilizando exclusivamente las velas por si se rompe el timón. Es importante enseñar a la gente esta técnica: en primer lugar, que es posible aunque puede ser difícil en algunas circunstancias; en segundo lugar, ayuda a los principiantes a entender cómo funcionan las fuerzas que actúan sobre el barco y como se equilibran. Primero hablamos del par lateral de la mayor y del centro velico, y demostramos como se puede adelantar y retrasar este centro. Esto es precisamente el control de la situación del centro velico lo que nos permite dirigir el barco hacia una dirección u otra sin emplear el timón. Si queremos demostrar esto imaginaremos que hace un día de viento medio, un buen viento para navegar, con borreguitos y olas cortas, nada extremo. Lo primero que haremos, será señalar que será imposible ceñir mucho sin el timón. Como sabemos, toda la técnica de la ceñida depende del uso juicioso de la caña, para orzar cuando el barco quiere arribar y arribar cuando quiere orzar. Si no empleamos el timón y con las velas cazadas a tope para ceñir, el barco orzará, pondrá proa al viento y las velas flamearan. El velero comenzará a navegar marcha atrás y se perderá el control.

Por lo tanto vamos a ver qué sucede si no utilizamos el foque. Como amollemos mucho la escota del foque y se mantenga la mayor cazada, el barco orzará y el foque flameará. Cuando el foque es mucho más grande que la mayor, es posible que el barco arribe. Si es así, el foque se llenará y vencerá el par de giro de la mayor. Aunque no es muy probable que esto ocurra. ¿Qué ocurrirá si amollamos la mayor? Entonces se reduce el par lateral permitiendo que el barco se abra a un ángulo mayor respecto al viento. Conforme el ángulo se abra, el barco empezará a moverse, ganará velocidad y navegará a un descuartelar o algo parecido. Como no haya oleaje o se produce un cambio de dirección del viento, podrá navegar así hasta alcanzar la costa, o virar y navegar de la otra amura hacia otro destino.

En este momento el barco se mueve razonablemente bien, puede cazar el foque ligeramente, a medida que el viento aparente se cierra, y orzar un poco. Haremos esto con mucho tacto ya que, al cazar el foque, la mayor flameará y tendrá que cazarla también. Conforme lo haga, el barco irá aproándose y tendrá tendencia a volver a la situación original, para terminar parándose. Por lo tanto, llegará un momento en que no podrá evitar que la mayor flamee, y el foque hará que el barco arribe. Aproximadamente unos 70º respecto al viento es el mejor rumbo de ceñida que podrá conseguir.

Cuando tengamos equilibradas las velas, es fácil arribar: sólo hay que arriarlas equitativamente. En el momento que el viento alcance la aleta, tendrá un problema muy parecido al anterior. Por lo que llegará un momento en que el foque ya no trabajará y la mayor provocará que el barco orce. Tendremos por lo tanto un ángulo límite por la aleta. Por lo tanto llegamos a la conclusión que podemos navegar con cierta precisión entre 70º y 140º respecto al viento. Tendremos muy presente que no podemos hacer nada con aquella sección del compás comprendida entre 70º a babor y 70º a estribor (un arco de 140º). No obstante podemos dominar el barco con los demás rumbos. Si queremos navegar de empopada sin timón, lo mejor es arriar la mayor para evitar la tendencia a orzar que esta provoca y envergar dos velas de proa de similar medida. Si vamos navegando de empopada con estas velas, el viento puede cambiar de amura sin el peligro de una trasluchada. Con este método podemos navegar con vientos moderados y frescos.

Es muy importante practicar el gobierno con las velas, sin timón. De esta forma podremos comprender cuál es el equilibrio del barco y de sentir lo que sucede al navegar. Es muy estimulante controlar el barco con las velas, sin la ayuda del timón, y conseguir ir donde usted quiere.

Tomar rizos y forma de hacerlo

Ahora sabemos lo que sucede cuando hay demasiado par lateral y no es posible dominar el barco. Cuando hay mucho viento, y por tanto el exceso de par lateral, produce el mismo efecto. Por lo tanto, la única manera de recuperar el equilibrio es disminuyendo el par lateral por la reducción de la superficie velica expuesta al viento, es decir, hay que tomar rizos. Lo primero que haremos será rizar la mayor. Se debe rizar si el patín del escotero está en el extremo de la barra de escota, el timonel con la caña, y cuando la regala de sotavento está sumergida en el agua.

El buen patrón tendrá trazadas las curvas de rendimiento de su barco con las diferentes configuraciones de velas, con las velocidades relativas, los ángulos de ceñida y los ángulos de escora. Si analizamos de entre todos ellos, probablemente el ángulo de la escora es el más importante –sobe todo, en un barco construido en los últimos 10 años– y también es muy importante que el casco del barco presente un perfil eficaz en el agua. En caso de que no se disponga de las curvas de rendimiento para su barco, consiga un clinómetro, colóquelo delante del timonel y dígale en que ángulo de escora debe mantener el barco. De esta forma verá con claridad cuándo tiene que rizar.

Tenemos otro factor que se debe de considerar. Hay una vieja regla que dice que los aparejos fraccionados rizan el foque antes que la mayor y que los aparejos a tope hacen lo contrario. Tendremos en cuenta que cuando en un aparejo a tope de palo reduce la vela de proa, cambiando un Génova pesado por un foque, lo que era un aparejo a tope se convierte casi en un fraccionado.

Causa emoción navegar con la regala de sotavento sumergida en el agua por efecto de la escora y el agua corriendo por la cubierta, pero en esta situación el barco abate mucho. Si hay otro barco, con los rizos tomados y bien amarinado, ceñirá más y llegará a la boya de barlovento antes.

La técnica de tomar rizos y el rizado rápido

Esta técnica es casi universal. Aquellos tiempos del rizado giratorio y de los rizos hechos a mano con nudos llanos han pasado a la historia. En estos momentos lo que se lleva es el rizo rápido.

Se han impuesto los sistemas que tienen un aparejo de polea en el palo, uno a cada lado, con un gancho sobre el que se hace firme el ollao del rizo. En el momento que el patrón da la orden de rizar, se coloca el ollao en el gancho, mientras un tripulante se ocupa de la driza de la mayor. En ese mismo momento, otro tripulante, colocado cerca del palo, toma el cabo del rizo –que ya estará pasado de antemano- y lo pasa por un winche de cubierta. Si el rizo está bien tomado no debe amollarse la escota de la mayor, aunque a veces resulta prudente hacerlo. Amollaremos la escota a la vez que cobramos del rizo. Otro miembro de la tripulación tira del **cunningham** para que la driza baje perpendicularmente a medida que se larga la driza. Cuando la maniobra esté bien hecha, parece que la mayor baje y parte de ella desaparezca en la botavara, y la velocidad del barco no cambiará. Una vez que el rizo está tomado, el barco ciñe más y escora menos: hemos reducido el par lateral y el escotero se colocará en el centro de la barra de escota de nuevo. Podremos marinar el barco para las nuevas condiciones y notificar al navegante cualquier cambio de rumbo.

Como el viento sigua arreciando y vuelvan aparecer las señales que anuncian la necesidad de rizar, se debe tomar el segundo rizo, y así sucesivamente.

No obstante, en las maniobras de rizos y cambios de velas es muy importante conducirse con cordura y prudencia. Siempre tendremos en cuenta las normas. Que en primer lugar dicen: cuando surge la pregunta de si hay que tomar rizos o no, debe tomarse; la segunda dice:

evite cambiar las velas repetidamente y trate de conservar las energías de la tripulación. Todo esto es particularmente cierto cuando el viento amaina y tenemos que izar velas más grandes. Es convienente saltarse un cambio, y cuando lo haga ice directamente una vela mayor de lo que ha pensado en el primer momento: si lleva el foque nº 4, ice el nº 2 y no el nº 3. Si tiene izado el 3, pase al número uno de trabajo, o pesado, pero antes piense detenidamente si puede izar el Génova ligero. Cuando amaina el viento y va a seguir bajando, es mejor andar algo sobrado de trapo que falto de potencia. Pensamos, que si tiene algo más de trapo, el barco navegará a su máxima velocidad. Como ice la vela intermedia, al barco le faltará potencia y la tripulación acabará cambiando dos velas en vez de una. Cuando el viento arrecia y hay que reducir trapo, vale la pena saltar del foque nº 1 al nº3, en vez de al nº 2. El nº 2 tiene una banda de uso bastante limitada, de unos 20 a 22 nudos, y si el nº 1 pesado resulta demasiado grande seguramente que ya soplarán 22 nudos. Si pasamos directamente al nº 3 el barco se asentará mejor y ceñirá más y, a no ser que su velocidad disminuya, porque ha estimado mal el aumento del viento, verá que navega mejor con el nº 2.

Cuando termina una regata larga y dura, la moral, la fuerza y la resistencia de la tripulación son factores de mayor importancia a bordo. En cuanto a la moral a bordo de un crucero puede resultar todavía más decisiva, ya que no resiste el deseo de ganar y hay más tiempo de estar sentado pensando. Cuando una tripulación de crucero está agotada es una tripulación infeliz.

Lo que es sumamente importante es que, tanto navegando de crucero cómo de regata debe tener los cabos de rizos pasados y preparados. En cuanto al último rizo, no se emplea hasta que las condiciones son extremas, que es cuando los cabos son más difíciles de pasar. Suponiendo que el patrón cree que ofrecen resistencia al viento (vaya tontería), debe pasar una guía y asegúrese de que el cabo del rizo tenga una gaza en el chicote para poderlo pasar. Tengamos en cuenta que aún así, existirán situaciones, sobre todo con vientos portantes, en las que será imposible pasar el rizo sin poner el barco en peligro.

Hay un error muy corriente que es dejar la vela rizada con una forma indefinida o con mucha bolsa. Tenemos que pasar los rizos de manera que tiren del pujamen cómo el puño de escota original. Si cambiamos la tensión del pujamen, la forma de la vela varía. Todo esto es particularmente importante cuando se navega de través o con vientos portantes. Pero puede que no desee tener mucho trapo, en cambio es necesario que la vela tenga una forma eficaz: con bolsa pronunciada en caso de vientos portantes y con el pujamen cada vez más tenso a medida que el viento se cierra y nos acercamos a la navegación de ceñida, en cuyo caso preocupará que la vela sea lo más plana posible. Siempre que apareje un barco o cuando ponga a punto uno nuevo, asegúrese que trata cada cabo de rizo como si fuera el pujamen y así conseguirá la forma de vela deseada.

En estos momentos ya somos capaces de navegar de ceñida.

Como se iza el spinnaker

Para izar el spinaker lo haremos al socaire de una vela de proa. Cuando se ha decidido en que banda va a izarlo (la contraria del tangón), debe cobrar de las brazas y escotas hasta que se encuentre en la regala, a mitad de camino entre la proa y los obenques. Se ha de sujetar la bolsa a la regala; y afirmaremos la driza, la escota y la braza a los puños correspondientes. Por otro lado el proel debe vigilar que la vela no salga de la bolsa. Es muy posible que necesite que alguien la sostenga.

Al mismo tiempo, un tripulante debe preparar la braza en el winche, pero no antes de que el proel tenga suficiente cabo libre y haya colocado el tangón en el palo. Una vez que el proel comunique que el tangón está en su sitio, un tripulante de la bañera puede cobrar el amantillo hasta que el tangón esté en posición horizontal. Mientras tanto, el tripulante de la braza puede empezar a cobrarla con el winche, llevando el puño hasta el extremo del tangón. Esta maniobra debe hacerse con rapidez, pues la vela empezará a salir de la bolsa, por lo que el tripulante de la escota debe estar atento.

En este momento el tangón debe estar bien afirmado por la braza (con la vela en el extremo del tangón), el amantillo y la contra. Por lo que solo queda suelta la escota. En este momento uno de los tripulantes debe ir al palo y empezar a cobrar de la driza lo más rápido posible, izando la vela. Otro tripulante de la bañera será designado para recuperar la driza, tomando unas vueltas en el tambor del winche tan pronto como note que el peso de la vela es excesivo para el tripulante que iza desde el palo. Tomará la carga de la driza con el winche en este momento e izara lo más rápidamente posible.

En cuanto al tripulante de la escota no debe cobrar hasta que la vela alcance el palo, pero debe cazar en cuanto esto suceda. En cuanto la driza se haga firme en una cornamusa, el spinnaker no podrá descontrolarse ya que todo está firme y el tripulante de la escota ya ajusta la vela.

Hay tripulaciones que enjuncan el spinnaker antes de izarlo. La forma de hacerlo es atando con gomas elásticas o hilos de lana, para que no hinche antes de alcanzar el tope del palo. Hacer esto es una buena práctica, sobre todo con viento duro, pero el patrón debe vigilar lo que se emplea para enjuncar. Hay navegantes que colocan tantas ataduras que parece un alambre de espinas, y la vela resulta imposible de abrir.

La maniobra del arriado del spinnaker

A continuación vamos a tratar la maniobra que deja a la mayoría de las tripulaciones perplejas, pero es una de las más sencillas: el arriado del spinnaker. Estas velas no deben arriarse en la bañera de proa. No hay ningún timonel que quiera ver como la bañera se le llena de una vela de colores que ondea delante de sus narices. Además los tripulantes de la bañera no quieren que las escotas y demás cabos se enreden cuando están ocupados en el ajuste de las velas a un nuevo rumbo. Existe mucho más espacio a proa que en la concurrida bañera y, además es más seguro.

Esta secuencia es muy sencilla, pero debe permitir que la tripulación tenga el tiempo que su capacidad exige. Todo esto significa que si la tripulación es muy hábil y se ha entrenado y compenetrado, sabrá por instinto, lo cual es en realidad experiencia, cuánto tiempo durará la arriada según las condiciones de viento y mar. Si disponemos de una tripulación lenta, un patrón prudente concederá a la maniobra bastante tiempo, porque es mejor proceder lenta pero eficazmente que apurarse y equivocarse. Realizar una maniobra lenta pero correcta apenas afectará a la velocidad del barco, pero una maniobra que se haga de prisa que acaba con el spinnaker liado o la driza en el tope del palo puede costar minutos de retraso en una regata.

Tenemos que recordar que estamos aprendiendo a navegar por el océano de forma autosuficiente. No se puede participar en una maratón sin entrenarse, y lo mismo ocurre con la navegación de altura si somos sensatos. Por lo tanto debemos de tener presente al explicar las maniobras en este capítulo, aparte de aprender las técnicas sencillas, es desarrollar la coordinación y, sobre todo, el sentido del control que nace del reconocimiento de las capacidades de uno mismo.

Cuando debemos realizar la arriada por la proa

Una vez hayamos decidido elegir el momento de comenzar la maniobra debe dar las instrucciones con voz clara y fuerte. Por lo general,
la arriada precede a una ceñida, si no fuera así traslucharía o cazaría
la vela. La primera operación que haremos será izar el foque. Siempre
será el patrón del barco, o el que en ese momento esté de guardia,
el que elija el foque, pero cuando en cubierta todo el mundo está tan
ocupado es a menudo el navegante quien tiene más facilidades para
elegirlo con más precisión. Se puede realizar un diagrama de vectores,
o todavía mejor, emplear una calculadora programable portátil, la cual
realiza este trabajo en unos segundos. Si se utiliza la máquina, puede cambiar los parámetros y ejecutar el programa varias veces para
conseguir unos valores fiables de la velocidad y fuerza del viento para
la próxima etapa de la regata. De esta forma no hay adivinanzas. En
cuanto a la calculadora se limita a emplear simples datos matemáticos.
Cuando hayamos elegido el foque, debe izarse sin complicaciones y la
escota deberá afirmarse en la banda que quedará a sotavento cuando
el barco vire. Seguramente que lo mejor que podemos hacer es pre-
pararla en la misma posición que adopta cuando la vela trabaja. En el
caso de que no pudiéramos hacer firme la escota en esta posición,
la afirmaremos a donde la vela no vaya a flamear ni interferir con la
arriada del spinnaker. Como esto tampoco pueda ser, encuentre un
término medio entre las dos.

Tendremos el spinnaker listo cuando los proeles comunican a la bañera que están preparados. Hay tres maniobras críticas que son: 1)
empezar a largar la driza del spinnaker; 2) dejar adelantarse la escota
del spinnaker lo suficiente para que el proel pueda acercar el puño de
escota; y 3) el tripulante de la braza debe largar lo suficiente para que
el tangón descanse sobre el estay de proa. En este momento este tripulante debe poder jugar con precisión cuánta braza debe largar para
permitir que los otros puedan recoger el puño de driza y el de escota.
Generalmente, los proeles intentan juntar los dos puños para poder
bajar el spinnaker deshinchado, y no una vela llena que lucha contra
ellos.

Puede ser una buena idea marcar las distancias sobre la braza y braza
perezosa, y la escota y la escota perezosa, para no tener que adivinar
cuanto cabo debe largar. Navegando de noche y en una regata de
altura, será imprescindible hacer esto. Será interesante utilizar alguna sustancia fluorescente para reducir todavía más la posibilidad de

errores.

En este momento debe largar la driza a la misma velocidad con la que los proeles pueden recoger la vela. Tiene que haber un poco de fricción en el winche ya que es posible que la vela trabaje algo todavía. Habrá otro tripulante debajo de la escotilla de proa recogiendo en la cabina de proa, y es recomendable que de esto se encargue el tripulante más ligero ya que los barcos modernos no aceptan demasiado peso a proa. Una vez llegado este momento, el patrón debe decidir si las condiciones de la mar son lo suficientemente seguras como para abrir la escotilla de proa. Como considere que esto no puede abrirse, debe bajar la vela a cubierta, meterla en la bolsa, bajarla a la cabina y doblarla y estibarla correctamente y con rapidez.

La arriada a la australiana

Una vez realizada la arriada varias veces y cuando la tripulación entienda exactamente lo que esto conlleva, se puede pasar a la manera más eficaz de arriar el spinnaker: la arriada a la australiana.

En el momento que los proeles hayan recogido los puños de la vela y estén preparados para recogerla, el tripulante de la driza la quitará del winche y dejará que corra totalmente libre. Entonces la driza deberá correr hasta el punto en que la vela vuele paralela respecto a la superficie del agua. Todo esto lo conseguiremos marcando la driza con una señal. Una vez que aparece la señal, el tripulante pisa la driza con fuerza para frenarla en seco. Por lo general, esto sucede cuando los proeles han recuperado más o menos la mitad de la vela. Al producirse este frenado rápido levanta la cabeza de la vela e impide que esta caiga al agua. Entonces los proeles deben trabajar intensamente para recoger la vela antes de que caiga al agua. Si disponemos de una tripulación experta es capaz de recoger la vela a toda prisa y sin mojarla. Si hacemos la arriada a proa de esta manera comporta muchas ventajas. De esta forma los proeles no tienen que subir al balcón de proa para soltar el spinnaker, no hace falta destinar dos tripulantes de bañera a controlar el amantillo y la contra para que el tangón esté al alcance de los proeles. Todo esto significa que la tripulación en la bañera está más preparada para orientar el barco al próximo rumbo y ajustarlo bien. De todo esto lo más importante, sobre todo en pleno océano, es que arriando de este modo se reduce el peso a proa.

Una vez que la tripulación haya dominado esta maniobra (si se practica asiduamente se tarda un par de fines de semana y si solo se practica en regatas, unas seis semanas), será el momento de aprender las dos maniobras del spinnaker más difíciles. En la primera es arriar cuando el barco trasluche en la boya, se arría el spinnaker sin el tangón y se inicia la ceñida. En la segunda es la izada en trasluchada, en la que se iza la vela y se coloca el tangón mientras se trasluche. En este mismo momento debe arriarse el foque. Una tripulación que es capaz de desempeñar esta maniobra sin accidentes es una tripulación bien entrenada.

Formas de hacer la arriada sin tangón

Si queremos estudiar la arriada sin tangón, imaginemos que nos acercamos a una boya donde debemos trasluchar para luego ceñir en la próxima etapa.

Elegiremos con mucha antelación, si el foque de la última etapa se iza y se afirma la escota en posición para ceñir, o lo más cerca posible sin molestar al spinnaker que sigue trabajando. Igual que en las trasluchadas, el tripulante de la escota de la mayor debe de hacer coincidir su maniobra con la del timonel.

Si partimos de aquí, la maniobra es idéntica que a la arriada por la proa salvo que aquí se desmonta el tangón del palo, lo que permite que el spinnaker flote. Quitaremos el tangón del spinnaker y se deja en cubierta, donde no moleste al foque. En ese momento los tripulantes de la braza y la escota deben ajustar sus cabos para mantener la vela llena o, por lo menos, para mantener los puños separados. Entonces, el tripulante de la mayor caza la escota al llegar a la boya y fija el escotero en medio de la barra. A continuación termina de cazar la escota para iniciar la navegación de ceñida. En el momento que el timonel trasluche y orza, se permite que la barra del spinnaker corra libre hasta la zona marcada, como vimos antes. En ese momento, se recoge el spinnaker mientras el barco avanza a su velocidad máxima de ceñida. Esta maniobra no se precisa a menudo, pero puede significar una gran ventaja en el resultado final, ya que el barco que sea capaz de ejecutar esta maniobra en una regata puede pasar por el interior de los demás en la boya y hacerse con la posición de barlovento y dominar así la próxima etapa.

La dificulta de la Izada en trasluchada

Es posible que sea la maniobra más difícil.

La embarcación se acerca ciñendo a la boya de barlovento para luego ponerse a navegar de empopada. Toda la tripulación debe cambiar radicalmente la posición de la escota de la mayor y del foque con el fin de que las velas pinten bien en el próximo tramo. Esta maniobra dura unos cuantos segundos, por lo que no hay margen para el error.

La maniobra más corriente consiste en colocar el tangón en el palo y subirlo por el carril. Los proeles deben saber la altura adecuada para su barco. Es muy importante la altura a la que esté el extremo del tangón que está en el palo: no debe estar tan alto como para molestar al foque, pero si lo suficiente para que el otro extremo pueda pasar por debajo del foque y estar listo para subir cuando el foque cambie de amura.

El orden de la maniobra es la siguiente: el tripulante de la mayor se asegura que el escotero está fijado en el centro de la barra y que tiene la escota en la mano lista para amollar, lo que colocará la botavara en su posición correcta después de la trasluchada.En cuanto a la tripulación de la bañera está bajo una fuerte tensión en esta maniobra. Serán precisos tripulantes para el amantillo, la driza y la contra del tangón. Al mismo tiempo también se verán involucrados el timonel, el tripulante de la mayor y el de la braza del spinnaker. El tripulante de la braza cobra rápidamente para que el tangón recupere su posición después de trasluchar la mayor.

Vamos a revisar el proceso. Vamos navegando de ceñida hacia la boya de barlovento amurados a estribor y tenemos que trasluchar para navegar amurados a babor. Cazaremos la mayor a la crujía con el escotero bien centrado. Liberaremos el escotero al acabar la maniobra. Ya tenemos el tangón colocado en el palo, tal y como hemos dicho, y tiene todos los controles afirmados, salvo el amantillo. Una vez que el barco alcance la boya, se iza el spinnaker con un tripulante en el palo para cobrar la driza y otro en el winche para recuperarla lo más rápidamente posible. A continuación los tripulantes de escota de la mayor y del foque amollan las escotas en cuanto el barco comienza a virar. Como no se amollaran, habría tanta presión que el timonel no podría virar correctamente.

Cuando enderezamos el barco y nos ponemos a rumbo, la botavara cambia de banda y adopta su nueva posición. A continuación, se corre el escotero hasta el extremo de la barra en la banda de estribor. Una vez que esto sucede, se termina de izar el spinnaker y se trasluch el foque. Si el foque supera el tangón, se debe cobrar rápidamente del amantillo para subir el tangón y cobrar la braza y la contra para pasar el tangón a su posición habitual, más a popa. Es muy importante que no haya tensión en la contra mientras el tangón se mueve hacia arriba y hacia atrás. Si el spinnaker se llena y ejerce fuerza sobre el tangón, se debe controlar la contra y fijarla en la posición óptima para el nuevo tramo. La coordinación es muy importante en esta maniobra. Porque el tangón sube y retrocede al llegar al tope del palo del puño de driza. En ese momento, todo está firme y el barco acelera.

La trasluchada con spinnaker es la más sencilla

Esta maniobra más sencilla es la que emplean los botes y los veleros pequeños: la trasluchada terminal por terminal. Cuando se utiliza este método, se desmonta del mástil el extremo del tangón y se acerca éste al puño de escota. Conforme el extremo libre del tangón se acerca lo suficiente al puño de escota, se libera el otro extremo de la vela para rápidamente afirmar el nuevo puño de braza. Colocaremos el extremo "libre" del tangón en el palo y se ajusta la vela. La verdad es que no es una buena costumbre tener el tangón firme a la vela por los dos extremos a la vez, pues la vela podría dominar fácilmente al tripulante. Toda la coordinación queda en manos del timonel, que debe iniciar lentamente la trasluchada cuando vea que el proel ha desenganchado el tangón del palo. Una vez que el spinnaker esté libre, el barco tiene que estar de empopada y el tripulante que se ocupa de la vela mayor debe estar trasluchando. Cuando esté colocado el tangón, el timonel puede poner el barco a rumbo.

La dificulta de la trasluchada con escotas y brazas dobles

Esta trasluchada es más difícil, ya que precisa la participación de más gente y se suele llevar a cabo con tiempo duro, y se emplea en los barcos mayores y en barcos de regatas de altura. Si vamos a realizar esta maniobra, debe utilizarse el sistema de brazas y escotas dobles. Otra vez más, la coordinación es el factor decisivo y la única manera de dominar esta maniobra es practicándola a menudo. Tan sólo debe trasluchar cuando el barco esté totalmente de empopada. Como el timonel se precipite, el barco estará a un ángulo demasiado agudo para que los proeles puedan manejar la vela cuando se hincha, y se estropeará la maniobra.

Cuando escuchamos la orden de "Preparados para trasluchar", el timonel pone el barco en popa redonda y emplea toda su habilidad para mantenerlo así, sin trasluchar. En ese momento la tripulación se sitúa en sus posiciones. Colocaremos el escotero de la mayor en medio de la barra y se fija. Los tripulantes de la braza cobrarán hasta que el spinnaker esté perpendicular respecto al viento. En ese momento, el tripulante de la contra la amolla para que la vela pueda moverse, y el de escota amolla lo suficiente para que la vela se sienta recta. Cuando el tripulante que va a sustituir la vieja braza por la nueva tirará de la braza perezosa hasta que haya suficiente para llegar hasta la proa sin dificultades. Entonces el tripulante del palo subirá el tangón hasta la marca en el palo. Todo esto aumenta el ángulo del tangón y permite que pase libre por el balcón durante la trasluchada.

A continuación, se ordena "Trasluchada". Entonces, el tripulante del palo libera el puño del tangón con el cabo del disparador. El tripulante del amantillo controla la bajada del tangón. En ese momento el control lo tiene el tripulante de la contra que tira el tangón hacia proa, donde espera el proel con la braza perezosa preparada.

En el momento que esto sucede, el tripulante de la braza saca las vueltas del winche, pero mantiene suficiente tensión en lo que se convertirá en la escota para que el spinnaker no se deshinche. En ese momento el spinnaker está libre del tangón por lo que el timonel debe gobernar para que siga trabajando. Tendrá que hacerlo sin movimientos bruscos de la rueda o de la caña. En el momento que la parte exterior de la vela alcance el proel, éste gira su mano y forma una gaza en la braza perezosa y coloca lo que ahora es la braza en el terminal del tangón. Este avisa a la bañera con una palabra previamente acordada, por ejemplo "Atento", pronunciada con fuerza para asegurarse de que la oigan. Traslucharemos la mayor y se corre el escotero al extremo de la barra. Entonces, el tripulante de la contra elimina toda su tensión, pero sin soltarla. También el del amantillo caza con la misma rapidez para subir el tangón a su posición horizontal. Como el tripulante de la braza, que ahora es la calve de todo, cobra hasta que el puño alcance el extremo del tangón. Entonces, el tripulante del palo baja el extremo del tangón por el palo. Una vez que el puño de braza alcance el extremo del tangón, la contra puede tensarse para que el tangón no vuele hacia arriba. En ese momento se ha terminado la maniobra.Y el timonel pone el barco a rumbo y se trima la vela.

Forma de hacer la trasluchada con tangón doble

Solo existe otro tipo de trasluchada, y solo se lleva a cabo en los grandes veleros de regatas de altura: la trasluchada con tangón doble. En el momento que el patrón considera que una trasluchada con escotas y brazas dobles sería peligrosa porque hay mucho peso en la proa, lo mismo puede decirse de una trasluchada de doble tangón. Resulta muy sencilla, pero exige braza y escota doble.

Cuando el barco se pone de empopada y se coloca el terminal del segundo tangón sobre la braza perezosa. Entonces el tangón se empuja hacia la regala y se coloca el otro extremo en el segundo cáncamo del carril del palo. Izaremos el tangón a su posición. En ese momento el spinnaker está conectado a los dos tangones a la vez. Hay que tener presente que según el reglamento de regatas hay un límite de tiempo durante el cual puede navegar con los dos tangones izados.

Cuando tengamos firmemente colocado el tangón, puede quitarse el primero. La escota se lleva a proa y se dispara la braza del terminal. En ese momento la contra baja el tangón a medida que amolla el amantillo, y entonces se quita el tangón.

Tendremos en cuenta que en todas las trasluchadas descritas hasta ahora, los **snotters,** en caso de emplearlos, tendrán que librarse. Se podrán volver a tensar, si lo cree necesario, en el nuevo tramo.

Los snotters con tiempo duro

Si navegamos con tiempo duro es recomendable reducir el movimiento del spinnaker con un **snotter.** El snotter se compone solamente de un cabo con una pastela. Entonces la pastela se coloca en la escota del spinnaker y el cabo pasa por una polea colocada en la regala. Cobraremos del cabo para que la escota baje a cubierta, cerca de proa en lugar de pasar a la popa del barco.

Lo que pretendemos con esto es que el spinnaker oscile, lo que sucede cuando los controles pasan a popa y con mal tiempo. Como sabemos, los **snotters** evitan las oscilaciones peligrosas y ayudan al timonel a mantener el barco con spinnaker.

Pronunciar esta sencilla frase, mantener el barco con spinnaker, es la clave de la nueva navegación de empopada. Cuando el timonel haya aprendido a mantener el barco con spinnaker –gobernar para estabilizar el spinnaker cuando éste se mueva a un lado u otro-, pronto alcanzará la etapa en que sabrá por adelantado lo que va a hacer el barco, y lo corregirá sobre la marcha. Cuando se hace esto, el barco mantiene un rumbo preciso y hace menos probable una orzada o arribada descontrolada.

El cambio de spinnaker con viento variable

Con todo lo anterior, hemos realizado las maniobras más importantes que implican un movimiento del tangón o del mismo spinnaker, pero hemos imaginado siempre un viento estable, y todo navegante sabe que el viento es variable en su fuerza. Una vez que cambie el viento, un bote auxiliar no tendrá más remedio que aguantar el spinnaker que tiene izado pues seguramente no tendrá otro disponible. No obstante, los pequeños veleros de vela ligera tendrán, por lo menos, otro spinnaker, y los veleros de regatas oceánicas disponen de todos los spinnakers permitidos por el reglamento de su clase. Por lo que un tripulante necesita saber cómo cambiar un spinnaker sin que el barco pierda arrancada.

Este cambio es una maniobra que preocupa a mucha gente; no obstante, es mucho más fácil que algunas de las maniobras que hemos descrito en este capítulo.

Saber si el cambio es interior o exterior depende de por donde pasan las drizas. En estas ocasiones es cuando el armador descubre la valía del proel. Toda tripulación debe saber donde están las drizas, cuales se están utilizando y asegurarse de que no están cruzadas. El conocimiento de los términos interior y exterior cuando nos referimos al spinnaker, significan que el nuevo spinnaker se iza por dentro o por fuera del que se está izando.

En cuanto al cambio el spinnaker, es imprescindible que alguien esté en la proa del barco. No obstante, debe permanecer allí el menor tiempo posible con el fin de que el barco no pierda más velocidad que la estrictamente necesaria.

Casi todos, los barcos disponen de un cabo de cambio de, más o menos 1 metro de largo y con un mosquetón en cada chicote para que pueda afirmarse a la regala o a un herraje conveniente. En el otro extremo se afirma al spinnaker nuevo hasta que el viejo se dispara del tangón y el nuevo se afirma. Supongamos que hacemos un cambio interior. En primer lugar, vamos a suponer que hacemos un cambio interior. En ese momento el tangón debe de bajarse y adelantarse hasta que esté al alcance del proel. El puño de braza del nuevo spinnaker se afirma al cabo de cambio. Con la nueva driza y la nueva escota las afirmaremos a los puños del spinnaker nuevo. Cazaremos la escota, y el spinnaker se hincha por dentro del viejo. Cuando hayamos hecho esto, y con la vela bajo control, se dispara el terminal del tangón y se libera así el viejo spinnaker, que se recoge en cubierta, lo más cerca del palo posible. De todo esto resulta que hasta ahora es un tangón sin spinnaker y un spinnaker cogido por el cabo de cambio.

Tendremos que bajar aún más el tangón para de esta forma poder conectar el nuevo spinnaker, que después es liberado del cabo de cambio. Cazaremos los controles del tangón con el winche para que recupere su posición correcta según el ángulo del viento, y se ajusta la escota. Esto no es nada fácil.

La diferencia no es mucha ente un cambio interior y uno exterior. Esta maniobra sigue la misma secuencia, con la única diferencia de que el nuevo spinnaker se iza por la parte exterior del viejo, y el viejo se arría por dentro.

Con estas sencillas maniobras que son cruciales para el control adecuado para un barco que navega de empopada, sobre todo cuando se cambia a un spinnaker más pesado cuando arrecia el viento.

Como se navega de empopada con vientos fuertes

Hasta este momento hemos tratado a los spinnakers y su manejo con vientos moderados y regulares; en otras palabras, en las condiciones ideales para practicar y adquirir confianza. En este momento ya hemos alcanzado un nivel alto de eficacia. Ya dominamos todas las maniobras necesarias que hay que realizar en el barco, así que vamos a hablar de navegar en una mar dura.

Hemos navegamos de empopada. También hemos cambiado progresivamente desde el spinnaker más ligero al más pesado que tenemos, y el viento sigue arreciando. Hay un truco que no es muy conocido para navegar con viento duro y es adelantar el tangón con el fin de que el spinnaker presente una superficie menor al viento fuerte, y que una superficie mayor se esconda en el socaire de la mayor. Si adelantamos el tangón estamos haciendo una maniobra poco equilibrada, y bastante difícil si no se dispone de mucha experiencia. Es sin duda, una técnica que puede emplearse hasta que el viento sea tan fuerte que nos veamos obligados a tomar algún rizo. En ese momento, tomaremos un rizo en la mayor, y si no fuera suficiente, tomaremos otro.

Sabemos que la mayor proporciona el máximo par de giro al barco. Cuando navegamos con vientos portantes, intentaremos forzar que la popa se abra y que la proa se dirija al viento. Hay que tener presente que la función de la vela de proa es neutralizar esa fuerza y generar un movimiento hacia adelante, lo más cerca posible a la dirección del viento y con la máxima velocidad. Todo esto se produce si el barco navega de través o con vientos portantes. Sabemos que la diferencia reside en que, a medida que el viento sopla de popa, la mayor imparte su fuerza más hacia adelante. Si navegamos con vientos moderados y navegando de empopada, es mucho menos probable que la presión del viento haga que el barco se atraviese cuando se navega de través. En el momento que el barco gane fuerza, el par de giro de la mayor aumenta cada vez más. Por este motivo el spinnaker, al asociarse a la mayor y, por tanto, sin ejercer todo el empuje hacia adelante que hace cuando el tangón está más retrasado, no es tan capaz de neutralizar el par de giro. Si disponemos de un buen timonel puede neutralizar la tendencia a orzar durante mucho tiempo, pero el margen de maniobra fuera de su rumbo se reduce cada vez más. Por eso iremos con sumo cuidado ya que cualquier orzada aumenta tremendamente el par de giro.

Al llegar ese momento es cuando los patrones menos experimentados dicen que la presión es demasiado y arrían el spinnaker. Esto no es lo correcto. Anularemos el par de giro del barco tomando uno o dos rizos. Al hacer esto provoca que el spinnaker domine más, permite que el barco eleve la proa y aumenta el margen de maniobra del timonel. El barco puede salirse de rumbo sin correr el riesgo de orzar o arribar sin control. Nos estamos refiriendo a un viento aparente de unos 40 nudos lo que significa que el barco alcanza los 15 nudos en las crestas y los 12 el resto del tiempo. Por lo tanto, es evidente que todo el aparejo se encuentra sometido a una carga tremenda, y el timonel también. Si tomamos los dos rizos tendrá un efecto bien marcado sobre el comportamiento del barco y sobre la capacidad del timonel para mantener el rumbo. La embarcación mantendrá una velocidad media mayor, seguirá más recto, se montará en la cresta con mayor velocidad, planeará más a menudo y mejor, y la tripulación se sentirá emocionada. Todo esto eleva la moral de la tripulación mucho más que cuando todo el mundo se pregunta si se puede dormir el barco y que es lo que va a romperse en primer lugar.

Desarrollemos esta escena en la mar: el barco corre con un viento fuerte que va en aumento. Debido a ello las olas crecen ya que hace una hora que el viento arrecia. Hay muchas de ellas que rompen. Se han formado borreguitos por todas partes. La cosa no pasa de aquí, pero por supuesto, podría hacerlo. Si esto sucede, hay dos cosas que un barco eficiente puede hacer para aumentar la velocidad, antes de tener que plantearse el aminorarla.

Colocaremos un pequeño foque dentro del spinnaker. Al hacer esto puede que parezca una locura, pero explicaremos por qué funciona. Colocaremos una vela corta y estrecha, una que disponga de un mosquetón en el puño de amura y que no envergue muy alto. Será mejor amurarla a la regala de barlovento en lugar de a la crujía. Adoptamos esta medida porque el barco, bajo la presión del viento puede orzar violentamente y, al hacerlo, el spinnaker probablemente se deshinchará. No obstante, al virar, el foque se acuartela, se hincha y fuerza la proa a sotavento, dándole al timonel la oportunidad de recuperarlo antes de que el casco entero se convierta en timón.

Si montamos esta combinación, un pequeño spinnaker de tormenta envergado alto tan solo la superficie que puede dominarse abierta al viento, y un foque amurado a la banda de barlovento, puede aplicarse con vientos de hasta 40 nudos en un barco de diseño y construcción razonables. Esto solo será posible mientras el mar no se arbole. Es ilógico esperar que no se arbole si el viento ha arreciado y el barco ha tomado rizos durante varias horas seguidas. En ese momento el timonel sabrá que se le acaba el tiempo tan pronto como el margen de maniobra se reduzca hasta unos 10 grados. Tan solo los timoneles muy expertos pueden manejar un barco en estas condiciones.

Si se abarloa el mar y empiezan a romperse cada vez más las olas, el barco necesita un margen de maniobra mayor de 10 grados para poder presentar el ángulo adecuado al oleaje y asegurar que la fuerza de la mar no le haga atravesarse. Aplicar la prudencia marinera es indispensable ahora, aunque, de hecho, debe haberse empleado antes. Todos los cuarteles se colocan y se fija la escotilla por si se embarca una ola por popa, ya que el peligro de que esto suceda es mayor cuanto más dura el viento fuerte, la empopada y con la distancia sobre la mar en que sopla el viento. Toda la tripulación que esté en cubierta debe tener los arneses asegurados a puntos fuertes ya que el barco puede atravesarse y poner la orza al sol, o embarcar una ola rompiente por la popa sin previo aviso.

Cuando llega este momento es cuando el timonel prudente dice, "No puedo dominarlo" y un patrón o un jefe de guardia que sea sensato, ordena que se arríe el spìnnaker. Como último recurso es llevar dos foques, y suele ser una medida tan eficaz como el spinnaker en estas condiciones. Por otra parte, es perfectamente legal en una regata siempre y cuando un foque se atangone y el otro se ice utilizando solo el puño de driza y el de amura. Lo que no se puede es envergar los dos en el estay. Tengamos presente que tenemos dos rizos en la mayor, y que ésta se encuentra totalmente abierta y pinta poco en el movimiento hacia adelante del barco. Si tenernos izados los dos foques significa que el timonel dispone de un margen de unos 60 grados en vez de 10 grados anteriores. Estará mucho mejor situado para controlar el barco en las condiciones de viento y olas que con el spinnaker izado. Lo ideal sería tener el número 2 atangonado a barlovento y el número 3 suelto a sotavento, en otras palabras, detrás de la mayor. La razón es la siguiente: si el barco tiene que orzar, la vela menor ya está izada. Es verdad, que debe arriarse y envergarse en la guía, pero es más fácil si la ha controlado ya de esta manera.

Llevar esta combinación de velas será segura con vientos bastante fuertes pero, si aumenta hasta convertirse en un temporal, nos quedarían aún algunos recursos.

Primero es arriar la mayor y afirmarla firmemente a la botavara. Esto de nuevo, permite que los foques eleven la proa y elimina el par de giro de la popa. Igualmente aumentará el margen de maniobra del timonel, lo cual significa, por supuesto, que el barco está más seguro. En estos momentos las olas serán muy grandes y determinarán el rumbo que tiene que seguir el timonel. Cuando hayamos arriado la mayor, desaparece el peligro de una trasluchada involuntaria, que es una de las principales razones por lo que ha sido arriada. Incluso si el timonel se desvía 12 o 14 grados de su rumbo, el foque de barlovento se someterá a una presión de viento mayor y el barco tenderá a volver a su rumbo. Hay otra razón de peso para traspasar la potencia de proa es porque así se reduce la carga sobre el timón, que se encuentra sometido a unas fuerzas enormes bajo estas condiciones cuando se permite que la mayor trabaje demasiado.

Tendremos presente, que si el barco mantiene un rumbo más o menos hacia nuestros objetivos, seguiremos en la regata. En cuanto al patrón tan solo tiene que pensar en abandonar cuando las olas son tan altas, empinadas y cercanas que lanzan el barco en lugar de levantarlo. En el momento que la navegación se convierte en peligrosa es cuando una ola coge al barco cómo si fuese una tabla de surf; la proa cuelga encima de una profunda garganta de agua y, con un rugido, una cascada de agua picada se acerca de popa y hace que el barco despegue. Entonces el peligro está que la proa baje tanto que se clave en la pendiente de la ola precedente y vuelque por proa, pasando la popa por encima de la proa y siendo el barco empujado, además, por la fuerza que tiene la ola rompiente. Será necesario asegurarse de dos cosas: una que el barco no tenga tanta arrancada en la cresta de las olas cómo para que pueda hacerlo; y dos, que no tenga tan poca arrancada que pierda gobierno y la próxima ola lo haga atravesar. Resulta difícil encontrar el término medio. En el momento que una ola se acerca desde popa y coge el barco, el timonel tiene que poner la embarcación a un ángulo de 20 grados para evitar al máximo que planee. De hecho, se desvientan parcialmente las velas para que el barco no de un salto hacia adelante. Como el timonel vire demasiado, el barco se atravesará y se verá arrollado por la ola. Por lo tanto, mantener el equilibrio es sumamente delicado. Pero lo bonito de esta maniobra es que, una vez que el timonel haya sorteado la ola con éxito y se encuentre en el seno de la ola con un viento de 20 nudos en lugar de los 65 que hay en la cresta, tiene izado bastante trapo cómo para enderezar y presentar la popa a la próxima ola en un ángulo de 90 grados. Esta será la situación, probablemente, una vez cada 20 segundos durante uno o dos días.

Hay mucha gente que piensa que un barco debe remolcar amarras o ponerse a capear en condiciones así. Lo que es evidente es que nadie puede vivir las experiencias de otro, pero hay quien ha navegado en peores condiciones -60 nudos de viento y olas de 6 a 10 metros- estamos seguros de que ambas acciones habrían resultado equivocadas. Entonces, arriamos la mayor; estábamos navegando en un barco largo y estrecho de unos 13 metros de eslora, con solo el tormentín izado. Navegábamos a 8 nudos en las crestas de las grandes olas y 4 en los senos. Lo que más importaba era que teníamos gobierno en los senos. Pienso que de habernos puesto a la capa cerrada habríamos corrido el riesgo de ser lanzados al seno de una ola sufriendo daños en la banda de sotavento. En el supuesto de haber remolcado amarras, no hubiéramos tenido la velocidad necesaria como para presentar la popa a las olas en el ángulo adecuado. Si tuviera que haber elegido una de las dos técnicas, hubiera preferido la segunda, ya que nos habría permitido llevar un foque mayor sin alcanzar una gran velocidad en las crestas y mantener la potencia para atravesar los senos. La verdad, hubiéramos preferido tomar un tercer rizo, pero el tercer rizo no había sido pasado cuando habían buenas condiciones para hacerlo en la primera etapa de la regata. Entonces fue completamente imposible pasarlo durante la tormenta. Queremos Recomendar encarecidamente, piense lo que piense el patrón sobre la resistencia de los pesados cabos de rizo que suben al ollao y vuelven a la botavara, que el cabo esté allí cuando lo necesitemos. Pensamos que eso es esencial.

Pudimos aprender una técnica durante este temporal —no nos quedaba más remedio que aprenderla- y es una técnica que debe ser compartida. Navegábamos cerca de la costa, una costa a sotavento, pero a un ángulo muy agudo. Diciéndolo en otras palabras, nos acercábamos a la costa pero muy lentamente. No obstante, aún debíamos trasluchar. Llegar a trasluchar con un viento de 70 nudos confirmados, y rachas que considerábamos superiores, no es fácil. Toda la tripulación de guardia discutió el problema y decidió que había que hacerlo en el seno de una ola donde el viento aparente era de unos 25 nudos. Y llegaron a la conclusión que todo dependía de la coordinación.

Conforme íbamos bajando la ola, empezamos a cazar la mayor. Nos costó mucho esfuerzo ya que el peso del viento era grandioso. En el preciso momento en que el timonel ponía el barco recto en el seno, se centró la botavara para que el viento pasara por ambas caras de la mayor. Lo primero que se hizo fue correr el escotero y luego se amolló la escota y se volvió a presentar la popa del barco en ángulo recto a las olas. Lo tuvimos que hacer dos veces, y funcionó en las dos ocasiones. Si lo analizamos, trasluchar con dos rizos en la mayor con 25 nudos de viento no es poca cosa. Entonces el panorama empeoro en cuanto alcanzamos la cresta de una ola y el viento nos golpeó.

Vamos a considererar otra situación. Muchas tripulaciones piensan que navegar de través es muy fácil, pero en un barco grande con vientos fuertes y olas grandes, no es tan fácil. Si llevamos un buen equipo puede hacer que el barco navegue con spinnaker a un ángulo muy agudo.

Nos podemos imaginar que tenemos una fuerte brisa de través, el spinnaker tira del palo, la mayor también y la orza lucha por mantener el equilibrio de la escora. Tenemos una mar pesada que coge el barco y lo lanza de costado, hay algunas olas rompientes que, de vez en cuando, hacen que un metro de agua caiga sobre el casco. Sería necesario tener que equilibrar el spinnaker y la mayor. Un poco más atrás habíamos hablado del par de giro que imparte la mayor. Si tenemos un fuerte viento de través, este par hace su máximo esfuerzo para virar el barco hacia el viento. Entonces el spinnaker tira de la proa a sotavento y el timonel lucha por mantenerse entre el rumbo que le hace orzar y el que le hace arribar. En cuanto llega la racha, el tripulante de la escota de la mayor debe amollarla para reducir la presión sobre la caña, o de lo contrario el timonel se encontrará con una rueda que lucha contra él y perderá. Si disponemos de un viento de través fuerte, el barco andará a unos 10 nudos mientras las cosas vayan bien. En ese momento el borde de ataque del spinnaker estará lleno y cuando falle un poco, el tripulante de la escota lo recuperará. La mayor subirá y bajará por su barra de escota para mantener el tacto correcto en la rueda y el barco seguirá su rumbo ideal con una gran precisión. En el momento que las cosas no van bien ocurre lo siguiente. En primer lugar el barco orza, el spinnaker se colapsa y pierde potencia. En ese momento el timonel debe caer, hasta unos 30 o 40 grados, para de esta forma, poder llenar el spinnaker de nuevo. Poco a poco, a medida que el spinnaker se hincha y la velocidad del barco aumenta, el viento aparente pasará a proa hasta que se obtengan las condiciones anteriores de navegación potente. Poder ver como un barco alcanza este ángulo bajo el control de un timonel hábil es un deleite.

Otro problema que puede surgir es que el viento se cierre y el spinnaker pierda potencia. Como no se amolle la mayor, el barco orzará repetidamente. Cuando el tripulante de la escota y el timonel se dan cuenta de lo que ha sucedido, este último puede dejar caer la proa y el tripulante puede amollar y afirmar rápidamente la escota para que el spinnaker vuelva a alcanzar su forma correcta. La embarcación puede volver a su rumbo. Pero si el tripulante de la escota de la mayor no hace su trabajo adecuadamente –es decir, subir y bajar el escotero por la barra para mantener el grado ideal de tacto en la rueda-, el barco será incapaz de seguir su rumbo con precisión.

Cuando el viento arrecia, la presión sobre la mayor se volverá intolerable. El escotero estará en su punto más abierto todo el rato y el tripulante se verá forzado a amollar la escota para reducir la carga sobre la rueda. Es imprescindible rizar en este momento. Para ello, se toma el rizo de la misma forma que si el barco navegara de ceñida, aunque es mucho más fácil afirmar el ollao de la mayor en primer lugar. Una vez se ha tomado el rizo, debe bajarse un poco el extremo del tangón para tensar el grátil del spinnaker, esto permite que pueda cerrarse más el rumbo. Si vemos que el viento vaya aumentar todavía más después de rizar y la tripulación para mantener el rumbo sin caer a sotavento, se debe consultar el ordenador y elegir la vela que sea más adecuada para sustituir el spinnaker. No obstante, esta es una ocasión en la que debe prevalecer el criterio del patrón experimentado sobre el dictamen del ordenador. Si disponemos de curvas polares de rendimiento, nos indicarán en qué momento debe arriarse el spinnaker y colocarse un foque. Cualquier foque que empleemos, su escota debe pasar por una polea afirmada a la regala en el punto de mayor manga. Acostumbra a ser una pasteca que se deja colocada para utilizarla en una ocasión como esta.

Entonces procederemos a la sustitución normal de velas con un viento que va en aumento. Tomaremos el segundo y tercer rizo en la mayor e izaremos foques cada vez menores siempre que el viento se mantenga de través. Tendremos en cuenta las olas rompientes que alcanzan el casco de través. Y que el timonel querrá evitarlos en la medida de lo posible. Se colocarán los cuarteles y el barco lo tendremos recogido y bien cerrado, ya que nadie quiera agua en la cabina. No pueden llevarse a cabo actividades domésticas como el cocinar, y todo debe estar bien trincado para que nada vuele por la cabina.

Hasta que las olas rompientes no presenten un problema muy grande, se puede navegar de través con un foque convencional. Ahora bien si son importantes, es mejor utilizar un foque de puño alto. De esta forma, una ola rompiente no puede alcanzar la vela y rasgarla al romper en ella. En este momento, el timonel se las verá y se las deseará para gobernar. Si tenemos el viento y la mar de través, el barco saltará por todas partes. Mientras tanto, el timonel intentará mantener un rumbo fijo pero, de vez en cuando, será dominado por las condiciones. Llegado este momento, las viejas normas se aplican: en los recalmones, orce para aumentar el viento aparente o mantener la velocidad. En el momento que llegue una racha, arribe. Todo esto significa que, aunque seguirá un rumbo como un sacacorchos, el rumbo general será el adecuado, la velocidad buena y no se verá dominado por las olas y el viento. Si el viento arrecia tanto que el barco puede ponerse a correr, es necesario consultar con el navegante. Es fundamental resaltar la importancia de la relación entre el navegante y el patrón o el jefe de guardia. El navegante hace sus planes en función de la información disponible, de sus propias conclusiones y de sus esperanzas, generalmente fundamentadas en reiteradas consultas con el patrón. En el momento que el timonel no puede satisfacer las condiciones de navegación pedidas por el navegante, debe comunicarlo, no para que le tilden de incompetente sino para que se puedan tomar nuevas decisiones y elegir un nuevo rumbo.

Hay una ección que puede aprender sobre el viento aparente, y que desconocen un número importante de marinos, es como crear un viento aparente mayor que el viento real. El método es bastante parecido al que hemos descrito para el spinnaker deshinchado.

Supongamos que el barco se encuentra en condiciones de una calma casi total. Las velas que lleva son ligeras, escotas ligeras y una tripulación capaz. Entonces la mayor debe fijarse en la crujía, ya que trabajará muy poco hasta que el barco coja arrancada. Se amollará la escota del foque al máximo que permita mantener un poco de forma en la vela. Todo el peso de la tripulación debe colocarse en la banda de sotavento para que el foque pinte lo mejor posible. Seguramente pasarán 5 o 6 minutos hasta que esta maniobra haga andar al barco. Tensaremos la contra para mantener la mayor completamente inmóvil. No se preocupe si el único rumbo que puede seguir está a 150° del rumbo deseado. En este momento, debe elegir entre la inmovilidad y el movimiento. Siempre que después sea posible poner el barco a un rumbo ideal, no importa que al principio parezca alejarse de su destino. Conforme el barco vaya ganando arrancada, el viento aparente se moverá hacia proa. De esta forma podrá cazar ligeramente el foque. Tiene que ser una maniobra muy suave, lo más suave que pueda llevarse a cabo en un barco. Muy pronto, el barco acelerará y el timonel podrá orzar suavemente una vez más. La maniobra que acabamos de explicar se repetirá las veces que sea necesario hasta que se haya cazado la vela lo suficiente como para navegar a 2 o 3 nudos, si el barco es grande, y hay un ángulo de 50 o 60 grados al viento. Seguramente que no se acercará a los 30 grados que pueden alcanzarse con una brisa decente, pero es mucho mejor que estar dando vueltas sobre sí mismo sin llegar a ninguna parte, que es lo que harán los barcos que desconocen la técnica.

Cuando sea capaz de dominar esta técnica, sin ninguna duda podrá crear un viento aparente de unos 4 o 5 nudos y una arrancada de unos 2 nudos. Cuando participe en una regata y pueda avanzar a esta velocidad hacia su boya y los demás barcos no avanzaran, conseguirá un margen de unas dos millas, lo que supondría una ventaja importante.

El poder aplicar esta técnica comporta una consecuencia de valor incalculable en las regatas oceánicas, sobre todo de noche. Si navegamos con ventolinas, el barco puede avanzar unos 3 nudos, con un viento aparente de algo más. A una tripulación poco experimentada, le parece una forma eficiente de navegar. De hecho el barco se encuentra en una situación crítica. Como el timonel cometa el error más insignificante el barco perderá arrancada y se parará. Cuando la tripulación desconozca la técnica del viento aparente, tendrá que esperar a que se levante una buena brisa. Es sumamente conveniente informar a la tripulación que, si se encuentra en una situación en la que la velocidad del barco y la del viento aparente son casi iguales, deben poner al mejor timonel de ventolinas que tengan a gobernar, colocar todo el peso a sotavento y mantener las velas para que no se pierda el viento aparente. El patrón tiene que repetir todo esto hasta el cansancio y asegúrarse que pongan el mejor timonel de ventolinas a gobernar. De esta forma es como se ganan o se pierden las regatas.

CAPÍTULO .03

LA SEGURIDAD EN EL MAR

La seguridad en el mar

El tiempo

Con anterioridad hablamos del aumento de la consciencia del marino a medida que aprende a ganar confianza. Cuando empieza, su mundo se reduce a la parte del barco que ocupa, pero, a medida que aumenta su confianza, el mundo crece hasta tener el tamaño del barco, luego hasta la próxima ola y después puede llegar a abarcar 5 o 6 millas. A medida que se va incrementando su experiencia, su conocimiento llega a cubrir todos los barcos de la flotilla y finalmente –sobre todo en el caso de los navegantes- adquieren una visión global del viaje.

Pongamos por ejemplo, un navegante que ha aprendido la navegación astronómica sería muy torpe si no supiera lo infinitesimal que es el barco en la escala universal. Sin embargo, la navegación astronómica se realiza con la escala universal de las estrellas.

Por el mismo concepto de escala debe aplicarse al tiempo si es que se desea entenderlo y preverlo

La tierra

Hay una bola llamada Tierra que gira sobre sí misma en el espacio. Da una rotación entera una vez al día, y se mueve un poco al hacerlo; gira tan deprisa que ninguno de nosotros nos percatamos de ello. Cuando gira la Tierra, la fuerza centrífuga intenta lanzar todo lo que hay encima de ella hacia el espacio. Entonces la gravedad contrarresta esta fuerza, pero la rotación de la Tierra tiene otras consecuencias, y una de ellas ejerce un profundo efecto sobre la formación del tiempo. Este efecto se llama, el efecto Coriolis (La Tierra en su movimiento de rotación, arrastra la capa de aire consigo) hace que los sistemas de altas y bajas presiones giren también, a la vez que causa que la presión se iguale al degenerar el sistema de bajas presiones. Si no fuera por este efecto, el aire fluiría directamente desde los sistemas de altas presiones hasta os de bajas presiones para rellenarlo.

La radiación y la humedad y porque se forma

Son componentes fundamentales del tiempo el aire y el agua que éste contiene. Sabemos que la capa de aire que rodea nuestro planeta es tan fina que unas dos terceras parte están por debajo de la cima del monte Everest, es decir, unos 14 kilómetros escasos.

También sabemos que la radiación solar diurna aumenta en gran medida la temperatura de la Tierra y del mar, pero no uniformemente. En algunas zonas se calientan más y más deprisa que en otras; un buen ejemplo es comparar una roca desnuda con la hierba que la rodea; la mayoría de la gente prefiere sentarse en la hierba, y no tan solo por que sea más blanda.

De la misma forma que la radiación solar calienta la superficie de la Tierra, una parte de ella se refleja en la cara superior de las nubes, que también absorben cierta cantidad de radiación. Por último, las partículas de polvo, arena, agua y polución presentes en la atmósfera absorben también una parte.

Cuando llega la noche, el ciclo se invierte y la superficie de la Tierra y los mares irradian calor hacia el cielo. Parte de este calor queda atrapado por las nubes bajas y calienta la tierra bajo ellas. En las zonas desérticas carecen de esta cobertura de nubes y eso produce que haga mucho frio por la noche debido a la gran pérdida de calor que esto supone. Por eso debido a estas diferencias en el calentamiento y el enfriamiento aparecen corrientes de aire de distintas temperaturas que se mueven por la faz de la Tierra.

Después de todo esto y para complicar las cosas aún más, las corrientes de aire contienen distintas cantidades de humedad. Por esto la cantidad de humedad que determinado volumen de aire puede contener depende directamente de su temperatura. Por todas estas cosas las variables se suman. Por ello si somos honestos, admitiríamos que comenzamos a sentir compasión por los meteorólogos.

La presión y como se forma

Por la diferencia entre la velocidad de rotación de la Tierra en los polos (0 km/hora) y el ecuador (l.610 Km/hora dirección este a oeste), y que la fuerza centrífuga intenta lanzar el aire del ecuador hacia los polos, tenemos la última gran variable: el movimiento de grandes masas de aire hacia el norte y hacia el sur, movimiento que depende de su latitud.

Una vez llegados a este punto, es interesante mirar una buena carta de la circulación de los vientos a escala mundial. Posiblemente la zona más conocida sea *los rugientes cuarenta* en el hemisferio sur, donde los pequeños extremos de los continentes se asoman a los vientos que soplan, casi sin fin, de oeste a este. En estos extremos de tierra se encuentran el Cabo de Hornos, La isla Sur de Nueva Zelanda y el extremo sur de Tasmania (todas ellas son zonas interesantes para los navegantes a vela). Existe un cinturón parecido en el hemisferio norte pero, debido a que el Atlántico es un océano relativamente pequeño y a que grandes masas de tierra se interponen, no tienen el predominio ni la sencillez de *los rugientes cuarenta*.

Tenemos otro factor que afecta al complicado baile del tiempo. Porque el aire caliente y el frio tienen diferentes presiones y, por lo tanto, hay sistemas de bajas y altas presiones y sistemas de altas y cálidas presiones circulando por el globo e influyendo mutuamente. Entonces las presiones altas intentan igualar a las presiones bajas en todo momento pero, como ya hemos visto, no consiste simplemente en que el aire fluya de un área directamente a otra.

La formación de las depresiones

A consecuencia de la rotación de la Tierra, se van desprendiendo células de aire frio de las zonas polares, y estas son impulsadas hacia las latitudes inferiores. La dirección que siguen por lo general es de oeste a este. Situados en el hemisferio norte se mueven de norte a sur y en el hemisferio sur, de sur a norte. Entonces el efecto Coriolis "tuerce" su ruta, lo que da un rumbo sudeste en el hemisferio norte, y nordeste en el hemisferio sur.

Por lo general las depresiones se suelen asociar con los vientos fuertes que soplan a lo largo del "Frente", aproximadamente en ángulo recto con su rumbo. Tenemos las células de altas presiones que son grandes, gordas y perezosas. Estas células traen tiempo soleado y cálido, y los vientos son suaves. En el momento que la belicosa célula de aire frío se desprende de la masa polar y empieza a presionar la alta presión, encuentra una resistencia. Pero las inexorables leyes que gobiernan el movimiento de la célula de aire frío hacen que los vientos que circulan alrededor de la alta presión (En el sentido de la alta presión en el hemisferio norte, y en sentido contrario en el hemisferio sur) comienzan a acelerar, anunciando la llegada de un frente.

Los frentes y su formación

Al borde frontal de una célula de baja presión se suele llamar **frente frío.** Conforme avanza el frente, los vientos en la zona de alta presión comienzan a arreciar desde el norte y luego desde el noroeste en el hemisferio sur, y desde el sur y luego desde el sureste en el hemisferio norte. (De ahora en adelante describiremos la aproximación de un sistema en e hemisferio sur. Si lo queremos adaptar al hemisferio norte, simplemente hay que interpolar los vientos y las direcciones contrarias a las mencionadas.

Una vez que va avanzando el sistema, los vientos giran hacia el norte y finalmente arrecian mucho en el noroeste. Posiblemente que soplen con fuerza 8 o más, según la fuerza del sistema, hasta la llegada del frente. Entonces el viento rola como las manecillas del reloj hacia el suroeste y comienza a soplar con igual o mayor intensidad en esta dirección.

El proceso es continuo. Entonces las células frías se desprenden de las zonas polares constantemente. En cuanto el aire frio es orientado hacia el ecuador, todas las fuerzas de la naturaleza intentan igualar su presión y su temperatura. Estas células frías son las que interesan al marino. Los navegantes que cruzan un océano saben que cuanto más se acerca a las regiones polares, más depresiones, y más fuertes, encontrará.

Los sistemas de altas presiones

Si nos situamos en el área de las altas presiones, las condiciones serán de ensueño para el marino: vientos regulares y sol, las condiciones ideales. Ahora bien, a medida que la alta presión se acerca al marino, el viento cae hasta desaparecer casi por completo. Como otra depresión no se acerca para comenzar la secuencia de nuevo, el marino disfrutaría de estas suaves condiciones durante días, con su barco completamente inmóvil.

Estos sistemas de altas presiones que nos trae este tiempo tan agradable no avisan de su llegada. Pero se quedan después de que se marchan los frentes fríos. Por ello un observador estático que contempla el paso de una vigorosa depresión observaría claramente el empeoramiento del tiempo: de cálido, ventoso y opresivo a frío con chubascos, e incluso con galernas al pasar el frente. Luego rola el viento, siguiendo su camino circular, hasta que llega el buen tiempo de nuevo. El ciclo se va repitiendo infinitamente.

Ahora b en, existe un comportamiento típico respecto a las posiciones de las altas y las bajas presiones en los dos hemisferios que da lugar a la circulación general de los vientos.

La circulación de la atmósfera

Sabemos que la circulación general en el hemisferio sur corresponde a un cinturón de alta presión que se encuentra muy cerca de los 30° sur y, hasta cierto punto, sigue camino del sol hasta que éste se desplaza al norte y al sur del ecuador. También sabemos que Los 110 sistemas de altas presiones más fuertes se sitúan en el Atlántico Sur, en el sur del océano Índico y en la parte oriental del Pacífico Sur.

En la actualidad se cree que entre los 60 y 70 grados existe otra zona de baja presión y que la presión aumenta de nuevo al alcanzar la masa de tierra del Ártico.

También conocemos, que al norte del cinturón de altas presiones situado en los 30 grados, la presión disminuye hasta alcanzar el cinturón de bajas presiones cerca del ecuador. Existe un cinturón parecido, de hecho, una parte del cinturón principal de bajas ecuatoriales, se halla en el hemisferio norte; a unos 30° norte está el equivalente a la zona de altas presiones que se puede ver en el hemisferio sur. No obstante, y debido a las grandes masas de tierra, este cinturón de altas presiones no es tan fijo como el cinturón del sur. Hay grandes extensiones en los océanos Atlántico y Pacífico, el cinturón se mantiene alrededor de los 30° norte y solo sube y baja con el movimiento del Sol.

En los veranos y los inviernos, los sistemas que operan sobre los continentes son bien distintos. Cuando llega el invierno, el cinturón se parte en dos grandes zonas independientes, una sobre América del Norte y la otra sobre Asia. Lo mismo al norte que en el sur, parece que la zona polar norte tiene una presión mayor.

Todas estas generalidades sobre la turbulencia de la circulación de los vientos y del tiempo son simplistas y pretenden únicamente esbozar los hechos. Lo real rara vez coincide con la teoría. Pero, ya que tenemos este modelo del mundo y del movimiento de las masas de aire –arriba y abajo, hacia el lado y circular-, podemos hacer unas observaciones más específicas.

El mapa del tiempo y la televisión

Debemos enfrentarnos al mapa del tiempo tal como lo vemos en la televisión y en los periódicos. Los mapas del tiempo de la televisión son obra de los profesionales que saben cómo captar su atención pero, probablemente, no tienen la menor idea de meteorología. El público objetivo son las personas que quieren saber que ropa llevar mañana, no sí va haver una galerna cuando salgan a navegar. En el momento que el meteorólogo intenta analizar el tiempo para preparar una carta sinóptica, trabaja en tres dimensiones, con sistemas que se desplazan en altitudes distintas a velocidades distintas, e intenta resolver la interacción de todos ellos. Esto para nosotros es más fácil.

Tendremos que conocer algunos términos. **Isobaras** son las líneas que unen puntos de igual presión barométrica. En aquellas áreas en las que no se dispone de datos, se alisan las líneas para dar una idea de la presión. Una vez que se han juntado todas estas observaciones y se han integrado las informaciones de los satélites y de otras fuentes, se dibuja un mapa que indica, a grandes rasgos, las áreas de altas y bajas presiones.

El **gradiente** de las isobaras en los distintos sistemas es lo que interesa al navegante. Por norma general es que, cuanto más cercanas estén las isobaras, más fuerte será el viento. Por el punto en que un sistema de altas presiones toca una depresión, suele haber un **frente,** que puede distinguirse por el drástico cambio en la orientación de las isobaras, normalmente unos 90º pero a veces hasta 120º. Junto a alguna de las isobaras se dibuja una línea para indicar el frente de la depresión que avanza.

Este frente se indica con un trazo grueso, y sobre él a veces se encuentran unas marcas redondas o triangulares. Cuando son triangulares nos indican que se acerca un **Frente frío**; por el contrario si son redondas, indican un **Frente cálido**. Hay ocasiones, en que aparece una especie de curva doble en el frente, con una célula de isobaras arrinconadas: es el **frente ocluido.**

Siempre que se acerquen frentes cálidos estos estarán asociados con una **depresión,** un sistema ciclónico. Las isobaras nos dan la indicación más fiable de la fuerza del viento.

La fuerza del viento

Por lo general, tal y como hemos dicho, las isobaras cercanas entre sí indican un gradiente pronunciado entre áreas de altas y bajas presiones, y cuanto más empinado sea el gradiente, mayor será la fuerza del viento. No obstante, en los trópicos existe una excepción. En este lugar las isobaras están más separadas entre sí que en las latitudes mayores, salvo durante los huracanes. (Si en alguna ocasión han tenido, la mala fortuna de mirar la carta sinóptica de un huracán, no podrá confundirla nunca. Es como cuando miramos el interior de un embudo.) Sin embargo, en los trópicos, las isobaras bien separadas pueden significar vientos fuertes.

Hay otro aspecto que se ha reseñado en la carta, es que la dirección y la fuerza del viento que se indican con flechas. La dirección en que apunta la flecha es la dirección del viento; el número de plumas indica su fuerza. Con cada carta se acompaña una tabla que especifica que fuerza representa cada pluma.

Suponemos que navegará en las aguas costeras de su zona, así que entenderá el idioma. Cuando navegue por el extranjero, donde no se emplea su idioma, puede sintonizar un parte de largo alcance.

Las depresionesy su interés

Estos sistemas de las depresiones y sus frentes asociados son los que más interesan a los navegantes a vela. Antes hemos visto como se crean, ahora podemos discutir sus efectos y su autonomía.

Hay muchas zonas del mundo, en que la llegada de una depresión y de un frente frío es un suceso tan habitual y tan bien conocido que existen nombres concretos para los vientos. Algunos de estos vientos se nombran y se describen en los libros de meteorología.

Seguramente la zona más famosa por los repentinos cambios sean los de la costa este de América del Sur y la zona sureste de Australia. Si observamos los patrones del tiempo de estas zonas nos ayudarán a entender los sistemas frontales. En ambos casos, el mar en cuestión se halla al este de una gran masa de tierra que absorbe mucho calor. Y el sistema de altas presiones ha calentado la tierra hasta alcanzar temperaturas extremas y los últimos vientos del sistema de altas han girado al cuadrante noroeste. Como proceden de tierra, son vientos cálidos y racheados. En las altas latitudes de las zonas de que hablamos, hay enormes extensiones de océano con un **fectch** (distancia recorrida por las olas sin ninguna obstrucción) ininterrumpido que permite que el viento ruja desde la Antártida, a una distancia de miles de millas.

Vamos a Imaginarnos que somos observadores en un barco en una de estas zonas en un caluroso día de verano. Tenemos un viento fuerte y racheado del noreste, con mar llana y suficiente *fectch* para que el viento cree olas. Estas son unas magnificas condiciones para navegar y el aire está muy caliente. Esta idílica escena puede cambiar, literalmente, en unos cuantos segundos, y puede que no haya ninguna indicación en el cielo. En ocasiones suele haber alguna señal, quizá largas y suaves nubes en forma de puro, a menudo con un cielo claro detrás; todo parece muy inocente. Si usted es nuevo en la zona, debe fijarse en lo que hacen las tripulaciones de los otros barcos, seguro sea que ya están tomando rizos.

Seguidamente, y si tiene suerte, verá una línea blanca en la mar que se acerca. En el momento que el frente –y de esto se trata- le alcance, el viento pasará de ser una buena brisa del noroeste a una galerna del sudoeste. Todo esto sucederá en menos tiempo de lo que tardó en leer el último párrafo.

Existe un reportaje clásico del *WinWord Pasaje y el Kialoa,* dos embarcaciones que participaron en la regata Sídney-Hobart en 1.977 y que fueron alcanzados por un viento parecido. Eran bracos grandes, con una de las mejores tripulaciones del mundo, navegaban con un spinnaker cuando les alcanzo el viento. En menos de 30 segundos se enfrentaron con un viento de 35 nudos que variaba en un ángulo de 90° respecto al viento anterior. Sin darles tiempo a que pudieran controlar los barcos, tuvieron que arribar y correr de empopada con un sudeste que arrecia por segundos. Navegaron durante una hora, unas 12 millas a su velocidad, y continuaron su carrera hacia Hobart con un fuerte viento de proa. El nombre de este viento es *southerly buster.* Este mismo viento en América del Sur se llama "pampero". El record por la velocidad del aumento en la fuerza del viento pertenece a un observador equipado con el instrumento adecuado en el muelle de Set Kilda en Melbourne a principios de siglo. El viento aumentó de la calma hasta las 75 millas.

Las señales que nos pueden aportar las nubes no siempre indican la llegada de un frente como ese, pero hay otras señales. Existe una señal clara, en el caso de un cambio fuerte, es una línea de espuma que atraviesa el agua; sobre todo, si el viento ha caído y el mar está en calma, como suele suceder. La altura de esta línea puede alcanzar una altura de 30 centímetros al ser impulsada sobre la superficie del agua por el frente.

También hay un indicador de cambio más corriente, aunque también más sutil, es la **bruma.** Cuando existen distancias largas, la calima vuelve la visibilidad borrosa al mirar hacia el frente, sobre todo si hay tierra cerca. Entonces la tierra se ve borrosa, como si se viera a través del humo de un cigarrillo, y además vibra. Cuando se acerca el chubasco, se verá que el agua tiene una especie de humo trémulo encima (de hecho, ocurre que el aire frío empieza a condensarse sobre el mar cálido) Cuando se aproxima más al frente, se ven los borreguitos detrás del humo. Cuando se llega a este momento, debe tener envergadas las velas de tormenta, pues una muy violenta está a punto de caerle encima.

La anatomía de una depresión

La condición más importante para que se forme una depresión es que el aire cálido cerca del frente polar se mueva más deprisa que el aire frío. Siempre que las dos masas se mueven una contra la otra, el aire cálido empieza a rotar como resultado de la fricción. Todo esto da lugar a una expansión –una mezcla de aire cálido y frío- que se vuelve turbulenta y se escapa del frente polar.

Cuando la depresión alcanza su cuota mínima de presión en el frente frío, donde el aire polar penetra por debajo del aire cálido y menos denso del sistema de altas presiones en proceso de desaparición.

Las señales indicadoras de una depresión

Uno de los primeros indicativos de una depresión son si las nubes cirros están muy altas, tanto como altos vuelan los aviones de reacción. Las nubes cirros pueden tener la forma clásica de cola de caballo; pueden parecer pequeños paracaídas en el cielo, nubes pequeñas de aspecto esponjoso. Además también pueden adoptar la forma de dedos que apuntan hacia la dirección de la depresión y que se abren en abanico por el cielo. Todas estas señales pueden suceder hasta 48 horas antes de la depresión.

Cuando es forzado el aire relativamente cálido por encima del aire denso y frio, las nubes se hacen más densas y bajan hasta formar espesas nubes de tormenta eléctrica. Al mismo tiempo, el viento irá aumentando de fuerza cada vez más y soplará casi paralelo al eje del frente. Entonces la temperatura aumentará regularmente hasta ser muy calurosa. Hay que tener en cuenta que la temperatura alcanzada dependerá de la estación en que nos encontremos.

Si el frente se encuentra a unas 300 millas, las nubes serán muy bajas y es muy posible que llueva. Entonces la presión barométrica cae. Tendremos presente que cuanto más cercano al centro se encuentre el observador, más posibilidades de toparse con la lluvia tiene, y a veces la lluvia puede ser muy fuerte.

Si la depresión se encuentra a 100 o 150 millas, las nubes, que ya están encima, son muy densas, hay lluvia fuerte y se ven las características nubes bajas que se mueven con rapidez. Como la lluvia llegue antes que el aumento fuerte del viento, prepárese porque el viento fuerte va a durar mucho tiempo. Si la lluvia llega primero, las malas condiciones del tiempo duran más. Entonces el frente frío está más cerca.

Sabemos que el aire denso del frente actúa como un formón que corta la madera, se desliza por debajo del aire cálido, orientándolo hacia el cielo. Entonces la presión cae rápidamente, el viento rola en sentido contrario a las manecillas del reloj, sopla duro y va acompañado de chubascos. Es casi seguro que hay pesados cumulonimbos (nubes de tormenta eléctrica), y si la tormenta descarga cerca de nosotros tendremos que prepararnos porque será severa.

Una vez que el frente llegue a la posición del observador, la presión subirá repentinamente para continuar subiendo regularmente. Entonces el viento seguirá rolando y acostumbra a soplar con mayor fuerza desde su nueva dirección, a veces, excesivamente fuerte.

Una vez pasado el frente, si las condiciones detrás de él son estables, el tiempo vuelve a ser bueno, aunque bastante más frío. Seguramente que habrá pocas nubes, un sol brillante, el aire será claro como el cristal y un viento bastante duro. En estas condiciones la navegación, justo detrás del paso de una depresión fuerte, puede ser muy excitante debido a la frescura del ambiente, lo brillante de la escena, la gran visibilidad y la adrenalina producida por una navegación en estas condiciones frescas.

También tendremos en cuenta que el otro fenómeno de la depresión que debemos considerar es el frente **ocluido.** El frente está ocluido cuando la cuña de aire frío ha levantado completamente toda la masa de aire caliente. Todo esto tiene que suceder antes de que el aire que la rodea rellene la depresión. En ese momento la presión muere y las condiciones cálidas y estables ocupan su lugar.

Datos sobre la presión secundaria

Si queremos navegar con plena seguridad por los océanos, es muy importante saber algunos datos sobre las **depresiones secundarias,** las que se forman en el seno, o cercanas a las depresiones mayores. Hay muchos casos en que estas depresiones menores no hacen más que confundir las cosas y dificultan la previsión de la evolución de los vientos.

Sin embargo, a veces, una secundaria se acercará a una primaria lo suficiente para que se unan y se potencien, dando lugar a unas condiciones más severas. Si nos encontramos en la mar cuando haya dos depresiones cercanas en la carta sinóptica tendremos que andar con mucho cuidado. En algunas ocasiones una depresión a punto de expirar ha vuelto a cobrar vida por la acción de una secundaria fuerte, y las condiciones resultantes han sido casi huracanadas. Tendremos sumo cuidado si los informes demuestran que la presión central se reduce, sobre todo si sucede con rapidez. Tenga siempre presente que cuanto menor es la presión, peor es el tiempo asociado, debido a la diferencia entre ella y la presión del aire circundante.

Saber donde se encuentran los vientos locales

Si no hay bastante viento, el marino tiene que buscarlo y para ello necesita saber donde se encuentra. Por lo general los vientos en la mar tienden a ser más fuertes y más constantes que los de tierra, en principio por existir menos obstrucciones. Está bastante claro que el cortar el aire y el agua como lo hacen las montañas y los estuarios, al igual que la diferencia de temperatura entre las masas de tierra y agua, interfiere en el flujo regular del viento. En la mayor parte del tiempo el navegante de altura da por sentado que el viento será regular, y la mayoría de las veces lo será. Lo que ocurre, es que si navegamos en paralelo a la costa o al acercarse a ella, surgen una serie de efectos que el navegante tiene que conocer.

Estos efectos más corrientes son los vientos llamados **virazones** y los **terrales**. Cuando se acerca el barco a tierra durante el día, sobre todo en verano y en los lugares que absorben mucho calor, hará virazón. En ese momento el aire caliente sobre la tierra sube y el aire más frío del mar entra a sustituirlo. Por lo tanto en ese momento los vientos virazones pueden convertirse en vientos fuertes cuando la diferencia de calor está en su punto más elevado. Estos vientos virazones que alcancen de 25 y 30 nudos son corrientes. Acostumbran a levantarse poco antes del mediodía, cuando el sol ha calentado la tierra intensamente, y van desapareciendo tras la puesta de sol al cesar la radiación. Estos vientos virazones no suelen cambiar su dirección y, consecuentemente, uno de los problemas más habituales al escuchar el parte en todo el mundo radica en que el presentador dirá "Virazones por la tarde". Él, y todos los demás, saben de dónde soplan los vientos virazones en su zona, pero no lo sabe el visitante. Lo correcto sería que el presentador dijera, "Virazones del noreste, o del sur, por la tarde".

Una vez calme la brisa, hay un periodo de un par de horas en que hay ventolinas variables de unos 5 nudos más o menos. En ese momento la tierra pierde el calor que almacenó durante el día y ahora la mar es más cálida que la tierra. Por lo tanto, el aire más frío de la tierra soplará hacia el mar para sustituir el aire cálido que se eleva. Sabemos que los vientos terrales son por lo general más suaves que los vientos virazones y tienden a cruzar la costa en ángulo recto, por lo que es más fácil acertar su dirección. El viento virazón, al ser más fuerte, tiende a modificar el efecto de la topografía.

Es conveniente recordar siempre que el viento, cuando sea posible, cruzará la costa en ángulo recto, o lo más cerca posible de este. Ocurre que si un viento virazón se acerca a la costa en otro ángulo, tendrá tendencia a rolar y cruzar la costa en ángulo recto. En una regata de invierno, varios patrones que conocían a la perfección los vientos virazones, navegaron por dentro de la segunda línea curva del litoral. Los barcos que siguieron lo que parecía el rumbo más directo se quedaron varias millas atrás.

También la orografía afecta al viento. Cuando haya montañas altas, es posible que la brisa salte la zona costera y se haga sentir más mar adentro de lo que cabría esperar. Si estamos cerca de la costa habrá una calma chicha que frustrará incluso al navegante más experto. Cuando las montañas no son tan altas y están un poco alejadas de la costa, crean repentinas rachas fuerte de viento al caer el aire por la vertiente de la montaña y sumar su velocidad a la del viento virazón. Si las montañas tienen una forma regular, el viento tenderá a ser regular. Si son quebradas, el viento también se quiebra y su fuerza es menor. Por todo esto las variaciones son infinitas.

Por lo tanto, la experiencia y el conocimiento del terreno son importantes. Saber los hábitos del viento proporciona una ventaja enorme al marino y ayuda al buen navegante a entender lo que sucede en la zona.

La niebla

El viento es una de nuestras mayores precauciones, pero no podemos hacer caso omiso de la niebla o cualquier otro fenómeno atmosférico como los chubascos, la niebla, el aguanieve, la nieve etc., que reduzca la visibilidad. Sabemos cuál es la mejor forma de operar con la niebla, es siempre la misma: intentar evitarla, y si se la encuentra, siga las normas sobre la velocidad y sobre las señales sonoras que se citan en el *Reglamento Internacional para la Prevención de los Abordajes en la Mar.*

Que haya niebla es mucho más corriente, y por tanto importante, en determinadas zonas del mundo. No es muy habitual encontrar nieblas en los litorales orientales de los continentes, salvo en América del Norte y Asia. Sin embargo, hay otros litorales donde es corriente encontrarla, la niebla es un peligro. Se podría argumentar que la niebla es más peligrosa en los lugares que no se la espera y allí donde los navegantes no están acostumbrados a ella, pero a pesar de que la niebla puede desorientar a los expertos tanto como a los inexpertos. Hay tratados de meteorología que diferencian varios tipos de niebla, aunque el tipo no tiene ningún interés para el navegante. Al navegante lo que le importa es que la visibilidad se ha reducido y eso es muy peligroso. Tener un cierto conocimiento sobre cómo se forma la niebla le puede ayudar a preverla y, por tanto, a evitarla.

Como se forma la niebla de advección
Esta es la forma de niebla más corriente y puede preverse con facilidad. Esta niebla se forma cuando el aire frío que fluye sobre la mar cálida alcanza una temperatura de condensación y se condensa formando una nube muy fina.

Como se forma la niebla de radiación
Esta niebla de radiación se forma invariablemente en tierra y, generalmente, solo afecta al navegante cuando aparece en un río o un puerto, o cuando se adentra unas cuantas millas en el mar. También se forma esta niebla cuando masas de aire con alto grado de humedad entran en contacto con el suelo relativamente frío y húmedo en un momento en que hay escasa nubes. Si se levanta un ligero viento puede impulsar la niebla hacia el mar. Según nuestra opinión, la niebla de radiación es la más peligrosa ya que el navegante se la encuentra al hacer su recalada, cuando se siente tentado de olvidar las normas de seguridad por que está cerca de casa y cuando vacila ante lo que manda la buena marinería: quedarse en el mar.

Como se forman los ciclones tropicales
Pero antes de hablar de estas tormentas giratorias, debemos mencionar la **Ley de Buys Ballot.** Este es un nombre extraño pero difícil de olvidar. Buys Ballot fue el meteorólogo que formuló, en 1.857, una ley que permite al observador hacerse una idea de la situación del centro de una depresión sin emplear ningún instrumento. La Ley dice:
"Un observador situado de espaldas al viento en el hemisferio norte tendrá la bajas presiones a su izquierda"
"Un observador situado de espaldas al viento en el hemisferio sur

tendrá las bajas presiones a la derecha."

Todo lo anterior significa que la circulación del viento en una alta presión seguirá el sentido de las agujas del reloj en el hemisferio norte, y el sentido contrario en el hemisferio sur. Esta ley permite, además, determinar, desde un velero, la ruta que seguirá un ciclón. La forma de desarrollar el método, en el hemisferio norte, consiste en situarse de cara al viento y elevar el brazo derecho hasta alcanzar la posición horizontal. Acto seguido, se desplazará el brazo hacia atrás, hasta el punto más alejado pero sin forzar el gesto. Justo en este momento el brazo apunta al centro de la tormenta. Utilizaremos el mismo procedimiento pero con el brazo izquierdo en el hemisferio sur.

El tener que sufrir un ciclón es la manifestación más devastadora y terrorífica de poder que pueda darse sobre la faz de la Tierra. Da suelta a la fuerza de miles de bombas atómicas. Es poco probable que el navegante medio vea uno, aunque salga a navegar todos los fines de semana y todas las vacaciones. La práctica de la navegación deportiva se concentra mayoritariamente en las latitudes templadas o por encima de ellas, donde los ciclones raras veces aparecen. Lo que sí es muy posible que el navegante de crucero presencie uno, pues aunque los ciclones suelen producirse en temporadas concretas, se han dado en casi todos los meses del año, alcanzando a veces las latitudes templadas. Si nos referimos a los huracanes caribeños, el nombre local del ciclón, llegan a menudo a Nueva Inglaterra, en Estados Unidos, e incluso hasta la península del Labrador en Canadá. En ocasiones también ha habido casos en que las tormentas de la costa de Méjico han alcanzado la baja California. Sin embargo, los ciclones del norte de Australia han penetrado en el sur, incluso hasta *los rugientes cuarenta*. La duración de la vida de los ciclones puede ser corta, media o larga. En algunas ocasiones, casi mueren para después reanimarse e intensificarse. Hay veces, que viajan lentamente en una dirección debilitándose progresivamente, y luego cambian de dirección y ganan fuerza y velocidad de nuevo.

Solo hay una forma sensata y posible de no encontrarse con ellos, sea huracán, tifón, (todos nombres locales de las tormentas giratorias). No viajar en las estaciones que suelen producirse. Tenga siempre presente que los Derroteros de las costas informan de las temporadas de ciclones y otros libros que tienen datos suficientes referidos al mundo entero.

Por desgracia, en algunos casos es difícil evitarlos. Durante todos los meses del año se encuentran tifones en las costas de China. Como sigamos la norma al píe de la letra de no viajar en temporada de tifones, no habría tráfico en esta costa, cuando en realidad hay muchísimo. Lo que ocurre es que nadie sensato emprendería un crucero por una zona de tormentas a no ser que estuviera seguro de poder recibir un aviso y encontrar resguardo a tiempo. Sin embargo, recuerde la norma básica de la mar que dice que puede resultar más peligroso intentar entrar en un resguardo con mal tiempo que permanecer en alta mar y enfrentarse con las malas condiciones, incluso si se trata de las pésimas condiciones de una tormenta.

Como son las señales de aviso de las tormentas tropicales

El primer aviso es un oleaje pesado, suponiendo que se encuentre entre los 20° de latitud norte o sur del ecuador, donde suelen comenzar las tormentas. El oleaje se forma con los restos de las grandes olas deshechas que la tormenta ha generado y que viajan más deprisa que ésta. Un día antes del temporal, el cielo está normalmente claro y la visibilidad es excepcional, como sucede en las latitudes templadas antes de la llegada de una depresión. Y los vientos son cálidos y racheados.

En cuanto llega la puesta del sol, el cielo puede parecer amenazante y fantástico, y es muy posible que el viento cambie de dirección y fuerza. El aire será opresivo y las formaciones de las nubes apuntarán como flechas hacia la tormenta. En el supuesto de que perciba estas señales, consulte el barómetro que debe tener a bordo para los cruceros oceánicos. También debe tener a bordo las Tablas Diurnas de la Presión Barométrica. En estas tablas, como bien indica su nombre, detallan las dos variaciones diarias que suceden en la presión barométrica en todo el mundo. En cuanto la lectura es de 3 Mb o más por debajo del promedio de la estación, después de aplicar la tabla de corrección, existe una buena posibilidad de que se acerque una tormenta. Cuando la lectura es de 5Mb por debajo, es casi seguro que tenemos tormenta a la vista y que esta se encuentra a unas 200 millas. Una vez llegado este momento, el navegante debe realizar una lectura cada media hora para poder establecer la tendencia que va siguiendo la presión.

Como se desarrollan las tormentas eléctricas

Estas tormentas no pueden desarrollarse hasta que exista una convección vertical tan grande que provoque lo formación de cumulonimbos, enormes nubes que alcanzan una altitud de 30.000 pies. El viento pujante, que sube a 1.600 pies por minuto, crea una carga de electricidad con una potencia enorme. Todo esto ocurre cuando las gotas de lluvia, que suelen preceder a la tormenta, son deshechas por el viento vertical. La formación de los rayos son el resultado de una descarga entre dos nubes o entre una nube y la tierra, y el trueno es el ruido que hace el aire al dilatarse, pues este se calienta hasta la incandescencia. La manera más práctica de calcular la distancia de una tormenta es contar los segundos que transcurren entre el rayo y el trueno. Aproximadamente, cada segundo representa una milla.

Visto desde el punto de vista del navegante a vela, una tormenta eléctrica es siempre un fastidio. Una embarcación que esté situada debajo de la tormenta se enfrenta con vientos erráticos que pasan de la calma a los 50 nudos de improvisto, e incluso las tripulaciones expertas tienen problemas para tomar y quitar los rizos con suficiente presteza para que el barco no ande sobrado o falto de trapo. Llegadas estas condiciones es fácil que algo se rompa.

Estas tormentas tienen una peculiaridad que puede resultar útil, y es que aspiran el aire cercano hasta la parte delantera de la tormenta para alimentar la corriente vertical que caracteriza este tipo de tempestades. Cuando estas tormentas son aisladas, y no parten de un sistema frontal, es muy posible que fuera de su influencia haya viento. Es muy conveniente el acercarse a su cara frontal para disfrutar de vientos más fuertes. Lo que ocurre es que hay que calcularlo muy bien, pues detrás de la tormenta no hay nada de viento, ni lo habrá en bastante tiempo.

Y tenga siempre en cuenta que no siempre podrá distinguir cual es la parte delantera de la tormenta.

El comportamiento general de un ciclón tropical

Si tiene la mala suerte de que le alcance un ciclón, existen unas normas bien definidas que le permitirán escapar. Es sabido que estas tormentas, al girar, viajan alrededor de un alta. Es muy normal que las isobaras en el cuadrante de la tormenta estén más apretadas que en los tres cuadrantes restantes. Por todo esto adjudica al cuadrante los vientos más fuertes y por ello se les conoce como el **cuadrante peligroso.** Llegado a este lugar las olas y los vientos son totalmente caóticos. Cuando los niños que han jugado en la bañera con un barco de juguete saben que hacer olas con una mano provoca olas largas y regulares, y el barquito no se hunde. Ahora bien cuando se emplean las dos manos y una mano empuja el agua hacia la otra, se formaran unas olas puntiagudas, irregulares, impredecibles, y el barquito zozobra. Esto es exactamente lo que sucede en el ciclón. Llegado al centro de la profunda depresión se calma el viento. El sol Brilla y todo parece completamente normal de nuevo, aunque las olas son enormes. En ese momento el ojo del ciclón está pasando. Sin embargo, cuando el ojo ha pasado la posición del observador, ocurre que el viento entra con más fuerza desde la dirección contraria. En ese momento la mar se vuelve caótica.

Existe algo de uniforme en el movimiento de estas tormentas, pero no se puede afirmar que todas ellas sigan las mismas pautas.

La recurvatura y su forma de seguir

La mayoría de las tormentas una vez formadas, siguen una dirección más o menos estable pero, cuando han pasado unos días, a veces no muchos, pierden velocidad y parecen que van a desvanecerse. No obstante, no lo hacen. Comienzan a viajar en una nueva dirección, a menudo a mayor velocidad, y ganan intensidad a medida que avanzan. Cuando un navegante se encuentra atrapado en una tormenta de estas características debe vigilar siempre esta **recurvatura.** Por supuesto que no todas las tormentas giran de esta forma; unas siguen un camino irregular, otras, sobre todo en el Pacífico Occidental, dan la vuelta y cruzan su propio camino. Por lo general, estas tormentas se desvanecen una vez que han llegado a las latitudes templadas al difundirse en los sistemas de depresiones mayores. Hay ocasiones, que esto no sucede y alcanzan las latitudes altas antes de que mueran.

No obstante, el movimiento general de las tormentas sigue el mismo patrón en ambos hemisferios, aunque las direcciones son contrarias. Hay una tormenta del hemisferio norte, primero noroeste, luego norte y finalmente noreste. Sin embargo, en el hemisferio sur van hacia el oeste, luego suroeste, sur y finalmente sureste.

Las tormentas antes de girar, viajan a una velocidad bastante lenta, entre 5 a 15 nudos aproximadamente; pero después de haber girado pueden fácilmente doblar la velocidad. La velocidad que tienen de desplazamiento se suma a la velocidad del viento en el cuadrante peligroso. En el momento que trace su rumbo para esquivar o huir de una tormenta de estas características, es vital tener en cuenta estas características, es vital tener en cuenta esta recurvatura.

Es verdad que un cuadrante de la tormenta es el más peligroso, pero el cuadrante situado en el mismo lado no es mucho mejor. Todo el conjunto de ambos lados se conoce como el **semicírculo peligroso.**

Igualmente se llama así porque se sitúa en el lado donde la tormenta tiende a girar. En el hemisferio norte, el semicírculo peligroso se encuentra en el lado derecho del camino de la tormenta; en el hemisferio sur, está a la izquierda. Tenemos que alejarnos de este camino.

Averiguar todo lo que se pueda sobre las tormentas

El barco cuanto más pequeño, más lento es y menos tiempo proporciona para averiguar datos sobre la tormenta que se aproxima, ya que esta viaja muy deprisa comparada con la escasa velocidad de un velero pequeño. Las embarcaciones mayores es probable que tengan operadores de radio para escuchar los avurnaves (aviso urgente a los navegantes) y trazar el rumbo y la intensidad de la tormenta sobre la carta. Los barcos más pequeños tendrán que apañárselas con la información de los boletines meteorológicos, lo que demuestra el valor de mantenerse a la escucha durante una parte muy importante del día. En cuanto se ha identificado una tormenta, es esencial que un tripulante se mantenga a la escucha permanente para informarse de las últimas evoluciones. Cuando el parte sea completo, indicará la posición del centro de la tormenta y dará una lectura corregida del barómetro, una descripción de las condiciones meteorológicas y el rumbo y la velocidad de la tormenta. El patrón de cualquier embarcación que se halla en una zona de tormenta está obligado por la "Convención Internacional para la Seguridad en la Mar" a informar de las condiciones y de la situación de su barco a las demás embarcaciones cercanas y a cualquier estación costera y meteorológica. También el patrón puede dar su situación en latitud y longitud o, si no es posible precisar tanto. Esta obligación se mantiene mientras la tormenta afecta al barco. Posiblemente, es probable que la calidad de emisión de la radio se deteriore a medida que se acerca la tormenta.

En el caso de que no se reciba ninguna comunicación específica por radio, pero un boletín ha indicado la posibilidad de una tormenta que el marino sospecha que le va a afectar, debe emplear la ley de Buys Ballot que mencionamos anteriormente.

¿Cómo encontrar el centro de la tormenta? Cuando el barómetro sigue bajando, es señal de que el centro de la tormenta está adelantándose al barco en lugar de situarse por la aleta. Lo más difícil es determinar su distancia y su dirección. El mejor indicador es que si el viento permanece estable, el barco se encuentra en el camino de la tormenta. Cuando la velocidad del viento es de unos 40 nudos regulares, la tormenta se halla a unas 100 millas; unos 25 nudos regulares dan una distancia de unas 200 millas.

Aun cuando tengamos una tormenta tan lejana es prudente trazar su situación y un rumbo que se aleje de ella.

Como escapar a la tormenta

Con los modernos instrumentos de viento se han mejorado las posibilidades que tiene el patrón de un velero para determinar la ruta de un huracán sin ayuda de información externa. Siempre es conveniente que el patrón sepa si el viento rola a favor o en contra de las manecillas del reloj o si se mantiene estable. Cuando aún no habían aparecido los modernos y eficaces aparatos colocados en el tope del palo, la única manera de hacer esto es parar el barco y tomar demoras cada dos o tres horas. Aun así, la posibilidad de obtener unos resultados son muy pocas. En este momento un patrón eficaz puede captar enseguida un cambio significativo en la dirección del viento.

Cuando el viento rola en sentido de las manecillas del reloj, el barco se encuentra en el semicírculo derecho, y si permanece estable, en el camino de la tormenta.

Lo más importante es alejar el barco todo lo posible fuera de la tormenta y de su probable camino. Necesitaremos una franquicia de unas 200 millas es lo mínimo que se puede conseguir. En el barco debemos disponer de un barómetro, el patrón debe encargar a un tripulante que apunte la lectura cada 15 minutos junto con la dirección del viento. Tenemos que anotar estas observaciones ya que con ellas puede trazarse cualquier cambio en el rumbo de la tormenta.

Antes hemos visto que los cambios en la dirección del viento pueden indicar en qué semicírculo se encuentra el barco. También podemos usar otro dato es el hecho de que el barómetro cae por delante de la vaguada del ciclón y sube después. Si interpretamos los cambios del viento y la subida o bajada del barómetro, el patrón puede dilucidar en qué **cuadrante** de la tormenta se encuentra.

En el momento que el patrón ha localizado, con bastante seguridad la posición del barco en relación con la tormenta, puede, emplear los datos del viento, el barómetro y, sobre todo, la información de otros barcos o estaciones costeras para trazar un rumbo que aleje al barco de la tormenta.

La tormenta que estamos narrando viaja a un rumbo de 340° y a unos 6 nudos; el barco viaja a unos 15 nudos. Cuando tracemos la figura, tendremos en cuenta la diferencia de velocidad entre el barco y la tormenta. En el momento que hayamos deducido la posición de la tormenta, se traza un rumbo que evite la misma. Unas seis horas después, y desde esta posición la tormenta ha cambiado de rumbo y velocidad y el patrón llega a la conclusión de que ha girado y cambiado de rumbo y que la puede pasar con mucha franquicia. Pasadas nueve horas se informa de que efectivamente la tormenta ha cambiado de rumbo y velocidad inicial y le indica que el rumbo actual del barco le llevará directamente al sector de la tormenta. En ese momento el patrón cambia drásticamente de rumbo para evitarla. Al cabo de cuatro horas, vuelve a informarse otra vez y puede comprobar que debido a los cambios de rumbo el barco ha esquivado la tormenta. Pero el patrón tiene que estar muy vigilante por si la tormenta se comportara erráticamente.

Hemos de remarcar que incluso el sector navegable es tremendamente peligroso para los barcos pequeños. Como no se puedan obtener los suficientes datos y no hay informes por radio para guiar al marinero, las siguientes normas básicas deben aplicarse para evitar la tormenta.

El viento en el hemisferio norte

Cuando el viento rola en sentido de las manecillas del reloj. Una embarcación a motor debe navegar a toda máquina con el viento entre 10° y 45° sobre la amura de estribor y será conveniente que caiga a estribor a medida que el viento role para que este se mantenga en el mismo ángulo sobre el barco. Si se trata de un velero, con estos mismos datos, debe ponerse al pairo amurado a estribor y caer a estribor al rolar el viento.

Cuando el viento se mantiene en una dirección constante o si rola en sentido contrario a las manecillas del reloj. Cuando el barco, a vela o motor, debe correr con el viento en la aleta de estribor y debe caer a babor al rolar el viento.

El viento en el hemisferio sur

Suponiendo que el viento rola a favor de las manecillas del reloj. Una embarcación barco a motor debe navegar a toda máquina con el viento entre 10° y 45° sobre la amura de babor y debe caer a babor a medida que el viento role con el fin de que este se mantenga con el mismo ángulo sobre el barco. Si se trata de un velero debe ponerse al pairo amurado a babor y caer a babor al rolar el viento.

En el momento que el viento se mantenga en una dirección constante o si rola en contra de las manecillas del reloj. El barco a vela o a motor, debe correr con el viento en la aleta de babor y debe caer a estribor al rolar el viento.

Viento y mar

Si navegamos con mal tiempo es siempre incomodo y arrasador. No es lo mismo salir de puerto con mal tiempo a que éste nos sorprenda en la mar.

Siempre que un barco sale de puerto con mal tiempo es porque el patrón considera que no es peligroso para su barco y que, por tanto, tomadas las precauciones normales para el caso, la aventura marítima será la esperada. Es posible que la decisión de salir en estas condiciones se deba a que la previsión para las próximas horas sea de mejoría del tiempo o que simplemente considere que no es peligroso para su barco. No obstante será conveniente tomar las precauciones necesarias para que el barco antes de largar amarras esté completamente a son de mar, todo bien trincado en cubierta y en el interior, habremos comprobado que la estanqueidad es total, especialmente en los desagües de WC, fregaderos, y portillos, se habrán tomado los rizos necesarios a las velas, si es un velero, y la tripulación irá provista de trajes de agua, botas y arneses de seguridad. Llevará suficiente combustible para el viaje teniendo en cuenta que la duración del mismo será mayor. Antes de salir, el cocinero preparará los bocadillos necesarios para que no tenga que cocinar en condiciones adversas.

En caso de que el mal tiempo nos sorprenda en la mar, las condiciones son diferentes. Es verdad que el barco ya se encuentra a son de mar y solo es necesario reforzar trincas, revisar portillos, lumbreras y grifos, tomar los rizos necesarios, si no se han tomado ya, pues el mal tiempo tampoco entra instantáneamente. Es más fácil soportar normalmente un empeoramiento del tiempo que nos sorprende en el mar, que no tener que abandonar un tranquilo pantalán para enfrentarse a vientos fuertes. Recomendaríamos que el patrón se lo pensara dos veces, o más, antes de salir.

Tendremos en cuenta las condiciones marineras de nuestro barco y la dirección del viento y la mar existentes con respecto a nuestra derrota o a la alternativa de arribar a un puerto cercano en espera de la mejoría del tiempo. Gobernaremos la ola con una velocidad apropiada para que no haya pantocazos que puedan producir una avería. Observaremos si el barco embarca mucha agua o no en cubierta, pues en caso afirmativo, deberemos plantearnos inmediatamente cambiar de rumbo para evitar encontrarnos con la bañera llena de agua y una nueva cresta de la ola que se aproxima con la misma intención. Las lanchas acostumbran a tener una gran bañera a popa que cualquier golpe de mar le puede embarcar varios metros cúbicos de agua que lógicamente van a tardar un tiempo en desaguar. Llegado este momento se compromete la flotabilidad de la embarcación, la estabilidad y el normal funcionamiento del motor si se llenara la cámara de agua. Tendremos en cuenta que la navegación con vientos fuertes, además, crea otro problema, la visibilidad queda reducida a cero, ya que la poca altura de francobordo de los yates hace que las cortinas de agua pulverizada de los rocíones que chocan contra el casco impiden ver fuera.

Forma de gobernar a la mar

Una vez puesto el barco a son de mar y la derrota prevista vamos a observar su comportamiento en esta especial navegación. Se tomarán las siguientes precauciones:
-Una vez puesto el barco a rumbo se deberá ajustar la velocidad con el fin de evitar fuertes golpes de mar de proa que pueden causar una grave avería. Una vez que viene la ola grande se debe moderar para quedarse a la velocidad apropiada para gobernar a la ola.
-Cuando el rumbo trazado coincide con la marejada de través, se deberá cambiar para no navegar atravesado a la mar con peligro de zozobrar.
- Será más apropiado para la tripulación y más seguro para el barco tomar las olas por la amura, evitando así el choque violento contra ellas.
-Cuando tengamos mal tiempo solo debemos estar en cubierta la tripulación necesaria y el resto permanecerá en la cabina y aquellos que permanezcan en cubierta lo harán con el arnés de seguridad puesto. Tenemos que recordar que cuando un golpe de mar barre la cubierta y llena la bañera, la tripulación que haya en ella quedará literalmente suspencida y el barco se les escapa de los pies.
-Llevaremos la superficie de vela adecuada en todo momento a la fuerza del tiempo con el fin de evitar grandes escoras que comprometan la estab lidad.
-Con el fin de evitar que el barco pierda el gobierno y se quede atravesado a la ola, será conveniente largar un cabo por seno lo suficientemente largo que una vez firme a cada obenque o a las bitas de popa en las lanchas, aguante la popa siempre en la dirección del rumbo.

Concepto de estabilidad

La estabilidad es la propiedad que debe tener un barco de volver a su posición de adrizado cuando ha sido inclinado por la acción de una racha de viento o un golpe de mar.

Debido al efecto del viento y oleaje el barco se puede mover sobre su eje longitudinal, que llamaremos estabilidad transversal, o sobre su eje transversal, que llamaremos estabilidad longitudinal.

Sabemos que el barco se encuentra adrizado cuando el peso del barco que gravita sobre el centro de gravedad está en la vertical del centro de carena donde recibe el empuje.

Si, por el contrario, se cargan pesos próximos a la quilla el centro de gravedad baja aumentando la estabilidad. Por eso se llenan con lastres las quillas de los veleros con el fin de obligar a bajar el máximo posible, y el efecto inmediato será que el barco se convertirá en un tente en píe, que siempre querrá estar vertical. Si se hace así, el barco será muy brusco en los balances y se convierte en un barco **rígido**.

Si, por el contrario, se cargan pesos en cubierta o en el puente alto, el centro de gravedad sube y la estabilidad disminuye. Si lo hacemos así, los balances son muy suaves y se puede llegar a comprometer la estabilidad. Entonces se dice que es un barco **tumbón** o **blando**.

Si navegamos con mal tiempo es conveniente que la tripulación se coloque lo más próximo posible a la quilla en lugar de estar en cubierta, y menos de píe.

Forma de romper el sincronismo

Siempre que el barco se encuentra navegando entre olas y el periodo de balance coincide con el periodo de la ola, se produce el sincronismo. Este sincronismo puede ser transversal o longitudinal.

Si queremos romper el sincronismo transversal en que el barco navega atravesado a la mar produciendo cada vez mayores balances deberá cambiar de rumbo tomando la mar por la amura. Inmediatamente desaparece la regularidad de los balances.

Si queremos romper el sincronismo longitudinal que se produce cuando el barco navega con oleaje de proa y cada vez que levanta la proa coincide con una cresta de una ola y la cabezada con el seno de la misma, deberemos actuar inmediatamente sobre la velocidad del barco.

Uso de los deflectores

El uso de los deflectores o vulgarmente flaps, son aletas que se colocan en la popa y regulables a voluntad, que llevan las embarcaciones rápidas para obligar a bajar la proa y hacer que la embarcación navegue lo más horizontal posible.

Estos flaps se mueven accionados por un émbolo hidráulico independiente uno del otro y son accionados desde el control de mando donde se puede ver si están subidos o bajados y el ángulo de trimado de cada uno.

Algunos deflectores son fijos y se instalan en embarcaciones tradicionales con motores de gran potencia para obligar a bajar la proa al navegar a gran velocidad.

Estos deflectores o flaps no solamente son imprescindibles para el planeo de la embarcación sino que también mejoran la estabilidad del barco.

Cuando se bajan los flaps la proa baja y al subirlos, la proa sube. La manera más correcta de navegar una embarcación es con aguas iguales, es decir, la cubierta paralela a la mar.

Cuando se bajan los flaps de estribor la embarcación se escora a estribor, y cuando bajamos el de babor se escora a babor.

Al bajar el flaps de estribor la proa cae a la misma banda, porque este hace de freno. Igual ocurre al bajar el de babor. Por todo esto nos permite de alguna manera mantener el rumbo de la embarcación en caso de rotura o de avería del timón.

Revisión de portillos

En el momento que comience el mal tiempo se deberán cerrar y asegurar los portillos de la cabina y de costado, las lumbreras, poner las tapas a los manguerotes u hongos de ventilación con el fin de asegurar una estanqueidad lo mejor posible.

Con los portillos se tiene que tener un mantenimiento periódico en cuanto al cambio de juntas que son resecadas por el sol y por este motivo pierden su hermeticidad.

También se tendrán que cerrar las válvulas del WC, fregadero y lavabos para que en las posibles escoras no pueda entrar agua a bordo.

Con el mal tiempo se controlarán estas aberturas para ver si hay algún fallo y tratar de arreglarlo inmediatamente, si se puede, o para arreglarlo cuando lleguemos a puerto.

Estiva y trinca a son de mar

El poner el barco a son de mar significa prepararlo para salir a la mar en buenas condiciones de seguridad. Y para ello seguiremos los siguientes puntos:

- Se trincan las anclas bien para que en los golpes de mar no puedan moverse. Taponando las gateras para que no se llene la caja de cadenas.

- Trincaremos las balsas, tanto si van colocadas en los pescantes como si se llevan en cubierta, asegurándolas bien para que no se muevan con los golpes de mar.
- También se retirarán de cubierta todos los cabos de amarre y otros para evitar que al barrer el agua la cubierta pudieran ir a parar a la hélice y se enredaran en ella.
- Se tomarán los rizos que sean necesarios a la vela de acuerdo con la fuerza de viento y mar.
- Se aseguran las líneas de vida en cubierta y se sacan los arneses de seguridad listos para poderlos utilizar.
- Se asegurará la balsa salvavidas si está bien trincada en cubierta y que la rabiza de disparo está amarrada a un punto firme del barco.
- Se estibarán en los armarios las provisiones de boca para que en los balances no se mueva nada de su sitio y serán retirados aquellos objetos que están en estanterías y que por lo general se caen al primer bandazo.
- Se trincarán bien los objetos que sean imprescindibles en la cocina.
- Se tomarán todas aquellas precauciones que redunden en beneficio de la seguridad del barco y su tripulación.

Derrota a seguir

Si navegamos con mal tiempo, será este el que nos marcará la derrota. Es muy difícil luchar contra los elementos, de manera que tenemos que ajustar nuestro rumbo a las exigencias exteriores y esperar que llegue la bonanza. Será necesario poder disponer de una buena información meteorológica con el fin de programar mejor la derrota, no obstante, una vez que nos veamos atrapados por el mal tiempo nos veremos obligados hacer el rumbo más favorable para tomar la mar por la amura o por la aleta. Tomaremos en consideración las posibilidades de poder arrumbar a algún puerto cercano en busca de refugio y esperar que el tiempo mejore.

Se tendrán que evitar las zonas que suponemos que va a pasar el frente o la perturbación y siempre que se pueda será recomendable pasar por sotavento de islas o islotes que nos puedan ofrecer resguardo.

Capear o correr el temporal

Capear es mantener el barco con poca velocidad avante debido al mal tiempo. Tomaremos las olas por la amura y la velocidad será la mínima para poder gobernar a la ola. Se producirá un gran abatimiento y debido a él se formarán a barlovento unos remolinos que protegerán al barco contra la violencia de las crestas de las olas. Hay dos formas de capear el temporal: capa corrida y capa cerrada.

La capa corrida se emplea cuando el temporal sea moderado, mantendremos un rumbo a ceñir y la velocidad es la suficiente para gobernar. Si es velero, se llevará vela de capa, o la mayor con tres rizos y el tormentín.

Si tomamos la opción de capa cerrada el timón lo pondremos a barlovento, el barco orzará perdiendo velocidad. De esta forma las olas al chocar contra la amura pronto harán arribar el barco. Al arribar aumenta el ángulo que forma el viento con la vela de capa y aumenta la velocidad y en ese momento como el timón lo tenemos metido a barlovento, vuelve a orzar y así sucesivamente. Llevaremos una velocidad mínima y el abatimiento grande, formándose a barlovento muchos remolinos y el barco tendrá más protección.

Correr un temporal

Al correr un temporal una embarcación se dispone a navegar con el viento y a mar en popa.

Cuando se corre un temporal hay que tener mucho cuidado con el gobierno del barco, ya que si da alguna guiñada, cualquier golpe de mar que venga por la popa, tenderá a acentuar la guiñada que haya empezado y se puede atravesar el barco quedando en muy malas condiciones marineras.

Existe una teoría que dice que cuando un temporal es muy fuerte, se admite que el barco aguanta mejor el temporal con la máquina parada a palo seco, si es de vela, manteniéndose como una boya, debajo de la cual van pasando sucesivamente las olas, pero embarcando menos mar y sufriendo menos los golpes de mar. El barco en estas condiciones adopta una posición de equilibrio, en la que aguanta, quedando con su casco recibiendo el mar por una de sus aletas.

Es posible mejorar la posición de equilibrio antes citada, largando por dicha aleta un ancla flotante y todavía mejor si se dispone en el ancla flotante de un saco de estopas empapadas en aceite.

Si es así, el aceite que se va derramando a barlovento del barco dará un remanso que protegerá bastante los efectos del mar.

Si no disponemos de ancla flotante, también producirá un gran efecto si largamos un cabo por seno y firmes los chicotes a cada obenque o si se trata de una lancha, amarrados a las bitas de proa.

El riesgo de una costa a sotavento

Como todo el mundo sabe los barcos cuando navegan atravesados a la mar o al viento sufren un desplazamiento lateral llamado abatimiento, haciendo un rumbo tal que cada vez más se separa del punto de destino. Si se está navegando por una costa que con relación al viento queda por nuestro sotavento, tendremos que tener especial cuidado en corregir el rumbo por abatimiento, haciendo un rumbo hacia barlovento tantos grados como grados tengamos de abatimiento; de lo contrario, no podremos remontarla y el barco se quedará empeñado cerca de la costa y nos veremos obligados a virar para ganar el barlovento perdido. Lo más aconsejable es como norma a seguridad, navegando con mal tiempo es pasar lejos de la costa de sotavento en previsión de lo dicho antes, pero también porque cerca de ella la mar se arbola más y la navegación es mucho más difícil.

Ancla de capa

El ancla de capa consiste en un saco de lona de forma cónica de medio metro de diámetro y un metro y medio de alto. Lleva cuatro cabos firmes al aro que forma la base y estos cabos van a unirse a una gaza donde se amarra un cabo largo. El vértice del cono tiene una abertura para dejar pasar el agua.

La función del ancla de capa es utilizarla para poder aguantarse proa a la mar en los temporales, evitando así que la embarcación se atraviese. Estas anclas ofrecen gran resistencia dentro del agua hasta tal punto, que mantienen el barco casi parado, evitando de esta forma grandes derivas, que podrían llevar la embarcación a la costa o fuera de la derrota que llevara.

Son muy eficaces para cuando hay necesidad de pasar los rompientes, ya que echada por la proa o por la popa, sirve para que el barco no se atraviese al cruzar la línea de rompientes, halando de ella en ese momento.

Si no llevamos el ancla flotante a bordo, se puede improvisar cruzando dos trozos de madera que fuertemente amarrados se les puede colocar un trozo de lona que esté bien trincada en cada extremo. En la parte alta se puede colocar un anclote con el fin de que esté vertical. Por cada barrote podemos amarrar un cabo y los cuatro los ajustaremos en una gaza amarrando el cabo largo a ella.

Maniobras que haremos al paso de un chubasco

Si navegamos con tiempo achubascado no podremos perder de vista el celaje y el horizonte, ya que ellos serán los que nos indicarán su proximidad. Si es posible evitaremos pasar una zona donde se observen descargas eléctricas ya que allí es donde se encuentra el chubasco. En otras ocasiones lo podremos presagiar cuando se levantan grandes rubarrones por sotavento, y entonces es cuando se producirá un contraste del viento.

Tenemos que estar atentos ante todas estas advertencias que nos depara la naturaleza, no debemos quedarnos cruzados de brazos, sino que tomaremos las medidas necesarias para afrontar una posible racha de viento. Arriaremos el spinnaker si lo llevamos izado, se tomarán rizos a las velas y revisaremos bien todas las trincas de cubierta, y se cerraran todos los portillos. Tendremos preparados o bien puestos los arneses de seguridad. Prepararemos la ropa de agua. Aclararemos las escotas para largarlas en caso necesario, colocaremos el carril de la escota a sotavento y desrelingaremos las velas.

Las tormentas eléctricas

Todo este tipo de tormentas es muy espectacular por el ruido y la luminosidad que se crea, por fortuna y, salvo raras excepciones, no se llegan a producir averías. No obstante, ha ocurrido en algunas ocasiones a veleros ser víctimas del rayo que desde la perilla del palo se ha colado a bordo causando desperfectos en la arboladura. Tomaremos las siguientes medidas

a) Como la jarcia firme actúa igual que un pararrayos es conveniente colocar un cable o cadena que conecte a los estayes y obenques a masa, o sea a la mar. Para ello sacaremos la cadena del ancla, siempre que su tamaño lo permita, y después de dar vueltas a la jarcia firme la dejaremos un metro dentro del agua.

b)   Desconectaremos todos los aparatos radioeléctricos de ayuda a la navegación, como radar, satélite, sonda, VHF. etc.

c)   Se quedará en cubierta solo la tripulación indispensable para el gobierno del barco.

d)   Cambiaremos el rumbo para así alejarnos de la zona tormentosa.

e)   Se observará cualquier cambio que indique un posible error en la aguja magnética y, una vez pasada la tormenta, se tomará la corrección total de la aguja para poder comprobar si esta ha sido perturbada.

Precauciones a tomar en la navegación con niebla

Navegar con niebla es incómodo y peligroso. Como estamos huérfanos del sentido de la vista, tendremos una sensación de agobio e impotencia que hace que las horas sean interminables. No obstante, el sentido del oído será el que tendremos que agudizar si no disponemos de ayudas radioeléctricas.

Por lo tanto, tomaremos las siguientes precauciones:

a)   Reduciremos la velocidad al máximo, tomaremos marcaciones de puntos de la costa antes de cerrarse y estaremos muy pendientes de los barcos que haya a la vista.

b)   Haremos las señales fónicas reglamentarias.

c)   Mantendremos una escucha continua y si oímos pitadas por proa del través se preparará y marcará por el sonido la trayectoria del otro barco.

d)   Pondremos en marcha, si disponemos de ellos, los aparatos radioeléctricos de ayudas a la navegación como: radar, gonio, sonda, etc.

e)   Es muy importante que nos separemos de la zona de mucho tráfico o de recalada, de los estuarios de ríos, y de las bocanas de los puertos, lugares donde con la afluencia de tráfico aumenta el riesgo.

f)   Evitaremos fondear en canales o pasos estrechos y bocanas de los puertos donde el tráfico marítimo crea un peligro eminente.

Reflector radar

El reflector radar es un cuerpo poliédrico que se iza en el palo y sirve para mejorar el eco de una emisión electromagnética que emite la antena del radar, que cuando choca con una de las caras del poliedro, se refleja la señal como si fuese un juego de espejos, regresando el eco a bordo, que, recibido por la antena, es amplificado y recibido en la pantalla como un punto luminoso.

Será conveniente llevar siempre izado el reflector radar para facilitar la detección de nuestro barco por otras embarcaciones, especialmente en zonas de navegación congestionada. Por lo general los yates ofrecen un eco muy pobre en la pantalla del radar debido a la poca obra muerta, la cual queda completamente escondida cuando se encuentra en el seno de una ola y en ese momento no puede ser detectado por otro barco que navegue con radar.

Evitar el tráfico marítimo

Por el incremento del tráfico marítimo hace falta, más que nunca, mantener una eficaz vigilancia del horizonte y respetar las separaciones de tráfico tal y como indican las reglas 5 y 10 del Reglamento

Internacional para prevenir los Abordajes. También se navegará con precaución en pasos estrechos, canales o bocanas de puertos y en las proximidades de playas con bañistas, no pudiendo pasar a menos de 200 metros de la orilla y a no menos de 50 metros en las costas acantiladas.

Tendremos que evitar las zonas donde la navegación está muy congestionada por grandes buques, como son bocanas de los puertos, ríos y pasos estrechos. Al llegar a estas zonas no se deben estorbar el tránsito seguro de cualquier embarcación que solo puede navegar con plena seguridad por el centro del canal. Tenemos que considerar que para una embarcación pequeña es muy fácil cambiar de rumbo, parar o dar atrás, sin embargo los barcos grandes tienen grandes problemas de gobierno y la distancia de parada, incluso dando atrás toda la máquina, puede ser de varias millas.

Navegación nocturna

Es sabido que la navegación nocturna tiene su encanto, pero también sus riesgos. Será necesario saber identificar perfectamente los faros y todas las señales marítimas. Con ese fin tendremos a mano y consultaremos continuamente el libro de faros que nos va a guiar en toda la navegación costera.

Cuando llega la puesta de sol se deben encender todas las luces de navegación y se comprobarán que están encendidas en todo momento hasta que llegue la salida del sol del nuevo día.

Por la noche mantendremos una eficaz vigilancia del horizonte y si navegamos en una zona que tenga mucho tráfico marítimo será necesario moderar la velocidad si se trata de una embarcación rápida. Tendremos muy presente que con la oscuridad las distancias en la mar son muy difíciles de apreciar y en especial cuando no se tiene mucha práctica. Igualmente el resplandor de las luces de tierra cuando nos acercamos al puerto parece que ocultan las luces de los malecones y pantalanes siendo muy difícil su identificación.

Al hacer los cambios de rumbo cuando tengamos que gobernar a otra embarcación serán grandes para que el que nos sigue a rumbo vea claramente el cambio de color de las luces de costado.

Los veleros por lo general llevan colocadas muy bajas sus luces de navegación. Cuando naveguemos a vela y veamos que un barco se aproxima al nuestro y no se aparta de su derrota, cuando en realidad le corresponde a él, es costumbre habitual dirigir el foco de la linterna a la vela mayor con el fin de crear un gran resplandor y ser vistos por el otro barco. Si continúa el peligro de abordaje, arrancaremos el motor y nos alejaremos de su derrota lo más rápido posible.

Navegación en aguas someras

Si tenemos que navegar en aguas poco profundas antes de hacerlo debemos informarnos de las sondas existentes y si resultan navegables para el calado de nuestro barco. Cuando en la zona hubiera canales balizados para marcar la dirección de tráfico marítimo, los utilizaremos siguiendo las boyas, dejaremos las de color verde y forma cónica por estribor y las de forma cilíndrica y color rojo por babor, siempre en el sentido de entrada al puerto o bien en el río balizado.

Cuando estemos en zonas poco profundas solo se debe navegar con buen tiempo, ya que con viento fresco se agita la mar muy rápido y se producen rompientes.

Aros salvavidas

Las embarcaciones deberán llevar un aro con luz y rabiza.

Estos aros salvavidas son anillos de poliuretano u otro material flotante. Alrededor lleva un cabo o guirnalda sujeto por cuatro puntos. Estos aros son de color naranja y llevará marcado con letras mayúsculas el nombre del barco y el puerto de matrícula. También llevan cuatro cintas reflectantes que sirven para localizar al náufrago durante la noche.

La luz es de encendido automático y permanecerá encendida o emitirá destellos a un ritmo no superior a 50 por minuto durante dos horas.

La rabiza será de 30 metros de largo y 8 milímetros de diámetro. La longitud se puede variar.

El aro salvavidas debe ir estibado en un varadero por fuera del costado y que sea fácil de lanzar al agua.

Chaleco salvavidas

Todas a las embarcaciones llevaran como mínimo un chaleco salvavidas por persona. El número de personas que vayan a bordo será el que viene indicado en el Certificado de Navegabilidad. Se llevarán chalecos salvavidas para todos los niños que vayan a bordo.

Los chalecos salvavidas son de poliuretano con la suficiente flotabilidad como para aguantar a flote durante 24 horas y tiene un peso de 7,5 Kilos.

Existen dos tipos de chalecos salvavidas: el de tipo **chaleco** y el de tipo **escapulario**. Ambos tipos son de color naranja y deben de llevar pintado el nombre del barco y el puerto de matrícula. También llevarán un pito suficientemente sujeto por medio de un cordón y en algunos

casos una luz accionada a voluntad. Llevan al menos 6 cintas reflectantes para facilitar la localización del náufrago durante la noche.
Los chalecos salvavidas se guardarán muy cerca de la litera de cada tripulante con el fin de tenerlo siempre a mano en caso de emergencia. Nunca abandonaremos el barco sin el chaleco salvavidas.

Señales pirotécnicas

Cada embarcación que navegue deberá llevar por lo menos 6 cohetes con luz roja y paracaídas y 6 bengalas de mano.

Espejo de señales

También será conveniente que estas embarcaciones lleven un espejo de señales o heliógrafo.

Reflector radar

Toda embarcación de casco no metálico será conveniente que lleve un reflector de radar.

Arneses y líneas de vida

Según el Reglamento de la Inspección General de Buques, toda embarcación que navegue tendrá protecciones continuas y eficaces contra la caída al mar de los ocupantes. Estas protecciones consistirán en púlpitos, candeleros con pasamanos y arneses de seguridad.
De la misma forma se dispone en el citado Reglamento que las embarcaciones de vela llevarán en cubierta puntos para el enganche fácil y rápido de arneses de seguridad. Estos puntos de enganche también llamados líneas de vida, deberán estar distribuidos de forma que un tripulante pueda efectuar cualquier maniobra en cubierta con el arnés asegurado.
Cuando se trata de veleros multicasco deben disponer de dispositivos para enganchar los arneses de seguridad sobre y debajo de la embarcación.
También reseñaremos que en las zonas habituales de maniobra se dispondrá en cubierta de métodos antideslizantes.

Bocina de niebla

Toda embarcación que navegue deberá llevar una bocina de niebla. Puede ser a presión o manual o también por bocina accionada por gas en recipiente a presión. Cuando se lleva este tipo de bocina, se dispondrá de una membrana y un recipiente de gas como respeto.

Linterna

Toda embarcación llevará a bordo una linterna estanca. Se dispondrá de una bombilla y de un juego de pilas de respeto.

Extintores

La instalación de extintores se basa en dos criterios independientes entre sí:

- la propia embarcación y sus instalaciones
- la existencia de motores a bordo.

Los extintores serán instalados en lugares de fácil acceso y alejados en lo posible de cualquier fuente probable de incendio.

Extintores exigidos en función de la eslora:

- Si tiene cabina cerrada y menos de 10 metros: 1 extintor tipo 21 B
- Si tiene 10 metros o más pero menos de 15 metros: 1 extintor tipo 21 B

Extintores exigidos en función de la potencia instalada a bordo.

- Potencia igual o menor de 150 Kw: 1 extintor tipo 21 B
- Potencia mayor de 150 Kw e igual o menor de 300 Kw: 1 extintor tipo 34 B (con un motor) y 2 tipo 21 B (con dos motores)
- Potencia mayor de 300 Kw e igual o mayor de 450 Kw: 1 extintor tipo 55 B (con 1 motor) y 2 tipo 34 B (con 2 motores)
- Potencia mayor de 450 Kw: con 1 motor: 1 extintor tipo 55 B y, además, el número de extintores necesarios para cubrir la potencia del motor por encima de los 45 Kw. Con 2 motores: 1 extintor tipo 55 B por cada motor (que puede ser 34 B si la potencia de cada uno es inferior a 300 Kw y, además, el número de extintores necesarios para cubrir la potencia total instalada.
- Si la eslora es menor de 10 metros estos extintores servirán para cumplir lo especificado en función de la eslora.

Según la eficacia de un extintor para apagar un fuego de gasolina se clasifican en:

21 B: Significa la eficacia de un extintor para apagar 21 litros de gasolina. Es equivalente a un extintor de polvo seco o halón de 2,5 kilos.

34 B: equivale a un extintor de halón de 4 kilos o de CO_2 de 5 kilos.

55 B: Equivale a un extintor de halón de 6 kilos.

Emergencias en la mar

Accidentes personale

Debido al medio en que se desenvuelve la vida a bordo de un barco, el tripulante o pasajero tendrá especial cuidado con sus desplazamientos en el barco, en su traslado del muelle a bordo y viceversa. Debido a la negligencia la mayoría de las veces sobreviene el accidente de la manera más tonta; no cogerse bien a los pasamanos, no mirar a donde se pisa y no tener el suficiente reflejo para evitar el golpe de una botavara, de un tangón, un golpe de mar, etc.

Cuando se produce la contusión es el choque de un agente con un punto del organismo, sin que la piel sufra ninguna lesión de continuidad. Esta contusión produce la rotura vascular de las partes blandas y en ella a salida de sangre a través de los vasos; esta hemorragia puede infiltrarse en el tejido conjuntivo dando lugar a un hematoma.

El hematoma afecta la forma de un tumor bastante bien circunscrito y tiene tendencia a coagularse en la periferia.

Cuando existen contusiones no complicadas ni graves, basta la aplicación de compresas de agua, la con presión y el masaje. Si hay derrames voluminosos pudiera presentarse a veces la necesidad de la incisión amplia o la punción aséptica. En ambos casos tomaremos todas las precauciones de asepsia para evitar infecciones.

Heridas y su tratamiento

Es toda la solución de continuidad aparente en los tejidos. Las heridas se pueden clasificar en:

a)   Picaduras o punturas, producidas por objetos puntiagudos.

b)   Incisiones.

c)   Heridas contusas.

d)   Heridas por arma de fuego.

En el tratamiento de las heridas en términos generales, se procederá a una buena limpieza de la misma con soluciones asépticas adecuadas, a la supresión de la hemorragia y a la sutura de las partes. Recubriremos bien con una pomada aséptica y se venda bien. Si se sospecha de infección se puede aplicar el suero antitetánico. Si fuera necesario se aplicarían antibióticos.

Reglas generales para practicar las curas

La higiene nos enseña que el principio de asepsia tanto corporal como en los instrumentos, será el buen resultado o el fracaso de una cura. Así pues, se procederá a la desinfección por este orden.

1º. Desinfectar el material de cura hirviéndolo durante 15 minutos o poniéndolos un buen rato dentro de alcohol.

2º. Desinfección de las manos lavándolas con jabón y tratando bien con un cepillo. Utilizaremos ropa de vestir limpia para evitar cualquier posible contagio.

3º. Limpieza de la herida y alrededor de ella, de forma que no quede ningún resto de suciedad. Se hará con una gasa o bien algodón con agua oxigenada. Se cortará el bello que haya alrededor y se cortarán los trozos de piel suelta.

4º. Curaremos la herida aplicando mercromina y luego polvos de sulfatiazol. También se puede aplicar una pomada antibiótica. Se procede a poner un buen vendaje y no se toca hasta que hayan pasado 24 horas.

Hemorragias arterial y venosa y su tratamiento

La hemorragia arterial es sangre que procede del corazón tiene color rojo y sale a borbotones.

La hemorragia venosa que va devuelta al corazón, tiene color rojo oscuro y sale como babeando.

Un adulto puede tolerar una pérdida de sangre de medio litro. Por encima de litro y medio de pérdida sanguínea, aparecen manifestaciones graves de shoch que en pocas horas puede producir la muerte.

Con una hemorragia superior a tres litros, la muerte sobreviene rápidamente por colapso.

En presencia de una hemorragia se debe actuar de la siguiente manera:

1º. Actuar con rapidez.

2º. Comprimir en los lugares apropiados.

3º. Hacer un taponamiento en la herida con la tela que tengamos más a mano.

Existen cuatro puntos de compresión que deben ser conocidos.

a)   **Cuello.** Se lleva a cabo al lado de la tráquea comprimiendo contra la columna vertebral, así que comprime la arteria carótida destinada a irrigar la cabeza. Si se comprime mucho el individuo puede llegar a perder el conocimiento: esto se hará en el último extremo.

b)   **Hombro.** Se lleva a cabo en su parte interna y en su mitad aproximadamente del mismo. Así resulta comprimida la arteria humeral.

c)   **Miembro inferior.** El punto de compresión se encuentra en la parte media del pliegue de la ingle, por encima del hueso de la pelvis. De este modo se comprime la arteria femoral.

d)   Si la compresión manual resultara insuficiente para detener la hemorragia tendremos que recurrir al torniquete. Se hace por medio de una cinta de goma, una corbata, una venda, etc., y dando vueltas se va apretando. Esta medida reviste cierto riesgo y solo se utilizará cuando los otros medios hayan fallado. El torniquete se debe colocar lo más cerca posible a la herida y entre esta y el corazón si la hemorragia es arterial, y entre la extremidad y la herida si es venosa. Se mantendrá durante 2 horas como máximo y se aflojará cada 15 o 20 minutos.

En la hemorragia interna el enfermo presenta una palidez muy pronunciada, tiene sensación de ahogo, pulso débil y blando, etc.

También hay hemorragia nasal y de oído.

Quemaduras

Las quemaduras pueden ser de primer grado, segundo grado y tercer grado. La gravedad de la misma se da por extensión y no por la proximidad.

Quemaduras de primer grado.- Enrojecimiento de la piel, es la más leve.

Tratamiento: Combatir el dolor, aplicar compresas de alcohol y linitul sobre gasas. Espolvorear sulfamidas y vendar con mucho algodón.

Quemaduras segundo grado.- Formación de ampollas de agua. El quemado puede morir por deshidratación a causa de las ampollas, por infección o por destrucción de algún órgano vital.

Tratamiento: No romper las ampollas, puncionarlas con una aguja. Lavar la herida con agua caliente y luego aplicar linitul cubriendo toda la zona. Espolvorear sulfamidas encima del linitul. Vendar con mucho algodón y no tocarse durante los cinco primeros días. Poner una inyección de antibióticos cada 12 horas para combatir la infección.

Quemaduras de tercer grado.- Si continúa el calor se rompen las ampollas de agua y se destruyen los tejidos.

Tratamiento.- Lavar la zona quemada con agua hervida o suero fisiológico, recortando la piel muerta o quemada. Se aplica linitul y se espolvorea todo con sulfamidas. Se hace un vendaje con mucho algodón. Se pone una inyección de antibióticos cada 12 horas para combatir la infección.

Regla de Wallage para las quemaduras:
- Un brazo corresponde a un 9%
- La cabeza corresponde a un 9%
- Una pierna corresponde a un 18%
- El tronco anterior corresponde a un 18%
- El tronco posterior corresponde a un 18%

Pronóstico:
- Si la superficie quemada pasa del 50%: mortal
- Si la superficie quemada pasa del 45%: muy grave
- Si la superficie quemada pasa del 30%: grave
- Si la superficie quemada pasa del 10%: leve

Mensajes radio médicos

El servicio radio médico de asistencia y consejos médicos está destinado a todos los barcos en la mar. La comunicación se puede realizar en onda corta, ondas media y V.H.F. llamando a cualquier costera española y esta pondrá el barco en comunicación con el Centro radio médico correspondiente. Este servicio es totalmente gratuito.

En los mensajes se deben de poner los siguientes datos: edad del enfermo, pulso, respiración, temperatura, tiempo de la enfermedad y síntomas que se observan.

Como hacer la consulta:

1.   Antes de abrir la comunicación recoge los datos citados anteriormente.

2.   Al efectuar la llamada se tendrá a mano lápiz y papel para hacer las anotaciones pertinentes.

3.   Se hablará despacio y lo más claramente posible.

4.   Si es posible tener cerca al enfermo en el momento de efectuar la consulta.

Botiquín para una embarcación de pesca y paseo

Deberá llevar un botiquín cuyo contenido es el siguiente:
- Antiséptico .... 1 tubo
- Crema para poner en las quemaduras........…................... 1 tubo
- Colirio... 1 frasco

Tiras protectoras adhesivas para heridas:
- Modelo grande..1   caja
- Modelo pequeño 1   caja
- Venda de 5 centímetros .... 1 unidad

Hombre al agua

La maniobra de hombre al agua es de suma importancia por tratarse de salvar la vida de una persona que se ha caído al agua,

Prevención de la caída

La mejor forma de prevenir la caída al mar es usando el arnés de seguridad en todas las maniobras, especialmente a proa para cambiar foques o en la maniobra del spinnaker.

Llevaremos calzado antideslizante para caminar con más seguridad en cubierta.

Si Navegamos con mal tiempo se tendrá mucho cuidado en el momento que tengamos que salir a cubierta por si viniera un golpe de mar y le coge desprevenido. Será muy conveniente acostumbrarse a agarrarse bien con las manos y a tener seguridad en ellas, ya que en muchas ocasiones se suelen emplear los pasamanos sin asirse fuertemente a ellos.

Se tendrá mucho cuidado con la botavara, pues en una trasluchada la persona que tenga a su altura puede recibir un fuerte golpe y ser arrojada al agua.

Si la persona cae al agua se pueden plantear dos grandes problemas: la caída en sí y el golpe traumático, que puede ocasionar que el náufrago quede sin conocimiento en el agua y al no reaccionar, producirse el hundimiento instantáneo y no tener tiempo para rescatarle.

Maniobra de recogida según se vea o no el náufrago

a)   *Cuando se ve el náufrago:* En el mismo momento que sepamos que ha caído un hombre al agua, se dará la voz de "hombre al agua por babor" "o por estribor". En este momento se parará la máquina y se pondrá el timón a la misma banda por donde haya caído con el fin de poder separar la popa al máximo. Se echarán salvavidas al agua y se seguirán sin perder de vista al náufrago para saber en el lugar que se encuentra. Se pondrá el barco a toda máquina con el timón metido a la banda y cuando el barco haya caído 270°, se para, el náufrago aparecerá por la proa y se dejará por el costado de sotavento con el fin de darle socaire.

Si navegamos con una lancha ligera y hay marejada, se acercará al náufrago siempre proa a las olas y al tenerlo por el través se lanzará un aro salvavidas con rabiza. Mantendremos la lancha con los motores en marcha, proa a la mar y sin arrancada, y mientras tanto el náufrago asido al salvavidas es empujado hacia popa por efecto del viento y la mar, quedando prácticamente a popa de la lancha. Esperaremos un recalmón y se aprovechará que embarque por la plataforma de baño o escala de popa. Los motores estarán desembragados.

Maniobra de Boutakow.- La maniobra de Boutakow consiste en meter todo el timón a la banda que ha caído el náufrago y cuando haya caído 70° del rumbo primitivo, cambiar el timón a la banda contraria, describiendo un círculo, y cuando tenga el rumbo opuesto al que llevaba antes de caer el hombre al agua, éste aparecerá por la proa. Gobernaremos para dejarle por sotavento y pararemos la arrancada. Si vemos que el barco abate mucho y pensamos que hay peligro de echarse sobre el náufrago, se pondrá proa a la mar y se le echará un aro salvavidas con rabiza y vamos guiando al náufrago hacia popa o bien a la aleta donde pueda embarcar con seguridad y rapidez.

b) Cuando no se ve al náufrago: Si se produce este caso, se tendrán que seguir los procedimientos recomendados por la OMI (Organización Marítima Internacional) en su manual de Búsqueda y Rescate para Buques Mercantes (MERSAR). Este servicio puede estar apoyado, si es cerca de la costa, por aviones SAR (Search and Rescue, Búsqueda y Rescate).

La frecuencias de escucha serán de 2182 KHz en radiotelefonía. Canal 16 en VHF y 500 KHz en radiotelegrafía.

Servicio de Búsqueda y Salvamento de Aeronaves
1º. Escucha radiotelegráfica a las aeronaves de salvamento
En los buques que monten instalaciones radiotelegráficas, cuando una aeronave efectúa las maniobras que se describen más adelante, uno de los operadores radiotelegrafistas de aquél se pondrá a la escucha de la frecuencia 500 Kc/s., para recibir las señales de dicha aeronave.

2º. Señales de aeronaves para las embarcaciones de superficie
Cuando una aeronave desea dirigir una embarcación en peligro, lo efectuará transmitiendo instrucciones precisas con cualquiera de los medios de que disponga, que podrán ser visuales, radioeléctricos o maniobrando de la forma que se detalla a continuación:

a) Describirá un círculo alrededor de la embarcación, por lo menos una vez.

b) Volará a baja altura cruzando el rumbo de la embarcación, precediéndola de cerca, aumentando o disminuyendo la potencia de los motores o bien cambiando el paso de la hélice.

Balizamiento individual del náufrago
La radiobaliza PLB-7 emite una señal en la frecuencia de 121,5 MHz y cuya señal es recibida a bordo por un receptor del mismo sistema produciendo una señal de alarma, o bien, desde cualquier otra embarcación de salvamento. Su alcance es de 1 a 3 millas para una embarcación de superficie de unas 10 millas y para un helicóptero volando a 60 metros de altitud. Es del tamaño de un paquete de cigarrillos y se puede llevar dentro del bolsillo, colgada al cuello o dentro de la balsa

salvavidas.

La radiobaliza puede funcionar manualmente colocando el interruptor de armado hacia abajo y pulsando el motor de alarma. En la salida de la antena se produce una luz de destellos rojos. Si deseamos que opere automáticamente, se deja el interruptor en posición armado y cuando la persona se encuentre en el agua y la baliza completamente sumergida, de lo contrario no se dispara, a los 20 segundos de la caída se dispara la señal. No se debe llevar debajo de la ropa de agua que impida que la radiobaliza se llene de agua y se dispare automáticamente.

Está alimentada por una batería de 12 voltios que le proporciona una duración de emisión de 6 horas. Tiene un sistema de test de prueba y estado de carga de la batería. Es conveniente cambiarla cada año.

Hay un aparato que permite al náufrago controlar su propio rescate. Consiste en un pequeño transmisor que lleva en la cintura el tripulante y al accionarlo debido a una caída al mar, hará llegar una señal a un receptor instalado a bordo que actuará sobre los motores y el timón haciendo describir un círculo alrededor del náufrago.

M.O.B. (Man Over Board, hombre al agua) del GPS

Para activar la función del GPS (MOB) se procederá de la siguiente manera:

1. º Pulsar la tecla MOB 2 veces e inmediatamente la actual situación se convierte en un waypoint (punto de recalada).

2. º Pulsar ENT para navegar al waypoint de hombre al agua. Gobernaremos al rumbo que nos indica hacer para llegar hasta el náufrago.

Recogida del náufrago

Una vez localizado el náufrago lo dejaremos por nuestro costado de sotavento para darle socaire, se le lanza un salvavidas con rabiza y se coloca una escala de borda para que pueda subir. Con la rabiza del salvavidas le ayudaremos a aproximarse y lo subiremos a bordo. Si el náufrago no puede subir por que esté inconsciente o fatigado, se preparará el aparejo de la escota de la mayor, o un pescante si es una lancha, se lanza un tripulante al mar armado con un cabo a la cintura y pasando un cabo alrededor del pecho del náufrago se iza a bordo. Otra solución podría ser arriar la balsa auxiliar y embarcar al náufrago en ella y desde esta intentar subirlo a bordo.

Una vez rescatado el náufrago lo pondremos en un lugar caldeado aplicándole bolsas de agua caliente o dándole una ducha caliente; se habrá desprendido de las ropas mojadas y se le arropará bien con mantas. Le daremos a beber líquidos calientes excepto café o té.

Hipotermia

Una persona puede encontrase en el agua por haber saltado de su barco que ha tenido que abandonar, o bien, porque se ha caído por La borda y el barco se ha alejado. En el primer caso se supone que lleva un salvavidas y en el segundo lo más probable es que no lo lleve. La reacción de un hombre en el agua es el shock debido al frío, el miedo y la desesperación. Si ve embarcaciones cercanas deberá gritar por si le oyen los del barco, pero cuando vea que no le pueden oír, es conveniente ahorrar fuerzas.

Si el náufrago lleva salvavidas es aconsejable que tome la posición fetal o HELP (heat scvape lessening posture) llevando las rodillas hacia la barbilla y cruzando las manos por delante del pecho. De esta forma conservará mejor el calor del cuerpo y obtendrá una posición de equilibrio que le permitirá flotar sin esfuerzo.

Cuando el náufrago no lleva salvavidas permanecerá lo más vertical posible con movimientos de las piernas y brazos, pero sin hacer grandes esfuerzos que obliguen a una pérdida de calor, excepto para alejarse de las hélices del barco, coger un salvavidas que le hayan echado o para llegar a tierra cuando la distancia sea corta. Si no es así lo más conveniente será permanecer quieto para no gastar calorías del cuerpo y permanecer en la zona para ser rescatado con más facilidad al organizar su búsqueda. Si la temperatura del aire no es fría se puede quedar inmóvil en la superficie *haciendo el muerto.*

La gran batalla que debe librar el náufrago contra su desgracia entre su temperatura corporal y la temperatura del agua y del viento. El cuerpo humano mantiene una temperatura en torno a los 37° C° gracias al equilibrio entre la temperatura consumida por el organismo y las calorías adquiridas por medio de los alimentos. La piel es el sensor que acusa esta diferencia y la glándula del hipotálamo regula el metabolismo. También la glándula tiroides actúa como mecanismo sobre el sistema nervioso impidiendo que la sangre se ponga en contacto directo con la piel. Se producen escalofríos, que son temblores creados por contracciones de los músculos para crear calor.

Sin embargo, las reservas del cuerpo humano son limitadas y se irá produciendo el enfriamiento paulatino del cuerpo según sea la temperatura del agua, la temperatura del aire y la fuerza del viento así como la vestimenta del náufrago.

Cuando la temperatura del cuerpo alcanza los 35° C° se produce la hipotermia, que es la incapacidad del cuerpo para producir el calor que se ha perdido. Según podemos observar en la escala de temperaturas inferiores a 15° C° morirá en muy pocas horas por hipotermia ya que la pérdida de conocimiento provoca el descontrol de respiración y la inhalación de agua.

Si el náufrago está mucho tiempo en el agua es muy probable que tenga fuertes calambres que le provocarán fuertes dolores debido a la mala circulación en las extremidades. Con el fin de evitarlos será conveniente hacer flexiones de dedos, codos y rodillas para activar la circulación de la sangre.

Tratamiento y reanimación del náufrago

Para ejecutar debidamente el salvamento el socorrista deberá tener en todo momento.

a)   *Sangre fría.* Actuar con rapidez, razonando en relación con los medios y circunstancia que se den en el caso.

b)   *Dar la alerta.* Llamará a las personas que hay alrededor mientras se quita la ropa.

c)   *Rescate de la víctima.* Utilizando todos los medios a su alcance. El socorrista acudirá inmediatamente a nado sin fatigarse hacia la víctima y tratará de calmarle dándole esperanzas de que se salvara y que se esfuerce en mantenerse a flote. El socorrista deberá acercarse a la víctima por detrás si es posible, de forma que este no le estorbe en sus movimientos. Pasará un brazo por debajo de la axila del ahogado, se lo acostará sobre los hombros, estando su cabeza a nivel de la del socorrista y nadará despacio sin fatigarse hasta la orilla.

Si la víctima en el momento de acercarse el socorrista se coge a él con riesgo de ahogarse los dos, este deberá desprenderse de él haciendo todo lo posible por liberarse, incluso recurriendo a la violencia en último extremo.

Respiración boca a boca

Es el sistema más eficaz.

1° Se limpiará la boca de la victima de cualquier sustancia extraña. Facilitaremos la salida de agua del estómago poniéndolo inclinado con la cabeza más baja.

2° Pondremos una mano en la nuca y se levantará el cuello, inclinando la cabeza hacia atrás cuanto se pueda, sosteniéndola por la frente con la otra mano.

3º Tiraremos de la barbilla hacia arriba, hasta que la cabeza quede totalmente inclinada hacia atrás.

4º Colocaremos sobre la cabeza de la victima una gasa, un pañuelo o un trozo de tela, que habremos agujereado con anterioridad con un objeto punzante. Seguidamente el socorrista pondrá su boca completamente apretada contra la del accidentado, tapándole la nariz y soplando con la fuerza necesaria para hacer que el pecho se eleve.

5º Retiraremos la boca y escucharemos el soplo de aire respirado, repitiendo la maniobra descrita anteriormente.

6º Si no se obtiene ningún resultado, volveremos de lado al asfixiado y se le golpeará fuertemente en la espalda varias veces entre los omoplatos con el fin de que salga cualquier cuerpo extraño que pudiera haber en la garganta. Si se tratara de un niño le tendríamos que poner boca abajo unos momentos sujetándolo por las piernas, dándole golpes en la espalda.

7º Reanudaremos la respiración soplando enérgicamente con intervalos de 5 segundos. Cada 3 segundos y suave si se trata de un niño.

No se tendrá que suspender la maniobra hasta que el asfixiado, empiece a respirar, ya que muchas personas se han reanimado después de varias horas de serle practicada la respiración artificial.

Masaje cardiaco

Cuando se para el corazón la sangre deja de circular por el cuerpo y se produce la muerte. Para poder reactivar esta circunstancia interrumpida será necesario comprimir fuertemente debajo del esternón con el fin de reactivar el bombeo de sangre. Simultáneamente se debe hacer la respiración artificial para renovar el oxigeno en los pulmones.

Para practicar el masaje cardiaco se acostará al paciente de espaldas al suelo o en cubierta, el Auxiliar se arrodilla a su costado y coloca la palma de la mano debajo del esternón y la otra mano sobre la primera. Apoya todo el peso del cuerpo sobre las manos, mantiene la presión durante medio segundo y a continuación retira el peso del cuerpo, repitiendo la operación cada segundo.

A la vez que se practica el masaje cardiaco, otra persona deberá hacer la respiración artificial a un ritmo de una insuflación cada cinco masajes. Haremos la reanimación todo el tiempo necesario hasta que el pulso sea palpable y las pupilas de los ojos estén contraídas. En este momento se puede interrumpir el masaje cardíaco y seguiremos con la respiración artificial hasta conseguir que respire por sí mismo.

Fallo de gobierno

La rotura más corriente en el timón es la rotura de guardín o de la caña, pero también se puede producir por la rotura de un macho o una hembra que sujetan la pala al codaste. Cuando ocurre, en las embarcaciones que llevan rueda de timón, se puede pasar a gobernar con la caña de emergencia que tiene que llevar la embarcación. Cuando se tratara de una lancha con dos motores el problema no revista ninguna gravedad.

Timón de fortuna

Si se produce una avería en el timón o que se desprenda totalmente la pala, quedándose el barco sin gobierno, será necesario armar un timón de fortuna.

Cuando se trata de una embarcación de poca altura de obra muerta a popa se puede improvisar un pequeño timón con una tabla amarrada al bichero u alguna otra barra de madera que tengamos en el barco, por ejemplo, el tangón si se trata de un velero. Se sujetará por la mitad con una ligadura en el coronamiento de popa y nos será posible navegar así hasta que consigamos llegar a puerto.

Si es un velero, se suplirá la falta de timón equilibrando las velas convenientemente y actuando solamente con la escota de la mayor. Cuando se caza ésta, el barco orza, es decir, llevará la proa hacia el viento; así pues, una vez esté la proa al rumbo deseado, equilibraremos las velas para así conservar el rumbo. Si por lo que sea salimos de rumbo y la proa se ha ido demasiado a barlovento, se lasca un poco la escota de la mayor y de esta forma la proa poco a poco se irá separando del viento y una vez estemos próximos al rumbo que debemos gobernar se equilibran las velas.

Cuando se trata de una embarcación con dos motores, dejaremos uno con las revoluciones normales y actuaremos sobre el otro aumentando o disminuyendo las revoluciones según convenga.

También podemos gobernar sin timón arriando unas defensas por la popa amarradas a un cabo largo. En un principio se amarran en el centro del coronamiento de popa y poder observar el comportamiento de la embarcación y luego se van desplazando a una banda u a otra de la popa hasta conseguir el rumbo deseado. Estas soluciones no son muy cómodas, ni mucho menos, pero nos pueden ayudar a salir del paso, que es de lo que se trata.

Cuando se trata de embarcaciones pequeñas si faltara un macho o una hembra del timón, podríamos actuar de la siguiente manera: se saca la pala en cubierta y con un trozo de cabo se hace un ballestrinque por la mitad de la pala y con el nudo hacia la cara de proa de la misma. Volveremos a colocar el timón y llevaremos los chicotes del cabo hacia proa haciéndolos firmes en los costados. Así podremos maniobrar con el timón manteniéndolo unido al codaste.

Quedarse al garete

Esto significa quedarse a la deriva debido a un fallo de máquina, rotura del timón por desarbolado o rotura de un palo. Sea por la causa que sea, lo primero que haremos será lanzar por la proa el ancla flotante con el fin de evitar una excesiva deriva. Cuando hayamos estudiado la situación, sin demorarnos lo más mínimo nos pondremos manos a la obra para intentar solucionar el problema.

Cuando se trate de una avería de motor en una lancha, y no tenemos la posibilidad de poderla arreglar, comunicaremos por radio a la costera solicitando un remolque. Si hubiese barcos en nuestra proximidad intentaremos comunicar con ellos solicitando su ayuda.

Si de lo que se trata es de una avería de timón en una lancha con dos motores, podremos regresar a puerto gobernando con ellos, poniendo uno a régimen normal y variando las revoluciones del otro para mantener el rumbo.

Cuando sea un velero tendremos más recursos para regresar a puerto, ya que se puede improvisar un aparejo de fortuna en caso de una rotura del palo, tal y como hemos explicado.

Lo mismo ocurre si se trata de una avería de timón que improvisaremos un timón de fortuna como también hemos comentado.

Remolque

El remolque es la maniobra de arrastrar por la mar a otro barco que se ha quedado sin medios de propulsión o gobierno. Por lo general es una operación arriesgada y muy compleja, sobre todo cuando esto ocurre con mal tiempo.

Comunicación entre remolcador y remolcado.- La embarcación remolcada se pondrá en contacto por VHF en un canal de trabajo que no se estorbe a nadie y se estará en el mientras dure el remolque. Cuando tenga que dirigirse el remolcador hacia el barco remolcado, se recabará la máxima información de las condiciones de ambos barcos. Se puede dar el caso de que el remolcador sea un barco especializado o, simplemente, otro barco que ha venido a la llamada de ayuda. Tendrá que saber si el remolcador es mayor o menor que el remolcado, así como la forma de la obra muerta y superestructura del remolcado a efectos de poder calcular el abatimiento. Tendremos que saber también las condiciones de viento y mar que tiene el remolcado y en qué dirección se queda la proa o la popa en relación al viento. Una vez estudiado todo esto, el remolcador hará saber al remolcado cual va a ser la maniobra a realizar.

Longitud del remoque.- La longitud que daremos al remolque depende de varios factores, tales como: periodo de la ola, estado de la mar, desplazamiento del remolcado, composición del cabo de remolque, profundidad y velocidad de remolque.

Tendremos la precaución de tanto el remolcador como el remolcado coincidan en la cresta o en el seno de la ola simultáneamente con el fin de asegurar una tensión del remolque constante. Si no es así, el remolcador entrará en el seno de una ola y el remolcado sube una cresta se producirá un estrechón muy violento que puede romper el remolque.

En cuanto a la longitud del remolque también dependerá del estado de la mar, pues con marejada se debe filar todo el remolque que se pueda siempre teniendo en cuenta la profundidad para no enrocar. Se producirá una catenaria que absorberá las cargas dinámicas a que están sometidos remolcador y remolcado.

Tendremos siempre presente que cuanto mayor sea la velocidad de remolque, mayor debe ser la longitud del cabo de remolque. Otra cosa a tener en cuenta será el espacio de maniobra disponible pues para navegaciones por estrechos, ríos o zonas de mucho tráfico, la longitud de remolque será la mínima posible.

Diremos por último que al llegar a la bocana de puerto, se larga el remolque y el remolcador se abarloa al remolcado, por el costado que más le convenga para atracar. Colocaremos muchas defensas y daremos largos y esprines para que ambos barcos formen una unidad común. Habremos avisado al puerto de estas circunstancias y se esperan instrucciones para el atraque.

Con el fin de conseguir la catenaria citada anteriormente, es una buena práctica desengrilletar la cadena del ancla y hacerla firme al cabo de remolque. Filaremos una cierta cantidad de cadena, siempre dependiendo de la profundidad, apretaremos bien el freno del molinete, pondremos la boza de la cadena y, además, con el fin de repartir la tensión sobre el molinete, amarraremos unas retenidas a las bitas de proa.

Maniobra de dar remolque.- Para hacer la maniobra de aproximación al remolcado se tendrá en cuenta la forma de la obra muerta y superestructura. Sabemos que un barco de proa alterosa y puente a proa cuando se queda al garete recibe el viento y la mar por la aleta. Cuando se tiene, por el contrario, el puente a popa, quedará en una posición de equilibrio de amura al viento y al oleaje.

Si sabemos que ambos barcos abaten por igual, el remolcador se acerca al remolcado por barlovento entrando por la popa con rumbo convergente hacia su proa, quedando parado a unos pocos metros para poder pasar la guía, o cabo fino.

Si ambos barcos abaten a velocidades diferentes, el más ligero que abate más, se aproximará por barlovento para que de esta forma poder pasar la guía. Si el remolcador abate menos, se acercará por sotavento para que a si el remolcado se le aproxime y sea más fácil pasar el cabo de remolque.

Si el remolcador tiene mayor obra muerta que el remolcado se aproximará por barlovento de éste para darle socaire y poder pasar el remolque con mayor facilidad.

Cuando hayamos pasado el cabo de remolque, se tendrá mucha precaución en el afirmado del mismo. Es conveniente repartir la tensión que ejercerá el cabo ente varios puntos firmes de cubierta, tanto del remolcador como del remolcado a fin de evitar averías que pueden ser muy graves. Es una buena costumbre, si el remolcador tiene mucha potencia y el remolcado es ligero, pasar un cabo alrededor del casco del remolcado y afirmar el cabo de remolque al mismo. Así se evitan daños seguros al barco más pequeño.

Navegar con remolque.- La velocidad del remolcador al principio debe ser la mínima hasta ir tensando el remolque, tirando en la línea proa popa del remolcado y los cambios de rumbo los irá haciendo con metidas de timón de 10 en 10 grados.

Puede ocurrir que el remolcado haya perdido el timón, en este caso dará muchas guiñadas atravesando la proa de una a otra banda y disminuyendo la velocidad del remolcador al hacerle de freno. Con el fin de evitarlo se arrían por la popa del remolcado varias defensa amarradas a una guía que harán la función de ancla flotante y mantendrá la popa del remolcado en dirección del cabo de remolque.

Si el remolcador tiene que hacer un cambio grande de rumbo le avisará al remolcado y en ese momento éste pondrá el timón a la banda contraria hasta que consiga tener la proa enfilada con la línea proa popa del remolcador.

Remolque abarloado.- En lugares estrechos, ríos y dentro del puerto es muy común abarloarse al remolcador y de esta forma se domina mejor el remolque y no se ocupa tanto espacio.

Si tenemos dificultad de gobierno, el remolcado ayudará al mismo poniendo el timón siguiendo las indicaciones del remolcador.

Abordaje: asistencia y reconocimiento de averías

Se llama abordaje a la colisión entre dos barcos. Los barcos pueden ser del mismo tamaño o de diferente. Si el barco es más pequeño por lo general siempre sale más perjudicado y existe el peligro de un pronto hundimiento. A continuación de producirse el siniestro cada embarcación hará una evaluación rápida de los daños sufridos. Serán considerados daños muy graves aquellos ocurridos bajo la línea de flotación y que, sin duda, habrán ocasionado una vía de agua.

Cuando el abordaje se produce con buen tiempo, evitaremos que ambos barcos se despeguen antes de haber controlado la avería, pues pudiera ocurrir que al separarse quedara un boquete por debajo de la línea de flotación y entrara gran cantidad de agua. En cambio, si ocurre con mal tiempo, se deberá separar inmediatamente los barcos con el fin de evitar una avería mayor. Las tripulaciones implicadas deberán de colaborar en reparar la vía de agua, si la hubiere.

Si se produce vía de agua en la línea de flotación, será necesario escorar el barco lo suficiente para que el agujero quede fuera del agua. Todo esto lo conseguiremos escorando el barco al colgar bidones de agua, por ejemplo, y sacando la botavara por la banda contraria a la avería. Cuando se trate de una lancha, se colgaran por fuera del costado todos los objetos pesados de que disponemos.

Las embarcaciones que hayan participado en la colisión deberán darse sus nombres, puertos de matrícula, puerto de destino, nombre de los armadores y nombres de las compañías aseguradoras.

Varada involuntaria

La varada involuntaria puede ocurrir navegando cerca de la costa con cerrazón de niebla y con mala situación, o que la fuerza del temporal nos eche a la costa, estando el barco en navegación o fondeado.

En caso de que se produzca la varada involuntaria pueden concurrir varias circunstancias.

a) *Barco varado en la costa habiendo quedado en seco.-* Este caso puede ocurrir cuando en un temporal el oleaje adentra un barco en tierra y al amainar el mal tiempo el barco aparece varios metros tierra adentro. Normalmente suele ocurrir en barcos de quilla plana, salvo en algunas excepciones, y que al ser suspendidos por las crestas de las olas apenas tocaron con el fondo y no haya sufrido averías importantes. El barco quedará acostado sobre las rocas si es de quilla en V, o bien, completamente adrizado si se trata de una embarcación de quilla plana.

b)   *Barco varado en fondo rocoso y sin vías de agua.-* Este es el caso peor de todos, pues será necesario reflotar el barco inmediatamente, si no lo hacemos así, con el oleaje hay peligro inminente de abrir grandes vías de agua en el pantoque así como en todo el plan de la quilla

Medidas que debemos tomar para salir de la embarrancada

Todo el éxito o el fracaso del salvamento de un barco varado en gran parte será debido a la pericia y prontitud de las maniobras de salvamento.

Si queremos reflotar un barco varado en un fondo fangoso o de arena, si se produce en un lugar donde hay mareas, se esperará el momento de la pleamar para iniciar la maniobra. Antes habremos levantado un plano de sondas alrededor del barco y estudiado muy bien el procedimiento exacto a seguir, así como la dirección de salida más conveniente. Será conveniente fondear una o dos anclas todo lo lejos que sea posible y en dirección de la salida.

En cuanto se produce la pleamar, si la hay, empezaremos a virar de los cabos de las anclas y daremos atrás con toda la fuerza. El propósito de esta Maniobra es el de tratar de hacer balancear el barco para que se despegue del fondo ya que el fango hace de ventosa en el plan del barco.

Si no conseguimos reflotar el barco, tendremos que contratar el servicio de un remolcador, de un pesquero o bien de otro barco que nos pueda auxiliar.

Este remolcador se acerca todo que le sea posible al varado y si es con buen tiempo y viento en calma, pasará el cabo de remolque, se hará firme a bordo en varios puntos fijos y a una señal dada, se virarán los cabos de las anclas, se da todo atrás y el remolcador empezará a tirar.

Cuando el barco no reflota al principio, el remolcador deja de tirar, da unas paladas atrás y luego da avante media y a continuación todo avante. El hacer esta maniobra que es generalmente peligrosa ya que al entrar en fuerza el cabo se puede partir o causar avería en las bitas donde esté firme.

Si hay viento de fuera, que el remolcador abata hacia tierra habrá peligro para él de varar, dará fondo a una distancia que le permita pasar el cabo de remolque y una vez dado, virará cadena y empezará a tirar.

Si hay mal tiempo un barco varado y aconchado en la costa no pueda salir por sus propios medios, el barco auxiliador tendrá mucho cuidado con la maniobra a realizar, dará fondo a una distancia prudencial y al quedarse proa al viento y la popa en dirección del varado, empezará a verter aceite con el fin de calmar el oleaje y de esta forma poder pasar el cabo de remolque.

Si se trata de reflotar un velero tanto en la arena como en el fango o piedra, procederemos a tender un anclote hacia afuera de la costa o bien a la banda donde este escorado el barco y se hace firme el cabo en la driza de la vela mayor. Se tenderá otra ancla en dirección a la salida y se pasa el winche.

Cuando hagamos escorar el barco, variará el plano de flotación, por lo tanto el centro de empuje estará en el pantoque, elevándose la quilla y quedándose libre del fondo

Si el velero queda varado en las rocas tumbado de costado hacia ellas, haremos la siguiente maniobra: Primeramente comprobaremos que no exista ninguna vía de agua y si la hubiera se taponará. Colocaremos varios neumáticos usados apilados y bien amarrados unos a otros y por el costado de la mar procurando que toquen en el fondo; estos neumáticos servirán para amortiguar la caída del barco a la otra banda una vez pasada la vertical. Tomaremos el cabo de remolque y se engrilletan juntos la driza de la mayor y un cabo que se habrá amarrado al palo a la altura de la primera cruceta.

El remolcador empezará a tirar muy lentamente y el barco se irá adrizando y luego caerá a la otra banda.

Vía de agua

La vía de agua es una abertura que se produce por debajo de la línea de flotación, por donde entra el agua a causa de un abordaje o choque o bien con cualquier otro objeto a la deriva, vía de agua o simplemente una fisura en el casco a causa de un pantocazo.

Inundación

La inundación se produce cuando entra más agua a bordo de la que podemos achicar. Esta puede ser voluntaria o involuntaria. La voluntaria es aquella que producimos abriendo los grifos de fondo de la embarcación al estar cerca de la playa al objeto de apagar, por ejemplo, un incendio incontrolado.

Cuando se trata de una inundación involuntaria es aquella producida por una vía de agua en la cual entra más agua de la que se pueda achicar. Esta entada de agua puede ser producida por una vía de agua o a la rotura de una válvula de fondo, como puede ser el grifo de fondo de la refrigeración del motor, por las descargas del retrete o por la bocina. Estos son los tres puntos débiles del barco.

Otros puntos de importancia son la limera del timón, que es el tubo por donde pasa la mecha del timón. Se puede producir una vía de agua en la limera cuando hemos tocado con la pala del timón en el fondo, ya que al doblarse el eje o mecha se rompen los cojinetes y retenes y esto puede producir la vía de agua.

Cuando se va al varadero es imprescindible hacer una revisión a fondo de los grifos de fondo, manguitos, válvula del retrete, lavabos, fregaderos y tubo de escape comprobando las abrazaderas si están en buen estado y bien apretadas. Desmontaremos la bocina y se comprobará su estado, cambiando la empaquetadura o retenes, según el caso. Será conveniente revisar otros orificios como el de la corredera o el de la sonda.

Medidas de fortuna para su control y taponamiento

El taponamiento y control de una vía de agua se puede hacer mediante cuñas, tapones de madera blanda, colchones almohadas, trapos, etc., todo en función del tamaño y la forma de la vía de agua.

Si se quiere taponar una vía de agua en un agujero redondo y pequeño, será suficiente con colocar un tapón o espiche de madera bien apretado.

Cuando se trate de una vía que sea redonda o grande, se puede taponar colocando un colchón enrollado con un trozo de madera dentro. También, el colchón plano y luego una puerta o un plancha cualquiera apoyada sobre el colchón y apuntalado. Alrededor de las juntas se puede hacer una encajonada.

Si hay una vía de agua en forma de fisura, tal vez lo mejor será introducir unas cuñas de madera y luego bien cementado.

Encajonadas

Una vez hayamos hecho el taponamiento de la vía de agua, procederemos a hacer una encajonada alrededor de la abertura a modo de encofrado de albañilería. Por si hubiera alguna entrada de agua se coloca un tubo de plomo o de cobre que salga fuera de la encajonada y vaya saliendo el agua.

Se hará la preparación de cemento Portland con arena y sosa cáustica e inmediatamente se llena la encajonada.

La función que tiene la sosa cáustica es para que el cemento se fragüe rápidamente. A través del tubo que hemos colocado seguirá saliendo el agua, y cuando la encajonada esté dura, doblaremos el tubo estrangulando la salida del agua.

Cuando lleguemos al primer puerto repararemos lo más rápido posible la avería.

Cuando la vía de agua se encuentre cerca de la línea de flotación, se escora el barco para que la rotura quede fuera del agua y se pueda taponar mejor.

Será muy conveniente que todas las embarcaciones lleven un balde y una bomba contra incendios.

Esta bomba será fija y estará conectada o bien a un conector de achique que permita la aspiración en todos los compartimentos si la embarcación dispone de mamparos estancos, bien a una aspiración situada en la parte más baja de la sentina.

Prevención de incendios y explosiones

En cuanto a la prevención de incendio a bordo podemos considerar dos grupos: prevención de tipo personal y prevención de tipo técnico.

La de tipo personal consiste en mantener unas normas de conducta encaminadas a evitar positivamente el fuego a bordo, tales como:

1. No fumar en la cama.
2. Usar ceniceros apropiados y apagar las colillas en ellos.
3. No dejar estopas o trapos de limpieza cerca de algún foco de calor, motores, lámparas, cocina, etc.
4. Cuando la cocina esté encendida vigilarla continuamente.

La prevención de tipo técnico consiste:

1. Que la instalación eléctrica esté hecha por profesionales de barcos, con cuadro eléctrico y sus fusibles o disyuntores correctamente instalados
2. No sobrecargar la instalación.
3. No tener depósitos de carburantes cerca del motor o de las baterías.
4. Vigilar que los conductos de combustible o aceite estén en buen estado y, si no es así, cambiar los defectuosos.

5. Las baterías deben estar instaladas siguiendo las normas que marque la Inspección General de Buques.

6. Procurar que el motor no trabaje a excesivas temperaturas.

7. Disponer de una buena ventilación en la cámara del motor, ya que si se concentra una acumulación de gases se puede producir una explosión.

8. NUNCA arrancaremos el motor de gasolina sin haber puesto en marcha antes el extractor de gases y haberlo mantenido unos minutos en marcha.

En cuanto a los lugares de riesgos más frecuentes para el incendio son: cocina, cámara de motores, tomas de combustible, instalación eléctrica, baterías, cofre de pinturas, etc. Pondremos especial cuidado en ellos y una gran vigilancia a la cocina, que no podemos perderla de vista mientras estemos cocinando y una vez hayamos terminado de cocinar, cerrar las válvulas del gas: interior y exterior.

Instalación de baterías

Todas las baterías tendrán que estar muy bien ventiladas y bien suje-tas de modo que se impida su movimiento en navegación.

No se instalarán ni por debajo ni sobre tanques de combustible ni ac-cesorios del servicio de alimentación de combustible del motor.

Montaremos las baterías dentro de recipientes o alojamientos de plás-tico reforzado y resistente al ácido y que permita recoger los eventua-les derrames del electrolítico.

Detección de gases e incendios

Detección de gases e incendios.- En las embarcaciones de recreo, no será necesario la instalación de medios de detección de incendios o de gases, salvo si tienen instalación de gas combustible total o parcial-mente en el interior del casco o si la potencia del motor es superior a 736 Kw (1000 CV), en cuyo caso se exigirá un detector de incendios en el compartimento del motor.

Factores que han de coincidir para que se produzca el fuego

Para que se produzca el fuego serán necesarios los elementos bá-sicos e indispensables: materia combustible, oxigeno y temperatura de ignición. Si eliminamos uno de ellos el fuego no se inicia. Para la continuidad del fuego se necesitan, además, un elemento que facilite la nueva reacción proporcionando más calor y nuevas reacciones de oxidación-reducción. Este elemento se llama reacción en cadena, que forma el tetraedro del fuego junto con los elementos del triángulo.

Clases de incendios

Incendio de clase "A": Es el producido por sustancias sólidas como madera, telas, cartón, etc. Se apaga por enfriamiento aplicando chorro de agua o polvo seco.

Incendio clase "B": Es el producido por combustibles líquidos o semilíquidos, como la gasolina, el gasoil, la pintura, etc. Se apaga por sofocación con polvo seco, espuma o halon.

Incendio clase "C": Es el producido por gases inflamables, como acetileno, butano, etc. Se apaga por sofocación con polvo seco o halon.

Incendio clase "D": Es el que se produce por metales combustibles, como por ejemplo sodio, aluminio, compuestos reactivos etc. Se apaga por enfriamiento y sofocación con grafito y resina selladora.

Incendio clase "E": Es el que se produce en aparatos e instalaciones eléctricas. Se apaga con CD2, halon o polvo seco.

Como procederemos cuando se produce un incendio

Cuando se produce un incendio se cerrarán todos los portillos y hongos de ventilación para evitar corrientes de aire que puedan avivar el fuego y se cortará la corriente eléctrica en el local. Por lo general el extintor que llevamos a bordo es de ABC, que quiere decir que es válido para los tres tipos de incendios e inmediatamente romperemos la anilla del precinto y presionaremos sobre el gatillo dirigiendo el chorro sobre la clase de fuego para aislarlo inmediatamente del oxigeno. Cuando no sea necesario se evitará vaciarlo completamente para no quedarnos sin reserva.

Una vez hayamos extinguido el fuego se puede hacer un enfriamiento general del lugar mediante agua con el fin de evitar que reviva el fuego y apagar completamente los rescoldos. Una vez hecho esto, se debe ventilar bien el lugar para eliminar todos los gases tóxicos acumulados. También mantendremos un reten de guardia.

Tipo de extintor a emplear para cada clase de fuego

El manejo de los extintores para cualquier tipo de incendios y obtener un resultado óptimo y además evitar accidentes en su manejo, deberemos tener en cuenta las siguientes instrucciones:

1.   Coger el extintor por el asa de transporte y lo llevaremos cerca del lugar del incendio.

2.   Si es un extintor de polvo seco es conveniente invertirlo varias

veces con el fin de desapelmazar el polvo.

3.   Se apoya el extintor en el suelo un poco inclinado hacia adelante del operario por si saltara la válvula de seguridad o el tapón de cierre al manejarlo.

4.   Cogemos la manguera y la boquilla y hacemos un seno alrededor del extintor aguantando con la misma mano izquierda con la que aguantamos el asa del extintor. De esta forma no queda descontrolada.

5.   Sacaremos el pasador del precinto y accionaremos la palanca de descarga. Oiremos un ruido, que se produce cuando se presuriza el extintor.

6.   Cogeremos con la mano derecha la boquilla y apretaremos el gatillo para comprobar que funciona el extintor.

7.   Colocaremos a la persona a unos 3 metros a barlovento del incendio y aplicaremos la descarga a la cara frontal del fuego de lado a lado hasta que quede extinguido totalmente, acercándonos solo lo necesario.

8.   Procuraremos que no se salpique el combustible, caso de ser líquido, con el fin de evitar derrames que lo expandan, propagándose más el fuego.

9.   Nunca dejaremos que el fuego retroceda.

Dar socaire al fuego

Tan pronto nos demos cuenta de que se ha producido el fuego lo primero que haremos será parar el barco ya que la arrancada facilita el tiro del aire a bordo. También será conveniente orientar el barco de tal manera que la parte incendiada quede siempre a sotavento y así evitaremos la propagación del fuego.

Si queremos conseguir que el viento aparente sea cero, o sea, que el viento salga verticalmente, deberemos hacer rumbo a favor del viento procurando que la velocidad del barco sea la misma que la del viento. Así eliminaremos las corrientes de aire que son las que avivan el fuego.

Medidas que tomaremos antes de abandonar la embarcación

El naufragio es la pérdida del barco, que puede ser motivada por una vía de agua, abordaje, varada o incendio.

Cualquiera que sea el motivo del naufragio, siempre será una situación de grave peligro para toda la tripulación y, por tanto, se tomarán una seria de medidas que a continuación exponemos:

Siempre es mucho más fácil afrontar un peligro cuando se está preparado para hacerle frente. Cuando una embarcación de recreo está expuesta a los peligros de la mar como otra embarcación cualquiera, no existe ninguna razón para estar preparados y hacer los ejercicios de emergencia tal y como está reglamentado en los buques mercantes.

Si partimos de esta base, todo tripulante de un yate está obligado a saber cuáles son sus obligaciones en caso de tener que abandonar el barco. Se trata de una tarea que entre todos tenemos que realizar con éxito.

Por lo tanto, es conveniente, adiestrar a la tripulación a ponerse los chalecos salvavidas y conocer el lugar exacto donde se guardan y cada tripulante tiene que conocer cuál es su obligación en caso de abandono del barco.

Es necesario hacer un cuadro orgánico con la tripulación de abordo especificando a cada uno algunos de los siguientes cometidos:

a)   Ponerse cada uno su chaleco salvavidas.

b)   Pecir socorro a bordo dando la situación del barco.

c)   Lanzar bengalas por si hubiera algún barco a la vista.

d)   Dejar lista para uso inmediato la balsa, aros salvavidas y boya de localización de náufragos.

e)   Coger la radio portátil, bengalas, documentación del barco, cartas de navegación, sextante, tablas náuticas, etc.

f)   Prepara mantas, botiquín, agua potable y víveres.

g)   Echar al mar colchonetas, puertas de armarios y todos los objetos flotantes que puedan servir para construir una tabla. Se cogerán linternas y cuchillos.

Cuanto más tiempo se tenga antes de abandonar el barco, mejor se podrá cumplir con la citada lista de emergencias y mejor se podrá organizar a evacuación.

Una vez que esté claro que irremediablemente el barco se hunde, hay que saltar al mar, cortar los cabos que unen la balsa y alejarse del costado. Si no se tuviese balsa, hay que alejarse rápidamente del barco nadando para no ser arrastrado por los remolinos que se producen al hundirse.

Se agruparán todos los náufragos y a partir de ese momento se seguirán las instrucciones de supervivencia en la mar.

Riesgo de abandono precipitado

Por desgracia ha ocurrido en más de una ocasión que se ha abandonado el barco precipitadamente creyendo que se hundía. Pero la sorpresa ha sido grande cuando sus tripulantes una vez salvados han constatado que su barco había llegado a puerto antes que ellos. A continuación daremos algunos consejos que pueden ser de vital importancia en una emergencia:

1.   Tan solo se abandonará la embarcación cuando esta ofrezca menos garantía de protección que cualquier otro medio de supervivencia.

2.   En el caso de que dispongamos de barca salvavidas, embarcaremos ropa de abrigo, víveres y agua.

3.   Nos abrigaremos bien, cambiaremos el calzado pesado por uno más ligero. Nos ajustaremos correctamente el chaleco salvavidas.

4.   Si por cualquier circunstancia su embarcación da la vuelta quedando "quilla al sol", permanezca junto a ella, a ser posible encima, no trate de ganar la costa a nado. Para los equipos de rescate es siempre más fácil detectar un punto de color en la mar que una persona nadando sobre ella.

Mensaje a emitir antes de abandonar el barco

1.   Es aconsejable tener autocontrol.

2.   Evaluaremos la situación.

3.   Adoptaremos de inicio actitudes que minimicen el riesgo.

4.   Emitir un mensaje, claro y conciso, indicando: identidad, posición, situación de emergencia, necesidad de auxilio y personas afectadas. Usaremos el canal 16 de VHF o la frecuencia 2182 Khz en onda media.

5.   Poner a la práctica la relación de consejos citados anteriormente

Modo de empleo de las señales pirotécnicas

Bengala de mano.- La bengala va dentro de un estuche hermético y cuando tenga que usarse se desenrosca y se vuelve a enroscar el tapón por el extremo contrario, que servirá de mango para aguantarla. Para accionarla se tira de la anilla y comienza una llama continuada de color rojo brillante que arde durante 1 minuto. Tiene un alcance de 8 millas de noche y 4 millas de día. En el estuche lleva impreso instrucciones breves que indican con claridad el modo de empleo.

Las bengalas de mano se lanzaran por sotavento y será conveniente envolverse la mano con un trapo húmedo con el fin de evitar las quemaduras que producen las chispas, que pueden hacer abrir la mano y tirar la bengala.

Cohete lanza bengalas con paracaídas.- Se trata de un estuche de unos 25 centímetros que va provisto de un tapón en cada extremo. Lleva una etiqueta con las instrucciones de uso y una flecha que indica cual es la dirección correcta.

Para poder utilizarlo se sostiene con una mano el cohete, con la punta de la flecha hacia arriba, quitando las dos tapas de cierre de los extremos. Tiraremos del cordón con el fin de iniciar la ignición, retiraremos rápidamente el brazo y la cara todo lo posible.

El cohete tiene un alcance de 300 metros de altura y cuando se encuentra en su punto más alto, lanza una bengala con paracaídas que arde con un color rojo brillante durante 40 segundos, alcanza una velocidad de caída de 5 metros por segundo y es visible a 16 millas de noche y a 8 millas de día.

Funcionamiento del lanzador de cohetes autolanzables

1. Armar el disparador situando el botón de disparo en el seguro.

2. Enroscar a tope el cartucho en el disparador, apuntando en todo momento la boca de fuego hacia un lugar seguro, en previsión de que se produzca un disparo accidental.

3. Sujetando firmemente el disparador en posición vertical y por encima de la cabeza, accionar el percutor, haciendo girar el botón de disparo con el dedo pulgar.

4. Si La señal no funciona, intentaremos el disparo al menos una vez más siguiendo las instrucciones anteriores.

5. Desenroscar el cartucho gastado.

Sociedad Estatal de Salvamento Marítimo

Fue creada por la Ley de Puertos del Estado y de la Marina Mercante para cumplir con el compromiso de salvaguardia de la vida humana en la mar y de impulso de todas las acciones encaminadas a incrementar la seguridad marítima. La Dirección General de la Marina Mercante es la autoridad responsable para iniciar y coordinar todas las misiones de búsqueda y salvamento marítimo para buques o personas que soliciten asistencia en las zonas marítimas asignadas a España así como la lucha contra la Contaminación del Medio Marítimo.

El Salvamento Marítimo Está centralizado en Madrid que lo coordina a nivel central y a nivel periférico. Las Capitanías Marítimas, a los centros de Salvamento del litoral, llamados Centros Regionales de Coordinación de Salvamento Marítimo (CRCS).

Cuando se produce un salvamento marítimo intervienen las siguientes unidades: Barcos, lanchas y helicópteros de Salvamento Marítimo, buques de guerra, aviones SAR, buques mercantes, lanchas de la Cruz Roja, Real Liga Naval Española y embarcaciones de recreo.

Idea sobre ecología marina

La ecología es la ciencia que estudia las relaciones sobre los seres vivos entre sí y con su entorno. La ecología marina es, por tanto, la disciplina que estudia las relaciones entre los individuos (animales y plantas) que habitan en el mar y espacio que les rodea.

Impactos ambientales

El hombre es capaz de modificar el entorno marino y, de hecho lo hace constantemente, apoyado en sus conocimientos y en su desarrollada tecnología.

Por tanto la actividad humana, produce grandes efectos en el ambiente marino, aunque también existen fenómenos ajenos a la actividad humana que tienen su importancia.

Identificación de los impactos

Todas las causas que producen impactos sobre el ambiente marino, se pueden concretar en las siguientes:

a)   Polución y contaminación producidas por el vertido incontrolado de los innumerables elementos, tales como aguas fecales, pesticidas, aceites, basuras, elementos nutrientes etc.

El origen de tales puede ser:

- Industrias.
- Núcleos urbanos.
- Puertos deportivos.
- Tráfico marítimo.

b) Construcciones costeras.

Introducción de especies extrañas.

Efectos ambientales producidos

Al producirse todos estos efectos ambientales pueden ser los causantes de las siguientes consecuencias:

- Disminución de la limpieza y claridad en las aguas marinas.

- Modificación y desaparición de especias marinas tanto animales como vegetales.

- Enriquecimiento de las aguas marinas por el volcado de nutrientes que pueden producir la aparición de algas que consumen gran cantidad de oxigeno, impidiendo que la fauna que era habitual en estos lugares pueda vivir en ellos y tenga que buscar otros que le sean más positivos para su supervivencia.

-El desplazamiento de arenas causada por la construcción de puertos y espigones que modifica la morfología costera.

-Incluso, modificación del clima costero en algunos lugares.

- Elevación del nivel del mar producido por el calentamiento global.

Magnitud de los efectos producidos

Pueden ser variables en función de la importancia y la permanencia en el tiempo del impacto. Actualmente, las magnitudes son muy elevadas en todos los campos.

Impactos provocados por la pesca, el turismo y la navegación de recreo

Tanto la navegación de recreo como la pesca profesional o deportiva y el turismo son actividades, que muchas veces están relacionadas entre sí que, pueden causar impactos muy significativos sobre el medio marino.

Pesca

En particular la pesca de arrastre que produce la destrucción de los fondos haciendo mucho daño a la pesca, corales, especies vegetales, como cierto tipo de algas, que son muy necesarias para el resguardo de algunas especies de peces.

-Extinción de algunas especies producido por la explotación pesquera, la captura de tallas pequeñas

-Contaminación motivada por vertidos incontrolados de sentinas, aceites, gases de escape del motor etc.

Turismo

El turismo aumenta la construcción en zonas costeras y por ello se producen vertidos de todo tipo.

-Degradación de las playas por la masificación de bañistas.

Navegación de recreo

Construcción de instalaciones de amarres y portuarias, con el consiguiente cambio en la línea litoral y el arrastre y depósito de arenas.

- Arrastre de anclas, cadenas de fondo, etc. que pueden producir destrozos en el mismo.

Espacios naturales protegidos

Son demarcaciones administrativas establecidas con la finalidad de conservar en lo posible la naturaleza.

La Unión Internacional para la Conservación de la Naturaleza (UICN) hace mención de los siguientes:

Espacio Natural	Objeto del mismo
Parque	Recreo y conservación de los ecosistemas
Monumento Nacional	Protección de la Naturaleza y Fines Científicos
Paisaje Protegido	Conservación de paisajes marítimos y terrestres

Protección de espacios naturales del medio marino
Los peligros que existen sobre el medio marino, con respecto a su conservación y a la preservación con relación a los espacios animales y vegetales, han llevado a los países y a los organismos internacionales a decretar la implantación de una serie de medidas y figuras protectoras de diversa índole y que, en definitiva, consisten en el establecimiento de zonas vigiladas donde se prohíbe el desarrollo de algunas actividades o se toman mediada para la atenuación de los efectos e impactos ambientales a que nos hemos referido. Entre ellas, citaremos las siguientes:

Zonas especialmente protegidas de importancia para el Mediterráneo (ZEPIM)
El Convenio Internacional para la Protección del medio Marino y la Región costera del Mediterráneo (Barcelona, 1976) y el Protocolo adicional firmado en Barcelona en 1995, dieron lugar a la posibilidad de establecer zonas especialmente protegidas en las zonas costeras y marítimas, sometidas a la jurisdicción y soberanía de cada Estado, así como las medidas de protección que conlleva su establecimiento. En el artículo 8º del citado protocolo establece que los países promoverán una Lista de Zonas Especialmente Protegidas de Importancia para el Mediterráneo que, se conocen como lista ZEPIM.
Las ZEPIM deben cumplir al menos uno de los siguientes requerimientos:
- Desempeñar un papel importante en la conservación de la diversidad biológica en el Mediterráneo.
- Contener ecosistemas típicos de la zona mediterránea o hábitats de especies en peligro.
- Tener un interés especial en el plano científico, estético, cultural y

educativc.

La inclusión de un área en la Lista ZEPIM conlleva, entre otras, las siguientes obligaciones:

- Disponer de un régimen jurídico que garantice su protección a largo plazo.
- Definir de forma muy clara cuales son los objetivos de conservación.
- Disponer de un programa de recogida de datos.
- Contar con un programa adecuado de gestión y un dispositivo de vigilancia permanente.

Lista ZEPIM en España

En España son ZEPIM las siguientes áreas:

- Isla de Alborán.
- Fondos marinos del levante Almeriense.
- Mar Menor y zona oriental de la costra de Murcia.
- Parque Natural de Cabo Creus.
- Islas Medas.
- Islas Columbretes.
- Acantilado de Maro-Cerro Gordo (Málaga y Granada).

Reserva Marina de Interés Pesquero (RMIP)

Las RMIP son zonas establecidas por el estado para contribuir a la conservación de los recursos pesqueros nacionales.

Sus fines son la protección, regeneración y desarrollo de los recursos de intereses pesquero y el mantenimiento de las pesquerías sostenibles que permitan a los pescadores artesanales de la zona preservar su modo de vida tradicional. Promueve, para ello, acciones enfocadas a la sostenibilidad pesquera que, por una parte, reduzcan los daños causados por las propias prácticas pesqueras y, contribuyan al mantenimiento de los ecosistemas marinos, básicos para la regeneración de recursos.

En España existen hasta nueve RMIP que, en gran medida, comparten espacio con otras figuras de protección, como Parques Naturales o Lugares de interés Comunitario.

La vigilancia sobre el terreno es el factor determinante para la creación y eficacia de una reserva marina. Junto a ello, es importante la investigación científica, la labor educativa y la cooperación nacional e internacional.

Los objetivos a alcanzar con el establecimiento de las RMIP pueden concretarse de la siguiente forma:

- Aumento en la calidad, tallas y pesos de especies pesqueras de interés.
- Regeneración de especies desaparecidas por sobrepesca.
- Mantenimiento de la biodiversidad marina.
- Mejora de las condiciones socioeconómicas del sector pesquero profesional.
- Aumento del conocimiento general del medio marino y la necesidad de su protección y conservación.

Lugar de Interés Comunitario

Los Lugares de Interés Comunitario son todos aquellos ecosistemas que han sido protegidos con objeto de garantizar la biodiversidad mediante la conservación de los hábitats naturales y de la flora y fauna silvestres presentes en el territorio y considerados como interés comunitario. Estos lugares son seleccionados por los distintos países en función de consideraciones científicas y de acuerdo con las Directivas correspondientes de la Unión Europea y, pasan a formar parte de las Zonas de Especial Conservación que, integran la Red Natura 2000 europea.

En los LIC, las medidas conservacionistas impiden la alteración del entorno mediante obras mayores, salvo por razones justificadas de seguridad o salud pública.

En España, 780.000 Ha. De superficie marina están catalogadas como LIC.

Caso concreto en el Mediterráneo: praderas de posidonia oceánica

La posidonia oceánica es una planta marina que vive exclusivamente en el Mediterráneo, formando praderas submarinas sobre la arena hasta una profundidad de entre 30 y 40 metros. Necesita aguas limpias que permitan el paso de la luz y temperaturas del agua que no pasen de los 12º C en invierno y 25º C en verano.

Importancia

Las praderas de posidonia estructuran y determinan el espacio de los fondos marinos donde se hayan facilitado la existencia de una amplia variedad de especies vegetales y animales que, encuentran en este espacio protección, alimento y cobijo.

Por otra parte, las praderas de posidonia desarrollan una importante función ecológica al ser productoras natas de materia orgánica y de oxigeno. Además de ello, intervienen en la depuración del agua, fijan los sedimentos y contribuyen a la protección de las playas al atenuar el empuje de las olas,

Por todo lo anterior, las praderas de posidonia constituyen uno de los ecosistemas más importantes del Mediterráneo y su acción es, en términos ecológicos, equivalente al de los bosques en el ecosistema terrestre.

Protección

Las praderas de posidonia oceánica están protegidas en la Unión Europea como "hábitat prioritario de interés comunitario", mediante la Directiva 92/43/CEE de 21 de Mayo, relativa a la conservación de hábitats naturales y de la fauna y flora terrestre. Ello implica la obligación de los Estados miembros de mantener estas praderas en un estado de conservación satisfactorio. Por otro lado, la posidonia está incluida en la relación de especies en peligro o amenazadas, dentro del "Protocolo sobre las zonas necesitadas de especial protección en el Mediterráneo", según el "Convenio de Barcelona sobre la protección del medio marino y de la región costera del Mediterráneo".

Amenazas

Determinadas actividades humanas ponen en peligro la supervivencia de este importante ecosistema marino, entre ellas, las siguientes:

a) El fondeo de embarcaciones sobre las praderas de posidonia.
b) La contaminación del agua marina.
c) La pesca de arrastre.
d) Los dragados y la extracción de arena.

El fondeo sobre las praderas de posidonia es, concretamente, una de las causas que ponen más en peligro su supervivencia. La acción de las anclas y cadenas, ya sea en el caso de fondeos permanentes como puntales, puede determinar considerablemente el estado de las plantas.

Precauciones a tomar:

a) Fondear en zonas donde no existen posidonias.
b) Cuando se fondee en zonas de posidonia, procurar hacerlo sin arrastrar el ancla por el fondo.
c) Utilizar, siempre que se pueda, boyas de fondeo.

El sistema electrico de un barco

Disponer de un buen sistema eléctrico en una embarcación es indispensable. Sin él no hay luces, ni sistemas electrónicos, apenas hay refrigeración y no es posible arrancar el motor. Todo esto es cierto incluso en los motores de gasoil, aunque estos, si no son muy grandes, pueden arrancar a mano.

Si nos gusta la navegación de altura y la practicamos durante mucho tiempo en lugares del mundo donde la tecnología no está desarrollada y las reparaciones son difíciles de conseguir, es necesario llevar a bordo a alguien que entienda de sistemas eléctricos. Un buen mantenimiento es más importante en el sistema eléctrico que en cualquier otro sistema. Los cables, conexiones o enlaces que coloquemos en nuestro barco tendrán que sobrevivir a un medio hostil. No hay nada que sea peor para un sistema eléctrico que la humedad del aire marino, especialista en provocar cortocircuitos, corroer aparatos y buscar sus puntos flacos. Si tenemos que hablar de la búsqueda de fallos es admitir el fracaso; y para evitar el fracaso, la prevención es el secreto. Un patrón prudente está en alerta constante. Debe estar siempre pendiente del correcto funcionamiento y coordinación de cada sistema. Una buena combinación de vigilancia y de mantenimiento regular minimiza la posibilidad de fallos o de accidentes. En el caso que detectemos algo que presente un aspecto anormal, como pueden ser señales de corrosión en alguna conexión o cerca de ella, la arreglaremos inmediatamente. Cuando lo hayamos reparado, examinaremos todo el circuito para cerciorarnos de que todo funciona perfectamente.

Más adelante haremos una tabla de mantenimiento para un velero o una motora que describe cada aspecto de lo que se debe hacer. Algunos trabajos se hacen cada año, otros cada mes, otros cada semana y algunas las haremos cada día. No obstante, cuanto más viejo sea un barco y más antiguo su sistema eléctrico, menos posibilidades existen de que pueda cumplir las nuevas normativas y más problemas presentará. Se llegará a un momento que como aficionado, no le será posible resolver multitud de problemas que le ocasionarán los cables corroídos que se encuentran escondidos en los rincones húmedos de su embarcación. Y lo más práctico será el renovar toda la instalación.

Saber de electricidad

Si no entendemos nada de electricidad, resulta muy útil aprender unos principios básicos, pero teniendo siempre presente que solo hemos aprendido lo mínimo necesario para encontrar y resolver las averías menores. Tendremos siempre presente que algunos aparatos modernos almacenan voltajes muy altos y que resultan tremendamente peligrosos –incluso aunque se trate de una instalación de 12 voltios-, que pueden producir una descarga mortal.

Existen cuatro términos que debemos de conocer:

- **Voltio:** Describe la fuerza o la presión de la electricidad.

- **Amperio:** Describe el caudal o la corriente.

Programa de mantenimiento del barco

Elemento: Aire acondicionado

Acción	Frecuencia
Comprobar que no se oxida	Como mínimo una vez al mes
Comprobar el filtro en la entrada de agua de mar	Mensual
Comprobar la llave de paso al comprobar el filtro	Mensual
Turbina en la bomba	Dos veces al año

Elemento: Baterías

Acción	Frecuencia
Nivel del electrolito	Semanal
Conexiones	Mensual
Corrosión	Mensual
Agujeros de ventilación en los tapones	Mensual

Elemento: Sonda

Acción	Frecuencia
Si es digital	Ninguna
Si tiene aguja de trazado	limpiar Anual
Sustituir las bombillas	Cuando sea necesario

Elemento: Detector de gas sistema alta fidelidad

Acción	Frecuencia
Poner en marcha	
Comprobar la corrosión	Mensual
Calentamiento altavoces	Cada 6 meses

Elemento: Las radios

Acción	Frecuencia
Limpiar con aspirador	Anual
Comprobación conexiones	Cada 6 meses

El mantenimiento de la mayor parte de los restantes aparatos lo tienen que realizar personas especializadas. Para el resto está prohibido.

- **Ohmio:** Describe la resistencia que restringe el caudal
- **Vatio:** Describe la cantidad de potencia disponible

La ley que debemos aprender es la **Ley de Ohm,** que establece la relación entre el voltaje **(V)**, la resistencia **(R)** y la corriente **(I)**. Si conocemos el valor de dos de estos parámetros, podemos calcular el tercero. Cuando hayamos conocido la magnitud de cada uno de estos valores, podrá calcular los vatios de un aparato, es decir, la cantidad de energía que consume su instalación. Este consumo se calcula multiplicando los vatios por los amperios, o bien, multiplicando el cuadrado de los amperios por la resistencia.

Dispondremos de las herramientas básicas necesarias para poder localizar las averías que son el voltímetro, el amperímetro y el ohmímetro (multitester). Si disponemos de estas herramientas se pueden medir cualquiera de los valores descritos y llegar a calcular los vatios, además de comprobar el buen funcionamiento de un circuito individual o de un aparto en concreto.

Las baterías

El sistema que llevan la mayoría de los barcos en cuanto a la instalación eléctrica es de 12 voltios aunque, en algunos barcos grandes, sobre todo en los construidos en Estados Unidos, se emplea un sistema de 32 voltios. Si la corriente que se genera a bordo con un generador a motor, este suele suministrar 110 o 230 voltios, según la nacionalidad o el país del barco y los aparatos que este tenga instalados. Sabemos que en muchos casos, es posible elegir el voltaje, tanto para generar la corriente como para dar potencia a los aparatos y cargar las baterías.

En estos momentos, el sistema estándar para la mayoría de los barcos permite tener suficientes baterías para alimentar las luces, los motores pequeños, la nevera, etc., durante 48 horas sin tener que recargar, al tiempo que disponer de un sistema de baterías independientes exclusivamente dedicado a arrancar el motor. Es fundamental que la instalación doméstica pueda funcionar sin problemas durante 48 horas. La tripulación debe poder satisfacer las demandas de los tripulantes que quieran leer en su litera, el trabajo diario del navegante, el huso de la nevera durante el tiempo necesario y de todos los demás aparatos que se suelen emplear habitualmente, El circuito del motor no debe emplearse nunca para suministrar potencia al circuito doméstico. No sería correcto descargar todas las baterías de abordo y no poder arrancar el motor para cargarlas. Tanto si se trata de un solo circuito, dos o ninguno, el interruptor moderno que los desconecte o conecte debe ser un interruptor de serie de todos los barcos. Con este interruptor nos permite, en caso de un cortocircuito o problemas con el arranque del motor, que puedan emplearse todas las baterías del barco juntas para conseguir la máxima potencia y arrancar el motor, recargar las baterías, y proporciona el tiempo suficiente para encontrar y arreglar el fallo.

Todas las baterías contienen una serie de elementos, cada uno de los cuales suministra 2 voltios, y cuando se conecta –un sistema de 12 voltios precisa 6 elementos- se forma una batería, y de ahí proviene el nombre. Una instalación de 32 voltios precisa 4 baterías de 8 voltios, y estas pueden conectarse de tal manera que puedan suministrar 12 voltios en caso necesario.

Es sabido que la electricidad se genera por medio de la acción de un ácido sobre el plomo de los elementos. Esta acción del acido sobre el plomo, produce una reacción química durante la carga de la batería, y una reacción contraria durante la descarga. Cada vez que una batería no se descargue demasiado rápido debido a una sobre carga, puede volver a cargarse por medio de la corriente que pasa por sus elementos Conocer el estado de equilibrio entre el ácido y el plomo en la batería se evalúa con un densímetro que mide el peso específico del electrólito de los elementos. Disponer de un valor de 1.260 es lo habitual en una batería a plena carga. Una batería que esté totalmente descargada mostrará un valor aproximado de 1.135. Estos valores dependen también de la temperatura, por lo que será preciso aplicar una ligera corrección en función de las distintas temperaturas. Existe una regla aproximada que establece que hay que restar una décima por cada grado que vaya por encima de 25° C; y restar una tercera parte de una décima por cada grado que vaya por debajo de los 25° C. Esta tabla de correcciones se entrega con el densímetro al comprar la batería y debe seguirse a rajatabla.

Cargar las baterías

Sabemos que, una vez empiezan a flaquear las baterías, éstas pierden fuerza con rapidez. Hay unas complicadas leyes que determinan la velocidad de carga de una batería, pero por fortuna no tenemos que preocuparnos por ellas en demasía ya que los cálculos necesarios ya están hechos. Si disponemos a bordo de un generador o alternador del motor principal, o si carga lentamente en el puerto, se encontrará con todos los cálculos ya hechos y las baterías se irán cargando a la velocidad adecuada. Es muy conveniente disponer a bordo de un voltímetro, que nos muestra constantemente el estado de las baterías y nos permite saber cuándo hay que cargarlas. Disponer de un amperímetro es también muy útil ya que nos muestra la cantidad de corriente y al mismo tiempo si la batería la almacena.

Una vez que las baterías aceptan la carga con rapidez, alcanzan y pasan los 12 vatios (Incluso se acercan a los 13) a medida que se acercan al máximo voltaje que pueden almacenar sus elementos. En este punto, la corriente desciende hasta que en las baterías ya apenas entra nada.

El cálculo del consumo de corriente en los distintos aparatos

Las baterías se clasifican por la cantidad de corriente que almacenan durante un número determinado de horas, es decir, la cantidad de corriente que pueden suministrar durante un período de tiempo concreto. Esa cantidad de energía que puede almacenar una batería se puede medir en amperios/ hora. Todo esto se calcula basándose en el número de horas que la batería puede mantener una descarga determinada. Por ejemplo, una descarga típica para la batería de un barco sería de 5 amperios. Si la batería mantiene esta descarga durante 20 horas sería una batería de 100 amperios/hora. Una batería de 60 amperios/

hora podría soportar una descarga de 5 amperios durante 12 horas solamente. Una vez conozca la clasificación en amperios /hora de una batería, podrá confeccionar una lista de todos los aparatos instalados en su sistema eléctrico y hacer un cálculo de las descargas que supone cualquier combinación de ellos cuando estén en marcha.

Como hacer el mantenimiento de las baterías

Por lo general es el patrón o el navegante el que se ocupa de las baterías y cualquiera de los dos serán los encargados de la mayoría del equipo de abordo que emplea la electricidad.

Lo primero que tendremos en cuenta será que las baterías estén instaladas correctamente. No es bastante dar por sentado que van a soportar el mal tiempo o la mar picada; deben instalarse de tal forma que si el barco por la circunstancia que sea pone quilla al sol, las baterías deben permanecer donde se instalaron. Son excesivamente pesadas y peligrosas, y a parte del daño que pueden hacer al barco, hay que tener presente el que también pueden causar a las personas que están en él.

Algunos patrones piensan que mantienen bien las baterías porque disponen de un densímetro y lo utilizan para comprobar el nivel del electrolito de forma regular. Mantienen el nivel del líquido correcto, y las cargan de forma que las baterías no se sulfaten y pierdan potencia. Pero hay que hacer algo más que esto. La parte superior de las baterías se mantendrán limpias, deben limpiarse los terminales regularmente y también rascarlos con el fin de asegurar un buen contacto y prevenir las fugas entre terminales.

La persona que conduzca un coche ha visto en alguna ocasión que, el motor de arranque no gira, no arranca, aunque las luces, la radio y el resto de los elementos parecen funcionar bien. La causa está en que la potencia de corriente necesaria para que pueda girar el motor no puede pasar debido a que los terminales están sueltos o corroídos. Por lo que, los bornes de los terminales es necesario rascarlos o limpiarlos con un cepillo de púas de metal o un cuchillo o bien con una de las herramientas especiales que venden para tal fin. Los bornes es conveniente untarlos con grasas especiales o con grasa de petróleo. A continuación se debe apretar el terminal hasta el fondo del borne y luego enroscar el tornillo. El terminal debe estar siempre lo más ajustado posible.

El efecto de este repaso puede ser sorprendente. Sin haber manipulado las baterías, éstas hacen girar el motor de arranque con facilidad.

El consumo de corriente de los distintos aparatos

Elemento	Consumo medio (Vatios)
Aire acondicionado	800
Altavoces	25 (poco uso)
Aspirador	500
Bombas	1.000 por caballo de potencia
Cafetera	600
Cargador baterías	3
Cocina	1.200
Calefactor	1.500
Calefactores de aceite	75
Cocina	cada quemador 500/1.500 3.000 por cocina
Calentador de agua	1.000
Decca	100
Fax	75
Fluorescente	10
Frigorífico	300
Gonio	100
Instrumentos varios	10
Loran	50
Luz cabina	10 por hora
Manta eléctrica	20
Microondas	1.500
Omega	50
Panel distribución	3
Piloto automático	50
Radar (Kw)	50
Sondas	20
Sistemas bomba de agua	20
Televisor	10
Tostadora	1.200
Ventilador	80

El interruptor de las baterías

Estos interruptores tienen que ser especiales, de aquellos que hacen el contacto del próximo circuito antes de romper el circuito en uso. Esto evita el peligro de que un generador o alternador vierta su carga en un circuito abierto, si fuese así tendría malas consecuencias para el cargador.

Pilas secas

Las pequeñas pilas de elementos secos se instalan en la mayoría de los aparatos electrónicos que se encuentran a bordo de los veleros de crucero y regata y también en motoras. Aparatos como correderas, gonios y sondas incorporan en compartimentos localizados en la parte trasera de los mismos. Si uno no sabe que se encuentran allí, los instrumentos que controlan pueden dejar de dar señales, o incluso peor, pueden dar señales equivocadas y por lo tanto, problemas. Es de resaltar las pocas personas que se acuerdan de estas pilas cuando el aparato falla, y muchos que echan la culpa al propio aparato.

Por lo menos una vez al año, será necesario hacer un repaso de todos aquellos aparatos que lleven pilas para mantener su presión o bien su memoria interna, hay que quitar estas pilas y comprobarlas con un amperímetro para asegurarnos si están en su valor máximo, o casi. Si el nivel es bajo, las cambiaremos para estar seguros de que el instrumento dará una lectura precisa. No es que sea mucho lo que un patrón puede hacer con un complicadísimo circuito integrado del tipo que emplean los Loran o GPS, pero más adelante explicaremos lo que se puede hacer con ellos.

Es preferible usar agua destilada para rellenar las baterías; por lo general el agua del grifo es bastante buena en la mayoría de los sitios que visite, el problema está en que el cloro que lleva el agua es perjudicial para las baterías y por lo tanto vale la pena que llevemos una botella de agua destilada a bordo. Mantener el equipo seco y limpio es la parte más importante del programa de mantenimiento, y más en el caso de los viejos equipos electrónicos que no son tan estancos como los modernos, sobre todo si se han instalado en un lugar expuesto a los rociones y la humedad.

El cableado

Uno de los problemas más corrientes es el cableado mismo; los cables que van a las bombas, las luces, los instrumentos, motores, etc. Hay una práctica ya hace tiempo, de emplear un código de colores para indicar o bien la función del cable o indicarnos hacia dónde va, y también de instalarlos en lugares accesibles. También resulta útil emplear cables especiales para ambientes especiales, como, por ejemplo, las zonas más calientes del motor. La siguiente tabla que verán más adelante muestra el código empleado en casi todo el mundo como estándar. Este sistema es mucho mejor que el empleado habitualmente en los barcos que se fabricaban hace unos años, donde los cables se solían atar en manojos gruesos que impiden ver y mantener a los que se encuentran en centro del manojo. El mejor método es el de emplear los colores estándares y colocar los cables para que pueda verse cada uno de ellos por separado. Se tendrán que comprobar cada seis meses para asegurarnos de que no se hayan desgastado por el roce, doblado o sufrido algún otro daño que podría provocar una fuga de corriente. Otra comprobación que deberemos hacer será vigilar que no haya fugas si las baterías se descargan de forma inesperada. Si encontramos un fallo durante la inspección, o en cualquier otro momento, será conveniente que comprobemos todo el circuito.

Código internacional de cables

Color	Elemento	Función
Amarillo	Generador o alternador	Del generador o alternador al terminal vivo del regulador
Amarillo raya roja	Arranque	Del contacto al solenoide
Azul claro	Presión de aceite	Sensor del reloj
Azul oscuro	Cabina, luces aparatos	Fusible o interruptor
Blanco o negro		Retorno, batería negativa
Beige	Temperatura del agua	Sensor del reloj
Gris oscuro	Luces de navegación	Fusibles o interruptor
	Tacómetro	Alimentación del reloj
Marrón	Inducido generador	Del inducido al regulador
Naranja	Alimentación de accesorios	Del amperímetro a salida alternado, generador.etc.

Color	Elemento	Función
Púrpura	Encendido	Del contacto al inducido e instrumentos eléctricos
Rosa	Nivel de combustible	Reloj
Rojo		Batería positiva
Verde		Toma de tierra

Búsqueda de fugas

Para hacer la búsqueda de fugas apagaremos todos los aparatos y emplearemos una luz testigo de la siguiente manera. Desconectaremos el terminal positivo de la batería y conectaremos la luz entre los terminales. Si la luz no se enciende, emplearemos un amperímetro con una escala cada vez más sensible hasta obtener una lectura. Si la lectura es de más de unos cuantos miliamperios, puede que haya una fuga y la tenemos que buscar. Sin embargo, lo más probable es que haya un aparato en funcionamiento que esté en alguna parte. De existir una fuga, no sería tan importante como si se hubiera encendido la luz, pero una fuga de esta magnitud es poco corriente.

Si disponemos de fusibles en lugar de diferenciales, tendremos presente que son partes del sistema que suelen descuidarse. Si no contactan firmemente o si hay corrosión, pueden causar problemas y por lo tanto deben sustituirse.

Consideraciones sobre la toma de tierra

Es esencial que en todas las embarcaciones, salvo en las que tengan un sistema sin tierra o de tierra flotante, todos los circuitos y los aparatos de importancia se conectan a una toma de tierra común.

Es muy importante que un sistema de tierra se instale cuando se renueve o se modernice la instalación eléctrica de abordo. Se emplea la tierra negativa casi en todo el mundo, así que si está la tierra en el polo positivo, va a ser difícil que le equipo funcione bien.

La instalación de la toma común debe situarse muy cerca de las baterías. Unos dicen que se debe poner por encima de los niveles del agua de la sentina: otros, que tiene que fijarse a la orza.

El efecto de la electricidad en el compás

En muchas publicaciones se habla sobre el efecto de la electricidad en el compás, y se han llevado a cabo mucho experimentos para saber que se hace para que se desvíe la aguja del compas.

Es preferible no colocar cables cerca del compás si no es estrictamente necesario. ¿Por qué vamos a correr riesgos? También es importante mantener alejado del compás a cualquier imán, como por ejemplo los de un altavoz. Las instalaciones donde los altavoces están cerca de un compás electrónico se deben de cambiar y hacerlas por otro lugar que no produzca problemas. Igualmente se deben mantener alejados de las radios, los metales y cualquier otro mecanismo que sae capaz de crear un campo electromagnético. Si nos resulta completamente imprescindible tener cables cerca del compás, será muy conveniente trenzarlos en pares con el fin de evitar el peligro del desvío, aunque siempre es más efectivo evitar acercar la corriente eléctrica al compás.

Necesidades de los generadores

En este apartado vamos a tratar sobre los generadores. Un generador necesita una pequeña cantidad de magnetismo residual presente en su inducido para poder comenzar a producir electricidad. Esto solo será problema cuando no se use el generador con regularidad. Sin este magnetismo residual, fruto del uso regular, la secuencia de arranque del generador no tiene lugar.

Si se siente con la capacidad suficiente para manipular un generador, existe una solución: tome un trozo de cable aislado y grueso, conéctelo al terminal positivo de la batería, el terminal que no va a tierra, y lo coloca en la salida de corriente del generador. Solo debe estar en contacto uno o a lo máximo dos segundos, ya que si lo mantiene más tiempo le pueda causar un buena quemadura a usted y también al generador. Este segundo debe ser suficiente para que fluya bastante corriente y que de esta forma el generador funcione correctamente. Si con este método no arranca el generador, pruebe con este otro. Conecte el cable al conector exterior del inducido y haga un cortocircuito con la carcasa del generador. Si aumenta la salida de corriente, es que el generador funciona bien y entonces el problema lo tendremos que buscar en otra parte. Pero no lo mantenga más de unos cuantos segundos, pues no es muy conveniente para el generador.

Puesto que existe una corriente fuerte en el generador, las escobillas que se aprietan contra el colector tienen que estar limpias y hacer un buen contacto. Por lo general se aguantan por medio de muelles, y si producen algo de chispa, es muy posible que sea la consecuencia porque por la cual se ha producido un desgaste.

Mantenimiento de los alternadores

Los alternadores no presentan los mismos problemas de chisporroteo y desgaste que los generadores, y por lo tanto son mucho más fáciles de mantener. Aunque sea más fácil mantener un alternador, hay un par de reglas que deben tenerse en cuenta y respetarlas.

Un alternador será imprescindible el conectarlo con la polaridad correcta de la batería. Si no lo hacemos así, se estropeará sin remedio. La otra norma es que si la batería se encuentra completamente descargada, el alternador no puede cargarla. La única manera de superar esto es usando una batería de capacidad suficiente y en buen estado, o incluso seis pilas en serie, y conectarlas entre la toma de tierra y el terminal, que es la escobilla positiva del alternador. Es suficiente para que un poco de agua entre en la batería principal y que ésta acepte entonces la carga del alternador.

Un yate de crucero a motor puede tener una capacidad generadora mucho mayor que la de un velero, aunque, por supuesto, un velero grande también puede llevar un generador de gasolina y producir 240 o 110 voltios con el fin de poder proporcionar alguna de las comodidades que se tienen en tierra. Existen generadores de abordo que pueden generar hasta 15.000 vatios de salida y pesar hasta media tonelada. Sera necesario si usted se hace construir una barco nuevo pedir consejo sobre el tipo de generador que sea más adecuado para su barco.

El motor que lleva el generador necesita exactamente las mismas condiciones de refrigeración, mantenimiento y facilidad de acceso que el motor principal.

Hay muchos patrones que piensa, y con razón, que tener demasiadas tomas de mar en el casco es peligroso, y por lo tanto, tienen todas las tuberías de entrada y salida un conjunto central de mangueras que luego pasan a través de una sola toma de mar. Cada manguera se controla con su propia válvula central que puede aislar a todas ellas. La entrada y salida de agua del generador deben estar conectadas a un sistema de este tipo. Muchos casos de barcos que se hunden en sus amarres son debido a que alguien desconocía el funcionamiento del inodoro o ha manipulado el generador y ha dejado la toma de agua abierta. En el momento que entre el agua en el casco, la embarcación se ha dañado seriamente aun cuando no se haya perdido por completo.

Una de las grandes desventajas de los generadores es, que acostumbran a funcionar cuando la tripulación del barco o la vecina quiere descansar o bien disfrutar de su guardia libre. Lo último que desea una tripulación es tener un motor de gasolina rugiendo a su lado.

Desafortunadamente, se trata de una decisión muy personal, por lo que no siempre se resuelve a satisfacción de todos.

Un análisis detallado de lo que es un equipo generador razonable para un yate a motor o un sistema auxiliar para un velero va más allá de las pretensiones de este libro.

La corrosión galvánica

Un fenómeno del sistema eléctrico de un barco que nadie lo quiere es la corrosión galvánica o la electrolisis. El patrón tiene que contemplar este fenómeno con preocupación, sobre todo si se trata de un barco construido con acero o aluminio. Ello se debe a que los distintos metales sumergidos en el agua de mar, conducen la electricidad y genera una corriente eléctrica. El metal menos "noble" se corroerá.

La corrosión galvánica puede presentarse dentro de un solo componente si este ha sido fabricado con una aleación. Si es así la corriente pasará por dentro del componente sin necesidad de que haya otro metal sumergido en el agua en algún otro lugar del casco. Si combina este hecho con el de cuanto mayor es la separación en la tabla de nobleza mayor es la corrosión, entonces entenderá por qué algunas aleaciones se convierten en piezas inútiles tras unas cuantas semanas de exposición a un ambiente marino severo. Si sabemos que el agua muy salada, los productos químicos y la polución aceleran el proceso, es muy posible que se desespere.

Por fortuna, existen modos de combatir la corrosión. La manera más sencilla de evitar la corrosión de los componentes caros que ha instalado en su barco, sobre todo si es un barco de aluminio, es suspender ánodos de sacrificio en el agua. Estos ánodos de "Zinc" cuelgan por la borda, suspendidos por alambres, o bien colocados en lugares estratégicos de la quilla. Si lo hacemos así, atraerán toda la corrosión ya que son de un metal muy poco noble y salvarán los componentes caros. Sin embargo, también tenemos que asegurarnos de que el sistema eléctrico está perfectamente sellado y que se siguieron las normas habituales para evitar la corrosión al instalar los aparatos de abordo.

Como se produce la corrosión por fugas eléctricas

La peor corrosión es la que produce una fuga eléctrica, debido a un aislamiento ineficaz o por otras causas. Si descubrimos el rápido deterioro de un componente –por lo general, uno nuevo en barco viejo- desconectaremos la batería y consultaremos con un especialista haciendo que compruebe el problema. Todos los aparatos que coloquemos en un velero o en una motora deben tener una toma de tierra común. Este es el mejor sistema para controlar la corrosión motivada por fuga de corriente; es muy sencillo y directo y de la máxima seguridad en caso de ser alcanzado por un rayo.

La electrónica y sus beneficios en la navegación

La electrónica ha producido el mayor adelanto en los servicios de información para los barcos, y por lo tanto en su seguridad, en toda la historia de la navegación. Las sondas pueden ayudarnos a navegar con certeza y seguridad, a situar los peligros y a fijar nuestra situación. Con la radio, podemos hablar con los puertos donde queremos entrar, discutir con los guardacostas sus requerimientos en cuanto a las formalidades de la aduana o de la seguridad y hasta nos es posible enviar un mensaje de socorro al otro lado del globo. Con los GPS, es posible situar el barco con un error menor de 100 metros. No obstante, cuando estos mecanismos fallan, debemos volver a los sistemas tradicionales que nos parecen arcaicos pero que siguen siendo imprescindibles, ya que nuestra necesidad de navegar sigue siendo la misma de siempre. Desafortunadamente, cuando falla un radar, un GPS o una sonda, no hay mucho que hacer, ya que se fabrican en carcasas estancas para evitar que el aire húmedo los estropee. En el mejor de los casos, contienen una serie de circuitos integrados que nos es imposible repararlos, a no ser que se disponga de circuitos de recambio. Esto no quiere decir que no haya mantenimiento posible que se podrá hacer cuando lleguemos a puerto por medio de las tiendas especializadas. El cuidado básico consiste en cerciorarse de que las conexiones estén firmes y secas, los cables limpios y también secos, que la toma de tierra esté bien conectada, que el aparato esté colocado sobre una base flexible para evitar las vibraciones que podrían soltar las conexiones etc., y todo esto debe ser automático. Los aparatos los colocaremos en un lugar seguro y seco, protegidos de los posibles rociones. Será una gran idea abrir los aparatos cada dos o tres meses y pasar un aspirador por ellos para quitarles el polvo acumulado, a pesar de que este no sea mucho.

Poco se puede hacer con una sonda, aparte de llevar una bombilla de recambio si se trata de una sonda de destellos, y mantener limpia la aguja si la sonda utiliza el trazado. Los problemas con la sonda generalmente aparecen cuando sacamos el barco al varadero para pintarlo, limpiar y pintar bajos o para cualquier otro tipo de reparación que lleve un buen número de trabajos. A pesar de que digamos a los pintores que no queremos pintura encima del transductor de la sonda; siempre le dan una generosa mano. La pintura patente para bajos contiene metales, y estos metales pueden interferir en el transductor o hacer pantalla, reduciendo su alcance y su precisión.

Si la sonda empieza a comportarse erráticamente, puede que el voltaje no sea el correcto; si se para del todo, lo más seguro es que se haya fundido el fusible. Si no fuera ninguna de estas dos cosas, tampoco es probable que sea el transductor o el cable, dos elementos sencillos. Tendrá que solicitar ayuda a una persona especializada en estos aparatos. Por eso, un barco que emprende una travesía larga debe de disponer de un escandallo.

Es una buena idea llevar fusibles de recambio para todos los instrumentos, ya que, si uno se funde y el aparato funciona al cambiarlo, todo volverá a la normalidad. Pero si el fusible nuevo que acabamos de instalar se funde también, es señal de que existe un problema. Lo aconsejable será que apague el aparto hasta que lo vea un especialista.

Otro problema para el mantenimiento de los aparatos consiste en desenroscar, de vez en cuando, los conectores de los cables coaxiales para ver si están corroídos. Los limpia y, si lo cree necesario, rocíelos con un poco de aerosol hidrófugo antes de volver a montarlos. Se puede hacer igual con los conectores de la antena, y una buena idea será apretar los tornillos de algunos aparatos, como las antenas, con el fin de reducir la vibración.

Para realizar el mejor mantenimiento de cualquiera de estos mecanismos altamente sofisticados es tener el manual a bordo y, cuando sea posible, llevar recambios. Si equipamos un barco de regatas con todos los recambios recomendados en este libro reduciría la posibilidad de ganar, y eso no le gusta a ningún armador. Pero el barco de regatas mientras está en competición está sometido a un gran esfuerzo. El tipo de competición que cruza océanos o que da la vuelta al mundo es solo para unos cuantos barcos, y éstos son lo suficientemente grandes como para lleva los recambios mencionados aquí.

Sin embargo, los marinos no pueden confiar en obtener une perfecta puesta a punto de su barco en todos los puertos que tocan, por lo que les interesa ser autosuficientes y llevar por lo menos un par de circuitos integrados que puedan ser instalados incluso por los más inexpertos.

La radio

Todos los barcos aunque tengan previsto navegar a unas pocas millas de la costa deben llevar una radio. Si no se hace así esteremos rozando el acto criminal, ya que se necesita una radio para recibir y transmitir y recibir señales de socorro e información sobre el tiempo. Sin ella, el barco puede verse en serios peligros y el armador muestra una falta de marinería al no realizar la pequeña inversión que la radio supone.

Los barcos de regatas de altura acostumbran a llevar aparatos de banda lateral única, ajustados a frecuencia media para poder hablar en la sintonía de la regata y en las sintonías internacionales de barco a costa y barco a barco. A pesar de tener un gran número de canales disponibles, el barco llevará además una radio VHF. No son caras y ofrecen una gran gama de servicios fáciles de usar. De hecho, en muchos países del mundo, entre los que se encuentran Estados Unidos de América, Reino Unido, etc., todos, los VHF marinos deben poder transmitir y recibir en el canal 16 (156.80 MHz) para llamadas de socorro y en el canal 6 (156.3) para llamadas de seguridad entre barcos, además de disponer de otro canal de trabajo para las comunicaciones generales que puede ser el canal 9. Estos son los obligatorios, y después es posible elegir cuantos canales sean necesarios.

Al ser titular de una estación marina, por muy restringida que sea, será usted responsable de la calidad y precisión de la frecuencia de su aparto. El mantenimiento de la radio es complicado y normalmente solo se les permite a los técnicos cualificados trabajar en las emisoras. Así pues, es preciso que sea un técnico el que revise el estado de su transmisor cada seis meses, o como mínimo, cada año. Pero puede tomar algunas precauciones. Debe tener a bordo el fusible que necesite su transmisor. Es de sentido común, sobre todo si se está en un barco que emplea el estay de popa o el palo como antena, llevar una antena de urgencia que se pueda fijar rápidamente en su base, y que esté presintonizada para que se pueda seguir transmitiendo en el caso de pérdida del palo. La radio tendrá menor alcance así que con la antena a tope de palo, pero existen algunos trucos que puedan ayudarle a superar esto. Por ejemplo, conozco un relato de un patrón de un barco que perdió su palo a 350 millas de tierra en el océano Antártico en invierno. El palo se rompió a medio metro de cubierta, por lo que había pocas posibilidades de armar un aparejo de fortuna muy alto. Pudieron armar uno de unos 9 metros pero no montaron una antena. La antena de urgencia medía 3 metros y se enroscaba en su base en la cubierta. Perdieron el palo entre la puesta de sol y la noche cerrada y, nada más preparar el barco para pasar la noche, se pusieron a comunicar la situación en que se encontraban. Como solo habían visto dos barcos en una semana, sabían que comunicar su percance era muy importante. Al principio probaron en cuatro frecuencias con tres mensajes PAN en cada una, pero no recibieron respuesta. No pudieron escuchar ninguna respuesta con la antena durante 24 horas, aunque escuchaban los partes meteorológicos y otras informaciones de las estaciones costeras. Al final descubrieron que podían comunicarse con una emisora costera de una frecuencia determinada cuando al final del mensaje el operador decía, "¿Alguna comunicación más en esa frecuencia?" Y así pudieron transmitir su situación. Creo que un operador que escucha en una sola frecuencia tiene más probabilidades de captar una señal que cuando está a la escucha en todas las frecuencias.

En estos momentos es posible equipar los veleros y motoras con ordenadores capaces de controlar casi todo lo que desea saber un patrón: las revoluciones de los motores, el consumo de agua y combustible, los niveles de combustible y agua en los depósitos, la temperatura exterior, la temperatura del agua en el exterior, la dirección del viento real y el viento aparente, la velocidad optima, la polaridad de las baterías, la capacidad de ventilación y de las bombas, sensores automáticos de la sentina, etc., la lista no tiene fin. Las funciones que desempeñan son de un valor incalculable. Estos ordenadores no son muy caros y permiten efectuar una serie de comprobaciones básicas y mantener una vigilancia constante sobre el funcionamiento del barco en cualquier momento. La sofisticación del ordenador y el ojo avizor del marino hacen una muy buena combinación.

La búsqueda de fallos

Un aparato útil para descubrir fallos es la luz de pilas de doble función que se puede emplear en lugar del amperímetro. Si un circuito funciona, pero mal, la luz no brillará con su máxima intensidad. Si el circuito está roto, no se encenderá. La ventaja más importante de este aparato es que da una señal clara e inequívoca en cualquiera de sus funciones, mientras que la lectura de una escala o un indicador pueden confundir a un aficionado.

Las pilas suman un total de 12 voltios. La bombilla debe consumir, más o menos, un cuarto de amperio. Use pinzas de cocodrilo en los cables.

Cuando el interruptor está en la posición de abierto, las pinzas cierran un circuito a través de las pilas y la bombilla. Cuando el interruptor está en la pos ción de cerrado la bombilla solo se enciende con una fuente externa de 12 voltios. A continuación, se detalla la lista de comprobaciones de un sistema de 12 voltios.

Primero, asegúrese de que todos los interruptores en el circuito estén abiertos, y colocados, los fusibles o diferenciales. Deje conectada la toma de tierra de la batería pero desconecte el positivo. Si tiene un conector principal, desconéctelo.

Los distintos circuitos de la embarcación

Cuando coloque el testigo, en posición de cerrado, entre el terminal positivo y el cable desconectado, no debe encenderse la bombilla. Si se enciende, es que hay una fuga en un circuito o en la toma de tierra. Si se escapa a tierra, su barco está en peligro de sufrir una severa corrosión galvánica. Para localizar la fuga, desconecte un circuito tras otro hasta que se apague la luz, y luego busque la fuga en ese circuito.

Los aparatos

Siempre tendremos la seguridad de que el aparato que vamos a revisar está apagado. El testigo tiene que estar en posición de cerrado. Conectaremos un terminal a la carcasa y el otro, uno a uno, en los bornes de la toma de corriente. La luz no se encenderá excepto cuando se conecta con la toma de tierra, el borne con el cable verde. Si esta prueba fal a, es que el aparato está averiado y es peligroso, por lo que lo tenemos que reparar.

Los motores

En posición de abierto, se conectan los cables a los terminales. La bombilla debe encenderse; si no lo hace, gire el eje, y si la bombilla se enciende de forma intermitente, compruebe las escobillas o el colector pues pueden estar desgastados.

Para comprobar si hay fugas dentro del motor, conectaremos un cable a la carcasa y comprobaremos los terminales uno a uno. Si la bombilla se enciende, entonces hay una fuga que podría descargar la batería, por lo que tendremos que reparar el motor. Esta prueba no sirve para los motores de arranque o los motores de inducido.

Los fusibles

Cuando se encuentran en posición de abierto, conectaremos los cables a cada extremo del fusible. La bombilla se encenderá si el fusible está en buenas condiciones.

Los diferenciales

En posición de abierto, conectaremos cada extremo del circuito. Si está abierto, no se encenderá la bombilla.

Como encontrar roturas en los cables

Con el motor abierto, conectaremos ambos extremos del cable. Si la luz no se enciende, hay una rotura en el cable.

Los platinos

Colocaremos el interruptor en posición de cerrado. Encenderemos el motor, conectaremos un cable a la carcasa del motor y el otro al cable del inducido del distribuidor. Cuando arranque el motor, la luz debe brillar y encenderse y apagarse a medida que se abran y se cierren las luces.

Si la luz no responde como es debido, puede que haya que ajustar el encendido. Deje el testigo tal y como está. Gire el motor poco a poco y compruebe el primer cilindro. Cuando coincidan las marcas del encendido, la luz debe encenderse. Si la luz no se enciende en el momento adecuado, gire el cuerpo del distribuidor hasta que lo haga.

Herramientas eléctricas necesarias:

Alicates

Alicates de corte

Densímetro

Grasa para los terminales de la batería

Herramientas para pelar y terminar cables

Juego de herramientas para el sistema de arranque

Luz testigo de dos funciones y cables

Soldador

Recambios eléctricos:

Aerosol contra la humedad

Caja de piezas

Cinta aislante

Correas de alternador/generador

Escobillas de los motores

Soldadura

Varios recambios de cada bombilla

Varios recambios de cada fusible de abordo.

La selección de la tripulación

Cuando comienzas a navegar y hacer regatas tu visión solo abarca el área del barco donde navegas. Es completamente imposible pensar con la amplitud de un patrón.

Es muy posible que la mayoría de los tripulantes sufran esta limitación. No obstante, a medida que aumenta la experiencia, también crece el "universo", hasta que abarca primero la guardia que uno hace, y después todo el barco. Conforme va pasando el tiempo, se extiende a los demás barcos que navegan contigo y con el tiempo a la meteorología, al viento, las mareas, las corrientes, la propia situación del barco en relación con los demás, para terminar por fin en la estrategia. Sabemos que es muy difícil transmitir la experiencia, puede acelerarse el aprendizaje. Con este libro pretendemos comunicar la experiencia adquirida en navegación, al tiempo que mostrar lo que puede aprenderse para que este aprendizaje se haga más fácil y rápido.

Cuando un patrón, explica a su tripulación cuales son los factores que considera más importantes durante la regata, ayuda a que los tripulantes desarrollen una visión más amplia del mundo de la navegación.

Los jóvenes de vela ligera como tripulantes

Hay patrones que piensan sobre la conveniencia de incorporar jóvenes navegantes de vela ligera como tripulantes de veleros de altura. Estamos a su favor. Son muy hábiles con el manejo y ajuste del barco y sobre todo muy entusiastas. A menudo, son más conscientes que los tripulantes que empezaron navegando en grandes veleros. Es bien sabido, que los navegantes de vela ligera no han aprendido las habilidades del buen marinero, y debido a que proceden del área explosiva del deporte, donde las distancias y los tiempos de navegación son cortos, no saben de las necesidades de conservar la energía. En esto es donde un patrón experto puede aprovechar sus habilidades y convertirlas en muy útiles para poderlas desarrollar en el difícil papel de tripulante de altura.

El buen tripulante de regata de altura tiene que saber, por ejemplo, que debido a la rotación de los sistemas de altas y bajas, vale la pena navegar en contra del viento y marea porque, cuando pase la tormenta, un viento favorable vendrá de algún punto que permitirá que el barco ponga el rumbo que encuentre más rápido hacia su destino. Por supuesto que no todos los tripulantes de vela ligera no tienen esta clase de conocimientos. Por supuesto que las condiciones de la mar no forman una parte importante de la vela ligera ya que esta se suele desarrollar en aguas protegidas.

Por supuesto, la navegación de altura y la vela ligera son completamente diferentes. Pensemos que el navegante de vela ligera no tiene la más ligera idea de lo que supone mantener una tripulación de regatas completamente activa y motivada durante cuatro o cinco días con sus noches. Seguramente que resultará difícil explicar a un navegante de vela ligera que mucho de lo que él ha aprendido no puede aplicarse a un velero mayor.

Lugares donde podemos encontrar tripulantes

La verdad es que no hay muchas alternativas a la hora de encontrar tripulantes. Hay muchos patrones que tienen un núcleo de gente con quien trabajar, o amigos que comenzaron a navegar juntos y que después se convirtieron en tripulantes. Existe la posibilidad de que aquel grupo de personas que lleva navegando años pero que no tienen barco propio. Hacen un conjunto de buenos tripulantes experimentados y disponibles, y en algunos clubes de vela es posible encontrar un grupo de personas así. Verdaderamente, cuando se programa alguna regata oceánica importante, acostumbra haber un grupo internacional que se une al equipo local. Tambien puede ser importante que se pueda formar otro equipo eficaz con tripulantes que han estudiado en alguna buena escuela de navegación que existen en el mundo y que por supuesto se puede acceder a ellas. Hay muchos patrones que confían en la calidad de este tipo de navegantes ya que puede ser muy variada y se llegan a encontrar verdaderas joyas.

Es bien sabido, que el nivel que tienen estas escuelas suele ser muy alto ya que la gente aprende en grupos pequeños donde se acostumbra hacer preguntas y observar las reacciones y la capacidad de aprendizaje de los demás. No obstante, lo ideal para una persona que ha terminado un curso de este tipo y que quiere hacerse a la mar es navegar durante una temporada a solas en un barco pequeño. No existe mejor manera de reforzar lo que hemos aprendido, y, además, el aprendiz gana confianza rápidamente en el momento que tiene que tomar sus propias decisiones. Una persona que aprende a solas no tiene miedo de equivocarse y pasará rápidamente por las diferentes etapas hasta llegar a ser un marino muy capaz.

Por descontado, no todo el mundo puede llegar a ser un buen regatista o navegante de altura, y no todo el mundo quiere serlo. La inmensa mayoría se quedan con el mismo tipo de barco que aprendierón, o se dedican a regatas en aguas protegidas o van directos al crucero.

Supongamos que la finalidad es ser capaz en el océano desde un principio. Si una persona es hábil en el océano, lo será en cualquier parte.

Las regatas son la mejor escuela

Cuando hayamos aceptado esta afirmación, el marino debe pasar una temporada o dos participando en regatas en solitario o a dos. Seguramente, no hay mejor maestro que competir con regatistas que tengan un buen nivel; de esta forma se tiene la oportunidad de alcanzar su nivel de habilidad. En el supuesto de que comprado un barco de serie completamente nuevo para poder aprender, verá que viene con el equipo mínimo y no está puesto a punto para la navegación eficaz. Hay que buscar un barco de las mismas características que tiene y que lleve tiempo navegando, y preséntese a un armador. Seguramente que la mayoría de ellos se sentirán halagados si un principiante les pide consejo. Suponiendo que el armador lleva bastante tiempo navegando, sabrá mucho más de lo que usted, como principiante, puede saber. Preste mucha atención a lo que le diga y regle su barco lo más parecido posible al de su consejero.

Simpre las reglas significan mucho más que saltar al barco y empezar a practicar unas cuantas maniobras. Cuando tenga que tomar la salida debe colocar su barco en un lugar determinado de la línea de salida en el momento preciso y en competencia con 20 barcos más. Seguro que nadie osaría sugerirle que intente colocarse a barlovento de todos los expertos en su primera regata, a no ser que tenga mucha confianza. Será mucho más práctico que busque un hueco en la línea y haga que su barco corra al máximo para cruzarla justo cuando dan la salida o solo unos segundos después. Una vez que lo hayamos intentado unas cuantas veces, podrá valorar la velocidad de su barco y su capacidad para situarlo en un punto determinado en un momento concreto. Llegado este momento, ya puede intentar vencer a los expertos con las técnicas de salida. Tiene que observar de manera muy crítica el ajuste de las velas de su barco y el de los mejores regatistas. Por lo general, el principiante tensa la driza y el pujamen demasiado, y la vela tiene un aspecto plano y sin vida, mientras que los barcos más rápidos tendrán velas abolsadas de aspecto liso y poderoso. La única forma que tiene un principiante de aprender es observar y copiar a los demás porque no es probable que nadie le eche una mano, a no ser que tenga suerte o que el club tenga la tradición de ayudar a los principiantes.

Existe una norma esencial en las salidas de las regatas, una que hasta los más expertos rompen y no deberían hacerlo. Tiene que tener viento limpio. Estamos completamente de acuerdo en la idea de comenzar dos o tres segundos tarde pero en la posición adecuada que nos permita colocarnos en la zona de viento limpio al avanzar una distancia de una o dos esloras en lugar de estar en la sombra de 15 o 20 barcos. Si estamos en su sombra quiere decir navegar 20° más abierto respecto al viento. No es conveniente dar tanta importancia como desearíamos a este punto. Será conveniente comenzar en el extremo de barlovento y un poco más tarde, vire a la otra amura en cuanto le sea posible y a continuación vuelva a virar. De esta forma, verá que tiene el viento completamente despejado y estará a barlovento de la flecha, aunque algo atrasado. Pero de esta forma no se quedará atrás.

Una vez pasadas esas temporadas en la vela ligera, tendrá suficiente confianza como para decidir si quiere ser tripulante, seguir con su propio barco o cambiar a un barco mayor con más tripulación. Estoy seguro de que un patrón oceánico estará encantado de probar un tripulante que tenga la experiencia que hemos descrito.

La prueba a los tripulantes

Si usted, como patrón, lleva a un tripulante de prueba, debe explicarle que es lo que le interesa saber. Digále que no se trata de averiguar lo bien que sabe navegar si no si se marea, si puede trabajar cuando está mareado y si encaja con el resto de la tripulación.

Siempre el patrón tiene derecho a decidir: es su barco y decide qué tipo de tripulación quiere en él. Con su elección dependerá en gran medida de la clase de barco que tenga y del tipo de puesto que quiera cubrir o duplicar (recordaremos, que hay varias guardias). Con independencia de cual sea el tamaño de la tripulación, todo el mundo debe conocer con exactitud cuáles son sus responsabilidades y que se espera de él. Pensamos que no es muy justo juzgar a una persona si no sabe por qué y cómo se la juzga.

No es muy corriente que entre los tripulantes jóvenes exista mucha experiencia. Es muy difícil que un proel tenga mucha experiencia en el ajuste del spinnaker o de la mayor. Cuando un joven inteligente que pretende introducirse en el mundo de la regata de altura querrá trabajar en todas las posiciones para poder adquirir una gama completa de habilidades.

Si hablamos de tripulaciones de cinco o más personas, estamos hablando de marinos experimentados. Un conocido mío, marino experimentado, me dijo una vez que la tripulación de altura de ocho personas debe tener cuatro timoneles y cuatro tripulantes más que sean capaces de hacer cualquier tipo de función que sea necesario en el barco. Cuando hacemos esta afirmación se aproxima mucho a la realidad. Si tenemos una tripulación de altura de nueve personas debe tener un mínimo de cuatro timoneles expertos; quizá alguno de ellos especializados en condiciones de navegación concretas.

En estros momentos que disponemos de aparatos de navegación por satélite que sitúan el barco cada veinte segundos, es de sabios tener un navegante que sea también timonel. Como el navegante **flota** entre las dos guardias, tiene mucho sentido que pueda ocuparse del timón entre las dos guardias, sobre todo navegando con tiempo duro. Como tengamos más timoneles a bordo, es perfecto, pero también deben ser polivalentes como el navegante.

Como los barcos oceánicos montan un sistema de guardias, la elección de los tripulantes tendrá como objetivo conseguir un reparto igualitario de habilidades entre las dos guardias para que se cubran todas sus funciones necesarias a bordo. No resulta tan difícil ya que, cuando toca una maniobra mayor, el cambio de un spinnaker o la toma de un rizo, los miembros de la guardia en descanso necesarios se incorporan a la maniobra.

Una mano para ti y otra para el barco

El patrón, lo primero que tiene que enseñar a su tripulación es algo que todos los viejos marinos han asimilado y que debe pasarse a los jóvenes; la norma de "**una mano para ti y otra para el barco**". Es muy clara, precisa y no tiene precio. En cuanto la tripulación haya comprendido que debe velar por su propia seguridad en primer lugar, y luego ocuparse de la faena, habrá dado el primer paso para su objetivo de convertirse en marinos. A todos nos ha tocado alguna vez aquel tripulante voluntarioso que no ha pisado una cubierta en su vida, y que a pesar de que tiene muchas ganas de ayudar lo estropea todo. No es capaz de mantener el equilibrio y se ve lanzado de una banda a otra ante el más mínimo movimiento del barco. Sin embargo, el marino experto se sostiene con una mano o lleva el arnés corto para poder trabajar con seguridad.

Hay que tener presente esta norma hasta que llegue a ser parte de usted. Con toda seguridad, las lesiones serias que suelen ocurrir con tiempo duro se deben a que alguien olvidó esta sencilla norma. Cuando salimos de la litera sin estar firmemente cogido, puede caerse de una banda a otra. Cuando subimos la escalera de la cámara sin tener el arnés enganchado, existe el riesgo de que se caiga a la bañera o incluso al mar. Es muy difícil que una persona inexperta entienda que el píe de la escalera, en el interior del barco, es uno de los sitios más peligroso de todo el barco. Al estar en el interior siempre parece más calmado el tiempo que en la cubierta, y la persona que sube la escalera sale de un ambiente seguro para meterse en uno peligroso. Todos los tripulantes no siempre tienen esto en cuenta, por lo que debe ser una práctica obligatoria que todo aquel que se dispone a subir a cubierta pase el herraje de su arnés a un tripulante que se encuentra en la cubierta para que se lo enganche a un punto fuerte antes de que comience a subir.

Como formaremos el equipo

La capacidad mayor de un tripulante es poder trabajar de manera eficaz sin importar el número de personas que hay a bordo. Todo esto se aprende a través de un proceso de respeto mutuo y compenetración. En casi todos los barcos de regatas oceánicas veremos que la compenetración se refuerza con camisetas o uniformes que llevan el nombre del barco y de la regata. Cuando hacemos todo esto contribuye a que la tripulación piense como una unidad que tiene y defiende su propio territorio: el rendimiento y la reputación del barco, así como la de los individuos que forman su tripulación. Por todo estro, el respeto mutuo es tan importante que la compenetración del equipo vencerá las limitaciones que puede tener un miembro aislado. Formar el espíritu de equipo es lo que el patrón sabio, sea de crucero o de regata, empleará para respaldar su autoridad. Por el hecho de ser patrón, no es necesario ponerse a chillar y aullar para formar el equipo. Por esto es mucho mejor enseñar y formar dando ejemplo. Es bien sabido, que los buenos marino viran y trasluchan casi sin pensar y, por lo general, no cometen errores. Cuando hacen una virada o una trasluchada en solitario no suele ser complicado porque una persona no tiene problemas para desarrollar una técnica fluida. En el momento que la maniobra exija la participación de más personas para hacerse de manera eficaz, la cooperación y la coordinación son imprescindibles. Tan solo es posible desarrollar estos atributos por medio de la práctica.

Hay mucha gente que cree que es bueno aproar al barco a toda prisa cuando toca virar. Después esperan hasta que el foque se acuartele bien. Como no sea así, lanzan insultos al tripulante de la escota que no ha tenido tiempo de cazarla adecuadamente. Es mucho más sensato orzar más lentamente, sobre todo si la tripulación está compuesta por principiantes, para que la gente involucrada en la maniobra vea la coordinación necesaria para largar la escota vieja al pasar la proa a fil de viento, y cazar la vela en la nueva banda mientras el viento ayuda a pasarla de banda (en lugar de tirar en dirección contraria). Cuando llevamos un buen timonel se asegura de que el barco está aproado suficiente tiempo como para poder cazar la vela hasta su posición final sin que tenga la carga del viento. No es conveniente que el timonel orce con violencia, que ponga el barco de través y que el tripulante de la escota tenga que cazar contra la fuerza del viento. Por último, la coordinación de la tripulación será tal que podrá cazar con rapidez, pero será necesaria mucha práctica para alcanzar este nivel. Cuesta mucho trabajo y resulta muy difícil mantener una tripulación estable, y cuanto más numerosa sea, más difícil será.

La organización del barco

Lo más eficaz para formar un equipo es la continuidad. Seguramente un barco solo participe en cuatro eventos principales y una regata cada año pero, si faltan miembros de la tripulación en alguno de estos eventos, el nivel de eficacia se verá mermado. Como haga tiempo que la tripulación no navega junta, le faltará preparación, y tendrá necesidad de recuperar las viejas habilidades antes de participar en una regata. Es muy conveniente que se comunique con antelación el calendario de competiciones del año con el fin de que la tripulación confirme o no su presencia y el patrón y de esta forma pueda formar su equipo.

Seguramente la falta de organización de la tripulación es uno de los principales fallos en muchos barcos de regatas e impide que se consigan buenos resultados. Lo más conveniente será establecer el programa de entrenamientos y competición adecuados a principios de temporada y consiga un compromiso firme de asistencia de cada uno de los tripu antes.

Cuáles serán las pruebas básicas

Seguramente la primera prueba que juzga a un tripulante es su disponibilidad. Otra prueba es su capacidad y calidad en lo que se refiere a sus habilidades y características personales. En algunos barcos donde la tripulación se ha reunido en el último momento. No existía la oportunidad de crear rivalidades, simpatías o antipatías personales, pero todos tenían mucha experiencia, por lo que la tripulación llega a compenetrase y ser eficaz en poco tiempo. Considero que no es aconsejable elegir una tripulación de este modo. Lo más aconsejable es disponer del tiempo suficiente para formar un equipo eficaz y compatible.

El equipo y la compatibilidad

Cuando tengamos reunida toda la tripulación, ya disponemos de todos los elementos mecánicos necesarios pero nada de la integración mental y social que contribuye a que un equipo sea sólido. Desconocemos No si tenemos a bordo religiosos, activistas, borrachos, comunistas, etc. Por fortuna, la mayoría de estos aspectos importan poco. Es muy difícil que una conversación profunda tenga lugar en una regata de altura ya que un evento así no propicia las discusiones filosóficas. Seguramente que habrá tiempo en tierra, después de la regata, cuando la tripulación se halle descansando y repasando el día, pero tampoco es seguro. Resulta muy interesante animar a la tripulación a discutir y analizar los eventos del día para aumentar la compenetración. A consecuencia de estas discusiones nace la consciencia de la importancia que tiene la contribución de los demás.

En muchas tripulaciones existe un núcleo formado por amigos o antiguos compañeros del patrón, un núcleo de gente experta y compatible. A los nuevos los tenemos que encajar aquí. Es muy posible que se produzca la habitual reacción al introducir un nuevo miembro en un grupo social, en algunos casos un aprecio o desprecio instantáneo, pero generalmente hay una buena predisposición ante la nueva persona. No es muy frecuente que se produzca un rechazo completo, pero también puede ocurrir ver reaccionar a una tripulación entera de tal manera que el nuevo tripulante no tuvo la más mínima posibilidad de encajar. Cuando se producen estos casos, el patrón debe esperar a que el nuevo intente adaptarse a la tripulación y que esta le acepte por su habilidad.

Se tendrá siempre en cuenta que cada candidato tiene sus propios problemas. Si una persona se embarca por primera vez, particularmente si se adentra en el océano, debe enfrentarse a sí mismo y a su miedo. Nadie tiene que avergonzarse de sentir miedo al hacer algo nuevo, sobre todo si forma parte de los miedos ancestrales. Un conocido navegante me explicó que se padece una sensación doble de aislamiento. Cuando el aislamiento es fruto de la distancia, el hecho de que se está lejos de cualquier ayuda, y de que uno depende de la gente que le rodea, en su mayoría desconocidos; y el aislamiento que se siente al saber que uno está a prueba. Verdaderamente esta prueba es doble: uno se prueba a sí mismo y la tripulación con el patrón lo somete a juicio. Tener miedo a este juicio es un obstáculo fundamental en la mente del principiante para que logre superarlo. El futuro candidato debe saber que se le juzgará por su capacidad de encajar además de por su habilidad marinera.

Segamente el escollo más importante que debe evitar el patrón es la formación de facciones. Que ocurra esto es un peligro posible cuando la tripulación es lo suficientemente grande como para formar grupos, y puede dificultar la buena organización de la embarcación. En la navegación de altura, la necesidad básica de una cierta rivalidad se satisface con el sistema de guardias; es muy normal que una guardia se considere superior a la otra. El que haya esta competitividad conduce hacia un esfuerzo mayor de los tripulantes y mejores resultados del barco en general. Que se formen facciones que acrecientan las divisiones son peligrosas para el barco y deben de evitarse, incluso aunque esto signifique excluir de la tripulación a alguien que parezca demasiado conflictivo. Siempre resulta difícil echar a nadie, sobre todo porque resulta difícil de explicar, precisamente a él, las importantes razones que justifican la expulsión.

Cuando hayamos sorteado las diferencias personales, el patrón y el jefe de guardia empiezan a evaluar si una guardia es más fuerte que otra. Conforme vaya avanzando el programa de entrenamiento de la tripulación, y la unidad de esta aumente, puede empezarse a distribuir a los tripulantes en distintas posiciones así como a incorporarlos a una u otra guardia. El hacer la selección es ahora más bien una cuestión de compatibilidad. Tener una mayor o menor pericia puede mejorarse, pero rara vez puede hacerse lo mismo con las habilidades sociales y mentales. Cuando una persona es lo suficiente hábil y además tiene un carácter tranquilo que reduce la tensión en las situaciones difíciles, entonces es un tesoro. Cuando alguien dispone de la fuerza y decisión que, aunque pueda aumentar la tensión en algunas ocasiones, resulta muy útil para dirigir y mejorar el rendimiento del barco, también vale la pena. Cuando la persona es tranquila hasta la pereza, y la persona directa y fuerte lo es hasta ser desagradable, entonces su presencia será negativa para el barco. Todo es una cuestión de equilibrio.

Por fortuna, la gente tiene una capacidad ilimitada para rendir mucho más de lo que se espera de ella. Esta es una de las facetas más satisfactorias de la navegación.

La tripulación de crucero

Tanto el patrón de crucero como el de regata deben elegir la tripulación de la misma manera, aunque aquí la capacidad es menos importante que la integración en el grupo. Por lo general, las tripulaciones de los cruceros suelen ser más reducidas que las de regatas, por tanto el nivel de habilidad y experiencia debe ser alto, aunque no tan alto que un barco de regatas de gran altura. Por lo general, las personas que viajan en un crucero están pidiendo que alguien comparta su hogar (si ya es bastante difícil en tierra, imagínese en la mar) por lo que el proceso de selección es diferente. Casi todos los cruceros se organizan para que el trabajo no sea muy arduo. El tipo de velas que llevan son más pequeñas y no se cambian tan a menudo. Generalmente los cruceros se planifican para aprovechar el buen tiempo y es menos importante tener una tripulación perfectamente entrenada.

No obstante elegir una tripulación para un crucero es quizá lo más difícil de todo. Para encontrar el tripulante ideal tiene que ser alguien que sea un marino competente, buen cocinero, buen navegante, conversador y, además divertido. No es muy probable que se encuentren todas estas virtudes en una sola persona. Lo más fundamental es buscar la seguridad del barco. Encontrar una persona que tenga la compatibilidad y el carácter, es enormemente importante. Pero están en segundo lugar. Se trata de un asunto tan subjetivo que no vale la pena intentar sugerir criterios de selección. Cada persona tendrá una idea propia, pero si yo tuviera que elegir tres factores, diría que en primer lugar está la buena marinería, en segundo lugar, la compatibilidad y finalmente, la resistencia al mareo.

Existen hoy en día, hay una población itinerante de jóvenes que recorren el mundo como tripulantes de cruceros, tanto en etapas largas como en las más cortas. Cuando han terminado su etapa, suelen quedarse en puerto de destino una temporada antes de subir a otro barco. Es necesario asegurarse de que no piensan abandonarle en algún puerto extraño, o formar una facción y enfrentarse a su grupo. Tendremos que vigilar que no sean interesados dispuestos a aceptar los beneficios de estar a bordo sin aportar nada en el aspecto financiero y físico. Por desgracia, hay mucha gente así y no es fácil reconocerlos a simple vista.

La forma más eficaz de conseguir una tripulación eficaz es ser bastante sincero con los candidatos. Hay que explicar los propósitos del viaje, su posible destino y ruta, la duración estimada y lo que se espera de la tripulación. Si son sinceros, rechazarán su oferta si no les conviene y usted tendrá la oportunidad de contratar a alguien que comparta sus propios intereses. Cuando el interés es común, la tripulación suele ser feliz.

Cuando haya seleccionado la tripulación, involúcrela en los preparativos. Dígales cuáles son sus responsabilidades y deje que se encarguen de ellas. Siempre tendrá usted la última responsabilidad.

Siempre que navegue con un tripulante realmente experto, se dará cuenta de que no tan solo sabe lo que hay que hacer, sino que observa atentamente la maniobra mientras sucede. Si se da cuenta que uno de sus compañeros tiene problemas, espera hasta que se hayan resuelto y luego prosigue su maniobra, en lugar de obviar lo que ocurre a su alrededor.

Los problemas del mareo

Entre las muchas responsabilidades del patrón una de ellas será la salud de su tripulación durante la travesía. Cuanto más larga es la travesía, mayor es la responsabilidad, ya que aumenta la posibilidad de accidente o enfermedad. Será una buena práctica enterarse de si la tipulación sufre o tiene alergias, que medicamentos podrían necesitar y si toman alguna sustancia contra el mareo. Cualquier factor de lo más simple puede convertirse en algo importante en alta mar, donde no es probable disponer de ayuda externa.

El tener mareo no constituye un problema para la tripulación si el barco no se hace a la mar. Tener mareo no tiene ninguna importancia para el navegante de vela ligera o el regatista de aguas protegidas. Estoy convencido que si no se lleva a un tripulante a navegar con mal tiempo, lo bastante para que se maree, y el tripulante demuestra que no se marea o que se recupera lo suficiente como para trabajar, no tiene lugar en la tripulación de un barco de altura. Cuando hablo con la gente siempre le pregunto si se marea. Como me digan que no, quiero una demostración. Como me digan que si pero que pueden trabajar, también necesito una demostración. Si me dicen que sí y no puedo conseguir la prueba de que pueden trabajar, no les llevo. Tuve que aprender la lección en un lugar donde la mar se pica bastante y donde existe una marcada diferencia entre el comportamiento del tiempo en la parte norte o en la parte sur. Es sabido que el tiempo al norte de una latitud es completamente diferente al tiempo al sur de la demarcación. La cercanía de la tierra domina el tiempo al norte, el mar domina el tiempo en la parte sur. En una bahía que es cocompletamente cerrada, se había organizado una regata y comenzó con una calma chicha. Nos acercamos a la línea de salida a motor y nos costó conseguir suficiente arrancada para pasarla al sonar la señal de salida. Era el patrón de un velero de 12 metros de eslora con una tripulación de 10 personas.

Una vez que dejamos la bahía, el viento arreció hasta el punto que, al pasar la línea de demarcación entre las dos zonas, teníamos 50 nudos de viento y un oleaje corto y desagradable. Todos los componentes de la tripulación se marearon menos el patrón, que es uno de los afortunados navegantes que no se han mareado nunca. Unos se marearon más que otros, pero el resultado fue que no había suficiente tripulación como para llevar el barco con seguridad durante las 70 millas restantes. Por este motivo nos retiramos. Asi que dimos la vuelta y volvimos al puerto a motor; y se repitió el proceso anterior pero al revés. A partir de ese momento el viento amainaba al ganar norte y al llegar a la marina había calma chicha. Cuando amarramos, me juré que nunca más me retiraría de una regata por tener demasiada gente mareada a bordo. Al hacer esto, el patrón admite su fracaso y, en este caso, el fracaso era totalmente mío. Por lo tanto le recomiendo que no lleve gente que no pueda trabajar y no acepte su palabra sin una prueba.

Lo que haga tripulación es un factor importante a la hora de mantenerla unida. Si la tripulación sabe que el barco puede llegar a su destino sean cuales sean las condiciones –incluso la de la tripulación-, trabajará más y mejor. Como el patrón sea capaz de conservar la energía de la tripulación, el barco obtendrá mejores resultados en la regata o disfrutará más del crucero, y de eso se trata.

CAPÍTULO .04

LA NAVEGACIÓN

La navegación

Es muy normal que los navegantes sean respetados en el mundo marítimo y aéreo. El conocer la navegación de precisión es un arte. Hay mucha gente que puede navegar por la costa, tan solo hace falta entender los principios básicos de las cartas náuticas y tomar unas sencillas demoras. Lo que no es tan sencillo es hacerlo de noche, en medio de una tormenta y cuando la mitad de los instrumentos electrónico no funcionan. El que sepamos navegar es algo más que saber donde se encuentra situado el barco. Todo navegante debe poder decir por donde ha pasado el barco y en qué lugar se encuentra ahora. Pero ¿?puede decir cuál es el rumbo idóneo que se debe seguir ¿Puede acertar la evolución del tiempo? ¿Puede decir en qué momento tendrá la corriente por la amura de sotavento y beneficiarse de ella, o dejará que le aparte de su rumbo? Existen muchos aspectos que deben ser considerados. Todo navegante sabe que un hermoso navegador por satélite es tan solo una ayuda. Debe saber que cuando se estropee tendrá que emplear el que hasta hace poco era el único método disponible: la navegación astronómica. Y en el peor de los casos, debe depender de la estima y solo descubrirá su situación exacta al alcanzar la costa.

Creemos que el verdadero arte de la navegación consiste en saber llegar al destino de la manera más cómoda posible. En una ocasión un navegante de regatas comprobó su corredera después de una regata larga y descubrió que el barco había hecho 40 millas menos que la distancia calculada en la carta entre la salida y la llegada. Sin lugar a dudas, esto significa que había aprovechado las corrientes hasta restar las 40 millas que debía navegar. Llevando una velocidad media de 6 nudos, supuso una ventaja de más de 6 horas respecto a los demás.

Hasta el recién iniciado en la navegación sabe que hay que calcular los vectores del viento y del rumbo. Tambien sabe que las calculadoras programables lo hacen en un momento. Pero están los vectores del agua también y son mucho más importantes. Algunas corrientes pueden alcanzar una velocidad de hasta un 75 por ciento de la velocidad máxima de un barco. Y hay lugares del mundo, que las corrientes tienen una velocidad mayor que la de un barco. Conocer esto supone una gran ventaja aprovechar esta fuerza en beneficio del barco; y una gran ventaja si sus competidores la aprovechan y usted no sabe cómo hacerlo. Si nos ponemos Een el peor de los casos, una corriente de 3 nudos le aleja 3 millas de su destino cada hora. Resulta muy fácil ver qué efecto tiene esto en una regata que dura varios días. Por descontado que hay más factores que se deben considerar –la dirección y la fuerza del viento, el estado de la mar y otros muchos más- pero soy de la opinión que la corriente y su correcto aprovechamiento es el factor principal.

Conocimientos teóricos

Líneas principales de la esfera terrestre

Eje y polos: El eje es el diámetro sobre el cual gira la Tierra en su movimiento de rotación de occidente a oriente. Los extremos del eje se llaman polos; Polo Norte (Pn) y polo Sur (Ps).

Ecuador: Se llama Ecuador terrestre a un círculo máximo perpendicular al eje de la Tierra, que la divide en dos hemisferios: hemisferio Norte y hemisferio Sur, según el polo que tenga más cerca.

Meridianos: Son círculos máximos que pasan por los polos norte y sur y por los diferentes puntos. Los meridianos quedan divididos por los polos en dos mitades, la mitad que pasa por los polos y el barco se llama meridiano superior del observador (Pn-P.Ps). La otra mitad opuesta se llama meridiano inferior.

Paralelos: Son círculos menores paralelos al Ecuador. Los paralelos que tienen nombres propios son: Trópico de Cáncer al norte del Ecuador y Trópico de Capricornio al sur, ambos separados del Ecuador 23º 27´. Círculo Polar Ártico en el polo norte y Círculo Polar Antártico en el polo sur y estando separados de ambos polos 23º 27´.

Primer meridiano o meridiano cero: Es el meridiano que se toma de referencias para medir las longitudes. Pasa por la ciudad inglesa de Greenwich y por eso se llama también meridiano de Greenwich.

El meridiano opuesto al de Greenwich se llama meridiano de 180º y en él se empiezan a contar los días. Cuando el Sol está en el meridiano de 180° son las cero horas y cambia la fecha. Cuando el sol está en el meridiano de Greenwich es medio día de hora solar.

Meridiano del lugar: Es el círculo máximo que pasando por los polos pasa por los diferentes lugares del observador.

Latitud y longitud

Latitud: Es el arco de meridiano contado desde el Ecuador hasta el observador. Se representa por la letra l minúscula (l).

La latitud se cuenta desde el ecuador hasta el polo, o sea, de 0 a 90°. Cuando se cuenta hacia el polo norte la latitud será norte (lN) y será positiva; cuando se cuenta hacia el polo sur, la latitud será sur (lS) y tendrá signo negativo. Las latitudes norte aumentan hacia arriba y las latitudes sur lo hacen hacia abajo.

Longitud: Es el arco de Ecuador contado desde el meridiano de Greenwich hasta el píe del meridiano que pasa por el lugar, se representa por la letra L. La longitud se cuenta de 0° a 180° hacia el este (LE), siendo negativa, y de 0° a 180° hacia el oeste (LW) siendo positiva.

Las longitudes orientales o LE aumentan hacia la derecha y las longitudes occidentales o LW lo hacen hacia la izquierda.

Cartas de navegación costera

Para poder navegar y marcar el recorrido de un barco en el mar, es necesario que la Tierra esté dibujada a escala sobre una carta.

Las cartas náuticas han de cumplir dos condiciones que son:

1° Que el camino que sigue el barco conforme a las indicaciones de la carta náutica, se represente en ellas como una línea recta.

2° Los ángulos medidos sobre la Tierra serán representados por ángulos iguales medidos sobre la carta.

Clasificación de las cartas según la escala

Las cartas náuticas se dividen en cartas generales y cartas particulares. Las primeras son las que abarcan una gran extensión del globo y sirven para las grandes derrotas, así tenemos la carta general del Atlántico Norte, la Carta general del Mediterráneo etc.

Las cartas particulares se dividen en dos clases: de punto mayor y de punto menor.

Cartas de punto menor.- La escala está comprendida en 1/30.000.000 y 1/3.000.000 para las cartas generales y de 1/3.000.000 a 1/200.000 para las cartas de arrumbamiento para distancias de tipo medio.

Cartas de punto mayor: La escala es inferior a 1/200.000. Dentro de esta escala hay:

a)   Navegación costera de 1/200.000 a 1/50.000.

b)   Los aproaches (cartas de recalada) alrededor de 1/25.000.

c)   Los portulanos de 1/10.000 a 1/2000.

d)   Se llama cartucho a una insertación que se hace en una carta, ampliada de un determinado lugar para apreciar con mayor detalle los accidentes de la carta, tales como fondeaderos en calas, ensenadas, etc.

Todas las cartas náuticas tienen el Norte arriba, el Sur abajo, el Este a la derecha y el Oeste a la izquierda. En las cartas mercatorianas los meridianos son líneas rectas que van de norte a sur y los paralelos son líneas rectas perpendiculares a los meridianos.

En las márgenes superior e inferior llevan las cartas una graduación correspondiente a la longitud de los meridianos de las cartas y en las márgenes derecha e izquierda, hay otras dos escalas que representan las latitudes de los paralelos de la carta. Sobre dicha escala también se miden las distancias.

Se sabe que una carta es del hemisferio Norte cuando vemos que las escalas de las latitudes crecen hacia arriba. Si fuese del hemisferio Sur crecerían hacia abajo.

Se sabe que una carta es del hemisferio oriental del meridiano de Greenwich cuando las longitudes crecen hacia la derecha y se sabe que es de la parte occidental de dicho meridiano cuando las longitudes crecen hacia la izquierda.

Lectura de la escala de la carta

Como ya sabemos, las escalas verticales a la derecha y a la izquierda de la carta son las latitudes y distancias y las horizontales, arriba y abajo, son las de longitudes.

Antes de proceder a usar las escalas, tendremos que ver cuánto vale cada división, cuantas divisiones tiene el grado geográfico (1º) y, a su vez cuantas divisiones tiene el mismo para poder apreciar los minutos; una vez conocido el arco de 1 minuto (1´), corresponderá saber en cuantas partes está dividido para apreciar las décimas de minutos. Por definición se dice que la milla náutica es la longitud de un minuto de arco de meridiano, luego cuando medimos minutos sobre la escala de latitudes, obtendremos directamente millas. El valor de la milla en metros se obtiene dividiendo los 40 millones de metros que tiene el meridiano que circunda la Tierra entre 360º, o sea, 21.600´ dando un resultado de 1.851,85 metros. Por acuerdo internacional se ha redondeado su valor a 1.852 metros.

Las longitud se lee en las escalas horizontales arriba y debajo de la carta. Está dividida en el número de de partes que la escala de latitud. Si en esta primera está dividido en 10 partes, en la escala de longitudes tamb én lo estará.

El valor de las divisiones en la escala de longitudes tiene la misma dimensión que en cualquier lugar porque se divide el ecuador en 360º, resultando así todas las partes iguales. No ocurre así con las latitudes, pues al proyectar puntos de la Tierra sobre una carta enrollada al ecuador, cada proyección se irá distanciando de la otra carta de inferior latitud en relación a la secante de la latitud proyectada.

Como conclusión diremos que las medidas de la distancia sobre la carta deben hacerse a la misma altura de los puntos que medimos, o que ambos coincidan al máximo entre las puntas del compás al colocarlo sobre la escala de latitudes. En cartas que abarcan una pequeña extensión este detalle no tiene apenas importancia, pero en una carta que abarque, por ejemplo Gibraltar a Barcelona ya se puede apreciar la mayor dimensión de las divisiones al aumentar las latitudes hacia arriba.

Información proporcionada por las cartas

Las cartas náuticas poseen una información muy completa de todos los puntos de referencia, perfil de la costa para su reconocimiento y otros símbolos abreviados.

Entre los detalles más importantes hay:

a)   Situación de los faros y boyas.

b)   Líneas de sondas (veriles o líneas isobáticas).

c)   bajos y escollos.

d)   Edif caciones características en el interior como catedrales, chimeneas, depósitos de agua y torres en la costa

La carta

La carta 14 del Instituto Hidrográfico, contienen todos los signos y abreviaturas empleadas.

Al combinar la información de la carta con la del cuaderno de bitácora uno empieza a ser navegante. El principiante, o el navegante poco experimentado, debe tener presente que las cartas y los símbolos están pensados para los buques. En los puertos, los canales principales, y por tanto sus balizas de entrada y de aguas navegables, muestran el canal más profundo para que los mercantes puedan entrar y salir sin peligro. Hay muchas zonas fuera de los canales principales que son navegables para los barcos deportivos, pero no disfrutan de un balizamiento tan completo. El navegante deportivo debe decidir si prefiere seguir el riesgo de navegar por un canal concurrido, bien balizado y con peligros a la vista, o evitar el tráfico y quizá correr un riesgo mayor. Incluso en las zonas remotas, el balizamiento será adecuado pero puede que las marcas cardinales no sean luminosas, es decir que serán bien visibles de día pero imposibles de ver de noche. Uno puede preguntarse por qué no son luminosas y por qué las rutas no comerciales sufren de un nivel de balizamiento inferior. Es parte de la problemática con la que se enfrentan las autoridades con respecto a los asuntos de la mar. Obviamente, no resultaría muy costoso colocar balizas con placas solares para señalar los pequeños peligros diseminados por el mundo. Pero es preciso enfocar la cuestión desde un punto de vista global. En algunos puertos es muy sencillo entrar, sobre todo en los más conocidos; puesto que la entrada está en la mar, las luces de entrada no se confunden con las luces de la ciudad. La amplia extensión de la mar delante del puerto facilita la identificación de las marcas de navegación. Pero en algunos lugares, sucede lo contrario. Hay puertos que consisten en un espigón, un rompeolas, o similar, con las luces de la bocana colocadas en el extremo. Muy a menudo, estas luces se confunden con las luces de la ciudad que se ven detrás de ellas. Aumentar esta confusión colocando luces fuera de las rutas principales no sería sensato. Hay un punto de equilibrio, pero queda claro que la función principal de las cartas, sus símbolos y luces es hacer segura la navegación comercial.

Los símbolos de la carta

La mayoría de los institutos hidrográficos nacionales publican un libro de referencia de los símbolos empleados en sus cartas. No hay espacios en este libro para presentarlos todos pero más adelante reseñaremos algunos de los símbolos más importantes que aparecen en las cartas internacionales. Si estudia los símbolos, podrá interpretar la carta muy pronto sin ninguna dificultad. Es muy importante el estudiar la carta antes de proseguir con la lectura de este capítulo. A medida que avance en el libro, se percatará de que ha sido muy selectivo a la hora de dejar las técnicas de navegación que aquí exponemos. Pero es que muchos de los métodos que verá en los libros eruditos no se emplean casi nunca.

Al estudiar la carta, será muy importante utilizar su imaginación y prestar especial atención a los símbolos que marcan los fondeaderos seguros, los rincones resguardados de los vientos dominantes etc. no es sensato buscar un fondeadero abierto al sur en una zona que siempre sopla de este cuadrante. Lo más correcto es buscar un sitio protegido. Puede que tenga que doblar un cabo, ganar este (u oeste) para virar al sur y fondear con seguridad. Busque estas zonas y aprenda a reconocerlas en la carta. Si puede imaginarse en la mar enfrentándose con las circunstancias, rápidamente verá como en la carta puede darle la mayoría de la información que pueda necesitar.

Seleccione lo que vaya a necesitar. Por ejemplo, quizá no sea de su interés el tipo de fondo o de navegación en un promontorio cercano; así pues, concéntrese en los símbolos que le puedan ayudar a navegar. Aprenda como averiguar la profundidad del agua, o como detectar peligros como los arrecifes, las rocas, los bancos de arena o los debidos a las corrientes fuertes. ¿Hay cables submarinos? ¿Tocará el palo un cable aéreo? todos estos peligros existen en los puertos naturales, por lo que conviene familiarizarse con la carta antes de emprender un viaje, aunque este sea corto y en aguas conocidas.

Cuando nos familiaricemos con los símbolos y planifiquemos con antelación nuestra travesía, estamos desarrollando las habilidades prácticas que necesitaremos cuando nos enfrentemos al reto más arduo y peligroso de movernos por el océano. La próxima etapa del aprendizaje consiste en aprender a medir las distancias en la carta. No es tan fácil como parece. Cuando mida una distancia con el compás de puntas debe utilizar la escala de latitud a la altura de la zona de trabajo. Esto se debe a la escala de la longitud, la que hay en los bordes superior e inferior de la carta, varía según la latitud. Es fácil de comprender si tenemos en cuenta como los meridianos se van aproximando entre ellos conforme suben de latitud hasta que, finalmente, se unen en los polos. Es por ello que no pueden emplearse para la medición.

Ahora puede empezar su pilotaje. Como ejercicio, trace los rumbos que le llevan alrededor de la bahía o del lugar donde acostumbra a navegar. Trace los rumbos de aguja necesarios para llevar el barco a los puntos elegidos y los peligros marcados en la carta. En primer lugar tenemos que aprender lo más básico: cómo definir y trazar un rumbo.

Faros y farolas de entrada en puerto

Los faros son luces muy potentes que se colocan en puntos estratégicos de la costa, sobre torres elevadas y fácilmente reconocibles que sirven para guiar al navegante tanto en la navegación diurna como en la nocturna. La identificación de un faro de día se hace por medio de sus características tales como forma y color de la torre. De noche, por medio de sus características luminosas o apariencia, que vienen especificadas en el Libro de Faros. Además se encuentra en él la altura de la torre, altura sobre el nivel del mar, alcance, sectores visibles, color de la luz, etc.

Las farolas de entrada en puerto son faros más pequeños que sirven para indicar al navegante que viene del mar, la situación del puerto.

Las farolas de entrada en los puertos están pintadas de color verde o damero blanco y negro y luz verde, aquellas que debamos dejar por estribor entrando en puerto. Son de color rojo o damero blanco y rojo y luz roja aquellas que debamos dejar por babor entrando.

Las características de los faros, farolas y boyas vienen especificadas, además del libro de faros, en la carta de navegación.

Publicaciones náuticas de interés

Derroteros

Son libros que explican con todo detalle las costas y zonas navegables así como dan una completa información de los puertos con sus instalaciones y servicios mercantiles. Abarcan una zona determinada y en ella se hace un estudio de la meteorología local, con los vientos predominantes y las corrientes, así como las condiciones oceanográficas, profundidades, naturaleza del fondo, temperatura del agua, mareas, etc.

En cuanto a la descripción de los accidentes de la costa para su reconocimiento, las enfilaciones útiles al navegante, puntos más remarcables de la costa, etc.

Al final del libro hay un índice alfabético en donde se puede encontrar rápidamente la página donde se halla descrito cualquier punto comprendido en la zona que abraca el derrotero.

Los derroteros de las costas españolas e islas adyacentes los publica el Instituto Hidrográfico de la Marina de Cádiz.

Guías náuticas para la navegación de recreo

Así como los derroteros están especialmente concebidos para la navegación profesional, las guías náuticas están especialmente concebidas para la navegación de recreo. Ello no implica que su contenido no tenga el máximo rigor que se exige para la navegación en cuanto a información de sondas, accidentes geográficos, balizamiento y señales marítimas.

La guía Náutica "Polaris" está declarada de utilidad por la Dirección General de la Marina Mercante para la navegación de recreo y su contenido es el siguiente:
- Colección de puertos, faros, descripción de la costa y fondeaderos.
- Tablas de distancia entre puertos.
- Reglamento para prevenir los abordajes.
- Balizamiento.
- Radiotelefonía.
- Primeros auxilios.
- Meteorología.

Libros de faros

Son libros que abarcan una determinada extensión de la costa y en ellos vienen por orden geográficos los faros y boyas luminosas existentes, con su número nacional e internacional en cursiva, nombre y posición de la luz, su latitud y longitud exacta, color de la luz y apariencia su periodo y las señales de niebla que emita cada faro. También figura la elevación de la luz sobre el nivel del mar y su alcance en millas. En la página contigua y siguiendo la luz de referencia, existe la columna de descripción, con la altura de la luz en metros sobre el terreno, forma de la torre, color de la misma, etc. En la última columna están las observaciones que figuran los intervalos de luz y oscuridad y los sectores visibles con los diferentes colores.

Libro de mareas

Hay muchas organizaciones que publican los Libros de Mareas pero no todas lo hacen con la misma calidad. Las mejores siguen el formato de las Tablas del Almirantazgo y pueden comprarse en cualquier librería especializada.

Se proporciona la información de los puertos patrón, es decir, los puertos más importantes del mundo. El anuario contiene el horario y la altura del agua a pleamar en las marea vivas y mareas muertas. Las mareas vivas suceden cuando el Sol y la Luna tiran juntos, y las mareas muertas se producen cuando ambos astros están en oposición. Vimos antes que las fases de la Luna indican cuando se producen las mareas. En la parte inferior de cada página del Almanaque Náutico hay un símbolo que muestra la fase de la Luna. Con la Luna llena y la Luna nueva hay marea viva, y en el cuarto creciente y menguante hay marea muerta. Hay más información bajo el título, (Nivel medio de los pleamares de sicigias), Nivel medio de los bajamares de cuadraturas) y nivel medio de los bajamares de sicigias). Las cifras en negritas bajo estos encabezamientos dan la amplitud media para las alturas tabuladas. Puede deducirse si una marea es de sicigias o cuadraturas por el promedio de su amplitud. Si la amplitud es mayor que el promedio, la marea es viva; si está por debajo, es una marea muerta.

No se proporcionan las alturas ni los horarios para los puertos secundarios, pero la diferencia entre el horario de un puerto patrón y un secundario figura en la lista de correcciones de la altura.

El método para establecer la altura en los puertos principales y secundarios se describe a continuación. Es válido para todos puertos del mundo.

Los puertos patrones

Las horas de pleamar y bajamar de los puertos principales se dan en "tiempo universal" (UT), debe ser convertida antes de empezar los cálculos. Las alturas se dan en metros y décimas de metros sobre el "cero hidrográfico".

Los gráficos de las mareas de cada puerto principal permiten al navegante emplear las previsiones para el cálculo de la altura en un momento determinado, o de la hora de una altura determinada.

Los puertos secundarios

Los puertos secundarios suelen ser puertos de pesca o puertos deportivos. La información del Almanaque Náutico se presenta de forma estándar y proporciona los datos de tal manera que el navegante puede deducir las alturas y las horas de pleamar y bajamar.

El cuaderno de bitácora

El cuaderno de bitácora se tomán nostas de todos los movimientos del barco en su singladura. El cuaderno que vamos a proponer tiene más columnas que la mayoría de los cuadernos, pero la experiencia nos indica que son necesarias. Complementarlo no lleva mucho tiempo y, si no lo hiciera, no podría disponer de la información en caso de necesitarla.

Hora reloj bitácora

En la primera columna del cuaderno muestra la hora, algunos cuadernos de bitácora permiten una entrada del tipo "entre 0100 y 200" pero es preferible la entrada sencilla "0110" porque de esta forma da la hora precisa. Teniendo estos datos pueden calcularse la velocidad media, La velocidad de caída del barómetro, el número de horas del motor, etc.Tiene que haber una entrada, como mínimo cada hora y, con mal tiempo en una regata importante, cada media hora. Si es así, pueden verse las tendencias con mayor presteza y así tomar medidas antes.

La mayor ventaja de un cuaderno correctamente completado es que permite a un segundo navegante calcular la estima y situar el barco si le sucediera algo al navegante principal.

El rumbo

Esta columna del cuaderno está destinada al rumbo. En esta columna colocaremos el rumbo magnético, el que sigue el timonel. Toda alteración que impone el timonel debe anotarse directamente en el cuaderno. Si queremos convertir los rumbos magnéticos en verdaderos para incorporarlos, introduciremos una posibilidad de error cada vez que lo hagamos. Entrar el rumbo magnético es sencillo y directo.

La velocidad

Esta columna nos muestra la velocidad. En esta anotación hay que andar con mucho cuidado. En muchos de los casos, cuando se pide al timonel la velocidad del barco durante la última media hora, este comunica la velocidad en ese preciso momento. Tenemos que dejar calro que quiere la velocidad media. Incluso la media será inexacta, pero siempre es mejor que una punta muy alta o muy baja. Saber al detalle la velocidad es muy importante en las regatas en los casos en que una ligera variación de rumbo conllevará un cambio de velocidad que podría mejorar la velocidad óptima hacia la línea de llagada.

La corredera

En esta columna dedicada a la corredera, o a la distancia recorrida, encabeza la próxima columna. En este lugar se debe apuntar lo que marca la corredera. La primera entrada es la lectura al comienzo del viaje. En la mayoría de los cuadernos nos permiten esto y destinan un espacio en el margen superior. Por lo tanto esta es la información principal y la base de todos los cálculos de estima. Será conveniente no anotar la lectura en la primera fila de la columna de corredera, ya que la próxima columna se titula "Diferencia de corredera".

La diferencia de la corredera

En este lugar es donde debe estar la lectura anterior de la corredera de la lectura actual. De esta forma obtendrá la distancia recorrida en el período entre las dos lecturas. Como hayamos iniciado la columna de "Corredera" con su lectura inicial, no corresponderán las distancias y las horas. Tan solo se puede obtener una diferencia en la corredera después de recorrer alguna distancia. Desde aquí verá que hay discrepancias con la columna de velocidad. Esto no tiene mayor importancia. De esta forma le servirá para percatarse de hasta qué punto la gente en cubierta se equivoca al estimar la velocidad media.

La velocidad y dirección del viento

Lo conveniente es usar la anotación de 360° para la dirección del viento. Esto es algo más lento y puede irritar a una tripulación cansada pero así se detectan mejor las pequeñas variaciones, y en una regata esto puede ser crucial. En el aparato que mide el viento nos da directamente la velocidad, pero lo que debe anotar es, de nuevo, la media. En muchos casos al timonel le gusta decir que soporta rachas de 40 nudos, pero no será cierto si esto solo sucede una vez cada media hora y la velocidad estable son 20 nudos.

La temperatura del agua

En esta columna se anota la temperatura del agua, un dato mucho más valioso en las regatas que en el crucero aunque, en el Pacífico, una subida en la temperatura de un agua azul brillante suele indicar una zona donde la pesca del atún es buena. Cuando estamos en una regata, una temperatura superior a la que describe el Derrotero significa que hay una corriente. Como tenga la suerte de que la corriente sigue el rumbo que le conviene, usted ganará nudos sin esfuerzo.

El barómetro

Reservaremos esta columna para el barómetro. Esta anotación es muy sencilla: simplemente se anota la presión que indica el barómetro en ese momento. Nos aseguraremos que la anotación se coloca exactamente delante del indicador para no incurrir en un error de paralaje.

La tendencia del barómetro

Será sumamente importante disponer de una columna que describa la tendencia del barómetro. Hay muchas personas que dicen que la columna anterior ya la proporciona. Efectivamente, este dato se puede deducir de la columna anterior, pero esto no se aprecia a primera vista. Haremos uso de una flecha hacia arriba para indicar una tendencia al alza, una hacia abajo si la tendencia es a la baja y un signo de restar cuando la presión sea estable. Siempre que aparezcan muchas flechas hacia abajo, conviene analizar rápidamente la situación.

Las horas del motor

Anotaremos las horas del motor en la última de las columnas, es un dato muy valioso. Disponiendo de este dato sabremos cuando debe hacerse una revisión al motor y permite calcular las reservas de combustible (si conoce el consumo de su motor) ya que muchos barcos no disponen de indicador de combustible. De esta forma, podrá racionar el combustible (recordemos que éste produce la electricidad y la refrigeración) en lugares donde la vida resulta desagradable sin él.

Las velas y los comentarios

Esta columna debe ser muy ancha y se divide en dos partes. En la primera, y más pequeña, trata de las velas izadas. En la segunda se destina a los comentarios, situaciones fijadas, demoras, sucesos o avistamientos poco corrientes y demás.

Herramientas que debemos llevar

Comenzaremos con lo más elemental que necesitamos que serán:
- Calculadora programable.
- Cartas.
- Compás de marcaciones.
- Compas de puntas.
- Lápices.
- Reloj preciso.
- Sextante.
- Transportador.
- Transportador Portland o bretón (transportador con una rosa de compás giratoria)
- Gomas.
- Papel vegetal.

Recomendamos para el navegante de un barco pequeño, un lápiz **HB** es mejor que el **2B** que se suele recomendar. Si utilizamos un lápiz blando emborrona y mancha la carta cuando se pliega. No es conveniente plegar las cartas, pero muy pocos barcos tienen mesas de cartas, lo bastante grandes para acoger una carta doblada por la mitad, por no hablar de una carta desplegada. El lápiz **HB** traza una línea clara, se borra con facilidad y no estropea la carta. No le tiene que sacar punta tan a menudo como a un lápiz blando y no se rompe tan fácilmente como éste.

Las **gomas de borrar** blandas que se venden en las tiendas de material para artistas son las mejores. Son menos abrasivas que las de

tinta y duran mucho. Nunca debe intentar borrar una carta mojada porque estropeará su superficie. Hay que esperar hasta que pueda emplear la goma con suavidad. Por lo menos, lleve dos gomas a bordo.
El **papel vegetal** se emplea para trazar los ángulos horizontales del
sextante, las situaciones por tres demoras, el rumbo a partir de las
demoras y la sonda, los ángulos de trasluchada y los vectores. Será
necesario llevar siempre a bordo una libreta de papel vegetal.
El **Compás de puntas** es una herramidenta que está diseñada para
poder ser manejada con una sola mano. Hay quien prefiere la versión
con los brazos redondos y no con brazos rectos. En la bisagra debe
haber una ranura para poder ajustar la fricción por medio de un tornillo. Tiene que existir bastante resistencia para que las puntas mantengan su posición al dejar el compás. Cuando apretamos suavemente
los brazos deben moverse sin dificultad. Cuando se practica con ellos
resultan fáciles de usar. Tenga presente: cuando mida las distancias,
solo puede emplear la escala de latitud en el borde vertical de la carta.
No olvide que la escala de longitud se distorsiona al acercarse los
meridianos al polo.
Pensamos que las reglas paralelas no tienen sentido en un velero.
Resultan más útiles para los buques. Si utilizamos en los veleros, la
versión que lleva rodillos rueda por todas partes, acaba en el suelo y
exaspera al navegante. Cuando se utiliza el modelo que incorpora dos
secciones unidas por unos brazos debe "caminar" por la carta para
transportar los ángulos por lo que casi siempre se acaba perdiendo
el ángulo correcto. Si se trata de un navegante de un velero pequeño
debe emplear un **transportador Portland,** que consiste en un cuadrado de plástico y un brazo giratorio. Encima del brazo hay una rosa
de compás que gira de forma independiente al brazo. El transportador Portland tiene la ventaja del transportado que, al alinearse con
cualquier latitud o longitud, el rumbo leído en la rosa se transporta a
cualquier lugar de la carta, sin tener que hacer rodar o "caminar" el
instrumento sobre ella.
Entre las muchas virtudes de este tipo de transportador una muy importante es que puede compensar la declinación magnética de la zona
en que se navega. Tiene una escala de declinación cerca de la línea de
fe y a ambos lados. Veremos la declinación en la carta y se gira la rosa
del compás de plástico hasta que el norte coincida con la declinación
leída en la carta. En el brazo del transportador se indica en qué sentido
se aplica la declinación. Otra de las ventajas de este transportador es

que los rumbos que marca el brazo son rumbos magnéticos y pueden comunicarse directamente al timonel. El **transportador bretón** consiste en una regla rectangular de plástico con una rosa giratoria central.

Un **transportador** sencillo es útil para los vectores. Existe un transportador incorporado al transportador Portland pero es difícil de usar. Hay que comprar la versión circular con las partes centrales huecas. Será que necesario que dibujemos una flecha ancha con un rotulador negro para que pueda verse el norte de noche. Será muy útil extender la línea negra por todo el transportador ya que de esta forma guiará el ojo hacia el norte.

Las **cartas** son, sencillamente, los mapas del navegante. Más adelante se reproducirán algunos de los símbolos más corrientes utilizados en las cartas. Es conveniente aprenderlos. Las cartas son tan importantes que deben tratarse con gran cuidado. Se tendrá sumo cuidado con la información de las cartas poque cambia: las luces varían su situación o sus características; se dispone de nueva información sobre la profundidad del agua, la situación de naufragios peligrosos, etc. Para disponer de toda esta información que se publica en los Avisos a los Navegantes y los agentes autorizados del Instituto Hidrográfico de la Marina incorporan las modificaciones a sus cartas por un precio módico. Tienen que poner sus cartas al día de esta manera antes de emprender un viaje.

El mejor **compás de marcaciones** disponible en el mercado es el modelo electrónico Autohelm ya que tiene memoria. Es capaz de guardar hasta nueve marcaciones. Se pueden tomar nueve marcaciones a un punto y sacar el promedio para conseguir la máxima precisión. Lo puede hacer así con solo tres puntos y situarse con precisión, incluso con mal tiempo. Si hace buen tiempo, Con buen puede tomar tres marcaciones de tres puntos y el promedio nos dará una situación bastante buena. Se sostendrá el aparato paralelo al suelo en sentido longitudinal y lateral, pero esto es un problema que no tiene demasiada importancia. Es necesario compensar la declinación para conseguir la demora verdadera, pero es el único compás que hemos utilizado en treinta años de navegación que nos ha dado una situación por tres marcaciones totalmente precisa, aunque hemos de admitir haberlo hecho en aguas tranquilas. El compás Autohelm es de una precisión tal que le dará una idea de la dirección de la corriente cuando participe en las regatas costeras. En ocasiones llegué a pensar que mi compás francés, con un anillo de goma para proteger su pequeño y bien amortiguado compás, era imbatible. Ahora veo que no es así. Hay otra ventaja del compás más moderno y es que incorpora una luz interior con el fin de utilizar su uso nocturno y una mira de tipo fusil para apuntar con precisión. Además lleva incorporado un cronómetro para la salida de regatas, o para cronometrar los faros. Te elimina todas las dudas. Este aparato es un instrumento absolutamente bueno y todos los barcos deben tener uno a bordo.

Sin lugar a dudas el instrumento más valioso de la navegación astronómica es el **sextante.** Por lo tanto, se tiene que cuidar mucho y sus componentes principales son: la aliada, el limbo y el tambor micrométrico. La aliada, o radio del sector, une el tambor micrométrico con el limbo, y puede fijarse y liberarse con un mecanismo que le permite deslizarse por el limbo. En cuanto al anteojo, es un pequeño telescopio, hay muchos navegantes que prefieren no emplearlo, lo cual está bien si sabe que estrella va a tomar, o si se ha colocado la aliada en el ángulo aproximado de la estrella seleccionada. Hay dos espejos: el "espejo chico" que es mitad espejo y mitad transparente, y el "espejo grande". El chico sirve para "bajar" la imagen de un cuerpo celeste hasta colocarla sobre el horizonte. El grande refleja el astro y, por supuesto, se mueve con la aliada. Tiene unos filtros que se emplean en los dos espejos para reducir el brillo en los días de mucho sol. El sextante presenta inexactitudes que deben compensarse. El error más importante es el llamado error de índice, que puede comprobarse y compensarse perfectamente en tierra y en la mar. Si colocamos la aliada en posición cero y se mira un objeto, como un puente. La imagen que vemos en los dos espejos debe coincidir perfectamente. La forma más fácil de comprobarlo es la siguiente: gire el tambor micrométrico y vera que una parte de la imagen sube o baja. Haremos que coincidan las dos imágenes. Pondremos el tambor nuevamente en posición cero y si las imágenes no coinciden es que hay un error que debe compensar. Enfoque el sextante sobre el objeto elegido. Cuando el tambor marca un valor por debajo de cero, debe añadir al ángulo observado para obtener el valor correcto. Cuando el valor es positivo, debe restarlo.

Siempre las alturas tomadas deben corregirse antes de ser empleadas. En primer lugar, debemos saber exactamente cuál es el punto de referencia. Como sea una estrella, debe intentar que el horizonte atraviese el centro de la estrella, lo mismo que con un planeta. Teniendo en cuenta su gran tamaño y, por tanto, a su mayor margen de error, se emplea el borde inferior del Sol y la Luna, que se "baja" hasta que el borde inferior parece tocar el horizonte.

Si queremos tener la seguridad que el sextante se emplea en sentido perfectamente vertical, el operador debe girarlo dibujando un arco de 20° unas cuantas veces. Moveremos la imagen como un péndulo y colocaremos su posición en el horizonte

Hay otro error que es el de refracción, que sucede con los ángulos cerrados y es causado por la refracción de la luz al pasar por la atmósfera terrestre. En muchas ocasiones se producen oscilaciones en los ángulos muy abiertos, Porque es muy difícil "bajar" una estrella y obtener una lectura precisa.

Una de La formas más sencialla de evitar estos errores es tomar las alturas de astros entre los 15° y los 60°. Es posible tomar una altura mayor que 60° pero sería de tontos bajar de los 15°.

A partir de este momento llega la parte más difícil: cómo coger el sextante y como utilizarlo. Para que esto se haga bien lo único que hace falta es la práctica. Comenzaremos con una estrella. Estamos en una noche maravillosamente clara, conocemos a la perfección la estrella elegida y la mar está en calma. Tenemos la seguridad que esta combinación de circunstancias no se da nunca pero, en cualquier caso, nos sirve para simplificar el ejercicio. En el caso de que sea diestro, coja el sextante con la mano izquierda y con la derecha apriete el mecanismo de fijación para que la aliada se mueva libremente.

Cuando hayamos encontrado el punto, moveremos la aliada hasta que lo haya acercado al horizonte. Hay que liberar el mecanismo de fijación, asegurándose de que su engranaje encaja firmemente con el del limbo. Giremos el tambor hasta que el objeto se coloque en el horizonte. En un principio, es posible que deje el objeto ligeramente descolccado, por encima o por debajo del horizonte. Con el uso pronto aprenderá a ver en qué sentido debe girar el tambor. Cuando esté colocado en el horizonte, aplique el pequeño viraje de 20° descrito anteriormente. Por lo general, hay un ayudante preparado con el cronómetro, linterna, lápiz y cuaderno. Este ayudante está dispuesto para apuntar la altura en el momento que el navegante diga "listo", que significa que está a punto de tomarla y "marca" cuando ya lo haya hecho. Llegado ese momento se apunta la hora. Algunos navegantes dicen que una toma de altura es suficiente. Es muy posible que sea cierto para aquellas personas que a fuerza de práctica sean ya unos expertos. La inmensa mayoría no tenemos tanta experiencia, sobre todo los principiantes, así que tres, o incluso cinco, tomas de altura de cada objeto nos van a permitir obtener un buen promedio antes de emplear las Tablas Náuticas. Tomaremos la altura del limbo primero. Cuando observamos la señal vemos que nos da la altura en grados y quizá en medios grados. En el tambor nos da una lectura de hasta medio minuto de arco.

Llevar una **calculadora programable** es imprescindible. Seguramente que la calculadora y sus programas le cuesten la mitad de su salario mensual, pero es uno de los aparatos más rentables de a bordo. Con este aparato se puede almacenar las posiciones de las estrellas para cualquier momento del día durante más días de los que usted vivirá. Es posible calcular, en unos cuantos segundos su situación a partir de las alturas tomadas. El poder disponer de una es una calculadora programable es una gran ventaja ya que es el aparato más útil después de un GPS. Tambien es verdad que esto exige mucha más dedicación.

Otra función que puede realizar es calcular su posición en una regata y al considerar su *rating* el de los demás barcos. Hace cálculos de los vectores de los vientos y proporciona información que puede adaptar para crear los gráficos de rendimiento de su barco. Algunas calculadoras le van indicando los pasos necesarios. Hay una, la de la casa Casio, incluso dice "ups" cuando se aprieta el botón equivocado.

Infinidad de autores recomiendan llevar un **radiogoniómetro.** Otros no los encuentran muy útiles. Sinceramente pienso que son útiles para fijar la posición con mala visibilidad y para emplearlos como punto de referencia. Esta es la manera menos fidedigna de obtener una situación, salvo cuando las emisoras están situadas en la costa y no hay tierra ni islas entre ellas y el receptor. Todas las señales de radio se curvan y se distorsionan de manera impredecible. Considero que son demasiadas las variables que impiden que el método sirva para algo más que para dar una idea general de la situación. No obstante, un barco puede seguir la señal de una emisora hasta la costa, incluso la de una emisora comercial si se conoce su situación, simplemente poniendo la proa de rumbo a la señal nula. Con hacer esto, le acercará al objetivo lo bastante como para emplear un método más certero para situarse.

Llevar un **escandallo** o una **sonda** es algo muy valioso. Como el timonel no pueda leer la profundidad desde su posición no servirán de nada. Cuando un tripulante un tripulante pueda percatarse de una repentina disminución en la profundidad, comunicarlo al timonel, convencerle cue no es una broma y que este reaccione y cambie de rumbo, sino lc hace, el barco encallará. Debemos saber que las sondas, como cualquier aparato electrónico, pueden fallar, y debe tener un escandallo de reserva. Si lo llevamos, tampoco ocupan mucho espacio en un yate y solo hacen falta unos 30 metros de cabo.

Mucha gente se vería en apuros si tuviera que cuantificar la profundidad a la manera antigua, colocando trozos de tela y piel en el cabo. Hay un método mucho más práctico que es la colocación de etiquetas de plástico que no se pudren. Estas etiquetas pueden marcar la profundidad en metros o en pies, etc. sobre las etiquetas.

En un velero o una motora necesitarán llevar algún dispositivo que mida **la velocidad o la distancia recorrida.** Por lo general un solo instrumento cumple las dos funciones. Si dispone de un GPS u otro sistema por satélite, puede conectarlo a un ordenador que preguntará constantemente al compás electrónico o a la corredera para constatar la dirección o la velocidad del barco. Si hacemos esto nos proporcionará una estima muy precisa, mucho más de lo que se puede esperar de las observaciones de la tripulación.

Como todos los aparatos de a bordo, menos el compás, se averiasen, el navegante dependería de los medios tradicionales de navegación. Tendría que preguntarse: "¿Cuál es la dirección que avanzo?". "¿Cual es la dirección del barco?" "¿Hay corriente?". Sabemos que la dirección del barco la proporciona el compás y la corriente se aprecia por observación directa, pero necesita algo que mida la velocidad. En muchos casos, la experiencia es suficiente. Si uno lleva navegando mucho tiempo en el mismo barco desarrolla una sorprendente habilidad para estimar su velocidad. Lo que ocurre es que no hay ninguna indicación fiable de la velocidad, pero si no hay ninguna indicación fiable de la velocidad, se puede emplear la corredera holandesa. Uno de los tripulantes se coloca en la proa y lanza un objeto flotante al agua a la vez que avisa al patrón. El patrón mide el tiempo que tarda el objeto en llegar a la popa del barco. Ese tiempo que tarde en recorrer la distancia, conocida, entre la proa y la popa puede convertirse en la velocidad del barco. La fórmula es esta: si el objeto tarda 5 segundos en recorrer la eslora del barco de 42 pies, la velocidad será de 6.080 pies (una milla náutica) divido por 42 (la distancia recorrida) y multiplicado por 5 (el tiempo en segundos) dividido por 60 (para convertirlo a minutos). El resultado dice que el objeto recorre una milla cada 12,06 minutos; 60 dividido por 12,06 da 4,98, es decir, la velocidad del barco en nudos.

Teniendo la confirmación anterior podrá calcular la estima, incluso si dispone de GPS y una calculadora programable, debe ser capaz de navegar con los métodos desde los días del capitán Cook. Deberá disponer de los libros que contienen la información necesaria para calcular la situación, conocer los peligros de la ruta, los datos de las mareas, las luces, la radio e incluso su situación legal. Estos libros han sido mencionados anteriormente.

La milla náutica

La milla náutica es la longitud de un minuto de arco de círculo máximo y equivale a 1.852 metros. Se mide sobre la escala de latitudes en la carta con el compás de puntas de manera que los minutos que leamos serán las millas de distancia medida. Es la unidad de distancia.

El nudo

Es la unidad de velocidad. Equivale a las millas recorridas en una hora. Al decir que un barco navega 10 nudos, equivale a decir que en una hora recorre 10 millas. La expresión de nudo tiene su origen en la forma de hacer nudos en el cordel de la corredera de barquilla separados 15,43 metros.

1 milla = 10 cables.
1 cable = 185,2 metros.
1 braza = 6 pies = 1,83 metros.
1 pie = 12 pulgadas = 30,48 cm.
1 pulgada = 2,54 cm.
1 grillete = 15 brazas = 17 metros de cadena.

Forma de medir las distancias sobre la carta

Las distancias se miden sobre la carta en la escala vertical o de latitudes. Como hemos dicho al definir la milla, la longitud de arco de 1 minuto de meridiano equivale a una milla. Para efectuar la lectura primero observaremos las divisiones de la escala de latitudes (la vertical) tal y como hemos expuesto en el epígrafe de lectura de la escala de la carta. Con el compás de puntas se toma la distancia entre dos puntos de la carta y se lleva una punta sobre un paralelo de la escala y se lee lo que marque la otra punta sobre la escala. El número de minutos y décimas de minuto que separan ambas puntas, será el número de millas de distancia. Nunca se medirán las distancias en la escala de longitudes (horizontales).

Rumbo, circular y cuadrantal

Se llama rumbo al ángulo horizontal que forma la proa con el meridiano.

Rosa de los vientos

La rosa de los vientos es un símbolo representativo del horizonte, sobre él van dibujados los cuatro puntos cardinales Norte, Sur, Este y Oeste. El correspondiente al Norte lleva puesta una flor de lis.

Si dividimos la rosa por la mitad nos dará los llamados puntos laterales. Nordeste, Sudeste y Noroeste. Si dividimos por la mitad salen los puntos colaterales: Nornordeste, lesnordeste, lessueste, sursudoeste, oessudoeste, oesnoroeste y nornoroeste. Si volvemos a dividir la rosa por la mitad, obtendremos un total de 32 puntos en la rosa llamados cuartas. La cuarta vale 11° 15´.

La división de la rosa puede hacerse de tres formas:

Circular: Los rumbos se cuentan a partir del Norte de 0° a 360° en el sentido de las agujas del reloj. Su valor es siempre positivo.

Cuadrantal: Si dividimos la rosa en cuatro cuadrantes tomando como referencia el polo Norte hacia el Este u Oeste y el Sur hacia el Este u Oeste.

Entre el Norte y el Este se forma el primer cuadrante y tiene signo positivo. Entre el sur y el Este hay el segundo cuadrante y tiene signo negativo. Entre el Sur y el Oeste es el tercer cuadrante con signo positivo y entre el Norte y el Oeste hay el cuarto cuadrante de signo negativo.

Por cuartas: Este es un sistema que ya no se emplea y ha pasado a la historia; solamente se emplea para indicar la presencia de algún punto con relación a la proa, un faro abierto cuatro cuartas, a una cuarta por estribor, etc.

Conversión de rumbos

De circular a cuadrantal: De 0° a 90° pertenece al primer cuadrante y es el mismo número de grados.

Por ejemplo:

Rumbo N 040 E.

De 090° a 180° pertenece al segundo cuadrante y se restan de 180°.

Por ejemplo:

Rumbo 140 será: 180 – 140 = será S 40 E.

De 180° a 270° pertenece al tercer cuadrante y se restan de 180°

Por ejemplo:

Rumbo 220 – 180 = S 40 W.

De 270° a 360° pertenecen al cuarto cuadrante y se restan de 360°
Por ejemplo:
Rumbo 340 – 360 =N 20 W.
De cuadrantal a circular:
Primer cuadrante: Norte al Este, el mismo número de grados.
Segundo cuadrante: Sur al Este, se resta de 180°.
Tercer cuadrante: Sur al Oeste, se le suman 180°.
Cuarto cuadrante: Norte al Oeste, se restan de 360°.

Noción elemental del magnetismo terrestre

El magnetismo es la propiedad que tienen algunos cuerpos llamados imanes de atraer a otros metales. Los imanes pueden ser naturales, como la magnetita, y artificiales, que se forman sometiendo una barra de hierro a la acción prolongada de un imán. La zona donde un imán deja sentir su influencia se llama campo magnético. Se llaman polos de un imán a los extremos en donde se concentra la fuerza magnética. Si se suspende por el centro una aguja imantada, ésta se orienta en dirección de las líneas de fuerza del campo magnético. El extremo que apunta hacia el Norte se llama polo norte o rojo y el que apunta hacia el Sur, se llama polo sur o azul. Si acercamos al polo norte de un imán al polo norte de la aguja, este se separa y, por el contrario, si acercamos el polo sur del imán al polo norte de la aguja, estos se atraen. La fuerza con que se atraen dos polos magnéticos es directamente proporcional al producto de sus masas e inversamente proporcional al cuadrado de la distancia que los separa.

La tierra se comporta como un enorme imán con su polo norte algo desplazado hacia el oeste del polo geográfico. Sus líneas de fuerzas salen del polo norte y se dirigen al sur, formando con los meridianos terrestres un ángulo llamado variación local o declinación magnética, y con el horizonte un ángulo vertical llamado inclinación.

Líneas isógonas: Son líneas que unen puntos que tienen igual declinación magnética.

La declinación magnética

Es el ángulo que forma el norte magnético con el norte verdadero. También se llama variación.

En algunos lugares de la costa se pueden producir anomalías magnéticas, diferentes a la declinación magnética de la carta, debido a la constitución geológica, produciendo una variación local determinada sobre el norte magnético. Este fenómeno se encuentra en el estrecho de Bocaina, entre Lanzarote y Fuerte ventura, por ejemplo. Las cartas náuticas avisan de este fenómeno.

Si el norte magnético está a la derecha del norte verdadero la declinación magnética (dm) será E o NE, con signo positivo y si el norte magnético está a la izquierda del norte verdadero, la declinación magnética será W o NW con signo negativo.

La declinación magnética o variación local se obtiene de la carta náutica, en la que consigna su valor para diferentes lugares representados en la carta juntamente con el año en que ha sido calculada y el valor del incremento o decremento anual de la declinación magnética. Este incremento o decremento también se puede expresar sobre la carta con las letras E u W. Si las letras de la declinación magnética y el incremento o decremento son iguales, ambas se suman y si son diferentes, se restan. Por tanto, la declinación de la carta se deberá corregir para ajustarla al año en curso.

Si en la carta la declinación magnética de un lugar es de 10°,00′ NW para 1992 con un decremento anual de 2′. Hallar la declinación magnética para 1997.

1997 – 1992 = 5 años x 2′ = 10′

dm 1992	=	10° -- 00′NW	
Corrección	=	10′ --	
dm (1997)	=	9° -- 50′	= 10° NW

Se resta la corrección sin tener en cuenta los signos porque decrece. Existen zonas en el mundo donde la declinación es de más de 20° y en otros en que es completamente nula. La declinación varía de un año a otro. A través de los siglos, los marinos han tabulado la declinación. Toda esta información se encuentra en la rosa del compás impresa en la carta. Allí encontrará una afirmación de este tipo "Declinación 9° 25′, 5NW (1975) decremento anuo: 6′aproximadamente". La frase indica el año de observación, así que, si la carta es antigua, debe de multiplicar los años transcurridos por el decremento para hallar el valor correcto. Cuando trazamos un rumbo, se redondea la declinación al grado entero más próximo. Dependiendo en la zona del mundo que se encuentre, la declinación será hacia el este o el oeste, lo que añade otro factor que se ha de tener en cuenta.

Siempre tendremos en cuenta que la manera más sencilla de calcular lo que sucede con nuestro rumbo original de 045° es pensar que si la aguja se desplazada hacia el oeste ha retrocedido por el círculo de la rosa. Si queremos corregirlo, debemos añadir el mismo número de grados. Si queremos viajar a 045° con la aguja desplazada 4° hacia el oeste por la declinación, debemos enfilar la proa a 049°. Lo lógico es que si la aguja es desplazada hacia el este, debemos restar la declinación. De acuerdo con lo anterior, restamos 4° de los originales y enfilamos 041° para avanzar a los 045°.

Existen bastantes trucos para ayudar a la memoria.

Por ejemplo:

"Del timón a la carta con sumar o restar basta"o "De la carta al timón al revés la corrección". De esta forma tenemos un método para trazar un rumbo en cualquier parte del mundo, si sabemos la declinación.

Descripción de la aguja náutica

La aguja náutica es un aparato que sirve para marcar la dirección en que navega un barco; se funda en la propiedad que tienen los imanes de orientarse en la dirección de las líneas de fuerza del campo magnético terrestre.

La aguja náutica, en su forma más sencilla, consta de una planchuela de acero imantada, que en su parte central tiene una pieza llamada chapitel. El chapitel tiene forma troncocónica para que el punto de apoyo esté más alto que el centro de gravedad del conjunto y así tenga más estabilidad. La pieza llamada chapitel es hueca y en su parte interna superior tiene incrustada una piedra de ágata o zafiro u otra piedra dura para que se apoye sobre la punta del estilo. Sujeto a la planchuela mencionada y por arriba, va un círculo graduado llamado rosa.

En cuanto al estilo es una varilla de metal que tiene en su extremo superior una punta muy afilada de acero o iridio. Esta pieza sale hacia arriba del fondo de una caja cilíndrica llamada mortero. Encima del estilo se apoya libremente el chapitel con la planchuela imantada y la rosa.

El mortero tiene una tapa de cristal para poder ver la rosa. Lleva en su fondo un contrapeso de plomo que va pintado por dentro. Tiene pintada una línea negra vertical en la cara interior, llamada línea de fe, que en su instalación a bordo ha de coincidir con la línea de proa-popa. El mortero está suspendido por un pedestal de madera o de fibra en las agujas pequeñas, llamado bitácora, por medio de un sistema de suspensión llamado cardan.

Para que sea una buena aguja debe tener dos condiciones:

1ª Sensibilidad: es la propiedad que ha de tener para acusar los más pequeños cambios de rumbo.

2ª Estabilidad: Es la propiedad que ha de tener para mantenerse perfectamente horizontal, sin moverse a pesar de los balances y cabezadas. La estabilidad se puede dividir en:

a)   Estabilidad contra los balances y cabezadas: para ello se utiliza la suspensión cardan.

b)   Estabilidad contra las vibraciones: para ello se llena el mortero con una mezcla de agua y alcohol al 10 por 100. En estas aguas líquidas, que son las que se emplean actualmente, la resistencia del medio ambiente en que se encuentra la rosa, amortigua de una manera eficaz el efecto de las vibraciones, las cuales son siempre en sentido vertical, por lo que, la superficie del círculo de la rosa se opone por la resistencia del líquido y de las expresadas vibraciones, puesto que el movimiento de la rosa es perpendicular al movimiento de la misma.

El fondo del mortero es algo flexible a fin de que se pueda introducir con una pequeña presión en el interior del mortero, para conseguir que cuando disminuya la temperatura y se contrae el volumen del líquido, no se formen burbujas en el interior del mortero.

La mezcla del alcohol con el agua es para que cuando se navegue por zonas muy frías, el líquido del mortero no se hiele.

Para evitar las vibraciones también se colocan tacos de goma o caucho en la base de la bitácora.

Instalación

En cuanto a la instalación de la aguja debe hacerse en el plano de crujía de tal manera que si colocamos puntos de referencia en las amuras separados a igual distancia de la proa, los ángulos entre ésta y los puntos citados deben ser iguales. Como no sea así, giraremos el mortero hasta que coincidan exactamente. Algunas embarcaciones de vela que debido a su manga llevan dos compases, uno a cada manga de la bañera. Cuando se instalan hay que hacerlo tomando un plano que sea paralelo al eje de crujía.

Siempre que sea posible el compás debe instalarse apartado de los aparatos de navegación electrónicos para evitar perturbaciones. Por lo general en las lanchas esto resulta un gran problema que incluso afecta a la hora de compensar el compás.

Perturbaciones

Los imanes que tiene la rosa siguen la dirección de la línea de fuerza del campo magnético terrestre, cualquier alteración de éste creará una perturbación del norte de la aguja.

Las perturbaciones que puede sufrir la aguja náutica son debidas a las siguientes causas:

a)   Instalación de aparatos eléctricos y electrónicos demasiado cerca de la bitácora.

b)   Instalación eléctrica defectuosa y lámparas de demasiada intensidad.

c)   Aparición de burbujas de aire en el mortero.

d)   Imantación anormal producida por una tormenta eléctrica.

e)   La colocación inconsciente y sistemática de herramientas, calculadora electrónica, transistor o aparato de radio portátil, etc., cerca de la aguja.

Desvío

El desvío es el ángulo que forma el norte de aguja con el norte magnético.

Como el norte de aguja esté a la derecha del norte magnético, el desvío es positivo. Si el norte de la aguja está a la izquierda del norte magnético, el desvío es negativo.

Al navegar es necesario conocer los desvíos que tiene la aguja a los diferentes rumbos.

Prepararemos en la carta varias enfilaciones. Se hallan las demoras verdaderas de cada una, se les aplica la declinación magnética obteniendo demora magnética Dm

Cuando pasa el barco por la enfilación a poca máquina, tomará la demora de aguja. Da de la enfilación, luego comparándola con la Dm se obtendrá el desvío.

Desvío = Dm –Da

Iremos haciendo esto a los rumbos principales, confeccionando así la tablilla de desvíos.

Tablilla de desvíos

Cuando hayamos calculado los desvíos, se hace a bordo una tablilla con tres columnas. En la primera se consignan los rumbos de aguja, en la segunda los desvíos y en la tercera los rumbos magnéticos. Por lo general en la tablilla de desvíos solo se ponen los rumbos de aguja y los desvíos correspondientes.

Siempre los rumbos de aguja se contarán de 15 en 15° y si hay que hacer un rumbo intermedio se interpolará.

Es obligatorio llevar la tablilla de desvíos.

Corrección total. Cálculo a partir de la declinación y el desvío

La corrección total es la suma algebraica de la declinación magnética y el desvío

Corrección total = declinación magnética + desvío

Ct = dm + desvío

Tendremos siempre en cuenta los signos de ambos y aplicaremos la regla de los signos: signos iguales se suman y signos desiguales se restan y se pone el signo del mayor.

Ejercicio:

```
dm     =  6 NW -
desvío =  1 NE  +
        ------------
Ct     =  5 NW
```

El error del timonel

Este error no no es un eror de gobierno del barco sino que es un error al informar sobre el rumbo gobernado. Se trata de un fallo humano al dar la respuesta que el interrogador quiere oír. Cuando un timonel carece de experiencia y no entiende lo importante que es dar una información precisa al navegante, le resultará muy difícil admitir que ha gobernado a un rumbo distinto al que le pidió. Muchos timoneles se enfadan s alguien sugiere esta posibilidad. Cuando se dispone de otro compás abajo, haga el experimento de comprobar si se sigue el rumbo que ha pedido. Mantengase abajo unos 30 minutos, por lo menos, y compruebe como gobierna el timonel sin que él lo sepa. Vaya tomando nota de cómo cambia el rumbo y decida si el promedio es aceptable. Cuando gane más experiencia, podrá hacer lo mismo con la función "Course made good" del GPS que le dará una visión muy precisa del rumbo gobernado. Hecho esto, pregunte al timonel en que rumbo cree el que ha gobernado. Es muy probable que le digan que han seguido el rumbo pedido. Como usted diga "Te he observado durante 30 minutos y has caído 6° a sotavento", el timonel se enfadará y usted perderá un amigo. En lugar de hacer este comentario, recuerde la diferencia entre el rumbo ideal y el gobernado por este timonel. Si lo hace asi, adquirirá más experiencia en compensar los errores de los timoneles en toda clase de condiciones.

Si observa que se desvía demasiado, resulta sencillo decir: "Pienso que nos podemos permitir orzar un poco" o "¿Qué te parece si caes 6° más? Es posible que nos diera un poco más de velocidad". De esta forma no ha habido ningún enfrentamiento, usted ha podido corregir el rumbo y el timonel piensa que hace un trabajo de primera.

Seguramente que en la mayoría de los casos es asi, nadie se sale del rumbo a propósito. Es muy posible que el timonel no tenga en cuenta suficientemente el efecto de las olas que empujan el barco de costa- do, o quizá el barco va sobrado de trapo y abate mucho.Tambien es posible que orce constantemente colocándose a barlovento del rumbo ideal, lo que puede ser tan malo como caer demasiado. Que duda cabe que no es conveniente tener una discusión cada vez que cambia el turno del timonel, pero si vale la pena observar y decidir qué credibi- lidad va adar a cada uno de ellos.

Una vez que ha trazado el rumbo que necesita y sabe hasta qué punto son de fiar sus timoneles, debe tener en cuenta que el agua puede em- pujar el barco hacia su destino o alejarlo de él. O dicho de otra forma, tiene que considerar la corriente.

Clases de rumbo

Según el meridiano de referencia hay tres clases de rumbos:

Rumbo verdadero.- El ángulo que forma la proa con el meridiano ver- dadero.

Rumbo magnético.- Es el ángulo que forma la proa con el meridiano magnético.

Rumbo de aguja.- Es el ángulo que forma la proa con el norte de aguja.

Pasar del rumbo de aguja a verdadero

Rv = Ra + Ct

Para aplicar el signo a la corrección total de una forma práctica: "Del timón a la carta con sumar o restar basta".

Ejercicios:

Ra = N 40 E +	Ra = 340 +
Ct = 6 NW --	Ct = 12 NW --
---------------	---------------
Rv = N 34 E	Rv = 328

Pasar de rumbo verdadero a rumbo de aguja

Rv = Ra + Ct luego despejando Ra

Ra = Rv – Ct

Entonces diremos: "De la carta al timón al revés la conexión"

Ejercicios:

Rv = S 25 E ---   Rv = 350 +

Ct = 12 NW --- (+)   Ct = 3 NW --- (+)

----------------------   ----------------------

Ra = S 13 E   Ra = 353

Coeficiente de corredera

Siempre que vayamos a emprender un viaje largo, se debe conocer el coeficiente de la corredera. Se buscará una situación buena por puntos de la costa y se anota la lectura de la corredera; al cabo de un tiempo se vuelve a situar el barco y se anota la corredera. Mediremos la distancia en la carta desde la primera situación a la segunda y se divide por la diferencia de lecturas de la corredera. El cociente será el coeficiente de la corredera.

Cuando la distancia real es igual a la distancia navegada por corredera, quiere decir que la corredera no tiene error

Si conocemos el coeficiente de corredera, éste se multiplica por la distancia por corredera y se obtiene la distancia real. Esto será de gran utilidad al navegar por estima sin ver la costa.

Cuarta

La cuarta equivale a dividir la rosa de los vientos en 32 puntos, llamados cuartas. Tiene 11° 15′. Este es un sistema que ya ha pasado a la historia y solamente se emplea para indicar la presencia de algún punto con relación a la proa, un faro abierto 4 cuartas o 45°, etc. En la actualidad se emplea la esfera del reloj para indicar cualquier objeto del horizonte. Cuando son las 12 equivale a la proa. Las 3 al través de estribor, las 6 a la popa y las 9 por el través de babor. Todas las demás interpolando.

Viento, abatimiento, rumbo de superficie

Cuando el viento incide sobre la obra muerta y superestructura del barco produce una fuerza que tiende a separarlo de su derrota. A esta fuerza, llamada de abatimiento, se le opone el plano de deriva del barco, disminuyendo en gran parte su efecto.

El abatimiento es el ángulo que forma la línea proa popa con la estela del barco. Cuando el viento es de babor el abatimiento es a estribor y tiene un signo positivo. Cuando el viento lleva la proa a babor tendrá signo negativo.

Si al navegar un barco al Rv, si hay un viento que le produzca un determinado abatimiento, al no corregir el rumbo, se irá desplazando a estribor continuamente, aunque su proa la llevará siguiendo al Rv. No obstante, la derrota seguida realmente será, Rve o rumbo verdadero efectivo, por lo tanto el rumbo verdadero efectivo es el que realmente hace el barco sobre el agua, se llama rumbo de superficie, pudiéndose emplear ambas denominaciones.

Si hay abatimiento el rumbo se debe corregir con la misma regla que las otras correcciones, o sea, que cuando vamos a la carta, "con sumar o restar bastas", no se cambia el signo, y cuando vamos al timón "al revés la corrección". **Los azimuts y las demoras no se pueden corregir por abatimiento** ya que al tomar una demora solamente interviene el rumbo actual.

El abatimiento

Ya hemos dicho con anterioridad que el abatimiento es la deriva hacia sotavento que sufre el barco empujado por la fuerza del viento. Algunos armadores, y también algunos patrones dicen que su barco no abate. Eso es una tontería. Todos los barcos abaten y cuanto más fuerte es el viento, mayor es el abatimiento. Tambien es verdad que algunos barcos tardan más en abatir que otros, ya que son más duros, pero todos abaten. Poder estimar el abatimiento es difícil, y el grado de conocimiento del barco, ya sea una motora o un velero, juegan un papel importante.

Para poder adquirir este conocimiento hay que observar la estela que produce el barco y compararla con el rumbo gobernado. Al compararlo veremos que la estela forma un ángulo con la dirección del barco. Si el tiempo es bonancible, le dará una idea de cuando comienza a abatir el barco. En el momento que se levanta un poco el oleaje, la estela desaparecerá demasiado rápido como para que nos sirva de ayuda. De lo que puede estar seguro es que el abatimiento es mayor que con la mar llana. Cuando la mar se encrespa, cada una de las olas puede empujar el barco unos metros fuera del rumbo ideal. Cuando las condiciones son duras, es posible que un barco solo consiga avanzar a 50° respecto a las olas. Hay yates pequeños que llegan abatir 70 millas sobre un recorrido total de 160 millas con mal tiempo. Estos barcos abatían casi una milla cada dos millas que avanzaban. Por todo esto podemos ver que el abatimiento es un factor importante que debe considerarse con viento duro. Como práctica habitual, decide calcular un abatimiento de 5° en cada rumbo, incluso con buen tiempo, puede que haga su recalada al oeste del destino, pero adquirirá una información que le será útil en el futuro. Siempre el abatimiento lo restaremos del rumbo corregido.

Por ejemplo: Si una embarcación navega al Ra = O40 con una Ct = 4 – y un viento NW que le produce 8º de abatimiento. Hallar el rumbo de superficie:

Ra = O 40 +
Ct =   4-

Rv =   036
Ab =   8 +

Rs =   044

El rumbo de superficie será el que se lleve sobre la carta para situar el barco o para trazar su derrota.

Con el fin de evitar confusiones se recomienda, que cuando se tome una marcación o se haga un cambio de rumbo de aguja, se haga solamente sobre este rumbo, ya que, tanto las marcaciones como, los cambios de rumbo de aguja se hacen sobre la proa y, por tanto, sobre Ra.

Corrientes y su influencia

La corriente y su influencia es una masa de agua que se desplaza en una determinada dirección, que puede depender del viento, del movimiento de rotación de la tierra o del fenómeno de las mareas. Por todo lo anterior, diremos que se mueve hacia un determinado punto del horizonte como si fuese un barco, luego, podemos decir que la dirección de la corriente se cuenta como el rumbo de un barco y lo contaremos igualmente sobre la rosa en circular o cuadrantal. Se representa por Rc. Entendemos por intensidad horaria de la corriente a la velocidad en que se desplaza la citada masa de agua en una hora. Por tanto, la unidad es el nudo y la representamos por Ihc.

Si queremos calcular el Rc y la Ihc, se colocará sobre la carta la situación observada So y la situación estimada Se, del lugar que suponemos que estamos. Si no coinciden ambos puntos supondremos que ha habido una fuerza que ha desplazado el barco de Se a So. Cuando unimos ambos puntos o tomamos como referencia siempre Se hacía So, éste será el rumbo o la dirección de la corriente.

Si queremos calcular la intensidad horaria se toma la distancia de Se a

So, se divide por el intervalo navegado desde la última situación hasta la situación So y obtendremos el Ihc.

Si tenemos en cuenta que una corriente es el efecto de rumbo de una marea o algo parecido. Si suponemos que nuestro viaje teórico tiene lugar dentro de un puerto natural, y en los puertos que están bien administrados hay una carta que indica la velocidad y la dirección de la corriente en todo momento. De esta forma, es muy fácil añadir otra corrección al rumbo de la corriente. Pongamos un sencillo ejemplo: si navegamos hacia una dirección cinco millas a un rumbo de aguja de 042º y hay una corriente de un nudo que incide de través en la banda de babor, sabemos que en I hora el barco se desvía una milla hacia estribor. Como quiera que la velocidad del barco son 5 nudos y la distancia entre A y B son 5 millas resulta sencillo calcular el vector para corregir el desvío. Haciendo una abertura del compás igual a la velocidad del barco, marcaremos la distancia recorrida en una hora. Tomando como base ese punto, trazaremos una línea equivalente a una milla náutica en la dirección contraria al rumbo de la corriente, es decir, hacia babor. Si trazamos una línea que una este punto con el punto de partida y empleamos el transportador Portland para medir el rumbo entre estos dos puntos. Y gobernamos a este rumbo aparente durante todo el tramo, llegará a su destino. De esta forma hemos gobernado oblicuamente a la corriente en el ángulo calculado con el objeto de neutralizarla.

Cuando la relación entre la velocidad y la distancia que hemos de recorrer no es tan directa, todavía disponemos de un método más sencillo para calcular el rumbo aparente. Si suponemos que la velocidad del barco es de 3 nudos y la intensidad horaria de la corriente es de 1 nudo. Trazaremos la línea que representa una milla contraria al rumbo de la corriente de la misma manera que antes, pero haciéndolo desde el punto que marca 3 millas sobre el rumbo efectivo. Si unimos el extremo de esta línea con el punto de partida y obtendremos el rumbo aparente. Con este ejemplo muestra como se puede neutralizar los efectos de las corrientes conocidas.

En este momento ya conocemos lo bastante sobre los rumbos para acabar nuestro viaje por el puerto. Podemos aplicar las correcciones a los rumbos que debemos comunicar al timonel y estaremos seguros de que si este los gobierna llegaremos sanos y salvos al fondeadero.

Una corriente desconocida

Una habilidad que tenemos que desarrollar es como decidir si una corriente desconocida nos afecta y calcular su rumbo e intensidad horaria. Si tenemos una corriente desconocida nos puede colocar en una situación de peligro.

Tenemos que empezar obteniendo unas marcaciones precisas de puntos sobre tierra. Otra vez volvemos a citar el compás de marcaciones Autohelm ya que se puede confiar en los resultados conseguidos en aguas tranquilas. Cuando lo utilicemos en aguas movidas, la experiencia nos dirá hasta qué punto son fiables, pero todavía puede tomar nueve marcaciones de cada punto y obtener el promedio. Después de muchos años navegando, siempre hemos considerado las demoras como una indicación aproximada de la situación del barco. Si empleamos este nuevo compás creemos que se puede confiar en ellas.

Otro método que podemos emplear para determinar la corriente es el siguiente: dado nuestra posición inicial, el rumbo y la velocidad del barco, debemos ser capaces de calcular la situación de la embarcación en un momento determinado, siempre y cuando no haya corriente. Suponiendo que nuestra situación será a "X" millas sobre el rumbo de 045º. Todo esto recibe el nombre de **navegación por estima.** Entonces la estima nos dirá donde estaremos si siguiéramos un rumbo conocido a una velocidad conocida y en ausencia de cualquier otra fuerza que actúe sobre el barco. Si es así, si nos situamos con precisión empleando las demoras y nuestra situación difiere respecto a la que nos da la estima, es señal que una fuerza externa ha desviado el barco. Teniendo en cuenta que la situación debe fijarse con un mínimo de dos demoras, y preferiblemente tres, tomadas a los lugares en tierra que puedan identificarse en la carta. En cuanto a las demoras se deben de convertir en demoras verdaderas y trazarse en la carta. El punto de intersección nos da la situación.

Aun incluso con el nuevo compás, lo más seguro será que las tres demoras trazadas no coincidan exactamente en el mismo punto. Es muy probable que formen un pequeño triángulo. Se coloca un punto en el centro del triángulo y lo consideraremos como la situación actual, a no ser que haya un peligro conocido cerca. Si fuera asi, colocaremos el punto lo más cerca posible del peligro dentro del triángulo. De esta forma dispondremos de un margen de seguridad.

Si lo hacemos así tenemos una **situación por observación** y una situación por estima que difieren. Podremos unir las dos situaciones en la carta y leer el rumbo resultante. Y nos da la dirección en que ha sido desviado el barco. Tendremos en cuenta que es fácil equivocarse aquí y leer el ángulo inverso. Si recordamos que buscamos la fuerza que nos empuja desde el punto de cálculo por estima hacia la posición actual nos ayudará a leer la dirección correcta.

Igualmente una distancia entre las dos situaciones. En el caso que consideremos de nuevo que hemos avanzado durante una hora a la velocidad de 5 nudos, la escala de la carta nos dará la distancia del desvío sufrido durante una hora. Por lo cual, si el barco sufre un desvío de 0,75 millas en la dirección de 320°, el rumbo de la corriente se describe al revés que la del viento. Cuando una corriente que se mueve hacia el sur es una corriente sur, aunque venga del norte. Si un viento del norte viene del norte y se va hacia el sur.

Una vez que sabemos la dirección y la velocidad de la corriente, podemos corregir su efecto. No daremos por sentado que la corriente será constante. Es posible que al situarse la próxima vez, vea que la corriente ha cambiado de dirección, de velocidad o bien desaparecido del todo.

En este momento ya conocemos las técnicas de navegación más importantes. Apartir de ahora y en adelante, todo lo que pueda aprender serán otros métodos para conseguir los mismos resultados: determinar una situación por estima y una situación por observación. Hasta el momento solo hemos aprendido un método para situarnos, el de tres marcaciones simultáneas. Existen otros métodos de conseguir situaciones bastante fiables. Si decimos "bastante fiables" queremos decir precisamente eso. Conforme vayamos ganando experiencia como navegante, sabremos que existen varios niveles de presión al situarse, aprenderá a darle a cada situación un grado de credibilidad determinado. Como por ejemplo si tomamos la demora del pico de una montaña, obtendremos un resultado más fiable que con la demora de una montaña roma. Tambien una enfilación, con dos objetos alineados, es perfecta. Al contrario, dos cabos lejanos alineados al atardecer están muy lejos de la perfección. La propia experiencia dirá hasta donde puede fiarse de una situación, pero un navegante experimentado debe confiar en sus situaciones. Sabe que no ha llegado a su destino porque sí; lo sabe porque sus cálculos se lo demuestran.

Líneas de posición

Enfilación

Llamamos enfilación cuando desde la mar vemos dos puntos de la costa en una misma dirección. Si unimos en la carta, los dos puntos por una línea recta, el barco se hallará sobre un lugar geométrico, porque desde cualquier punto de dicha línea se hallará en la misma dirección.

Cuando el barco se halla sobre una enfilación conocida en la carta, tomamos por medio de la aliada o un compás de marcar las demoras de dicha enfilación obtendremos la demora de aguja. Tomaremos por medio del transpormador la demora verdadera de la enfilación sobre la carta, que comparándola con la demora de aguja hallaremos la corrección total.

Ct = Dv enfil. − Da enfil.

A través de las dos enfilaciones se puede situar el barco sobre la carta sin instrumentos y con la completa seguridad que no hay error.

Demora

La demora es el ángulo formado por el meridiano y la visual a un objeto. Se cuenta circular o cuadrantal y puede ser demora verdadera Dv, demora magnética Dm o demora de aguja Da., según el meridiano que se toma como origen.

Clases de demora

La demora puede ser verdadera (Dv), magnética (Dm) y de aguja (Da) según que el meridiano que se toma de referencia sea el verdadero, el magnético o el de aguja, respectivamente.

Si tomamos la demora de un faro con la aliada o con el compás de marcar, obtendremos la demora de aguja, y para poderla trazar donde el faro hay que pasarla a verdadera aplicándole la corrección total.

Pasar la demora de aguja a verdadera

Para pasar la demor de aguja a verdadera se corrige como si fuera un rumbo. Del timón a la carta con sumar o restar basta. A la demora verdadera hay que buscarle el opuesto cambiando las letras, así: Dv = N 60 W, para trazar desde el faro será: S 60 E. Como esta demora hay que trazarla desde un punto conocido en la carta, el faro nos vera a nosotros al opuesto de cómo le vemos nosotros a él, Si la demora fuese circular, Dv = 080, el opuesto será Dv = 260.

El empleo de las enfilaciones, demoras y sondas como líneas de posición de seguridad

Cuando vamos navegando, o sea en la práctica es conveniente recurrir al empleo de enfilaciones para asegurarse una posición de seguridad. Como por ejemplo en las enfilaciones fijas en tierra que marcan la entrada del puerto o la profundidad de las aguas de un río. Cuando navegamos por la costa a veces será necesario recurrir a las enfilaciones para asegurarnos al tener dos puntos enfilados y conocidos, si quedamos libres de un bajo o de un peligro.

En cuanto al empleo de las demoras también nos serán de utilidad para la navegación, pues si disponemos del mini compás a mano y al tener un faro a una determinada demora, nos encontramos libres de un peligro y que ya se puede cambiar el rumbo.

Cuando utilizamos una sonda para saber una línea de posición, de seguridad o certidumbre nos será de gran utilidad. Cuando navegamos siguiendo una enfilación a una determinada demora ponemos la sonda en marcha y le conectamos el mandato de alarma a la profundidad deseada bajo la quilla, al llegar a ella sonará y a partir de este momento navegaremos con precisión. Trazaremos la demora o enfilación sobre la carta y se busca sobre ella la sonda. Al encontrar en punto de la sonda será la situación verdadera.

El ángulo vertical con el sextante

La forma de conseguir una situación de precisión es con el ángulo vertical medido con el sextante. Si tomamos la marcación de un punto marcado en la carta y del cual sepamos la altura. Trazaremos la demora verdadera en la carta. La situación tiene que estar en algún punto de esa línea. Si queremos descubrir cuál es el punto en que se encuentra, tomaremos la altura del objeto con el sextante y leeremos el ángulo formado entre el horizonte y la altura del tope del objeto en el nonio del limbo. En las Tablas Náuticas nos dan la distancia al objeto correspondiente a este ángulo, pero debemos aplicar la corrección en función de la altura del observador por encima del horizonte (y teniendo en cuenta la altitud de la marea en su caso). Si marcamos esta distancia sobre la derrota trazada obtendremos una situación fiable.

No es fácil que un navegante pueda determinar la distancia a un punto con tanta precisión que necesite aplicar la corrección de la altitud de la marea. Si lo hace, tan solo modifique su posición tan solo en unos metros. No obstante, si emplea este método para dejar un margen de seguridad respecto a un peligro, la precisión puede ser necesaria. Suponiendo que el navegante decide que no quiere acercarse más de, por ejemplo 3 millas a un peligro (por ejemplo un islote con un faro visible), puede buscar en las Tablas Náuticas el ángulo correspondiente a esta distancia. Si lo hace así, sabrá que entra en la zona de peligro si el ángulo vertical aumenta.

La situación por dos enfilaciones

Es un buen método para fijar la situación, aunque exige que haya varios puntos en la carta visibles a la vez desde el barco y dos pares de ellos se enfilen. Cuando dos objetos se enfilan perfectamente, está claro que nos encontramos situados en algún punto de la enfilación. Cuando observemos dos enfilaciones a la vez, la intersección de ambas línea será nuestra situación con casi total seguridad. Otra forma de hacerlo es situarse empleando una combinación de demoras y enfilaciones, lo que ofrece una situación bastante fiable.

Doblar las demoras a un mismo sitio

Existen otros métodos para hallar la situación que se basan en principios geométricos conocidos. Por ejemplo, dos demoras no simultáneas nos permitirán situarnos cuando solo hay un objeto visible. Se puede emplear un cabo, un árbol o algo parecido. Tomaremo y trazaremos la marcación del objeto cuando dé un valor sencillo como por ejemplo 4C°, 30° o 20°. La embarcación está situada en esta línea de marcación. Cuando tomemos la marcación, apuntaremos la velocidad, el rumbo del barco y la lectura de la corredera. Si el ángulo, entre el barco y el cabo se dobla, 80°, 60° o 40°, tomaremos otra marcación y la trazaremos en la carta al tiempo que miramos la corredera de nuevo. En este momento sabemos la distancia que hemos avanzado y nuestro rumbo. Se puede trazar la distancia y el rumbo desde cualquier punto de nuestra primera línea de marcación y obtendremos una posición por estima. Trazaremos la línea tan larga como la distancia recorrida (utilizando la escala de latitudes). A continuación trazaremos la primera línea de marcación para que pase por la posición por estima. Como decíamos enteriormente, trazaremos la línea que pasa por la situación por estima paralela a la primera demora tomada. Como, en el tiempo transcurrido entre la toma de demoras, ha conseguido averiguar la acción obtenida por la corriente, debe tenerla en cuenta a la hora de calcular la situación por estima. Vamos a suponer que hemos averiguado que una corriente de un nudo actúa desde proa; debe calcular el tiempo ejercido por esta corriente adversa. Pensemos, por ejemplo, que entre demoras hemos navegado 45 minutos a una velocidad de 4 nudos. La embarcación ha avanzado 3 millas hacia su destino pero la corriente adversa de un nudo durante 45 minutos se traduce en un atraso de ¾ de milla. Por lo tanto, el barco ha avanzado 2,25 millas.

En el lugar de la intersección de la línea de marcación transportada y la segunda línea de marcación se encuentra la situación del barco.

La situación por dos demoras no simultáneas a un punto

Si utilizamos este método es idéntico a la situación por dos ángulos no simultáneos al mismo punto, salvo que no existe ninguna relación sencilla entre los ángulos. Transportaremos la demora de la misma manera que antes.

La demora y la profundidad

Hay otra forma de hallar la situación del barco y es tomar simultáneamente una demora a un objeto y la profundidad. Este método no es muy preciso y debe seguir unas normas para conseguir una situación que al fin no resulta muy fiable. Pero se puede emplear por lo general cuando no hay muchos objetos identificables en tierra o cuando la visibilidad es mala.

Este método solo puede llevarse a cabo cerca de la costa, ya que se precisan sondas bien definidas, cercanas entre sí y de fácil identificación en la carta. Esta demora tendría que cruzar los veriles lo más cerca posible al ángulo recto, ya que así se consigue mayor precisión. Al mismo tiempo, y esto es muy importante, debe tener en cuenta la altitud de la marea, sobre todo donde la amplitud sea grande.

Las sondas en líneas

Es posible hacer una variante de este método que consiste en trazar una línea de situación tras sondar varias veces seguidas. Comprobaremos el tiempo transcurrido entre las sondas con las distancias entre los veriles en la carta. Dicho de otra forma, si avanza a 1 nudo y los veriles distan una milla entre sí, tendremos que sondar cada hora; si avanza 2 nudos cada media hora, etc. Cuando navegamos con las velocidades lentas no dan tan buenos resultados por lo que debe avanzar más deprisa, pero este ejemplo resulta útil para demostrar la relación entre la velocidad y los veriles. Una vez hayamos tomado 6 o 7 sondas, las trazaremos en papel vegetal, colóquelo en la carta y muévalo hasta que coincida con los veriles. Si utilizamos este método será más fiable que una demora y una sola sonda; da una línea de situación buena y, en combinación con una demora corregida proporciona una situación bastante fiable. Tendremos la precaución de no acercarnos a ninguna costa con mala visibilidad, a no ser que la conozca perfectamente, y permanezca en la mar fuera de peligro. Como fuera realmente necesario acercarse con mala visibilidad, podría emplearse este método. Posiblemente lo mejor sea acercarse a tierra hasta que la profundidad disminuya rápidamente y luego seguir un veril paralelo a la costa hasta encontrar el puerto. Ahora bien, como norma general, si no hay una causa de fuerza mayor, es muy peligroso entrar en un puerto con poca visibilidad. Es muy posible que haya otros barcos en la mar junto con el suyo, pero no muchos más, y seguro que hay mucha agua entre usted y ellos.

Las demoras de noche

Para las demoras de noche se pueden emplear los mismos métodos en la navegación nocturna, salvo que, en lugar de tomar las demoras de cualquier objeto visible que pueda identificarse en la carta, debe tomarla de los faros. Cada faro tiene una carácterísticas distintas que lo indican. Los métodos descritos anteriormente pueden emplearse pero es especialmente recomendable la demora y el resplandor de un faro.

La demora y el resplandor de un faro

Aquí tenemlos una variante de la demora y la distancia a un faro. Tomaremos la demora de la manera habitual, pero se toma en el momento en que un Faro deja de ser un resplandor debajo del horizonte y comienza a ser visible como una luz. Como los veleros solo alcanzan velocidades lentas, este proceso puede durar varios minutos.

Como se encuentre en la bañera y vea el resplandor pero no está completamente seguro de la distancia hasta el faro, suba a cubierta para comprobar si la luz se eleva por encima del horizonte. Como no lo haga asi, tiene que subir a un punto más alto o esperar un poco más. En el momento en que la luz se hace visible por encima del horizonte, puede consultar las Tablas Náuticas y averigua su distancia tras aplicar la corrección debida a la altura de su ojo. Si lo hace así, encontrará la elevación del foco luminoso sobre el nivel medio de la mar, junto con las demás características, en el Libro de Faros y Señales de Niebla.

En lo que va de libro hemos tratado las principales técnicas necesarias para que se convierta en un buen navegante. Todavia le queda aprender el sistema de balizamiento vigente en su país y algunas otras cosas que veremos más adelante. Piense que en extensas zonas del mundo, que incluyen Estados Unidos y Rusia, las Filipinas y otras áreas, el sistema de balizamiento funciona al revés. Tendremos presente que hay zonas del mundo que no tienen ningún tipo de sistema.

La marcación y forma de hallarla

La marcación es el ángulo que forman la proa y el visual a un objeto.

La forma de contarlo va de 0 a 180° hacia babor y es negativa. Igualmente se puede contar en sentido circular de 0 a 360° y siempre es positiva.

Si disponemos a bordo de una aliada que el compás lleve un círculo de marcar, en que el cero coincida con la proa. Si queremos marcar un objeto basta enfilar las pínulas de la aliada con el objeto y leer la numeración exterior.

Por lo general lo más habitual es tomar directamente la demora de cualquier objeto con el marcador portátil.

Relación entre rumbo, demora y marcación

Demora = a Rumbo + Marcación

$$D = R + M$$

Ayudas a la navegación

Marcas, luces y señales marítimas: faros, farolas y balizas

El motivo de la señalización marítima es proporcionar a los navegantes los medios para fijar su situación e indicarles los peligros en las proximidades de las costas por medio de señales adecuadas.

Tenemos la necesidad de fijar la situación tiene lugar lo mismo durante el día que durante la noche, por lo que la señalización marítima debe entenderse como ayuda permanente a la navegación.

En cuanto a la señalización marítima está compuesta por marcas en tierra, como torres con grandes rombos para señalizar una enfilación de entrada a puerto, barra o río. Faros, consistentes en torres situadas en lugares estratégicos para el navegante provistas de luz. Farolas, como vulgarmente se llama a las balizas de recalada a puerto y de los malecones. Y por último están las boyas colocadas en lugares apropiados para guiar al navegante de los peligros existentes, marcar los márgenes de los canales, ejes del canal, zonas de bifurcación o confluencia, etc. Hay boyas ciegas, que no contienen luz, de campana, usada en lugares habituales de niebla, con reflector radar, etc.

Hay faros que están dotados por sistemas sonoros para hacer señales fónicas en caso de niebla.

Apariencia de las luces

Para la distinción entre las diversas luces que puede tener a la vista el navegante, será necesario que cada una de ellas presente sus características propias, como color, número de destellos y ocultaciones y periodo.

Periodo

El periodo es el intervalo de tiempo que se enciende hasta que se vuelve a apagar. Cuando la luz está más tiempo encendida que apagada se dice que es una luz de ocultaciones.

Fases

Son los distintos destellos y ocultaciones durante un periodo.

Sectores

hay faros que para señalizar un peligro tienen un arco de visibilidad dividido en sectores. Los sectores rojos señalan que el navegante está dentro de una zona de peligro, presencia de bajos, escollos, etc. Los sectores blancos señalan la libre navegación.

Hay también sectores oscuros, que es cuando un faro se ve por encima de tierra para no confundir al navegante.

Alcance luminoso

Es la mayor distancia que puede verse una luz. Depende de la potencia del faro y de la visibilidad, de la excentricidad de la Tierra, del color de la luz, etc.

Identificación de faros

Al aparecer una luz observaremos si se trata de una luz de destellos o de ocultaciones. No se debe empezar a contar destellos u ocultaciones en el primer momento que se ve. Si vemos que da varios destellos y luego oscuridad, cuando dé el primer destello empezaremos a contar batiendo cada segundo con el dedo índice sobre el pulgar o sobre los prismáticos. Con los dedos de la mano izquierda se cuentan los destellos u ocultaciones. Se siguen batiendo segundos durante todos los destellos y el tiempo de oscuridad y en el momento que vuelva a hacer el primer destello, allí nos pararemos. Por ejemplo, habremos contado 10 segundos y en la otra mano 2 destellos. Comprobaremos la operación y cuando estemos seguros, vamos al libro de faros, que debe estar abierto por la zona de costa por donde navegamos y buscaremos un faro de esta apariencia.

Los faros durante el día se pueden reconocer por la forma, franjas y colores que describe el libro de faros.

Boyas

Son flotadores que sujetos al fondo sirven para señalar un sitio peligroso. Hay boyas luminosas, ciegas, de campana y con reflector radar. En cuanto a su forma pueden ser cónicas, cilíndricas, esféricas y de espeque.

Procede el establecimiento de boyas en los peligros naturales, márgenes o ejes de los canales navegables, salida de colectores, etc.

Balizas

Son señales luminosas en tierra o en la mar que sirven para:

a) Complementar dentro de la zona de 12 millas inmediatas a la costa a los faros establecidos a fin de que dentro de ella se observen las luces en todo momento.

b) Señalar los islotes, bajos y puntos avanzados por la costa que pueden representar un peligro para la navegación.

c) Señalar los puntos de recalada y entrada en puerto, bahías o canales navegables.

Ejercicios sobre la carta náutica

Compás y transportador

El compás es un compás de puntas, normalmente de latón y las puntas de acero.

El transportador sirve para medir los ángulos sobre la carta, así como para trazarlos. Se puede colocar en la posición más conveniente haciendo coincidir unas líneas de interferencia que tiene, con los meridianos o los paralelos. Dispone de un pequeño agujero para poder pasar un hilo.

Hallar la latitud y longitud de un punto situado en la carta

Para medir la latitud se coloca una punta del compás sobre el punto y la otra tangenteando el paralelo que tenga por debajo. Se lleva la punta del compás recorriendo el paralelo hasta el borde de la carta y la otra punta hasta la misma escala vertical y leeremos desde el paralelo hacia arriba donde esté la otra punta del compás.

Para medir la longitud se coloca una punta sobre el punto y la otra se tangentea el meridiano más próximo. Con esta abertura se lleva la punta que tangenteaba el meridiano recorriendo éste hacia abajo o hacia arriba y al llegar a la escala horizontal de longitudes se apoya la otra punta y tendremos la longitud correspondiente al punto.

Las longitudes orientales, o sea, Este aumentan hacia la derecha y las occidentales u Oeste lo hacen hacia la izquierda.

La latitud Norte aumenta hacia arriba y la latitud sur hacia abajo.

Situación de un punto en la carta

Se toma el valor de la latitud y se busca en la escala de latitudes el grado correspondiente y luego los minutos. Por este punto se traza un paralela al paralelo más próximo. Luego se toma la longitud y se buscan en la escala horizontal los grados y minutos correspondientes y por el punto hallado trazamos una paralela al meridiano más próximo, el punto de cruce de las dos paralelas será la situación.

Medida de distancias

Las distancias las mediremos en la carta en la escala vertical o de latitudes. Como hemos dicho al definir la milla, la longitud de arco de 1 minuto de meridiano equivale a 1 milla. Para efectuar la lectura primero observaremos las divisiones de la escala de latitudes (la vertical) tal como lo hemos expuesto en el epígrafe de la lectura de la escala de la carta. Con el compás de puntas tomaremos la distancia entre dos puntos de la carta y se lleva una punta sobre un paralelo de la escala y se lee lo que marque la otra punta sobre la escala. El número de minutos y décimas de minutos que separa ambas puntas, será el número de millas y décimas de millas de distancia. Nunca se medirán las distancias en la escala de longitudes (horizontales).

Forma de trazar y medir los rumbos

Con el transportador: Puede tener forma cuadrada, rectangular o triangular. Si tomamos el cuadrado para trazar el rumbo o la demora, Se coloca el centro que tiene un pequeño agujero, sobre el punto, centrándolo de forma que las líneas verticales coincidan con los meridianos y las horizontales con los paralelos, luego se lee en la periferia el número de grados que corresponden.

Con reglas paralelas: Para hallar el ángulo que forma una línea sobre la carta, con respecto al meridiano, colocamos las paralelas coincidiendo con esta línea, luego haciendo movimiento de zigzag desplazamos las reglas haciendo coincidir el punto Sur, que está en la parte inferior, con un meridiano cualquiera. Luego se cierran ambas reglas y se lee el ángulo que coincida con el meridiano en la parte superior de las reglas.

Concepto elemental de navegación por estima gráfica en la carta

Navegación a un solo rumbo: Para rotular las situaciones verdaderas u observadas lo haremos con una circunferencia alrededor del punto de situación. Para indicar que la situación es de estima, o sea, calculada por rumbo y distancia, haremos un triángulo.

Desde la situación de salida So se traza el Re (rumbo efectivo) y sobre él se lleva la Dn (distancia navegada), que será igual a la velocidad del barco Vb por el Intervalo navegado In. El punto resultante será la situación de estima y se representará por triángulo. Tanto en las situaciones observadas como de estima se pondrá la HRB (hora reloj bitácora) y la lectura de la corredera C.

Navegación a varios rumbos: Desde el punto de salida So se trazan sobre la carta los diversos rumbos navegados con sus distancias por corredera a cada cambio de rumbo.

Si tenemos corredera, al iniciar el viaje habremos calculado el coeficiente; que consiste en dividir una distancia navegada entre dos situaciones observadas, por la distancia navegada por corredera en el mismo tiempo. El coeficiente que nos salga lo multiplicaremos por la distancia navegada, será la que pongamos sobre la línea del rumbo. El hecho de llevar una corredera no significa que marque bien. Es como tener un reloj y no ajustarlo a la hora.

Las anotaciones en la carta siempre se harán con la máxima meticulosidad, aproximando al máximo. Se empleará un lápiz del nº 2 para que sea fácil de borrar la carta.

Rumbo para pasar a una distancia determinada de la costa o peligro

Se toma con el compás una abertura igual a la distancia que se quiere pasar de tierra, por este punto de tierra se traza una circunferencia de radio igual a la distancia. Desde el punto de salida trazaremos una tangente a la circunferencia. Se coloca el transportador sobre el punto de salida y hacemos coincidir el hilo con la línea tangente. Se podrá leer el rumbo sobre el limbo del trasportador.

Corregir el rumbo cuando haya abatimiento

Al tener el rumbo de aguja, si tenemos viento o mar de través, tendremos que hacer un rumbo hacia barlovento igual al abatimiento, obteniendo el rumbo de timón. El signo deberá aplicarse como se ha hecho al aplicar la corrección total.

Corregir el rumbo cuando haya corriente

Es evidente que si no se corrige el rumbo producido por efecto de la deriva, que produce la corriente, no podremos recalar en el punto de destino.

Para calcular el triángulo de velocidades se une el punto So con el punto de destino P y tendremos el rumbo efectivo. Por So trazaremos el rumbo de la corriente Rc y la intensidad horaria de la corriente Ihc, obteniendo el punto C. Por este punto y con una abertura de compás igual a la velocidad del barco Vb trazamos un arco que corta el rumbo efectivo en D. La velocidad efectiva Ve de traslado de So P será la distancia So a P. Uniendo C con D obtendremos el rumbo de superficie Rs o rumbo aparente Rap.

Se coloca el transportador sobre So y se calcula el Rs para pasarlo a rumbo de aguja Ra.

El tipeo será el siguiente:

Rs =......

Ct =......(de la carta al timón , al revés lo corrección)

Ra =......(si hubiera abatimiento se corrige)

Ab =......(como vamos al timón, al revés la corrección)

Rt =......(al segundo rumbo de aguja lo llamaremos rumbo timón)

Trazado y medida de demoras e enfilaciones con el transportador

Una vez que hemos tomado la demora demora de un punto desde el barco, el ángulo que obtenemos es el formado por la dirección de este punto y del norte de la aguja de nuestro marcador portátil. Cuando hemos corregido corregido este ángulo, que llamaremos demora, por la corrección total, obtendremos la demora verdadera lista para trazarla sobre la carta. Tenemos que recordar que sobre la carta solamente se pueden trazar rumbos y demoras verdaderas.

Cuando vamos navegando desde el barco vemos el faro marcado en una dirección, pero como el faro nos ve a nosotros al opuesto, tendremos que sumarle o restarle 180° a la demora verdadera para poderla trazar desde el faro.

Ejemplo:

$$Da = 115 +$$
$$Ct = \quad 5\ NW$$
$$Dv = \ 110$$
$$= 180 +$$
$$Dv\ opuesto = 290$$

Colocaremos el transportador sobre el punto marcado en la carta y se traza la demora de 290°. Si en este momento tomamos la demora de otro punto conocido en la carta, el punto de cruce de las dos demoras será la situación observada o verdadera.

Cuando hagamos el trazado de una enfilación basta unir los dos puntos enfilados y obtendremos un lugar geométrico. Como en este momento tomamos la enfilación de otros dos puntos, o una demora de otro, o bien una sonda bien señalizada en la carta, obtendremos la situación del barco instantáneamente. Si queremos medir la demora de una enfilación se coloca el transportador sobre uno de los puntos y nos dará la lectura directa. Cuando comparamos esta demora con la formada simbólicamente desde abordo, que será de aguja, obtendremos la corrección total.

La enfilación y la oposición como demoras verdaderas

La enfilación es la línea recta que une dos puntos conocidos sobre la carta que están superpuestos. La oposición es una línea recta que une dos puntos conocidos sobre la carta y el barco y se encuentra entre ambos sobre dicha línea. Tanto la enfilación como la oposición son lugares geométricos en que el observador se encuentra sobre ellos y al estar trazados sobre la carta se conviertan en verdaderos y, por tanto, aprovechables para la situación del barco, para hallar la corrección total o para confeccionar la tablilla de desvíos.

Cálculo de la corrección total a partir de una enfilación o de la tablilla de desvíos:

Por enfilaciones: Si vamos navegando a un determinado rumbo y queremos calcular exactamente la corrección total, lo haremos aprovechando todos los medios que tengamos a nuestro alcance. Uno de ellos totalmente fiable a la vez que muy rápido será por enfilaciones a dos puntos de la costa.

Cuando vayamos a llegar a la línea de enfilación elegida, se comprueba que ambos puntos perfectamente señalados en la carta, los unimos, se coloca el transportador sobre uno de ellos y se mide la demora verdadera de la enfilación. Se prepara el compás de marcar o con la aliada del compás de gobierno estaremos preparados para tomar la demora de aguja de dicha enfilación.

Por lo tanto sabemos que:

Corrección total = demora verdadera enfilación – Demora de aguja enfilación

Ct = Dv –Da

Supongamos:

Si sabemos que la Dv de una enfilación es de 240° y observamos desde a bordo que la Da es de 245°, haremos la siguiente operación:

Dv enfilación = 240 + (positiva porque es circular)

Da enfilación = 245 + (-) pasa a menos porque hay que restar

Ct = Dv – Da = 5 - (NW)

Ejemplo: Si la demora de una enfilación es N 50 W y la Da es N 45 W

Dv enfilación = N 50 W – (negativo porque está en el cuarto cuadrante)
Da enfilación = N 45 W – (+) pasa a positivo porque hay que restar
Ct = Dv – Da = 5 – (NW)

Por la tablilla de desvíos: Cuando entramos en la tablilla con el rumbo de aguja que vamos hacer encontramos el desvío correspondiente a este rumbo. Después vamos a la carta y tomamos la declinación magnética y la corregimos por el año actual sumándolas algebraicamente, o sea, cada una con su signo, obtendremos la corrección total.

Ejemplo:

Declinación magnética: dm = 4 W –

Desvío = 1 +   (signos desiguales se restan y se pone el signo mayor)

Corrección total: Ct = 3 W

Situación por demora y línea isobática

Tomaremos desde el barco la demora de la costa y después de corregirla por corrección total se traza sobre la carta en sentido opuesto a dicha demora, y en ese instante se toma la profundidad por medio de la sonda.

Ejercicio: Cuando estamos en hora reloj bitácora (HRB) = 22.00 tomamos Da del faro de Trafalgar =310 y en ese instante la sonda marca 45 metros.

Corrección total = Ct = 5 NW hallar la situación observada.

Da   =   310
Ct   =   5 NW -
Dv   =   305
          - 180
Dv op =   125

Trazaremos la demora verdadera del opuesto desde el faro y se busca en la carta una sonda que coincida con la buscada y se halle sobre la citada demora. De esta forma obtendremos así la situación que si bien no es total exactitud, será muy aproximada.

Cuando se trata de una enfilación u oposición, buscaríamos sobre la línea trazada una sonda que fuera la más próxima a la dada y ésta sería la situación.

Situación por marcaciones simultáneas conociendo el rumbo

Si queremos resolver este problema vamos a aplicar la fórmula que relaciona la demora, el rumbo y la marcación que hemos visto anteriormente.

La planificación de una travesía

Apartir de este momento, está preparado para zarpar hacia el océano. Ha conseguido la habilidad básica suficiente para la navegación costera entre puertos. Estamos seguros dxe que hay mucha gente menos preparada que ha cruzado los océanos, pero no es muy sensato hacerlo en estas condiciones. En estos momentos, lo importante es saber que debe hacer antes de zarpar. Tiene que disponer de las Cartas y Derroteros de los puntos de salida y de destino. Tambien tendrá que disponer de los Derroteros y Cartas de todos los puertos, ya que nunca se sabe cuando los vas a necesitar.

Hicimos una travesía no hace mucho tiempo, y en un principio pensamos que no era necesario llevar las cartas de todos los puertos de la ruta que teníamos que realizar, ya que íbamos a recorrer muchas millas y no teníamos prevista visitar muchos puertos. Cuando estábamos preparando el viaje, miramos la carta de Esperance, Australia, y nos echamos a temblar. ¿Seguro que nadie querría visitar semejante lugar? Vimos que el puerto está próximo a una zona de unas 120 millas de largo y 35 de ancho, con poca hidrografía y literalmente rebosante de arrecifes, rocas y demás peligros. Después de darle muchas vueltas, decidimos llevarnos todas la cartas; resultó que perdimos el palo y tuvimos que navegar más de 200 millas con aparejo de fortuna y recalar en Esperance, el puerto más cercano después del accidente. No fue muy agradable entrar en Esperance con una galerna, pero contamos con el conocimiento seguro que proporcionaba la carta. No sabemos qué hubiera ocurrido si no hubiéramos tenido las cartas adecuadas.

Es necesario llevar todas las cartas y Derroteros de los lugares donde vayamos a navegar. Se deben repasar y decidir qué rumbo se va a seguir después de evaluar los peligros. Debemos decidir, por ejemplo, a qué distancia queremos dejar un bajío o un banco. Cuando decidimos pasar a 5 millas de una zona peligrosa, cogeremos el compás de puntas lo colocaremos en la escala de latitudes a la altura del peligro. Pondremos una punta sobre el peligro y trazaremos un círculo de seguridad alrededor del mismo. Apartir de este momento trazaremos el rumbo desde el círculo de seguridad hasta el próximo destino. Hecho esto sabemos que este será un rumbo seguro. Sera necesario hacer lo mismo con todos los peligros.

El alcance de las luces

Cuando se hacen travesías nocturnas, me gusta trazar un círculo similar para marcar el alcance de los faros. Nunca debemos olvidar que el alcance publicado en el Libro de Faros y Señales de Niebla es el alcance visto desde el puente de un buque, a unos 10 metros por encima del nivel del mar. Recuerde que la altura de la que usted dispondrá es mucho menor, generalmente entre 2 o 3 metros en un velero. Será necesario consultar las Tablas Náuticas con el fin de adaptar el alcance de la luz a la altura de sus ojos. Cuando hagamos esto, detectará las zonas en las que podrá contar con varias luces para facilitar la navegación y aquellas otras en las que carecerá de ellas.

Cuando haya más de una luz visible, puede tomar las demoras y fijar la situación con precisión y facilidad. De todas formas, no debe preocuparse si pasa por una zona sin faros. Sencillamente, calcule la estima y, al llegar al alcance de las luces, podrá situarse con precisión. Hemos navegado muchas millas por estima y, al alcanzar la tierra, nos hemos situado sin desviarnos nunca mucho del rumbo planificado. Seguramente la estima sea más precisa en las travesías largas, ya que las corrientes tienden a anularse entre sí. De todas formas no hay que confiarse, y no está de más contar con el respaldo de la navegación astronómica. Aun utilizando esta técnica permite situarse en cualquier momento, pues no siempre es posible ver el Sol o identificar una estrella.

Si ha acabado de trazar los rumbos, los círculos de seguridad y los alcances de las luces, escriba sobre la carta el rumbo de aguja Todos los rumbos se deben de corregir y ser tal como se dan al timonel. Sera sensato anotar también la hora estimada en que pasará cerca de determinadas marcas en la tierra, boyas, peligros, etc., sobre todo si prevé que la marea va a jugar un papel importante en el momento de pasar. Es imposible en muchas ocasiones navegar a los rumbos trazados ni legar a la hora estimada pero, ya que ha podido calcularlos con tranquilidad y sin los errores que causa la tensión, está mejor preparado para enfrentarse a cualquier variación.

Las mareas

Muchos de os libros de navegación que hablan de mareas dan muchos detalles que el navegante deportivo necesita. Por lo general, cuanto mayor es el barco y su calado, mayor atención debe prestar el navegante a la profundidad. Sabemos que el navegante deportivo normalmente puede alejarse de las aguas peligrosamente someras.

No ocurre lo mismo con el navegante de crucero que se las verá con mareas casi inexistentes y mareas de hasta 12 metros de amplitud; así pues, este último debe entenderlas bien. En muchos tratados pueden verse las definiciones de las alturas y las elevaciones empleadas, y en el glosario se puede encontrar la descripción de todas ellas. Sin embargo, al navegante medio solo le interesan unas cuantas. Más adelante daremos una breve explicación de lo que causa las mareas, sin descender al nivel de detalle que precisa el experto.

Es muy posible, todo el mundo sepa que la gravitación de la Luna causa las mareas. Aunque es muy posible que no todo el mundo sepa que el Sol también influye en ellas. Lo que ocurre es que cuando sus efectos se complementan, la amplitud de la marea es mayor que la habitual. El efecto de la Luna hace que la marea sea más alta en el área justo por debajo de ella y también en sus antípodas. En cuanto a las mareas más amplias son las vivas (mareas de sicigia) y las menos amplias, las muertas (mareas de cuadratura). Hay otras mareas pero no son de interés para el navegante.

Hay que tener presente que las mareas pueden preverse para cualquier punto de la tierra y para cualquier momento, ya que se conoce perfectamente la órbita de la Luna. Aunque existen efectos locales que pueden interferir de forma importante. Puede ser un viento fuerte amontona el agua en una costa de sotavento o atrasa una marea que entra en su contra. Tener conocimiento de la marea es muy útil en la navegación. Seguidamente vamos a considerar los cálculos que nos dicen, para cualquier parte del mundo de la que existan datos, como responder a las preguntas:

1. ¿Cuál será la altura que habrá en un punto determinado en un momento concreto?
2. ¿Cómo sabremos la altura que habrá a una hora determinada y en un lugar determinado?

Si queremos responder a estas preguntas necesitará el Libro de Mareas.

Libro de mareas

Algunas organizaciones publican Libros de Mareas pero no todas lo hacen con la misma calidad. Las de mejor calidad siguen el formato de las Tablas del Almirantazgo y pueden comprarse en cualquier librería especializada.

Estas proporcionan la información de los puertos patrónes, es decir, los puertos más importantes del mundo. En el anuario encontraremos el horario y la altura del agua a pleamar y bajamar en mareas vivas y muertas. Es sabido que las mareas vivas suceden cuando el Sol y la Luna tiran juntos, y las mareas muertas se producen cuando ambos astros están en oposición. Pudimos comprobar antes que la fase de la Luna nos indica cuándo se producen las mareas. Si miramos la parte inferior de cada página del Almanaque Náutico, encontraremos un símbolo que muestra la fase de la Luna. Cuando hay luna llena y luna nueva hay marea viva, y en el cuarto creciente y menguante hay marea muerta. Tenemos más información bajo el título de MHWS (Nivel medio de los pleamares de sicigias) MHWN (Nivel medio de bajamares de cuadraturas) y MLWS (Nivel medio de bajamares de sicigias). Si observamos las cifras en negrita que hay bajo estos encabezamientos veremos que nos dan la amplitud media para las alturas tabuladas. Podemos saber si una marea es de sicigias o cuadraturas por el promedio de su amplitud. Cuando la amplitud es mayor que el promedio, la marea es viva; si está por debajo, es una marea muerta.

No da información de las alturas ni los horarios para los puertos secundarios, pero la diferencia entre horarios de su puerto patrón y uno secundario figura en la lista de correcciones de la altura.

A continuación describiremos el método para establecer la altura en los puertos principales y secundarios. Este método es válido para todos los puertos del mundo.

Los puertos patrones

Todas las horas de pleamar y bajamar de los puertos principales se dan en "tiempo universal" (UT). Si la hora local no coincida con el (UT), debe ser convertida antes de empezar los cálculos. Todas las alturas se dan en metros y décimas de metros sobre el "cero hidrográfico" (Zo).

Todos los gráficos de las mareas de cada puerto principal permiten al navegante emplear las previsiones para el cálculo de la altura en un momento determinado, o de la hora de una altura determinada.

En cuanto al puerto principal que hemos elegido para nuestro ejemplo es Dover, el sábado 21 de Abril de 1990. El Almanaque Náutico referente a Dover para este día dice:

Sábado 21   0225   1,7
             0751   5,5
             1475   1,7
             2012   5,7

En el gráfico estándar de Almirantazgo para Dover muestra la subida y bajada de las mareas en bajamar, pleamar y bajamar. Hay 5 horas de entrante y 7 de vaciante.

En cuanto al gráfico de la marea y su cuadrante de altura nos permiten hallar la altura en un momento determinado así como también la hora de una altura determinada.

Siempre que incorpore la información siga un procedimiento estándar.

1.   Emplee el libro de mareas del puerto elegido.

2.   Busque el gráfico adecuado.

3.   Escriba la hora de la pleamar (en UT) en el recuadro debajo del vértice de la curva.

4.   Anote las horas antes (a la izquierda) y después (a la derecha) en los recuadros.

5.   Emplee la información sobre las mareas para marcar la altura a pleamar (la parte superior) y a bajamar (la parte inferior).

6.   Una las marcas con un trazo a lápiz.

Si queremos averiguar a qué hora hay una altura determinada (por ejemplo, 4,2 m) en la mañana del 21 de Abril, proceda de este modo:

A.   Marque 4,2 m en la parte superior del cuadrante.

B.   Trace una línea de trabajo hasta que corte la diagonal de referencia.

C.   Trace la línea horizontal hasta que corte la curva (antes o después de la pleamar de sicigias o cuadraturas.

D.   Trace una línea hasta la base y lea la hora (en UT). La hora en la que encontramos la hora requerida de 4,2 mes a las 0541

Si queremos averiguar la altura en un momento determinado, se invierte el proceso.

a)   Elija la hora y conviértala a UT.

b)   Busque la hora UT (por ejemplo 1115) en la escala de tiempo y trace una línea hacia arriba hasta que corte la curva.

c)   Trace una línea horizontal hasta que corte la diagonal de referencia.

d)   Baje la línea hasta la escala de altura y lea el resultado.

La altura a las 1115 será de 3,6 m.

Cuando tenga cierta experiencia, puede olvidar su lápiz y reseguir el camino con el dedo. La gran ventaja del gráfico es que, una vez preparado, puede usarlo todo el día.

Los puertos secundarios

Por lo general, los puertos secundarios suelen ser puertos de pesca o puertos deportivos. La información del Almanaque Náutico se presenta

de forma estándar y proporciona los datos de tal manera que el navegante puede deducir las alturas y las horas de pleamar y bajamar.
El puerto secundario de nuestro ejemplo es Folkestone, un pequeño puerto de transbordador y de yates al oeste de Dover. Los datos son:

Puerto principal Dover
Horas

Pleamar		Bajamar	
0000	0600	0100	0700
1200	1800	1300	1900

Alturas en metros

MHWS	MHWN	MLWN	MLWS
6,7	5,3	2,0	0,8

Diferencias Folkestone
Horas

Pleamar		Bajamar	
-0020	-0005	-0010	-0010

Alturas en metros

MHWS	MHWN	MLWN	MLWS
+0,4	+0,4	0,0	-0,1

Cuando la abrimos a primera vista, la página parece confusa. Lea las horas de pleamar para el puerto principal y las diferencias horarias y en sentido vertical. A las 0000 y las 1200 horas la diferencia entre Dover y Folkestone es de -0020 minutos, lo que significa que la pleamar de Folkestone tiene lugar 20 minutos antes que en Dover.
Las alturas se leen de manera similar.
- MHWS en Dover 6,7 m = +0,4 en Folkestone
- MHWN en Dover 5,3 m = +0,4 m en Folkestone
- MLWN en Dover 2,0 m = 0,0 m en Folkestone
- MLWS en Dover 0,8 = -0,1 m en Folkestone

Si empleamos los datos del 21 de Abril de 1990 veremos que la pleamar en Dover sucede a 0751 horas con una altitud de 5,5 m. La bajamar sucede a las 1457 con una altitud de 1,7 m. Las tablas dan una diferencia para Folkestone a la 0600 y 1300 horas para la pleamar y la bajamar, así que debemos calcular la diferencia con un gráfico. Emplee una hoja de papel DIN A4 para confeccionar un gráfico de altura y de hora. Divida el eje de las horas en valores positivos y negativos. Para emplear el gráfico, siga los siguientes pasos:

1.	Seleccione el puerto secundario y la pleamar o la bajamar según su necesidad.

2.	Consulte la información sobre el puerto principal (Dover 21 de Abril de 1990.

3.	Emplee las horas de pleamar o bajamar para confeccionar la escala de valores de las horas y rellene con ellos el eje vertical del gráfico. (En este ejemplo, la pleamar ocurre entre las 0600 y las 1200, así que son éstos los parámetros válidos.

4.	En el eje horizontal, distribuya los valores de la diferencia horaria (-0005 y -0020 minutos).

5.	Trace una línea diagonal entre los valores para las 0600 y 1200 horas.

6.	El 21 de Abril, la pleamar sucede a las 0751, introduzca la hora de pleamar del puerto principal y corte la diagonal.

7.	Trace una línea hacia abajo para hallar la diferencia horaria (-0010 minutos en este ejemplo).

8.	Calcule la hora local de pleamar (0751-10 minutos).

La pleamar en Folkestone el 21 de Abril de 1990 sucedió a las 0741 horas.

Cuando existan diferencias en las alturas se calculan de manera similar y puede partir el gráfico en valores positivos y negativos. Es recomendable emplear un lápiz de cera y disponer una carpeta de plástico transparente a bordo para guardar la información y los gráficos necesarios dentro. Recomendamos utilizar el lápiz de cera para dibujar encima del plástico y así no tener que duplicar las copias.

En la navegación deportiva en las zonas de mareas de amplitud media, "la norma de doceavas" es generalmente suficiente para calcular una altura segura para el fondeo.

La navegación astronómica

En cualquier parte del mundo, el conocimiento sobre la navegación ha sido diempre un camino hacia el poder y para mantenerlo se ha guardado el conocimeinto de la navegación celosamente. En las islas del pacífico transmitían su sistema particular de padres a hijos. Tambien los españoles, holandeses y portugueses guardaron celosamente el conocimiento que hizo posible el descubrimiento de nuevas tierras con sus riquezas y posibilidades de comercio. Estos conocimientos eran como un secreto de estado.También los países que viajaban guardaron sus secretos y no había un centro que recopilara la información. A veces, los poseedores de la información difundían falsos datos con el fin de despistar a los demás y mantener el fruto de sus hallazgos en secreto.

Cuando vino la explosión del conocimiento que ha ocurrido en este siglo, nada de esto tiene sentido. Ahora ya no es posible mantener el conocimiento bajo llave, aunque muchos lo intenten.

En estos momentos cualquiera que lo desee puede aprender a navegar utilizando las estrellas, y la siguiente descripción demuestra que no es difícil. Eso es fácil de hacer pero resulta un poco más difícil de comprender; no obstante la perfección se consigue por medio de la práctica

Por ejemplo, el error del índice, cuando la lectura está por encima del cero (en el limbo) debe restarse del ángulo observado. Cuando la lectura está por debajo del cero (fuera del limbo) debe sumarse. Todo esto le demostrará que puede hallar su situación en cualquier punto del globo sin más pertrechos que el sextante, un cronómetro preciso, el conocimiento del triángulo astronómico y, por supuesto, la buena visibilidad.

A través las observaciones y las correcciones nos permitirán obtener datos precisos sobre cuatro observaciones:

1.   La hora
2. La situación por estima
3. La altura verdadera
4. La altura calculada

La hora

Es muy sencillo. Debe tener un reloj de precisión y debe conocer su desviación respecto a la hora oficial.

Situación por estima

Lo importante es mantener su cuaderno de bitácora al día, de esta forma conocerá la distancia recorrida desde la última observación que tomó. A pesar de que su estima no necesita ser del todo precisa a la hora de tomar una altura, debe expresarse en términos de longitud y latitud. De esta forma nos dará la respuesta a un pequeño problema de geometría, como ya veremos.

La altura verdadera

Se trata del ángulo obtenido con el sextante, corregido después teniendo en cuenta el error de índice, la elevación del ojo observador y las correcciones de altura indicadas en las tablas

La altura calculada

La altura calculada se consigue con el ángulo horario de Greenwich, y datos de las Tablas Náuticas y los cálculos de Reducción de alturas. Cuando hayamos obtenido estos cuatro elementos, podremos situarnos. Lo que queremos conseguir es trazar un triángulo sobre la superficie del globo y emplearlo para situarnos.

Este primer ángulo del triángulo estará en el punto de nuestra situación por estima. El navegante capaz sabrá situarse por estima en cualquier momento, pues ha trazada los rumbos y la velocidad de su barco a lo largo del día. Desconocerá qué efecto ha tenido la corriente o el abatimiento, ni cualquier otra cosa que haya podido desviarlo de su rumbo. No obstante para la navegación astronómica, lo primero es trazar la situación por estima.

A continuación el siguiente punto del triángulo es el polo, norte o sur según el hemisferio en que nos encontremos. De esta forma tendremos dos de los tres elementos requeridos, aunque nuestra situación por estima es solamente aproximada.

En cuanto al tercer punto de la "posición geográfica" del astro, la posición geográfica del astro (PG) que empleamos. La PG o posición geográfica es el punto sobre la superficie de la Tierra por el que pasará una línea trazada desde el astro al centro de la Tierra. Este punto se mueve constantemente y cada astro útil para la navegación tiene tabulado su PG para cada momento del día. Así, si el sextante nos da su ángulo de un astro en un momento determinado, podemos hallar el PG correspondiente. Esta diferencia entre un PG que obtenemos por la observación y una obtenida por cálculo se denomina **intercepción.** Por lo tanto, esta diferencia puede ser en la dirección del objeto observado o en dirección contraria.

Tendremos que transformar la información para que sea fácil de emplear y así podemos situarnos. Por lo tanto, formaremos el paralelogramo con el fin de calcular nuestro cenit.

El cenit

El cenit es un punto que está situado directamente encima de nuestras cabezas. En cuanto a la distancia a que se encuentra un objeto celeste es irrelevante para la navegación. Lo único que nos interesa es el ángulo que ocupa en el cielo y algo de la geometría de los paralelogramos.

La distancia cenital

En cuanto a la distancia cenital, debemos aprender una cosa más para poder navegar con las estrellas: precisamente esta distancia cenital. La distancia cenital es el resultado de restar a 90° el ángulo del sextante. Como el ángulo del sextante sea de 60°, la distancia cenital es de 30°. Por que un minuto de arco equivale a una milla náutica, una distancia cenital de 30° equivale a 1800 millas. Por que la distancia cenital puede expresarse en millas, podemos situar el PG del Sol con precisión. En este momento ya tenemos un triángulo compuesto por la posición geográfica del sol, el polo, y nuestra situación por estima.

Cuando obtengamos la altura con el sextante se llama altura verdadera, (AV). En cuanto a la altura calculada se denomina (AC). Aquí empleamos la práctica habitual de llamar al ángulo del polo P, al de la PG, X y nuestra situación, Z., ZX es la distancia cenital. Puesto que 90° menos la distancia cenital equivale a la altura verdadera, 90° menos la distancia cenital calculada da la altura verdadera. Si buscamos la distancia la diferencia entre estos dos ángulos es, de nuevo, la intercepción.

La recta de altura

Cuando hemos observado el Sol y obtenido la intercepción; para que sea útil debemos convertirla en una recta de altura, el equivalente a una línea de marcación o demora en la navegación costera. Una vez hayamos trazado la recta de altura, sabremos que nos encontramos en algún punto sobre ella. Tendremos que calcular el punto exacto; debemos hallar la intercepción. Para comenzar, expresaremos en latitud y longitud los puntos del triángulo en la carta. Como lo hemos hecho en la situación por estima; la posición de los polos es perfectamente conocida. Tendremos que definir el PG del Sol en términos de latitud y longitud.

Conforme van progresando las estaciones, el Sol pasa del hemisferio norte al hemisferio sur y al revés según la estación, atravesando un cinturón de unos 45° de anchura (la mitad en el hemisferio norte y la otra mitad en el hemisferio sur). El grado de este desplazamiento se llama la **declinación del Sol.** En el momento que el Sol está al norte del ecuador, se dice que su declinación es norte y cuando está al sur, declinación sur. El término declinación corresponde exactamente con la latitud y puede expresarse con grados de latitud, lo que nos da la primera recta de altura para el PG.

A continuación necesitamos la segunda, la longitud. Los meridianos de longitud son círculos máximos verticales que pasan por los polos. Corresponden a la distancia y la diferencia horaria respecto a Greenwich. Una vez que se refieren al tiempo, los meridianos se llaman **husos.** Ya que el huso horario de un cuerpo celeste puede calcularse en base a la hora de la observación, se puede transformar el ángulo horario en términos de longitud. Por fortuna, el trabajo duro ya ha sido realizado. Durante los siglos, A lo largo de los siglos los navegantes aplicados han tabulado la posición del Sol respecto a la Tierra en cada momento de la órbita de ésta. Por lo tanto, tomaremos Greenwin como meridiano de referencia.

Si tomamos la hora de nuestra observación con el sextante, podemos consultar el Almanaque Náutico y hallar el horario de Greenwich del Sol en este momento y día en concreto. Cuando hayamos obtenido el horario de Greenwich, nos da una longitud para el PG del Sol y de esta manera ya habremos establecido los tres ángulos del triángulo astronómico. Si queremos hallar la intercepción, se compara el ángulo con nuestra situación por estima y con nuestra situación verdadera. Tendremos que saber cuál es el ángulo horario del lugar (HL). El ángulo horario del lugar, o ángulo horario local, es la hora de Greenwich corregida por la situación por la estima del barco, lo que nos da un ángulo relativo a la situación del barco en lugar del relativo a Greenwich.

Si lo hacemos así se presenta otra complicación. El horario de Greenwich es sencillo, se mide en grados hasta llegar a los 360º, o en horas hasta las 24, partiendo y volviendo al meridiano de Greenwich. El ángulo horario local se mide hacia el este o hacia el oeste de **Greenwich.** Si nos encontramos en el hemisferio este, el hl, es de 360º más la longitud del observador, y en el oeste de 360º menos la longitud del observador.

Como todo esto le parezca mucha información, le doy toda la razón. Por que ha aprendido casi todo lo que necesita para la navegación astronómica. Si dispone una calculadora programable ya podrá situarse con precisión siempre y cuando sus observaciones sean precisas.

Como emplee las Tablas de Reducción de Alturas, tendrá que corregir los errores de semidiámetro de La luna y del Sol. Las observaciones del Sol y de la Luna se toman del limbo superior o inferior. La corrección sitúa la observación en el ecuador del astro.

Las observaciones que tengamos deben corregirse por la elevación del ojo del observador por encima del nivel del mar. Cuando emplee una calculadora programable, debe introducir la elevación del ojo cuando se lo pida el programa. Como emplee las Tablas, las correcciones ya están detalladas.

El paso s guiente será convertir la hora local en tiempo universal. Tenga mucho cuidado al convertir la hora, debe tener en cuenta todas las variantes locales, como el horario de verano, etc. Como no lo haga correctamente, sus cálculos serán erróneos. Busque la intercepción restando de la mayor la menor de las dos alturas (altura verdadera y altura calculada). En este momento disponemos de la información necesaria para trazar la recta de altura: la demora verdadera del objeto, una situación por estima y la intercepción.

Si queremos trazar la recta de altura, emplearemos una hoja milimetrada. Como no dispongamos de una hoja especial, coja una hoja cuadriculada y trace una línea vertical para representar el meridiano más cercano a su longitud. Debemos trazar el ángulo del azimut pasando por la situación elegida. Mediremos la distancia de la intercepción hacia el objeto o en dirección contraria, según el valor. Trazaremos una línea perpendicular al azimut. Y esta es la recta de altura. En cuanto a la convención dicta que la recta de altura tenga dos líneas cortas en los extremos, cada una con una flecha. Pienso que esto se presta a confusiones al trazar más de una situación, por lo tanto, lo que consideramos que se debe de hacer es trazar las rectas de altura como líneas discontinuas. La intersección de las líneas discontinuas es evidente; luego se repasan para formar el triángulo, que se forma igual que con las observaciones de demoras terrestres.

Si disponemos de tres rectas de altura nos dan una buena situación, pero si dispone de una calculadora programable, puede observar hasta seis cuerpos celestes en menos tiempo del tardado en trazar una. Tenemos que recordar, que hemos incluido esta sección para que una persona sin experiencia en la navegación astronómica pueda situarse en caso de un fallo de su GPS y su calculadora.

Rumbo directo y distancia directa

Si conocemos las situaciones de salida y llegada, por medio de tablas o calculadora podremos hallar el rumbo que se deberá hacer para ir de un punto a otro, así como la distancia que los separa. Este rumbo que hemos hallado se llamará derrota loxodrómica o rumbo directo y la distancia se llamará distancia loxodrómica o distancia directa.

Situación estimada y situación verdadera

Se llama situación estimada a aquella situación sobre la carta o ana-
lítica que se ha realizado basándose en unos datos que se estiman
ciertos. Estos datos son el rumbo y la distancia navegada en un tiempo
determinado. Sin embargo, ambos pueden estar sujetos a los siguientes errores:

1.   *Error en el rumbo:* Este error puede ser debido a una defectuosa
corrección total que se ha obtenido por medio de declinación magnética de la carta y el desvío de la tablilla. Ambos pueden ser erróneos,
especialmente el desvío por no estar bien compensada la aguja. Siempre que sea posible, la corrección total debe hallarse por medio de
acimut de la Polar, por enfilaciones o por amplitudes de orto o el ocaso
del Sol.

Otro error en el rumbo puede ser a un abatimiento mal aplicado o des-
preciado o a una corriente que nos ha producido una deriva.

2.   *Error en la velocidad:* Otro error que influye directamente sobre
el cálculo de la situación estimada será la distancia navegada, que resultará de un tiempo determinado a una velocidad supuesta. Decimos
supuesta porque, aunque se tome por corredera, ésta no acusará la
existencia de una corriente que actúe sobre el barco.

La situación estimada (Se) se rotula sobre la carta con un punto dentro
de un triángulo, colocando la hora del reloj bitácora (HRB) y debajo la
lectura de la corredera.

Se llama situación verdadera a aquella situación obtenida por medios
exactos, como pueden ser: enfilaciones o ángulos horizontales, en las
que no interviene la aguja magnética, o por demoras simultáneas a
varios puntos de la costa, mediante observación de los astros, loran,
decca o por satélite. Esta situación llamada también observada (So) se
rotula sobre la carta con un punto dentro de un círculo, con la HRB y
la lectura de la corredera.

Tablas náuticas

La colección de Tablas Náuticas está formada por un compendio de
48 tablas en un libro, en el cual están recopiladas todas aquellas necesarias para la navegación astronómica y de estima, así como otras
de interés para el navegante. Su existencia a bordo es imprescindible.
En resumen, diremos que las tablas náuticas constan de: logaritmos
de los números, logaritmos de las funciones circulares, conversión de
logaritmos, tablas de estima, correcciones que deben aplicarse a las
alturas observadas del sol, estrellas, planetas, y luna, tablas para ha-

llar azimuts de los astros, reducciones al meridiano, tabla para hallar la distancia en el horizonte, funciones circulares, tablas para la reducción de grados a horas y viceversa, partes meridionales para hallar las latitudes aumentadas, tablas para compensar la aguja náutica y, por último, las correcciones que deben aplicarse a las radio marcaciones para convertirlas en marcaciones Mercator.

Tablas de estima

Las tablas de estima, tabla VI (c) de las Tablas Náuticas, tiene una página para cada dos rumbos contados de 1 a 45º en la parte superior y de 89 a 45º en la parte inferior. Consta de tres columnas correspondientes a la distancia (D), diferencia en latitud (l) y apartamiento (A). La distancia está tabulada de 1 hasta 900 millas. Entrando por la parte inferior de la página se encuentra el complemento del rumbo y, por lo tanto, las columnas tendrán valores opuestos, si arriba la columna dice l en la de abajo dice A y viceversa. Se pondrá especial cuidado en no confundirse de columna.

Para resolver el problema de la estima, se entra con la distancia navegada y el rumbo verdadero que se gobierna, que se tomará arriba si es menor de 45º y abajo si es mayor. Al lado de la distancia hallaremos la l y el A. Se calcula la altitud media entrando con ella como rumbo y el apartamiento como diferencia en latitud, en la columna de distancias encontraremos la diferencia en longitud (L), que aplicada a la longitud de salida obtendremos la de llegada.

Calculadoras

La calculadora o regla de cálculo electrónica es un instrumento capaz de calcular con extraordinaria rapidez y precisión las operaciones matemáticas. Hay dos tipos de calculadoras, la programable en la que se le van introduciendo datos a medida que nos los va pidiendo y la calculadora científica normal con una sola memoria y que obliga a recordar el desarrollo de la fórmula y la secuencia para obtener el resultado.

La calculadora científica normal, que es la que nos vamos a referir, tiene 9 casillas para los números y un teclado que va del 0 al 9, los signos de las cuatro reglas aritméticas, signo igual, punto decimal, tecla de borrado general y tecla de borrado parcial.

Las calculadoras científicas llevan las funciones de seno (sin), coseno (cos) y tangente (tan) de los ángulos, logaritmos de los números, cambio de signo, etc. Llevan una memoria positiva, una memoria negativa, una llamada de memoria y una tecla de borrado de la memoria.

La calculadora a bordo deberá desempeñar la misión para la cual ha sido diseñada, que es facilitar el trabajo, pero no debe ser imprescindible, ya que debemos poder recurrir a las Tablas Náuticas en caso de un fallo de pilas, golpes, fallo de memoria por agotamiento, etc.

Cuanto más se practique con la calculadora más rendimiento se le sacará y más seguridad tendremos en el empleo.

Los cálculos de la diferencia en latitud y apartamiento con tablas

La estima para distancias cortas se resuelven siempre por medio de las tablas de estima 6 c de la colección de Tablas Náuticas. Estas tablas tienen 3 columnas, la primera es la distancia, la segunda la diferencia en latitud l y la tercera el apartamiento A.

Los valores de estas columnas corresponden en cada página a un rumbo diferente. Las tablas tienen 45 páginas que comprenden desde el R = 1° hasta R = 45°, sin embargo, sirven para los rumbos desde R = 46° hasta R = 89°, estos rumbos complementarios van marcados en la parte inferior de las páginas.

Como en todo triángulo rectángulo los dos ángulos son complementarios, el ángulo del rumbo que figura al píe de la página será el complemento del de arriba. Por este motivo, las columnas de l y A, abajo están con sus epígrafes cambiados con respecto a los de arriba.

Medida del tiempo

Sabemos que la unidad principal del tiempo es el día. Si nos referimeos a una estrella será el día sidéreo, al Sol el día solar verdadero o medio, según el caso, y referido a la Luna, el día lunar.

Como el día solar verdadero no tiene la misma duración, se ha ideado el **día medio** que es el tiempo transcurrido entre dos pasos sucesivos del sol medio por el meridiano superior del observador. El día medio es el promedio de todos los días verdaderos que tiene el año y así todos son iguales. Son divididos en 24 horas, cada hora en 60 minutos y cada minuto en 60 segundos.

Sabemos que el año civil consta de un número exacto de días que empiezan a contar a partir del primero de enero y llega hasta 365 días. Esto se divide entre año común y año bisiesto. El año común tiene 365 días justos, que comparado con el año trópico que vale 365,2422 días, se comete un error cada año de 0,2422 días. Si multiplicamos por 4 este error resulta que al cabo de cuatro años el error se ha convertido en aproximadamente 1 día. Debido a esto cada cuatro años se añade un día al día común y nos resulta un año bisiesto. Si el año es bisiesto el mes de Febrero tiene 29 días. Se convierten en bisiestos todos aquellos años que sean divisibles por 4. Lo que ocurre que cada 400 años se comete un error de tres días aproximadamente, por eso el Papa Gregorio en su reforma del calendario dispuso que se quitaran 3 bisiestos, y que los bisiestos quitados fuesen aquellos de principio de siglo cuyas dos primeras cifras no fueran devisibles por 4. De esta forma, el año 1600 fue bisiesto; el 1700, 1800 y 1900 no fuerón bisiestos, pero al llegar al año 2000 fue bisiesto.

Tiempo Universal

Se llama así al tiempo civil contado en el meridiano de Greenwich; de esta forma todos los lugrares del mundo tienen una referencia común del tiempo contado sobre el primer meridiano o meridiano cero. Todos lo barcos para pasar de la hora del primer meridiano (Hora civil de Greenwich, HcG) a la hora civil del lugar será suficiente aplicar la longitud que lo separa en tiempo. Esto se denomina en UTC (Universal Time Coordinale).

Hora Civil en Greenwich

El tiempo que ha transcurido desde que el sol medio pasó por el meridiano inferior de Greenwich o meridiano de 180°. Equivale a Tiempo Universal.

Podemos expresarlo de la siguiente forma: HcG = UTC = HcL L.

Hora Civil del Lugar

Se llama hora civil del lugar (HcL) el intervalo de tiempo que hace que paso el sol medio por el meridiano inferior del lugar. Por tanto, cada meridiano tendrá una hora civil diferente. Los meridianos que estén más al este contarán más horas porque verán salir el Sol antes y los que se encuentren más al oeste contarán menos horas por aparecer el Sol más tarde.

Hora Legal

Debido a que los lugares de la Tierra cuenten diferentes horas se convierte en un inconveniente para las comunicaciones y negocios. Con el fin de evitarlo se estableció entre las naciones la llamada hora legal internacional (Hz). Para ello se dividió la Tierra en 24 husos esféricos de 15° caca uno y se estableció que los lugares enclavados en el mismo huso contarán la misma hora que debería ser la correspondiente al meridiano central del huso.

La fórmula será: HcG = UTC = Hz + Z.

El primer huso se denomina como huso cero, tiene por meridiano central el meridiano de Greenwich y se extiende 7° - 30´ hacia el este y 7° - 30´ hacia el oeste. A partir del huso cero, cada 15° forma un huso numerado de 1 a 12 hacia el este con signo negativo y del 1 al 12 hacia el oeste con signo positivo.

Reglas para determinr el huso

Se divide la longitud por 15 y el cociente será el número de porciones de 15° que separan el lugar del meridiano de Greenwich. Siendo que este meridiano es el central del huso y si el residuo es mayor de 7° 30´ eso nos indica que la localidad se halla en el uso siguiente.

Por ejemplo: Hallar el huso de un lugar de longitud 100° - 10´ W.

Si dividimos por 15 el cociente será 6 y el residuo 10, por lo que al ser este mayor de 7° - 30´ pasará a ser el huso 7.

Hora oficial

La hora oficial (Ho) es la que establece cada país para aprovechar mejor las horas de luz solar.

La fórmula será: HcG = UTC = Ho + 0

Siendo 0 la diferencia entre la hora en Greenwich y la hora oficial.

En España tenemos una hora más que en Greenwich y en verano tenemos dos.

Hora del Reloj Bitacora

Se llama así a la hora que marca el reloj de a bordo. Cuando se hacen navegaciones en que se van a cruzar varios husos horarios, el reloj de a bordo o HRB se ajusta a la hora del huso correspondiente, de esta forma, todos los barcos que están navegando dentro del mismo huso tendrán la misma hora. Esta hora equivale a la hora legal.

Siempre que se pasa de un huso a otro, si se navega hacia el oeste se atrasa una hora y si se navega hacia el este se adelanta una hora. Pero no se acostumbra a mover el reloj una hora entera, sino que se adelantan o atrasan 20 minutos, por guardia de 4 horas a partir de las 20.00, de esta forma no hay perjudicados ni favorecidos entre la tripulación.

La fórmula será: HcG = UTC = HRB + Z

Cuando navegamos por aguas nacionales se lleva el reloj de bitácora ajustado a la hora oficial de España.

Paso de una a otra hora

HcG = HcL + L) LW+
) LE -

HcG = Hz + Z) ZW+
) ZE -

HcG = Ho + O

Por ejemplo:
En un lugar de L = 40º - 30´ E y HcL = 10h – 30m del día 15. Hallar la HcG.

Pasamos la longitud a tiempo multiplicando por 4 y rebajando la especie, o sea, los minutos serán segundos de tiempo; los grados serán minutos: 40º x 4 = 2 horas 42 minutos – 00 segundos.

HcL = 10h - 30m (15)
L =   2h - 42m E –

HcG =   7h - 48 m (15)

Diferencia de horas entre lugares

Si tenemos en cuenta que los 360º de la esfera terrestre equivalen a la duración de un día o 24 horas y que dividiendo ambos obtenemos unas zonas o husos horarios a partir del primer meridiano, se deduce que es lo mismo hablar de tiempo como de diferencia en longitudo entre dos lugares. O sea, que los relojes de dos observadores separados una determinada diferencia en longitud, marcarán un atraso o adelanto que será exactamente igual a la diferencia en longitud que los separa, transformada en tiempo.

Los meridianos que están más al este de Greenwich contarán más horas porque verán salir el Sol antes, y los meridianos al oeste contarán menos horas .

Por ejemplo: Un barco tiene HRB = 10 – 30 y otro dice tener HRB = O5 – 45. Hallar la diferencia en longitud que los separa.

HRB = 10 – 30
HRB =   5 – 45
Dif. =   4 – 45 = 285 minutos

Principios del sistema de identificación buques automática para buques (AIS)

El sistema de identificación automática o Automatic Identification Systen (AIS) es un sistema de radio transponder que opera en la banda de comunicaciones marítimas de VHF en la frecuencia de 161, 975 MHz y 157,362 (canales 87 y 88), transmitiendo información precisa entre barcos y estaciones costeras.

El sistema está compuesto de un transmisor de VHF con transmisión en TDMA (múltiple acceso por división de tiempo) y es compatible con el Sistema Mundial de Socorro y Seguridad Marítima (SMSSM) en el canal 70. Tiene dos receptores de VHF multicanales; una unidad de procesamiento central; interfaces con los GPS, girocompás, radar, pantallas AIS y sistema de cartografía electrónica. Dispone de un teclado MKD donde se pueden escribir mensajes en el enlace con la unidad móvil o estaciones AIS proporcionando avisos a cualquier información relativa a la navegación. Igualmente dispone de una caja de conexiones donde se conectan los sensores externos tales como rumbo, corredera, GPS y ángulo de giro del barco.

El AIS puede conectarse a un sistema ECS/ECDIS (carta electrónica o plotter) o bien a un radar para visualizar en dicha pantalla toda la in formación recibida.

La estación AIS móvil transmite la posición del buque, el rumbo y velocidad efectivos, así como información fija (datos referentes al barco) y datos de navegación. Se pueden enviar breves mensajes de texto sobre seguridad (SMS) entre buques o transmisiones desde estaciones terrestres, como boyas o faros. La información dinámica depende de la velocidad, pues para buques con velocidad superior a 23 nudos es cada 2 segundos y cambiando de rumbo cada 2 segundos; para buques cuya velocidad es de 0 a 14 nudos, cada 12 segundos y para buques fondeados es cada 3 minutos.

La información estática es actualizada cada 6 minutos y la relacionada con la travesía lo es cada 6 minutos solo cuando se hayan modificado los datos y también cuando se solicite.

La información relativa a la seguridad (previsión de abordajes) se actualiza según sea necesaria.

Las informaciones que nos proporciona el AIS son:

- Nombre del buque/Aviso de llamada/ISMM (Identificación del Servicio Móvil Marítimo o Número de Llamada Selectiva Digital)/número IMO.
- Hora y fecha UTC de la composición del mensaje.

- Posición: latitud/longitud en grados y minutos.
- Rumbo efectivo (COG) en grados.
- Velocidad efectiva (SOG) en nudos y décimas.
- Destino/ETA (Estimate Time Arrival) u hora estimada de llegada.
- Calado máximo actual en metros.
- Buque/Carga (datos relativos a la travesía)
- Eslora /Manga.
- Número de personas a bordo.

Aplicación del AIS en la navegación

El Sistema de Identificación Automática (AIS) está diseñado especialmente para evitar colisiones y mejorar los sistemas de control de tráfico marítimo. El sistema muestra la posición del buque y una información completa entre todos los buques y estaciones costeras cubiertas por la red de VHF en los canales 87 y 88.

Con el sistema AIS cada buque transmite sus datos a todos los demás buques equipados con el AIS en la red de VHF; estos dos se transmiten con gran rapidez, actualizándose en pocos minutos en pocos segundos. Cuando se produce la transmisión, los datos codificados se despliegan en el receptor del AIS en gráficos o formato de texto. Toda esta información pasa al plotter de navegación o a la pantalla del radar.

Hay dos clases de AIS's, Clase A y Clase B. El primero cumple plenamente con las especificaciones de la OMI (Organización Marítima Internacional) y el segundo no cumple.

El AIS Clase B es el que se va a emplear en las embarcaciones de recreo, es parecido al de la Clase A, excepto que:

- La actualización de la información se hace cada 30 segundos en lugar de cada 14 segundos en la clase A.

- No transmiten el número OMI porque las embarcaciones de recreo no tienen.

- No transmiten el ETA ni el puerto de destino.

- Solamente puede recibir textos de mensajes de seguridad, pero no transmitirlos.

El AIS es obligatorio para todos los buques iguales o mayores de 300 GT y todos los buques de pasaje.

CAPÍTULO .05

METEOROLOGÍA

Meteorología

Importancia de la meteorología en la seguridad de la navegación

Todas las informaciones meteorológicas locales podrían ser definidas como la faja de aguas costeras hasta 2 millas del litoral y que constituyen el marco de la pequeña navegación deportiva desde la vela ligera hasta los yates de pequeña envergadura.

La Sección de Meteorología Marítima prepara diariamente dos boletines de información una por la mañana y otra por la tarde, con pronóstico a 24 horas para todas las zonas marítimas. Para cada una de ellas se dan avisos de temporal y se predice la evolución del tiempo con los datos más importantes: viento, visibilidad, hidrometeoros y sobre todo estado de la mar. Son radiados por la red de Estaciones Radio costeras.

En los puertos deportivos y clubs Náuticos se suministra información por VHF ya que se encuentran en contacto con los Centros Meteorológicos Costeros. Radio Nacional de España emite también a determinadas horas los partes meteorológicos para la navegación costera.

Que tiene un gran interés la información meteorológica para el navegante es obvio, y haciendo un buen uso de ella podremos evitar sorpresas o percances irreparables.

Concepto de presión atmosférica

La presión atmosférica es el peso que ejerce sobre los objetos la masa de aire que rodea la tierra.

El aire de la atmosfera no siempre tiene las mismas condiciones de temperatura, habiendo masas de aire frio y de aire caliente. El aire frío es más denso, por lo que tiene mayor presión y al contrario el aire caliente; como consecuencia, estas masas de aire se desplazan dando lugar a variaciones de presión. Si queremos localizar estas masas de aire, existen multitud de puntos de observación que van tomando los datos necesarios para el estudio de la meteorología.

Presión media a nivel del mar y escalas barométricas

Internacionalmente se ha adoptado como presión normal al nivel del mar y a 0° C. la siguiente equivalencia:

Presión normal = 760 mm

= 1013,2 mb

= 29,92 pulgadas de mercurio.

Existen para medir la presión atmosférica las escalas siguientes: en pulgadas. en milímetros y en milibares.

Barómetros

Se llama barómetro al instrumento que sirve para medir la presión atmosférica.

Barómetro aneroide

El barómetro aneroide consiste en unas cápsulas herméticamente cerradas llamadas cápsulas de Vidi, a las cuales se les ha hecho el vacío. La cápsula tiene forma circular aplanada, de paredes delgadas y onduladas.

Las variaciones de la presión atmosféricas se traducen en un henchimiento de las tapas superior e inferior-

La tapa superior se halla conectada a un sistema multiplicador que actúa sobre la aguja indicadora de la presión.

La esfera indicadora consiste en un limbo perforado en su centro y en la periferia se hallan las divisiones de la escala barométrica. Normalmente llevan dos escalas, una milimétrica y la otra de milibares.

Lectura del barómetro

La lectura del barómetro aneroide y la del barógrafo se hacen directamente aproximando al máximo. Es conveniente darle un golpecito en el centro del cristal, por si se ha quedado agarrotada la aguja indicadora.

Medición temperatura con termómetro de mercurio con escala centígrada

Llamada también Celsius (C°), se divide en 100 partes correspondiendo el 0 al punto de fusión del hielo y el 100 al punto de ebullición del agua.

La temperatura se mide tangenteando la parte superior de la columna de mercurio y leyendo la escala lateral, pudiendo afinar hasta el medio grado.

Hay otro tipo de termómetro que da un gran rendimiento es el de máxima y mínima. Tiene doble curvatura en U, el codillo inferior contiene un poco de mercurio y de las dos ramas cerradas una está completamente llena de alcohol y la otra parcialmente. En aquella que está parcialmente llena se leen las temperaturas máximas y en la otra las mínimas. En cada una de las ramas hay un índice metálico que es desplazado por el mercurio al dilatarse. Cuando disminue la temperatura el mercurio se contrae pero el índice permanece inmóvil, pudiendo leer la temperatura máxima y mínima tangenteando el índice por su cara inferior.

Líneas isobaras

Las líneas isobáricas son líneas rectilíneas o curvilíneas, abiertas o cerradas que unen puntos que tienen igual presión atmosférica. En cuanto a las isobaras vienen representadas gráficamente en los mapas del tiempo y llevan escritas la presión que les corresponde. Por lo general se dibujan las isobaras de 4 en 4 milibares. Cuando las isobaras inferiores a 1013 milibares pertenecen a áreas de bajas presiones o borrascas y aquellas superiores a 1013 mlb corresponden a áreas de altas presiones o anticiclones.

Borrascas

Las borrascas llamadas también áreas de bajas presiones son extensiones cuya presión es inferior a 1013 mlb y se caracterizan por:

A Poca extensión.

B Gradiente grande, o sea, las isobaras están muy juntas.

C Circulación ciclónica, o sea, en el sentido contrario de las agujas del reloj en el hemisferio norte.   D El viento, en su movimiento vorticoso, entra en ellas tendiendo a llenarlas.

E Van acompañadas de vientos fuertes y tormentas.

F Las isobaras van disminuyendo de la periferia hacia el interior. El centro de la borrasca se rotula con una B.

Se llama gradiente de presión a la diferencia entre dos isobaras separadas 60 millas. Cuanto mayor sea la distancia entre dos isobaras, menor será el gradiente, por tanto signo de buen tiempo. Cuando las isobaras están muy juntas, la distancia es pequeña, por lo que el gradiente será grande, con vientos fuertes.

Existen mínimos permanentes de Islandia, Arabia, India y Aleutianas.

Anticiclones

Los anticiclones llamados también áreas de altas presiones, las cuales son siempre superiores a 1013 mlb. Se caracterizan por:

A Gran extensión.

B Gradiente pequeño porque las isobaras están muy separadas, por tanto, signo de calmas o vientos flojos.

C Circulación anticiclónica, o sea, en el mismo sentido de las agujas del reloj, en el hemisferio norte. El   viento tiende a salir de ellas y va hacia las áreas de baja.

D Las isobaras van aumentando su valor de la periferia hacia el centro. Van rotuladas con una A.

Los máximos permanentes son: Azores, Hawaí, Siberia, Chile y al sur de los tres océanos.

Relieve isobárico: Las isobaras pueden adoptar diversas formas, tales como: dorsal anticiclónica, collado o montura, pantano barométrico, vaguada, isóbaras en V o en U.

Si consideramos las formas expuestas anteriormente veremos que las altas forman montañas, las bajas forman hoyos, los collados son como puertos de montaña, las isobaras en V o en U constituirán lechos o valles, siendo la mayor pendiente la vaguada: el pantano barométrico constituiría una llanura y la dorsal anticiclónica constituiría un macizo montañoso avanzado.

Circulación ciclónica y anticiclónica

El viento entra en las bajas formando una circulación en sentido contrario a las agujas del reloj en el hemisferio norte. A este movimiento se llama circulación ciclónica.

En las altas presiones el viento sale de ellas formando una circulación, o sea, el mismo sentido de las agujas del reloj en el hemisferio norte.

En el hemisferio sur la circulación del viento es al contrario que en hemisferio norte.

Leyes de Buys-Ballot

Las leyes de BuyBallot sirven para conocer la situación del mínimo y del máximo de presión con respecto de la dirección del viento. Dicen así: "Puesto un observador de espaldas al viento en el hemisferio norte tendrá las bajas presiones a la izquierda y hacia adelante y las altas a la derecha y hacia atrás"

Trayectoria de las borrascas

En cuanto a las borrascas, cruzan el Atlántico siguiendo aproximadamente las corrientes del Golfo, de oeste a este, y al llegar a Europa unas entran por Galicia barriendo la península de oeste a este pasando por el sur de los Pirineos y otras entran por la Bretaña francesa.

Las que entran por Galicia, descargan abundante agua al llegar a tierra y van perdiendo intensidad paulatinamente. Se encauzan por el valle del Ebro y entran en el Mediterráneo con grandes ventoleras conocidas como *Cierzo*, viento fuerte del NW.

Las perturbaciones que entran por el norte de los Pirineos entran en el Mediterráneo por el golfo de León acompañadas de fuertes vientos del NW., llamado *Mistral*, que se transforma en N y NE en Cataluña y Baleares debido a la configuración de la costa, llamados respectivamente *Tramontana y Gregal*.

Las perturbaciones que se forman en Canarias o en el golfo de Cádiz, entran en el Mediterráneo por el Estrecho de Gibraltar, siguiendo hacia cabo de Gata y allí pueden desviarse hacia Baleares o seguir hacia el este por la costa argelina y tunecina.

Las perturbaciones que se forman sobre Marruecos y Argelia, unas veces se desplazan hacia el este rápidamente y otras lo hacen hacia el norte, pasando sobre la costa murciana valenciana y archipiélago balear, descargando grandes aguaceros especialmente al final del verano con la formación de la gota fría. Las lluvias van acompañadas de gran cantidad de barro en suspensión.

Viento real

Se llama así a la dirección que tiene el viento cuando el barco está parado. En el momento de tomar el barco velocidad aparece un viento que es la componente entre el viento real y el rumbo y la velocidad del barco. Este viento se llama aparente y es el que marca la dirección de la bandera de los catavientos y la veleta.

Rolar

Cuando se dice que el viento está rolando quiere decir que el viento ha cambiado de dirección.

Caer

Quiere decir que la fuerza del viento está disminuyendo o calmando por un tiempo.

Racha

Es cuando hay un incremento brusco de la intensidad del viento.

Calmar

Cuando decimos calmar significa que el viento cesa.

Brisas costeras: terral y virazón

Al definir el viento se ha dicho que es debido a un desequilibrio entre presiones y variaciones térmicas. Estas variaciones térmicas entre dos lugares son debidas a la mayor o menor cantidad de calor recibida del sol sobre la tierra y la mar. A cada cambio de temperatura se produce un cambio de presión, creándose altas y bajas relativas.

Como observemos una olla de agua puesta en el fuego, a medida que se va calentando se van produciendo unas corrientes de convección, elevándose las partículas del fondo, más calientes, ocupando su lugar las partículas superficiales, más frías.

Este movimiento circular se puede apreciar echando en el agua unos trocitos de papel y observando su trayectoria.

El ejemplo citado es válido para explicar el fenómeno del régimen de brisas durante el día y la noche. Así pues, la causa de las brisas costeras es la diferencia de temperatura entre la tierra y el mar, creándose un movimiento de convección en la masa de aire.

Durante el día la tierra se va calentando rápidamente y las capas de aire en contacto con el suelo se van dilatando y al tener poca densidad se van elevando. El vacío dejado por ellas es ocupado por el aire frío y más denso procedente de la mar. Este flujo de aire se llama *virazón, brisa marina o marinada*.

La intensidad del viento en la virazón empieza con una suave brisa y va arreciando a medida que avanza la mañana, pudiendo alcanzar entre 10 o 12 nudos. La distancia que deja sentir su efecto la virazón es de unas 15 millas mar adentro hasta unos pocos kilómetros tierra a dentro. Es más intensa en verano que en invierno y sopla con más intensidad que el *terral*.

Durante la caída de la tarde empieza a refrescar la tierra, alcanzando la temperatura mínima de madrugada, creándose un desequilibrio térmico con respecto a la masa de aire en contacto con la mar, la cual tiene temperatura más estable. Se entablará un movimiento de convección dirigido de tierra a la mar llamado *terral*. Este viento alcanza unas 12 millas mar adentro y era aprovechado antiguamente para hacerse a la mar los veleros en las maniobras de salida de puerto y alejamiento de la costa.

Escala de Beaufort

Grado	Denominación	Nudos	Efecto en la mar
0	CALMA	<1	Mar llana como un espejo.
1	VENTOLINA	1-3	Ondulación pequeña.
2	FLOJITO (Brisa muy débil)	4-6	Olas cortas sin romper.
3	FLOJO (Birsa débil)	7-10	Las olas empiezan a romper. Borreguitos dispersos.
4	BONANCIBLE O MODERADO (Brisa moderada)	11--16	Se generalizan los borreguitos. Peligros para embarcaciones sin cubierta
5	FRESQUITO (Brisa fresca)	17-21	Olas alargadas. Manchas de espuma. El viento silba en la jarcia.
6	FRESCO (Brisa fresca)	22-27	Olas rompientes. Manchas de espuma. Formación de olas grandes.
7	FRESCACHON (Viento fuerte)	28-33	Olas grandes. Crestas pulverizadas. Formación de espuma en la dirección del viento.
8	TEMPORAL	34-40	Olas muy grandes. Fuertes golpe de mar. Cintas de espuma en la dirección del viento.
9	TEMPORAL FUERTE	41-47	Olas muy grandes. Formación de nubes de espuma. Poca visibilidad. La mar empieza a rugir.
10	TEMPORAL DURO	48-56	Olas con grandes crestas. La mar está blanca. Poca visibilidad. La mar ruge con fuerza.
11	TEMPORAL MUY DURO	57-63	Olas enormes. Muy poca visibilidad. Mar completamente blanca. Ruido de mar ensordecedor.
12	TEMPORAL	más de 64	Mar confusa. Completamente blanca. Atmósfera tomada. La navegación se hace peligrosa.

Anemómetro

El anemómetro es un aparato que sirve para medir la velocidad del viento. Hay de varios tipos: el de cazoletas, el de Pitot y el de Venturi, aunque estos dos últimos no se emplean en la navegación.

En el anemómetro de cazoletas, estas transmiten el movimiento de giro a un registrador por medio de un cable eléctrico. El instrumento indica la velocidad del viento y normalmente consta de dos escalas, una señala grados de Beaufort y la otra, metros por segundo o nudos por hora.

Estos anemómetros que se usan actualmente en los barcos, constan de una veleta incorporada en cima del anemómetro y transmite la dirección del viento a un registrador a bordo.

En ese indicador de dirección del viento, la aguja indica hacia el punto de donde viene el viento aparente con relación al rumbo del barco. Por lo tanto, es una marcación del viento con respecto a la proa.

Catavientos

Los catavientos son cintas que se afirman a los obenques y en diversos lugares de la vela para indicar en todo momento la dirección del viento aparente y si el flujo laminar del viento actúa correctamente sobre la vela.

Veleta

La veleta es un aparato simplemente un ala que gira libremente sobre un eje vertical que sirve para indicar la dirección del viento real cuando el barco está parado y el aparente cuando está en movimiento.

Escala de Douglas

Grado	Denominación	Altura de las olas	Equivalencia Beaufort
0	CALMA	0	0
1	RIZADA	0-0,25	1 Y 2
2	MAREJADILLA	0,25-0,50	3
3	MAREJADA	0,50-1,25	4
4	FUERTE MAREJADA	1,25-2,50	5
5	GRUESA	2,50-4,00	6
6	MUY GRUESA	4-6	7
7	ARBOLADA	6-9	8 Y 9
8	MONTAÑOSA	9-14	10 Y 11
9	ENORME	Más de 14	12

En la presenteción que se hace de los mapas del tiempo el viento se representa con una flecha en ladirección de donde viene. Si queremos indicar su velocidad en nudos, se emplean barbas que son colocadas a la izquierda de la flecha en el hemisferio norte.

Intensidad del viento

Se llamama viento al aire en movimiento debido a un desequilibrio entre presiones y variaciones térmicas. Este movimiento va de las altas presiones a las bajas, tendiendo a llenarlas. Cuanto mayor sean los desequilibrios mayor será la intensidad o velocidad del viento. Esta intensidad se mide en nudos por hora, metros por segundo o por la escala de Beaufort.

Persistencia

Llamaremos persistencia del viento al número de horas que ha soplado en la misma dirección.

Fetch

El fetch es la extensión o alcance del viento sobre el mar cuando sopla de dirección y fuerza constante. La distancia se mide en millas y cuanto mayor es aquella, mayor será la altura de la ola.

Previsión meteorológica: Como obtenerla

Cuando pensamos hacernos a la mar es muy conveniente saber la evolución del tiempo desde casa por las diversas cadenas de TV, radiodifusión y prensa local o nacional. Podemos obtener más información en el puerto deportivo o club náutico que exponen en el tablón de anuncios el parte meteorológico diariamente. Una vez que nos encontremos en la mar se puede obtener también información llamando a la radio costera y nos conectan con el servicio meteorológico. También podemos llamar directamente por móvil a dicho servicio, o através de Salvamento Marítimo.

Avisos de temporal

Este servicio trata de señalar al navegante si existen zonas en que las condiciones actuales de viento hagan peligrosa la navegación. Esto no es una predicción, sino el estado actual. En estos boletines se distinguen tres grados en los avisos de temporal:

a)   *Temporal,* cuando el viento medio, no solo de rachas, alcanzan fuerza 8 de Beaufort, es decir, 34 nudos en una zona amplia.

b)   *Intervalos de temporal,* cuando el viento medio es de fuerza 7 de Beaufort.

c)   *Rachas atemporaladas,* siendo el viento medio de fuerza 6, lo que supone que hay rachas que alcanzan y sobrepasan los 24 nudos.

Estos avisos de temporal se transmiten por la radio costera cuando haya riesgo inmediato de ello por el canal 16 diciendo la palabra SECURITE.

Chubascos de lluvia o viento, indicios

Cuando se pone en contacto una masa de aire frío con otra de aire caliente, aparecerá una línea de inestabilidad con corrientes ascendentes del aire caliente y formación de potentes cumulonimbos. Entonces la condensación será muy rápida dando lugar a grandes chubascos de agua y granizo. Cuando el vacío dejado por la elevación del aire caliente es llenado repentinamente por una corriente descendente de aire frio que alcanza gran violencia. Al carácter violento de estas precipitaciones o del viento se le llaman chubascos.

Los inicios de la presencia de chubascos son los siguientes:

Se Forman en el horizonte grandes nubarrones de desarrollo vertical en forma de coliflor de color azul oscuro.

Aparición de relámpagos y truenos en el horizonte.

Si el barómetro sube rápidamente y el termómetro baja, habrá chubascos y vientos duros del norte.

Ruidos o interferencias en la radio.

La seguridad en el barco

Sin duda, la seguridad en el barco depende de que todo el mundo a bordo se someta a un reglamento. Cuando los navegantes son sensatos acatan las leyes que gobiernan la navegación. Y llegan a aceptar, los reglamentos de asociaciones de navegantes nacionales e internacionales, que suelen ser más estrictos que las leyes y que son de aceptación voluntaria. Apesar de que no haya ninguna obligación legal de acatar estos reglamentos, un patrón sagaz aceptará de buen grado los más altos niveles de seguridad para sí mismo, su barco y su tripulación.

Pienso que los niveles más altos corresponden a los países con tradición en regatas de altura. Sabemos que el reglamento varía de un país a otro, aunque existe un acuerdo del Offshore Racing Council que está vigente en la mayoría de los países. Es impresionante observar el rigor con que los navegantes se ciñen al reglamento. En algunos países son muy estrictos en su reglamento, sobre todo en cuestiones como informar de la situación del barco por radio. El tener esta actitud no contribuye a aumentar el nivel de calidad de la navegación, pero proporciona a los países que lo ponen en práctica un historial envidiable de seguridad en las regatas de altura. Así como contribuyen a elevar el sentido de prudencia y seguridad de sus navegantes. Después del desastre de la regata de Fastnet en el 1979, se han incorporado muchas normas de seguridad en el reglamento internacional, en su mayoría las normas referentes a los informes por radio y el diseño de las balsas salvavidas. Al mismo tiempo los armadores se dan cada vez más cuenta de que un barco debe ser autosuficiente. En el momento que tratemos los diferentes aspectos de la seguridad, veremos las necesidades de un barco de altura, y reseñaremos en los que debe fijarse el comprador de un velero.

Siempre tendremos muy presente que la seguridad es una necesidad básica. Los navegantes de aguas protegidas se darán cuenta de que, en condiciones normales la mayoría del equipo de un velero de altura no es necesario para navegar en aguas protegidas, pero es absolutamente imprescindible para hacer frente a lo inesperado. Puede ocurrir, que si hay una zona de navegación hermosa a un día del puerto base, el velero debe estar equipado como un barco de altura si quiere visitarla. Es igual el cuidado que uno emplee en elegir el tiempo y escuchar los partes meteorológicos; llegará un día que el mal tiempo le sorprenderá. Siempre el barco debe estar preparado para poder afrontar cualquier situación meteorológica. Todos los patrones que han navegado por el mundo saben que en unos países son más exigentes que en otros a la hora que han de aplicar el reglamento de seguridad. Otra cosa que concen es que unas zonas presentan mayores peligros que otras. Podemos poner como ejemplo, las travesías por los estuarios de poca profundidad que será sumamente necesario llevar un aparato que averigüe la profundidad con seguridad. Es imprescindible que el patrón pueda leer la carta rápidamente y con seguridad; las travesías oceánicas exigen un navegador por satélite que funcione bien o llevar los pertrechos para la navegación astronómica. Cuando viajemos por las cálidas aguas del trópico y entre islas que disten varios días entre sí, debe llevar suficiente agua potable y contar con un sistema de refrigeración eficaz. Tendremos siempre muy presente que todo lo referente a la seguridad es totalmente inseparable de la marinería, esa rara mezcla de cautela, coraje, experiencia, precaución, eficacia y conocimiento.

Existe un reglamento que controla la construcción de los barcos en casi todos los países del mundo. Esta legislación va en aumento. Los niveles de calidad que exige el American Bureau of Shipping (ABS) han sido adoptados por casi todos los países de occidente. A los barcos que participan en una regata de altura se les exige el certificado de construcción ABS y si no disponen de él se les descalifica. Esto puede parecer duro, pero es así.

Todo navegante que compre un barco, sobre todo si es de segunda mano, debe tener en cuenta este reglamento. Cuando pensemos comprar un barco de estas características, será muy conveniente contactar con las autoridades de marina para averiguar sus requerimientos. Antes de comprometer la compra, hará falta que un perito inspeccione el barco, además de informarse sobre el reglamento de todas maneras. Como descubra que el reglamento local no es muy estricto, no vaya a pensar que le ha tocado el gordo. Tiene que fijar y alcanzar su propio nivel de calidad en base a la investigación y los reglamentos generales.

El casco

También la mayoría de los países tienen un reglamento referente a la estructura y resistencia del casco. Tanto el casco de un velero como el de una motora deben resistir una tremenda tensión. Si tenemos en cuenta que las hélices de una motora imparten una torsión muy fuerte, en particular cuando hay dos hélices de giro contrario. También los cascos de los veleros absorben la presión de grandes superficies velicas y lo equilibran con una orza de plomo. Cuando las fuerzas actúan sobre un casco sano, el barco absorbe las fuerzas íntegramente. Es bien sabido, que si el aparejo presenta una resistencia menor que la del casco, el barco cuenta con un factor de seguridad adicional. Esto quiere decir que el aparejo fallará antes que el casco en el caso de zozobrar. Por lo cual, esto no es adecuado para las regatas donde las tolerancias se apuran al límite. Los tripulantes pueden sobrevivir mucho tiempo sin el aparejo, pero no tanto sin el casco.

En cuanto las motoras, los *silent bloks* situados entre el motor y la bancada son esenciales.Tienen que ser extraordinariamente resistentes y soportar la fuerza del motor, pero también deben amortizar la vibración.

Resulta lamentable que, tras comprar un barco fuerte y sano, nos pongamos a taladrarlo por todas partes reduciendo su seguridad. Hacemos agujeros para las entradas y salidas de agua al lavabo, al inodoro, al motor, a la bomba de achique etc. Todos los instrumentos necesitan agujeros para sus sensores. Y tenemos que pensar que cada agujero representa una amenaza para el barco. Incluso si los aparatos contribuyen a la seguridad del barco, debe saber que la instalación de una toma de mar añade un peligro. Sin tener en cuenta, las principales aperturas del casco que son necesaras. Me refiero a las escotillas y tambuchos, tanto los de proa como los de popa.

Las escotillas

Por lo general en las motoras, las escotillas de ventilación del compartimento del motor a veces se encuentran en la bañera, y cada una de ellas representa un grave peligro. Es imprescindible que puedan cerrarse firmemente. Sabemos que durante una regata larga que comenzó con una tormenta de 60 nudos, un barco de rescate se hundió por carecer de escotillas de motor seguras. Tuvo la desgracia de embarcar una ola por la popa que arrancó las escotillas e inundó el motor, dejando el barco sin gobierno. El barco se hundió. Si hubiera dispuesto de unas escotillas de tormenta, o algo parecido, hubieran evitado el hundimiento y lo que fue una tragedia habría sido solamente una travesía un poco peligrosa.

Tiene que haber un sistema para cerrar todos los agujeros del casco, sea cual sea su tamaño. Casi todas las normas voluntarias sobre las escotillas de los veleros también son necesarias paras las motoras, aunque debemos recordar que no suelen permanecer en la mar con mal tiempo tanto como los veleros.

En los veleros tienen un mínimo de dos salidas de emergencia, el tambucho y la escotilla de proa. Igual debe aplicarse a las motoras, ya que el riesgo de incendio es mayor. Encuanto a la escotilla de proa de una motora, lo mismo que un velero, tiene que situarse de tal manera que quede fuera del agua en caso de una escora de 90º.

Las bañeras

Todas las bañeras de los distintos tipos de barcos varían muchísimo. Las hay pequeñas y apenas cabe nada de agua; otras, sobre todo en los barcos modernos y en las motoras, son enormes y caben toneladas de agua. En el caso de que el agua de una ola rompiente entra en la bañera, el barco puede dejar de responder a la caña y quedarse sin gobierno. Las formas normales de gobierno no se recuperan hasta vaciar el agua. En el caso de que entre una ola rompiente y descargue media tonelada de agua en la bañera y esta no se vacía rápidamente, la próxima ola rompiente entrará también. Al final, el barco se verá anegado. Todos los imbornales de desagüe de la bañera deben ser del tamaño proporcional a ésta. Por ello los Reglamentos de la International Racing Unión estipulan el tamaño de los imbornales de desagüe y los métodos de instalación. La forma de colocar los imbornales en las bañeras se deben cruzar para que la bañera se vacíe con escora, o, en las motoras, de forma que garanticen su vaciado por efecto de la gravedad. A mayor tamaño de la bañera, mayor debe ser el número y la capacidad de los imbornales. Sin ninguna duda, es mejor tener pocos imbornales grandes que muchos pequeños.

La gran mayoría de barcos de regatas, y ahora muchos cruceros de altura, organizan sus desagües, de entradas y salidas de agua del motor, etc., para que pasen por una sola toma de mar. El aplicar este sistema es muy bueno. Sobre todo si se puede cerrar cada tubo por separado para arreglar una avería. Si tiene que comprar un barco, tenga presente la importancia del desagüe de la bañera. Actualmente algunas bañeras modernas son tan eficaces que el agua apenas permanece en ella unos segundos.

Es sumamente importante y de buen marinero, mantener los imbornales limpios. Será igual cuán eficaz sea el sistema, no funcionará si los imbornales están llenos de colillas, huesos de olivas, etiquetas de botellas de buen vino, etc.

Las tomas de mar

Todas las tomas de mar pueden ser problemáticas, si se rompen y entra agua, o si un tubo interior se abre. Existe también otro peligro con mal tiempo para los barcos a vela y a motor.

Sabemos que el motor tiene un sistema de escape abierto a la mar. Como no se instale corectamente, el agua de una ola de popa, o en el caso de un sistema central, de una ola de través, puede entrar. Si ocurre esto es muy peligroso para una motora, ya que carece de otro medio de propulsión y el agua puede parar el motor. El motor de gasolina se para antes que uno de gasoil y le costará más volver a arrancar debido a su sistema eléctrico. Darle solución a este problema en la mayoría de los casos, es muy sencill. Para ello el tubo de escape se construye con la forma de cuello de un cisne lo más alto posible por encima de la línea de flotación. Si lo hacemos así, evita que el agua entre en el motor.

Hay instalaciones como, por ejemplo, la bocina, que no pueden cerrarse con una llave de paso. Por lo tanto, todas las tomas de mar deben tener un cono de madera blanda o de goma atado a un punto cercano. Y en el caso en que fallara la toma de mar, se coloca el cono a presión para, de esta forma, sellar la entrada de agua. Tiene que haber uno cerca de la bocina. En el supuesto de se rompiera el eje y este se cayera, sería muy embarazoso carecer de algo para tapar el agujero.

La estiba bajo cubierta
Será una buena experiencia para el patrón imaginarse que su barco pone quilla al sol durante un buen rato. Será muy importante que todo el equipo bajo cubierta esté trincado de tal manera que no se mueva de su sitio. Podemos imaginar lo que sucedería sin la trinca adecuada: los pañoles se abren, y latas, herramientas y piezas de recambio vuelan por la cabina como si fueran metralla. El patrón que contempla el resultado de un vuelco se asombra de la cantidad de pertrechos que precisan trincarse firmemente.

El tambucho
Todos los tambuchos deben poderse cerrar con cuarteles de tormenta que puedan poner y quitarse desde el interior y el exterior. Una vez ocurrida la tragedia de la Regata de Fasnet en el año 1979 en la que murieron 17 regatistas, se descubrió que muchas embarcaciones perdieron los cuarteles al volcarse. Desde entonces el reglamento requiere que los cuarteles se retengan con una clavija que se quita mediante una rabiza. Si utilizamos este trozo de cuerda con su clavo puede salvar el barco y también nuestras vidas.
El tener un tambucho alto respecto al fondo de la bañera es otra faceta del diseño que contribuye a la seguridad. Constituye una barrera permanente a nivel de la bañera y ayuda a impedir que el agua de una ola entre directamente en la cabina.

Las contraventanas
Todo los barcos comerciales, de crucero, cargueros, etc., llevan contraventanas que se ajustan encima de los portillos y garantizan la estanqueidad del casco. Casi ningún velero y ni tampoco las motoras, que a menudo tienen grandes superficies acristaladas vulnerables a las olas rompientes, no las llevan. Entendemos que el mayor peligro no está a barlovento, sino a sotavento. Cada vez que una ola rompiente coge el barco y lo lanza al seno de la ola, las ventanas revientan. Es imprescindible colocar contraventanas con rapidez y seguridad. Tampoco ocupan mucho espacio y la tripulación debe conocer su lugar de estiba. Es imprescindible colocarlas cuando amenaza el mal tiempo, no cuando ha

llegado. Estas maderas deben tener los tornillos de fijación colocados y los agujeros de fijación del barco deben estar previamente taladrados.

Los guardamancebos

Los guardamancebos son de muchos tipos pero todos deben tener una altura suficiente para impedir que alguien que cayera sobre ellos se fuera por la borda. Habrá un mínimo de dos barras o cables para impedir que se resbale por debajo de los guardamancebos.

En muchas naciones las autoridades tienen sus normas particulares, pero el sentido común es suficiente. Por lo tanto, los guardamancebos deben estar tensos, pero no tanto que puedan ceder ligeramente con el peso de un hombre. Como cedan un poco, es menos probable que una persona lanzada contra ellos vaya por la borda. También es muy conveniente que los púlpitos o balcones de proa y popa deben estar bien asegurados. Como no sean lo bastante fuertes como para aguantar el peso de un hombre, no podrán soportar la tensión de los guardamancebos. Cuando se coloquen los candeleros deben fijarse firmemente con pernos pasantes y planchas amplias para repartir la carga. Además de los arneses de seguridad los guardamancebos son uno de los principales elementos de seguridad preventiva de un velero. Se revisarán periódicamente y los patrones están obligados a mantenerlos en buenas condiciones. En muchos casos ha ocurrido que un foque rizado ha dado latigazos descontroladamente y ha acabado desgastando los guardamancebos. Si ocurre esto es un descuido imperdonable. Es incomprensible qué empleen foques con rizos. Cuando levanta el viento la parte rizada, da latigazos tan fuertes que nadie se atreve a acercarse.

Las bombas de sentina

Antes hemos hablado de la seguridad del casco, ahora trataremos de lo que hay que hacer si entra agua. Todos los yates deben tener un mínimo de tres bombas de achique de sentina, una de las cuales debe tener su palanca en la bañera. Estas palancas deben estar atadas a las bombas con una rabiza. La buena marinería exige que las bombas, la sentina y los filtros estén libres de basura para que el agua fluya libremente. Siempre tendremos presente que un simple cambio de tuberías puede convertir el motor en una bomba de sentina eficaz que, además, no agota a la tripulación. Quien no conoce el dicho popular que dice que la bomba más eficaz es -dos tripulantes asustados y un cubo-, pero todas las embarcaciones deben disponer de equipo suficiente para vaciar el agua, salvo en los casos más extremos. A pesar del dicho popular, cada barco debe llevar dos cubos fuertes con rabizas, y tienen que ser lo bastante grandes como para sacar una buena cantidad de agua en cada movimiento. Estos cubos siempre son útiles a bordo, es absurdo no llevarlos. Siempre tenemos que recordar, que una cadena humana con un cubo puede vaciar mucha agua.

Los extintores

Seguramente el peor peligro en la mar sea un incendio. No podemos hacernos a la mar sin los extintores adecuados y situados en lugares accesibles. Siempre debemos elegir el tipo de extintor para el barco. Seria completamente absurdo llenar el barco de espumas o gases tóxicos que no pueden vaciarse. Debemos tener presente que los extintores recomendados son los de polvo seco dispersado a presión, o los del tipo BCF. Los del tipo C no se tienen que emplear-

Siempre tendremos presente que un aspecto importante sobre los extintores es que no deben colocarse en los puntos con riesgo de incendio. Nunca se deben colocar en la cocina, la sala de máquinas, etc. es mucho mejor que sea posible alcanzarlos sin quemarse y llevarlos a la zona incendiada. Cuando estén correctamente instalados, debe asegurase de que se mantengan en perfecto estado.

El equipo de fondeo

Para poder mantenerse a salvo de ciertos peligros se tiene que disponer en el barco del fequipo de fondeo; sin embargo, muchos barcos se hacen a la mar sin el equipo adecuado para ello. Todos los barcos deben tener a bordo al menos dos anclas y las cadenas y cabos adecuados. Será necesario consultar con un experto que tipo de anclas son las convenientes para llevar en su barco antes de adquirir el equipo de fondeo.

Consideramos que las anclas que creemos más convenientes son la Danforth y la CQR por ser las más polivalentes, pero los otros tipos –tipo rezón de pescador y Bruce- son útiles en determinadas circunstancias. Es importante saber que el tipo rezón de pescador es muy útil en los fondos rocosos, pero resulta difícil de liberar y, para que funcione bien, debe ser más pesada que otros diseños. Cuando están clavadas, con bastante cabo largado, resultan las mejores anclas en condiciones duras. Se conoce que la Bruce fue diseñada para anclar las plataformas petrolíferas y una vez clavada, tiene una fuerza de fijación muy importante, pero, a mi entender, no tanta como la CQR como ancla principal. Como desee una tercera ancla, lleve un rezón de pescador, pero encuentre un sitio para estibarlo bajo cubierta.

Tendrá un mínimo de 12 metros de cadena adecuada para el ancla principal y 3 metros para la secundaria. Al mismo tiempo puede disponer de un cabo para la secundaria; puede servir de cabo de remolque en caso de seguridad.

El botiquín a bordo

Son muchas las cosa que pueden hacer daño a bordo de un barco, y cuanto mayor es el barco, más peligrosas resultan. Los aparejos tienen fuerza suficiente para romper un brazo. Tambien un cabo que se desliza por una mano puede causar una quemadura grave si soporta el peso de un spi lleno de viento. Además de los accidentes, puede aparecer una enfermedad repentina, y no solo en los viajes largos. A continuación vamos a reseñar lo que consideremos más importante para cualquier travesía, sea cual sea su duración. Siempre, cada patrón decidirá qué es lo que debe llevar.

El patrón que emprende un viaje, de cualquier duración, con personas desconocidas tiene el derecho y la obligación de preguntar si alguien se medica o tiene problemas de salud. También él es el responsable de lo que e suceda a la tripulación; no sirven de nada las explicaciones después de una tragedia provocada por falta de responsabilidad del patrón que no se informó sobre los problemas médicos de la tripulación.

Todos los medicamentos reseñados llevan las instrucciones de uso en su prospecto. El patrón los Leerá siempre con sumo cuidado antes de utilizarlos y, al confeccionar el botiquín, pida consejo al farmacéutico. Recuerde, si tiene una urgencia seria, puede usar la radio para pedir consejo médico.

Es muy importante llevar a bordo un buen libro médico de consulta y si es posible, una guía de primeros auxilios de la Cruz Roja

Botiquín para un barco de altura

Nombre o marca habitual	Cantidad	Comentarios
Aspirina, panadol, gelocatil	100 pastillas	Dolores moderados
Algodón	2 rollos	Para amortiguar las heridas abiertas
Colirio anestésico	4 frascos	Para heridas en los ojos

Nombre o marca habitual	Cantidad	Comentarios
Nolotil, Codral Forte	100 cápsulas	Para dolores fuertes
Cinfamar comprimidos	4 cajas	Para quien no tolera los parches
Betadine, Mercromina	2 botellas	Antiséptico
Imperdibles	24	
Parches oculares	4	
Disdolen Codeína	16 cápsulas	Para dolores moderados
Evacuol gotas	1 caja	Para el estreñimiento
Jeringuillas desechables	20	De un solo uso
Termagín Codeína	16 cápsulas	Para el dolor moderado
Parches para ojos	4 cajas	
Pinzas de acero	1	
Lenitul antibiótico	10	Para quemaduras
Crema antiséptica	1 tubo	Antiséptico
Crema protectora UV	1 tubo	Antiséptico
Vendas de distintas medidas	6	
Neo Batricín pomada	1 tubo	Para heridas y quemaduras
Biodramina anti mareo	4 cajas	Anti mareo
Pentazomina, sosegón (con receta)	100 pastillas	Para dolores fuertes
Pomada de xylocaina	1 tubo	Para piel irritada y quemaduras
Pomada de sulfacetamida u otro antibiótico	1 tubo	Para infecciones del ojo
Tijeras de acero inoxidable	1	
Tiritas	1 paquete	
Sutura autoadhesivas	24	Cerrar heridas
Salvacolina, Fortasec	20 pastillas	Para diarreas
Septrin o Abactrin	20 pastillas	Vendajes no adherentes

Luces de navegación

Por la noche, un barco necesita identificarse. Siempre se espera que se le vea de día, que le oigan con mala visibilidad, pero de noche el

Reglamento Internacional exige que todas las embarcaciones lleven luces que las identifiquen. Éstas luces indican, a la gente que sabe identificarlas, en qué dirección se mueve y si es una embarcación a vela o a motor.

Las normas del Reglamento que gobierna las luces es igual en todo el mundo pero, desafortunadamente, hay amplias zonas del mismo en que la flota comercial hace caso omiso de él. Por ejemplo en las costas de China, donde hay grandes flotas pesqueras, las embarcaciones no suelen llevar luces. Por suerte esta situación está cambiando, pero es desconcertante encontrase en medio de centenares de barcos pesqueros y apenas poder divisar unos cuantos.

No es desconocido que hay mucha gente que circula por las rutas comerciales del mundo con fines ilegales y criminales, y no me refiero tan solo a los piratas, aunque éstos son también muy abundantes.Existen flotas pesqueras que faenan en aguas prohibidas y no llevan luces por razones obvias. También hay embarcaciones sigilosas que penetran en aguas territoriales extranjeras para recoger información. Hay también traficantes de droga. Existen también los imprudentes. Por el abuso y el caso omiso que se hace del reglamento, se debe mantener una vigilancia extrema en cada momento.

En otro lugar mostraremos las configuraciones de luces obligatorias para señalar la condición de un buque y su dirección. Adermás de las luces reglamentarias, es de sentido común llevar varias luces, con sus pilas y bombillas de recambio, portátiles y estancas. Si son utilizadas conservaremos la batería principal del barco y, en caso de un fallo en el sistema eléctrico principal que impida emplear la radio, pueden usarse para pedir socorro.

Luces de navegación de emergencia

Sabemos que el Reglamento del Internacional Yacht Racing Union exige que haya a bordo un juego de luces de navegación a pilas. Todas estas luces pueden fijarse fácilmente en caso de un fallo en el sistema principal. De la misma forma que es obligatorio para los regatistas de altura, es sensato que el patrón de crucero las lleve también.

Las velas de capa

Todos los veleros que compiten en las regatas bajo el reglamento internacional tienen la obligación de llevar velas de capa. Este reglamento es explícito respecto a la resistencia del tejido empleado, su izado y cómo debe envergarse en el estay, tanto si van con estrobos de cable como si se envergan en la guía tradicional. Debemos recordar la resistencia del Kevlar. Si es empleado como estrobo en el puño de la driza o el puño de la amura, resulta más fácil de usar e igual de fuerte que un cable. Según el reglamento la escota de la mayor de capa debe afirmarse directamente al puño, sin utilizar la botavara para evitar que una ola rompiente que alcance la cubierta arranque el palo. Es conveniente Izar las velas de capa de vez en cuando para que la tripulación las maneje con seguridad y las pueda revisar. Cuando nos encontremos en medio de un temporal no es el mejor momento para ponerse a pensar como se enverga el tormentín.

El equipo de recambios

Es indispensable que todos los barcos de crucero lleven un timón de fortuna listo para montar. No nos estamos refiriendo a una caña de respeto, sino a un aparejo que reemplace al timón en caso de rotura. En los barcos de regatas se llevan pernos en "U" con sus tuercas y una tabla-generalmente una tabla desmontable de las que cubren los depósitos de agua o pañoles de la cabina principal- que, junto con el tangón, se convierten en un timón de fortuna eficaz.

Será también obligatorio llevar el equipo necesario para efectuar reparaciones en la jarcia firme, el motor y las velas. Toda embarcación debe llevar a bordo los recambios necesarios para poder llevar a cabo la puesta a punto del motor y otros equipos.

Es necesario que todos los veleros lleven cortafríos para poder cortar la jarcia en caso necesario, además de una sierra con varias hojas para acero duro de recambio. Después de haber sufrido la pérdida del palo en medio del océano, creo que es necesario llevar a bordo una prensa manual y los casquillos adecuados para poder armar un aparejo de fortuna que aguante el viento fuerte.

Los depósitos

Tener pérdida del agua puede ser un problema muy grave en la mar, por lo que los depósitos tienen una importancia capital en los cruceros de altura. Es conveniente que el agua se almacene en dos depósitos separados; lo ideal es que puedan conectarse. La mejor forma de hacerlo es unir los depósitos con tubos de plástico y que una junta en "T" lleve el agua a la tubería principal. En cada depósito debe haber su propia llave de paso para poder aislarlo en caso de fuga o de contaminación. De esta forma, no se pierde el resto del agua. En muchas ocasiones, los barcos tienen un depósito independiente en cada banda; es conveniente contar también con otro más como precaución.

Según la temperatura del aire en la zona de navegación determina la cantidad de agua que cada tripulante necesita a diario. Es norma que el mínimo absoluto es de dos litros y medio por persona y 100 millas, aunque esto induce a engaño ya que el barco podría avanzar 200 millas en un día, lo que parece indicar un consumo de 5 litros durante una calma chicha en tiempo caluroso. Suponiendo que el barco participa en una regata que dura 5 o 6 días, y pasa un día o dos de calma, puede que las reservas de agua sean insuficientes. Es muy posible, que un patrón de regatas que solo puede emplear el motor para cargar las baterías y hacer operar las bombas, aceptaría el riesgo y cargaría el mínimo que permite el reglamento. Pero un patrón de crucero no debe hacer esto nunca. El barco de crucero debe avanzar a motor si hay calma, pero sería mejor estimar la duración del viaje en función de la velocidad media del barco (que incluye un periodo de calma) y luego calcular la cantidad de agua necesaria en función de 5 litros por persona y día. Podemos poner el ejemplo, de un barco con una velocidad media de 5 nudos, con una tripulación de 5 personas y que viaja 400 millas, tardaría 80 horas en llegar a su destino (digamos cuatro días con un margen de seguridad). Serian necesarios 100 litros de agua (4 x 5 x 5 = 100 litros) para el viaje. Si es asi, se debe vigilar el consumo, fregar los platos con agua de mar, etc.

Se conoce que ha habido casos de náufragos que han sobrevivido durante mucho tiempo, incluso meses, con muy poca comida. Por el contrario la expectativa de vida de una tripulación sin agua, incluso en un clima moderado, son cinco días.

La pérdida de combustible

Tendremos que revisar la posible pérdida, o la contaminación, del combustible que a veces se transforma en peligro, sobre todo en el caso de las motoras ya que carecen de otro medio de propulsión. Todos los depósitos deben estar fabricados de materiales aprobados por los fabricantes de motores o instalados firmemente en un lugar seguro. Además, es imprescindible un respiradero y que dispongan de toma de tierra. Los depósitos tanto los de gasoil como los de gasolina deben disponer de una llave de paso situada lo más cerca posible de la salida del tanque para que el combustible no escape si aparece una fuga en la tubería de alimentación. Cuando se trata de un motor de gasolina, debe poder cerrarse la llave desde la cubierta principal o desde la bañera. Además, debe haber una llave adicional en la bañera para cerrar el suministro de combustible en caso de incendio. El motor de gasoil necesita un mínimo de dos filtros de combustible (separadores de agua).

Los chalecos salvavidas

Será imprescindible que haya un chaleco salvavidas a bordo para cada tripulante, incluyendo chalecos de talla pequeña para los niños. Toda la tripulación debe conocer el lugar donde se estiban, que debe ser accesible a todos. El Reglamento Internacional exige que los chalecos lleven cinta reflectante para que pueda reflejar la luz de noche. Todos los chalecos hinchables deben llevar un certificado de inspección anual. También deben ir equipados con silbatos que funcionen al mojarse.

Los arneses de seguridad

Será necesario llevar un arnés para cada persona que vaya a bordo. Hace unos años los modelos antiguos disponían de un solo herraje en el extremo del estrobo. Esto fué la causa de varias muertes porque, al hundirse rápidamente el barco, se veían arrastrados al fondo del mar y no eran capaces de encontrar el herraje y liberarse. Ahora, los arneses llevan herrajes en ambos extremos. Y además, será muy conveniente que cada tripulante lleve un cuchillo. Siempre los arneses deben engancharse en puntos fuertes y debe haber uno en cubierta cerca del tambucho principal para que los tripulantes puedan engancharse y desengancharse al salir o entrar de la cabina. Los veleros de regatas de altura llevan líneas de vida en las dos bandas, de proa a popa. De esta forma permiten que los tripulantes se muevan casi libremente por todo el barco. No obstante, debe haber cáncamos u otros puntos fuertes para engancharse. En la cabina, el timonel tiene que tener puntos fuertes en cada banda, para poder atarse con seguridad en caso de mal tiempo.

Los aros salvavidas

Existen barcos de crucero que aún llevan los aros salvavidas circulares pintados de color rojo, blanco, azul o algún otro color que haga juego con su cubierta. Tendremos siempre presente que el único color eficaz para el material de salvamento en el mar es el naranja; es el único color que destaca en el agua. En cuanto a los salvavidas los más eficaces son los que tienen forma de herradura; el nadador puede deshacer las rabizas, meterse dentro y el salvavidas lo aguanta. También estos salvavidas necesitan cintas reflectantes y deben ir equipados con un ancla flotante, un paquete de tinta para marcar la posición y un silbato. Todos los barcos deben llevar dos aros salvavidas de herraduras de este tipo, una de las cuales debe incorporar una percha I.O.R. de mástil largo con una bandera en su extremo superior. La bandera, al estar bastante alta respecto al nivel del mar, es visible desde una distancia considerable. Lleva la luz de encendido automático en el tope del mástil; esta luz se enciende nada más colocarse la percha en posición vertical en el agua. La duración mínima debe ser de una hora.

El cabo flotante

Es una pieza muy recomendable llevar un cabo flotante con su boya permanentemente afirmados al barco; puede estibarse al alcance del timonel. Que con un simple gesto, el timonel puede lanzarlo al agua, a la vez que frena el barco. Si se hace esto lo bastante rápido, es casi seguro que el hombre que ha caído al agua pueda alcanzar el cabo a nado –siempre que no esté lesionado -, lo que facilita el rescate enormemente.

Todos los equipos de salvamento no sólo proporcionan flotabilidad, sino que, con uso inteligente, señalan el camino hacia él. Lo haremos de la siguiente forma: primero se lanza el cabo flotante con su boya; después el aro salvavidas con el tinte marcador; el otro con la percha. Seguiremos lanzando cualquier cosa desechable que sepamos que flota. Todos los objetos derivaran a velocidades distintas pero la dirección media de todos ellos mostrará el camino hacia el desafortunado. Tendremos en cuenta que cuanto más largo sea el camino, menos fiable es este método.

Las bengalas

Siempre que precise ayuda externa, será conveniente tener un sistema que le permita pedirla. Una de las mejores maneras de hacerlo, si cree que hay embarcaciones cerca, es empleando las bengala. Todas las embarcaciones tienen la obligación de llevar 22 bengalas: 12 de paracaídas rojas; 4 bengalas de mano rojas; 2 bengalas de mano blancas y 4 señales de humo naranja para uso diurno. Hay otra alternativa es una pistola lanza bengalas aunque su disparo no alcance la altitud de una bengala de cohete. No obstante, una pistola compacta, al igual que los cartuchos que emplea considero que es un complemento útil, aunque para su uso es posible que precise un permiso de armas.

Tenga en cuenta que ha de seguir las instrucciones de empleo, y guarde un guante de amianto en el bote de las bengalas. Este guante

le protegerá de posibles quemaduras en caso de un encendido inco-
rrecto. Todos los productos químicos de las bengalas se pegan a la
piel y causan tremendas quemaduras. Como haya bastante viento al
disparar las bengalas, dispárelas verticalmente. Todos los cohetes viran con el viento y alcanzan mayor altitud de esta manera; además, así
el viento la empujará hacia atrás y su luz se verá en el cielo cerca de
su situación Si el cielo nublado, incluso con nubes bajas, dispare más
hacia abajo –ligeramente desviado de la vertical- para que el cohete
siga siendo visible. Siempre apunte en la dirección del barco que se
acerca si es que puede verlo.

Tendremos las bengalas en un contenedor estanco y con cerradura,
Siempre que esté en puerto y de fiesta, manténgalas bajo llave. Hacer
esto es obligatorio en muchos puertos, ya que un cohete disparado
inconscientemente en puerto es un peligro grave para un petrolero u
otro barco con carga explosiva

Todas las bengalas tienen una vida útil de tres años y, aunque puedan
durar más tiempo, deben renovarse al alcanzar su fecha de caducidad.
Lo importante es que debe mantenerlas siempre al día y, cuando las
emplee, asegurarse de que se verán. No tiene ningún sentido hacer
un castillo de fuegos artificiales para uno solo.

CAPÍTULO .06

RADIOCOMUNICACIONES

Comunicaciones

Definiciones

En el Reglamento de Radiocomunicaciones se establecen las siguientes definiciones:

Telecomunicación: Es toda transmisión, emisión o recepción de signos, señales, escritos, imágenes, sonidos e información de cualquier naturaleza por hilos, radioelectricidad, medios ópticos u otros sistemas electromagnéticos

Radiocomunicación: Es toda telecomunicación realizada por medio de ondas eléctricas.

Telefonía. Es el sistema de telecomunicación para la transmisión de la palabra o en algunos casos, de otros sonidos.

Estación: La estación es uno o más emisores o receptores separados, o una combinación de receptores y transmisores, incluyendo las instalaciones accesorias necesarias para asegurar un servicio de radiocomunicación en un lugar determinado.

Estación costera: La Estación costera es una estación terrestre del servicio móvil marítimo.

Estación Terrena Costera (ETB): Es una Estación terrena del servicio fijo por satélite instalada en tierra con el fin de establecer un enlace de conexión para el servicio móvil marítimo por satélite.

Estación de Buque: Es una Estación móvil del servicio móvil marítimo instalada a bordo de un buque no amarrado de manera permanente y que no sea una estación de embarcación de supervivencia.

Estación Terrena de Buque (ETB): Es una Estación terrena móvil del servicio móvil marítimo por satélite instalada a bordo de un buque.

Estación de Embarcación de Supervivencia: Es una Estación móvil del servicio móvil marítimo o del servicio móvil aeronáutico, destinada exclusivamente a fines de supervivencia que sea colocada en cualquier bote salvavidas, balsas salvavidas u otro equipo de supervivencia.

Servicio móvil: Es un Servicio de radiocomunicación entre estaciones móviles y terrestres o estaciones móviles.

Sistema Mundial de Socorro y Seguridad Marítimos (SMSSM): Es el Servicio mundial de comunicaciones basado en sistemas automáticos, tanto por satélites como terrenales, que permite emitir alertas de socorro y difundir información sobre seguridad marítima a los navegantes.

Servicio Móvil Marítimo: El Servicio móvil entre estaciones costeras y estaciones de barco, entre estaciones de barco, o entre estaciones de comunicaciones a bordo asociadas; también pueden considerarse incluidas en este servicio las estaciones de embarcaciones o dispositivos de salvamento y las estaciones de radiobalizas de localización de siniestros.

Servicio Móvil Marítimo por Satélite: El Servicio móvil por satélite en el que las instalaciones terrenas móviles están situadas a bordo de los buques.

Sistema COSPAS-SARSAT: El Sistema de búsqueda y salvamento con ayuda de satélites basado en satélites de órbita polar da baja altura, proyectado para localizar radiobalizas de socorro que transmitan en las frecuencias de 121,5 MHz y 406 MHz

INMARSAT: Es la Organización Internacional del Servicio Móvil Marítimo por Satélite.

Información sobre Seguridad Marítima (ISM): Radio avisos náuticos y meteorológicos, pronósticos meteorológicos, alertas de socorro u otros mensajes urgentes relacionados con la seguridad que se transmiten a los buques.

Llamada Selectiva Digital (LSD): Es una técnica que utiliza códigos digitales y que permite a una estación radioeléctrica establecer contacto y transferir información a otra estación o grupo de estaciones

Comunicaciones de puente a puente: Son Comunicaciones de seguridad entre buques, efectuadas desde el puesto habitual de gobierno.

Terminal Local de Usuario (TLU): Es una estación receptora en tierra que forma parte del sistema.

COSPAS-SARSAT: Establecida para recibir las señales de las radiobalizas transmitidas por los satélites de órbita polar y procesar dichas señales para determinar la posición de las balizas.

Centro de Control de Misiones (CCM): Es un elemento del sistema COSPAS-SARSAT establecido para aceptar la comunicación del Terminal Local de Usuario (TLU) y los mensajes de alerta de otros CCM, distribuir los datos del alerta a los CCS o puntos de contactos SAR que se encuentren en su zona de servicio y transmitir los mensajes de alerta a otros CCM. Un CCM también recibe y envía información sobre el sistema de COSPAS-SARSAT.

Servicio Mundial de Radio avisos Náuticos (SMRN): Es el servicio establecido por la OMI y la Organización Hidrográfica Internacional con el objeto de coordinar las transmisiones de radio avisos náuticos en zonas geográficas utilizando los servicios NAVATEX/IDBE en zonas decamétricas (HF) o los de Safety NET de llamada intensificada a grupos (LIG) de INMARSAT.

Impresión Directa de Banda Estrecha (IDBE): Es telegrafía automatizada que se utiliza en el sistema NAVTEX y por radio télex.

Frecuencias de radio. Concepto de frecuencia y canal de radio

Las radiocomunicaciones se efectúan por medio de emisiones de ondas electromagnéticas llamadas ondas Hertzianas que se propagan libremente en la atmósfera.

Llamaremos ciclo de la onda a una vibración completa de la misma. Llamaremos frecuencia de la onda al número de ciclos por segundo. En cuanto a la longitud de onda es la distancia de una cresta a otra.

En cuanto a las ondas Hertzianas se propagan a una velocidad de 300.000 km por segundo y si dividimos esta velocidad por la frecuencia de la onda en kHz, obtendremos la longitud de onda (lambda).

Si queremos transmitir la voz, que son ondas de audiofrecuencia u ondas sonoras (de 15.000 a 20.000 Hz), es necesario transformarlas en ondas eléctricas o radiofrecuencia (superior a 20.000 Hz) por medio del micrófono.

La onda de radiofrecuencia que sirve de transporte a las ondas de baja frecuencia se llama frecuencia *portadora*.

En cuanto a la portadora se puede modificar en modulación de amplitud (AM) y modulación de frecuencia (MF). Cuando modulamos la onda se producen dos bandas laterales, la banda lateral superior (BLS) y la banda lateral inferior. Con independencia del modo de transmisión, se puede hacer con doble banda lateral y portadora suprimida, o banda lateral única (BLU) en que se transmite en una sola banda y la portadora suprimida.

El canal de radio es aquella frecuencia de emisión o recepción fijada por medio de cristales y es invariable. Si queremos la fijación de los canales de radiofrecuencia se emplea un intervalo de frecuencia de 50,25 ó 12,5 MHz. Por lo general en VHF la diferencia entre canales es de 50 MHz. Los canales son fijados por UIT para cada tipo de emisión dentro de cada espectro de frecuencia.

Principales modos de explotación

Simplex: Es el que permite transmitir alternativamente en uno u otro sentido, Manejado por un operador. Durante la transmisión el receptor debe escuchar y viceversa.

Dúplex: Es aquel sistema que permite transmitir simultáneamente en los dos sentidos. Es como un teléfono normal.

Semidúplex: En un extremo se emplea el sistema simplex y en el otro dúplex.

Subdivisión de la parte más significativa del espectro radioeléctrico

El espectro radioeléctrico se subdivide en nueve bandas de frecuencias, que se designan por números enteros, en orden creciente, de acuerdo con el siguiente cuadro. Dado que la unidad de frecuencia es el bertzio (Hz), las frecuencias se expresan:
- en kilohertzios (kHz) hasta 3.000 kHz, inclusive;
- en megahertzios (MHz) por encima de 3 MHZ hasta 3.000 MHz, inclusive;
- en gigahertzios (GHz) por encima de 3 GHz hasta 3.000 GHz, inclusive.

Número de la banda	Símbolos (en inglés)	Gama de frecuencia	Subdivisión métrica correspondiente
4	VLF	3 a 30 kHz	Ondas miriamétricas
5	LF	30 a 300 kHz	Ondas kilométricas
6	MF	300 a 3000 kHz	Ondas hectométricas
7	HF	3 a 30 MHz	Ondas decamétricas
8	VHF	30 a 300 MHz	Ondas métricas
9	UHF	300 a 3000 MHz	Ondas decimétricas
10	SHF	3 a 30 GHz	Ondas cent métricas
11	EHF	30 a 300 GHz	Ondas milimétricas
12	--	300 a 3000 GHz	Ondas decimilimétricas

Bandas de frecuencias media medias (MF)

Están comprendidas entre 1.605 KHz y 4.000 KHz; se llaman ondas medias u ondas hectométricas. Su cobertura es de unas 250 a 400 millas.

Bandas de frecuencias altas (HF)

Son las comprendidas entre 4 y 27,5 MHz; llamadas onda corta u ondas decamétricas.- Se emplean para comunicaciones de larga distancia.

Bandas de frecuencia en VHF

Las bandas de muy altas frecuencias van de 156 a 174 MHz y se llaman ondas métricas. Se emplean en transmisiones en navegaciones costeras y su alcance es de unas 40 millas.

Todas las estaciones costeras de VHF mantienen una escucha permanente en las frecuencias de 156,525 (canal) 70) y 1565,800 (canal 16).

Frecuencias de VHF y MF radiotelefónicas y de LSD utilizadas para comunicaciones de socorro, urgencia y seguridad en el SMSSM para la correspondencia pública

Con LSD y Telefonía/VHF

Canal	Frecuencia en MHz	Modo	Servicio
70	156,525	LSD	Llamada, socorro, urgencia y seguridad
16	156,800	Telefonía	Operaciones de socorro, urgencia y seguridad
06	156,300	Telefonía	- Comunicación avión-tierra en operaciones de socorro - Comunicaciones entre medios de salvamento en el lugar siniestro
13	156,650	Telefonía	Seguridad navegación (canal de trabajo para comunicaciones puente-puente)
15 y 17 (1 vatio)	156,750 156,850	Telefonía	Comunicaciones internas a bordo
9	156.450	Telefonía	Canal de trabajo de clubs náuticos y puertos deportivos

Con LSD, Telefonía y MF

Frecuencia en KHz	Modo	Servicio
2.187,50	LSD	Llamada, socorro, urgencia y seguridad
2.182	FONíA	Tráfico de socorro, urgencia y seguridad
Frecuencia tra bajo costera	LSD	Llamada a costeras españolas
2.189,50	LSD	Llamada internacional a la costera
2.177	LSD	Llamada tierra-buque
2.177	LSD	Llamada buque-buque

Interferencias.- Se prohíbe a todas las estaciones:

a)	Las transmisiones inútiles.

b)	La transmisión de señales y de correspondencia superfluas.

c)	La transmisión de señales falsas o engañosas.

d)	La transmisión de señales sin identificar.

e)	Las transmisiones al éter que no vayan dirigidas a una estación de aeronave, de buque o costera oficialmente reconocida.

f)	Las transmisiones dentro de puertos, radas o bahías en frecuencias inferiores a 30 MHz, salvo en los casos de siniestro o fuerza mayor.

Pruebas

Cuando una estación tenga necesidad de emitir señales de prueba, ya para el ajuste de un transmisor antes de transmitir una llamada, ya para el de un receptor, estas señales **no durarán más de 10 segundos.** Comprenderán el distintivo de llamada o cualquier otra señal de identificación de la estación que emite las señales de prueba.

La duración de las emisiones de prueba se reducirá al mínimo, especialmente en la frecuencia portadora de 2.182 kHz y en frecuencia de 156,800 MHz.

Todas las estaciones estarán obligadas a reducir su potencia radiada al mínimo necesario para asegurar un servicio satisfactorio. Para evitar interferencias en las comunicaciones, los transmisores de las estaciones de barcos no deberán superar las siguientes potencias de salida:

MF (onda media).................. 400 vatios

HF (onda corta) ....1,5 KW
VHF ....25 vatios

Si a bordo de un barco existen dos o más emisores de diferente potencia y se trata de comunicar con un barco o estación relativamente próximos, cuyo enlace no ofrece dificultades, se empleará siempre la menor potencia posible.

Excepto en los casos de socorro, las comunicaciones entre estaciones de barco y entre éstos y las de aeronaves no deben causar interferencias al trabajo de las Estaciones Costeras. Cuando esto ocurra, las estaciones que las causen cesaran de transmitir o cambiarán de frecuencia a la primera petición de la estación interferida.

Secreto de las comunicaciones

Según el Reglamento de Radiocomunicaciones queda totalmente prohibido:

a)   La interpretación no autorizada de las radiocomunicaciones no destinadas al uso general del público.

b)   La divulgación del contenido, La simple revelación de la existencia, publicación o uso cualquiera que sin autorización se haga de toda clase de información obtenida mediante la intercepción de las radiocomunicaciones mencionadas en el párrafo a)

Identificación de las estaciones

Las estaciones de barco se identificaran:
- Por el distintivo de llamada.
- Por el nombre del barco,
- Por el Número de Llamada Selectiva Digital.
Las estaciones de barcos se identifican:
- Por el distintivo de llamada.
- Por el nombre geográfico del lugar de emplazamiento.

Formación de los distintivos de llamada y de los números de identificación del servicio móvil marítimo

El distintivo de llamada o numeral de un barco se forma con la combinación de letras del alfabeto y cifras, pero no deberán emplearse combinaciones que puedan confundirse con señales de socorro ni con grupos de letras reservados a las abreviaturas habitualmente utilizadas en las transmisiones por radio. Por ejemplo, un buque español podría tener como señal distintiva: EDMI, y un yate: EB3780.

En el SMSSM todo barco y Estación Costera tendrá asignado un número de icentificación de 9 cifras conocido por la sigla MMSI (Maritime

Mobil Selective-call Identity o ISMM, Identificación del Servicio Móvil Marítimo), también conocido por ID (Identification Digits). Este número de identificación aparece siempre en la pantalla del barco o Costera receptora y, por medio del Nomenclátor de Indicativos de Llamada e Identidades Numéricas, podemos conocer el nombre del barco o de la Costera que ha realizado la llamada, así como su nacionalidad.

Las Identificaciones Numéricas pueden ser de:
- Estaciones de barco.
- Grupo de estaciones de barcos.
- Estaciones Costeras.
- Grupo de Estaciones Costeras.

Estaciones de barco

Comienzan por tres cifras llamadas MID (Maritime Identification Digits) que indica la nacionalidad del barco, y seguidas de 6 cifras. En total forman un grupo de 9 cifras. El MID o Código de País correspondiente a España es el 224. Así, pues, el MMSI de un barco español podría ser:

MID XXXXXX

224 566782

Grupo de estaciones de barco: Empieza por 0 (cero) seguida del MID y un grupo de 5 cifras:

0 MID XXXXX

0 224 13857

Estaciones Costeras: Empiezan por 00 (2 ceros) seguidos del MID y un grupo de 4 cifras:

00 MID XXXX

00 224 1245

Grupo de Estaciones Costeras: Es el mismo sistema que para las Estaciones Costeras:

00 MID XXXX

00 224 8964

Procedimientos operacionales radiotelefónicos de correspondencia pública en VHF y MF

En ondas métricas (VHF)

Todas las Estaciones Costeras de VHF mantiene una escucha permanente en las frecuencias de 156,525 MHz (canal 70) y 156.800 MHz (canal 16)

Antes de transmitir, cada estación tomará las precauciones necesarias para asegurarse que sus emisiones no causarán interferencias a las comunicaciones que estén en curso. En caso de interferencia se aplicarán las siguientes reglas:

a)   La estación del barco cuya emisión produce la interferencia en la comunicación de una estación móvil con una Estación Costera, cesará de transmitir a la primera petición de la estación costera interesada.

b)   La estación de barco cuya emisión interfiera las comunicaciones entre estaciones móviles, deberá cesar de transmitir a la primera petición de cualquiera de estas últimas.

c)   La estación que solicite esta interrupción deberá indicar a la estación cuya emisión ha interrumpido, la duración aproximada de la espera impuesta a la misma.

El canal 70 se utiliza para la transmisión de la LLAMADA y para SOCORRO, URGENCIA y SEGURIDAD y el canal 16 se reservará para efectuar el tráfico de socorro. Todos los barcos dotados de equipos de VHF mantendrán la escucha en el canal 70 cuando se encuentren en la mar.

Una vez establecido el enlace en el canal 70, la Estación Costera indica al barco que pase al canal de trabajo apropiado para realizar la comunicación.

Se recomienda el uso de muy altas frecuencias, VHF, dentro del alcance visual entre buques o buques y estación, aunque en ocasiones de buena propagación, el alcance aumenta considerablemente. Está prohibido la transmisión en frecuencias inferiores a 30 MHz a todos los buques que se encuentren en puerto, radas o bahías, salvo en caso de emergencia. O sea, se puede utilizar el VHF pero no las ondas medias o cortas.

Con el fin de dejar libre al máximo los canales de socorro. Clubes Náuticos y Puertos Deportivos que posean estación de VHF realizarán el tráfico en el canal 9. Sin embargo, mantendrán también la escucha en el canal 70 o 16.

Si el tipo de aparato lo permite, está autorizada la frecuencia simultánea (doble escucha), una de ellas deberá ser en el canal 70 y la otra se recomienda sea el canal 13 (tráfico de seguridad entre buques).

El horario de las Estaciones Costeras es de 24 horas.

Uso de los canales de VHF

70   Llamada, socorro, urgencia y seguridad
16-6   Trafico de socorro, urgencia y seguridad

13	Seguridad de la navegacion entre buques
8-9-10-72	Comunicación buque-buque
11-12-14.-68	Operaciones portuarias
11-12-68-69-71	Movimiento de buques
23-24-25-26-27-28	Correspondencia pública (dúplex)

Estacioines costeras de VHF (Servicio manual)

Costeras	Canales
Bagur	23
Barcelona	60
Tarragona	23
Castellón	28
Cabo La Nao	2
Alicante	85
Cartagena	4
Palma	7
Ibiza	3
Menorca	85
Cabo Gata	27
Málaga	26
Tarifa	81
Cádiz	83
Huelva	26
Cabo Ortigal	2
Coruña	26
Finisterre	22
Vigo	20
La guardia	82
Navia	27
Cabo peñas	26
Santander	24
Bilbao	26
Pasaje	27
Arrecife	25
Fuerteventura	22
Gomera	24
Hierro	23
La palma	20
Las palmas	26
Tenerife	27

Lista de llamadas

Las Estaciones Costeras transmitirán sus listas de llamada en sus frecuencias normales de trabajo de las bandas adecuadas. Esta transmisión irá precedida de una llamada general.

Frecuencia: VHF canal 16 o 2.182 kHz en MF
Atención a todos los barcos o CQ
(CHARLIE QUEBEC) 3 veces
Aquí o DE (DELTA ECHO)
Escuchen mi lista de llamada en ... kHz o canal ...

Este preámbulo no podrá repetirse en ningún caso.

Las horas en que las Estaciones Costeras transmiten sus listas de llamada y las frecuencias y clases de emisión que utilizan a estos efectos, deberán indicarse en el Nomenclátor de las Estaciones Costeras. Conviene que, en la medida de lo posible, las estaciones de barco estén a la escucha de las listas de llamada trasmitidas por las Estaciones Costeras. Cuando oigan su distintivo de llamada o su señal de identificación, contestarán tan pronto como puedan hacerlo.

Cuando no sea posible cursar inmediatamente el tráfico, la Estación Costera comunicará a cada estación de barco interesada la hora probable en que comenzar el tráfico, así como, si fuere necesario, la frecuencia y la clase de emisión que utilizará.

Si una Estación Costera recibe casi simultáneamente llamadas de varias estaciones de barco, decidirá el orden en que dichas estaciones podrán transmitir su tráfico. Su decisión a este respecto se basará en la prioridad de los radiotelegramas o de conferencias radiotelefónicas pendientes de transmisión en las estaciones de barco, y en la necesidad de facilitar a cada estación que llame la posibilidad de cursar el mayor número posible de comunicaciones.

Escuchas, periodos de silencio

Todo barco en la mar mantendrá una escucha permanente en la frecuencia de 2.182 kHz de onda media (MF) y en el canal 16 de VHF. Si el barco está provisto de Llamada Selectiva Digital (LSD) estará a la escucha en 2.187,5 kHz de MF y en el canal 70 de VHF.

El Reglamento de Radiocomunicaciones establece dos periodos de silencio por cada hora. El primer periodo es durante los 3 primeros minutos de cada hora y el segundo los 3 primeros minutos siguientes a la media hora, o sea, de X h a 3m y de 30m a 33m. Durante estos intervalos no se podrá transmitir en la frecuencia de 2.182 kHz y siempre que sea posible se mantendrá la escucha dicha frecuencia.

Los buques españoles de menos de 300 TRB que lleven estaciones radiotelefónicas, vienen obligados a montar un servicio de escucha en la frecuencia de 2.182 kHz por lo menos durante los periodos de silencio (Normas SEVIMAR) y podrán mantener la escucha en la frecuencia de 2.272 kHz durante los minutos 10 a 20 y 40 a 50 de cada hora para enlazar con los buques.

Todo barco mientras esté en la mar, mantendrá una escucha permanente en la frecuencia 2.187,5 kHz y el tráfico de socorro lo hará en 2.182 kHz.

Estaciones costeras de onda media (MF)
Servicio manual

Estaciones	Canal	Frecuencias en KHz	
		Costera	Barco
Palma	281	1.755	2099
Cabo Gata	285	1.767	2.111
Tarifa	264	1.704	2.129
Chapona	248	1.656	2.081
Finisterre	284	1.764	2.018
Coruña	262	1.698	2.123
Cabo Peñas	255	1.677	2.102
Machichaco	265	1.707	2.132
Arrecife	244	1.644	2.069
Las Palmas	259	1.689	2.114
	---	2.820	3.298

La llamada de socorro de SOCORRO, URGENCIA y SEGURIDAD la efectuará en la frecuencia de 2.187, 5 kHz en LSD y el tráfico de socorro en 2.182 kHz.

La frecuencia de llamada comercial o de rutina a una Costera española se hará en la frecuencia de trabajo de la misma.

Cuando un barco llama a una Costera extranjera lo hará en LSD en la frecuencia de 2.187,5 kHz.

Las llamadas entre barcos se harán en la frecuencia de 2.272 kHz en telefonía durante los periodos de escucha en dicha frecuencia, en los minutos 10 a 20 y de 40 a 50 de cada hora y en 2.177 kHz en LSD.

Una vez establecido el enlace con la Estación Costera por los procedimientos operativos indicados, los barcos harán las peticiones a ésta, de la clase de servicio que desean facilitando los siguientes datos:

a)   Nombre e indicativo del barco que hace la petición.

b)   Número de identificación asignado por Telefónica, o en su defecto, nombre del armador o del representante de la liquidación de sus cuentas.

c)   Persona que lo solicita.

d)   Número de teléfono o identidad con lo que desean la conferencia.

e)   Localidad o país.

Finalizada la radio conferencia, la Estación Costera facilitará al barco los minutos tasables y, en el caso de que el barco así lo requiera, el importe de la misma.

Por regla general corresponderá a la estación de barco el establecimiento de la comunicación con la Estación Costera. A este efecto, la estación de barco no podrá llamar a la costera sino después de haber entrado en la zona de servicio, es decir, en la zona en que la estación de barco, utilizando una frecuencia adecuada, pueda ser oída por la estación costera.

Sin embargo, si una Estación Costera tuviera tráfico destinado a una estación de barco, podrá llamarle cuando pueda suponer, con fundamento, que la estación de barco está a la escucha y dentro de la zona de servicio de la Estación Costera.

Sistema mundial de socorro y seguridad marítimos (SMSSM/ GMDSS)

La finalidad del sistema consiste en que un barco que está en peligro pueda solicitar ayuda y asistencia a un Centro de Coordinación de salvamento, Estaciones Costera y a buques en las proximidades, a través de un sistema de cobertura mundial como INMARSAT o COSPAS-SARSAT mediante sistemas de comunicaciones rápidas y fiables.

El sistema igualmente proporciona información marítima de seguridad (MSI, Maritime Safety Information) a través de mensajes NAVAREA y METAREAS.

El sistema SMSSM o GMDSS entró en vigor el 1 de febrero de 1.990 y paulatinamente se irá haciendo obligado para todos los barcos a partir de 2005.

El Capítulo IV de Radiocomunicaciones del SOLAS es de aplicación a:
-Todos los buques de pasaje.
- Todos los buques de carga mayores de 300 TRB.
- Todos los pesqueros de nueva construcción de eslora mayor de 24 metros (a partir de 1-7-99).
- Todos, los pesqueros mayores de 45 metros de eslora (a partir del 1-7-99)

Zonas marítimas del SMSSM

A efectos de poder desarrollar satisfactoriamente el sistema se han creado cuatro áreas marítimas y en ella se han creado cuatro áreas marítimas y en ellas se establece el equipo que debe tener a bordo todo barco que navegue en cada una de ellas.

Zona marítima A1

Es una zona cubierta por al menos una Estación Costera que mantiene escucha permanente con LSD en VHF. (70).

Zona marítima A2

Exceptuando el área A1, es una zona cubierta por al menos por una Costera que mantiene escucha permanente con LSD en MF (onda media, 2.187,5 kHz).

Zonas marítima A1

Es la Zona de cobertura correspondiente a cada una de las Estaciones Costeras de VHF (Alcance mínimo aproximado 35/40 millas).

Zona de navegación 2 y su relación con la zona marítima A1 A2 nacionales (Art, 4 del R.D. 1185/2006 de 16 de octubre)

Se considera zona marítima A1 a aquella en que exista una cobertura de una estación costera nacional que efectúe una escucha continua en la frecuencia de seguridad marítima de ondas métricas (VHF) y A2 aquella que efectúe la escucha con ondas hectométricas (MF) de telefonía y/o LSD.

A efectos de equipamiento que deben llevar los buques nacionales se establece que la zona marítima comprendía entre cualquier punto del litoral mediterráneo y sur peninsular y los puertos de Ceuta y Melilla así como entre islas del archipiélago canario y balear, se considerará a todos los efectos como zona marítima A1. La zona norte/sur de la costa portuguésa se considera como zona marítima A2.

La zona comprendida entre cualquier puerto de la costa nacional peninsular o insular y los puertos del archipiélago canario, así como la zona de costa del noroeste africano cuya distancia desde una estación costera nacional peninsular o insular sea superior a 150 millas, tendrán la consideración de zona marítima A3.

La zona de navegación 2 comprende la navegación que se efectúa en la zona comprendida entre la costa y la línea paralela a la misma trazada a 60 millas de la costa. Por tanto, la zona de navegación 2 abarca parcialmente las zonas marítimas A1 y A2.

Todos los Centros de Radiocomunicaciones Marítimas mantienen, a través de cada una de sus Estaciones Costeras de VHF, una escucha para socorro, urgencia y seguridad en las siguientes frecuencias y canales:

-156.800 MHz (canal 16 VHF) en radiotelefonía

-156.525 MHz (canal 70 VHF) en Llamada Selectiva Digital.

-Horario: 24 H.

Sistema cospas-sarsat
Concepto básico del sistema

Este sistema fue creado y auspiciado por EEUU, Canadá, Francia y Rusia. España está integrada en este programa desde l993 y aporta la Estación Espacial de Maspalomas, situada en la isla de Gran Canarias, como sede del LUT (Local User Terminal) y del Centro de Control de Misiones (CCM). El sistema tiene por objeto la prestación de ayuda humanitaria a cuantos accidentes terrestres, marítimos y aéreos ocurran en cualquier lugar de la Tierra. Está formado por una constelación de 6 satélites artificiales de órbita polar baja girando a una velocidad de 25.000 km por hora. Estos satélites detectan las señales de socorro emitidas por las radiobalizas tipo 406 MHz.

El mensaje lanzado por la radiobaliza es detectado por la red de satélites de órbita polar del sistema COSPAS-SARSAT y es transmitido a la Terminal Local de Usuario (LUT), situada en Maspalomas. Islas Canarias. De allí pasa al Centro de Control de Misiones (CCM), que recibe los datos de la radiobaliza y pasa la información al Centro de Coordinador de Salvamento Marítimo CCSM. De éste pasa al Centro Regional de Salvamento más próximo al accidente, quien da la orden a las embarcaciones y helicópteros de Salvamento Marítimo para que acudan en su auxilio.

Conocimiento de otros equipos

Radiobaliza de localización de siniestros (RLS o EPIRB) de 406 MHz

La radiobaliza satelitaria de 406 MHz sirve para la localización de siniestros en el mar utilizando el sistema de satélites COSPAS-SARSAT. Se activa bien manualmente por medio de un interruptor o bien automáticamente al hundirse el barco, por medio de un sistema de liberación o zafa automática accionada por un presostato. Una vez activada la radiobaliza, transmite en la frecuencia de 406 MHz un mensaje de socorro en la que incluye una señal de identificación del barco y la posición del mismo. Así mismo transmite simultáneamente en la frecuencia de 121,5 MHz para búsqueda y salvamento SAR.

La RLS lleva incluido en su mensaje un código único de identificación formado por tres dígitos correspondiente al país en que la radiobaliza está registrada (MID) seguida de 6 dígitos de identidad del barco, todo lo cual forma el código de 9 cifras que constituye la Identificación del Servicio Móvil Marítimo (ISMM/MMSI).

El mensaje lanzado por la radiobaliza es detectado por la red de satélite de órbita polar del sistema COSPAS-SARSAT y es transmitido en la Terminal Local de Usuario TLU o LUT, situada en Maspalomas, Islas Canarias. De allí pasa al Centro de Control de Misiones CCM 0 MCC, que recibe los datos de la radiobaliza y pasa la información el Centro Coordinador de Salvamento Marítimo CCSM o MRCC. De éste pasa al Centro Regional de Salvamento más próximo al accidente, quien da la orden a las embarcaciones y helicópteros de Salvamento Marítimo para que acudan en su auxilio.

La radiobaliza lleva un modo TEST de prueba que hace un chequeo general de su funcionamiento, pudiendo detectar cualquier posible fallo. Debe ser inspeccionada periódicamente al renovar el Certificado de Navegabilidad. Se le cambiarán las pilas cada 4 años y el desprendimiento hidrostático será inspeccionado cada 2 años.

Desprendimiento y activación automáticos

Ambos se producen cuando el barco se hunde y el dispositivo del desprendimiento hidrostático libera la radiobaliza del soporte permitiendo que flote en la superficie. Los sensores incorporados detectan que ya no está en el soporte y que está en el, agua. Ello conlleva que se active automáticamente. Las transmisiones en la frecuencia de 121,5 MHz empezarán inmediatamente, mientras que las transmisiones en la frecuencia de 406 MHz no comenzarán hasta 50 segundos más tarde.

Desprendimiento y activación manual

La radiobaliza puede retirarse del soporte manualmente quitando el pasador de retención y sacándolo entonces del soporte. Es aconsejable apoyar una mano sobre La radiobaliza cuando se quite el pasador para prevenir que el resorte proyector que lleva fijo el soporte, la impulse violentamente hacia afuera. Una vez que se hayan retirado del soporte, la radiobaliza puede activarse también poniéndola en el agua, bien tirando de la pequeña rabiza roja para que rompa así la clavija amarilla, retirar esta clavija y seguidamente poner el interruptor en posición "ON".

La radiobaliza está provista de unos sensores que detectan cuando se ha desprendido del soporte y de otros sensores que detectan cuando está en el agua. Deben coincidir las siguientes situaciones para que se active la radiobaliza.

1ª Debe estar fuera de su soporte.

2ª Debe estar en el agua.

Activación manual sin desprenderla del soporte

Puede activarse sin sacarse del soporte quitando el precinto del bloqueo. Los sensores no intervienen para nada y la radiobaliza se pone en "ON". Tal caso puede ocurrir en una emergencia médica.

Desactivación

La radiobaliza puede desactivarse de la siguiente forma:

a)   Si se activó manualmente:

-   Colocando el interruptor en posición "READY" colocando el precinto de bloqueo en su lugar.

b)   Si se activó automáticamente:

1.   Sacando la radiobaliza del agua. Normalmente tarda 20 segundos en desactivarse.

2.   Colocando de nuevo la radiobaliza en su soporte.

Si la radiobaliza continúa emitiendo después de haber sido desactivada, deben sacarse los cuatro tornillos de cierre de la unidad y desconectar la batería para inutilizar el sistema. Llevarla a un servicio oficial para su separación.

Test

Puede comprobarse si la radiobaliza funciona correctamente en el soporte o fuera del mismo.

El test se inicia al mover el interruptor en la posición "TEST" y posteriormente soltarlo cuando la radiobaliza emite un pitido. Hay una pausa de 5 segundos antes de que comience el test. La secuencia del test son las siguientes:

1. Chequeo de la integridad de datos ..... Pitido si es OK; Parada si falla.

2. Chequeo del sintetizador de 406 MHZ .Pitido si es OK; Parada si falla.

3. Chequeo de batería...............Pitido si es OK; Parada si falla.

4. Luz de flash para chequear la luz.

5. Se enciende la pequeña luz roja como indicador de que se ha pasado el test satisfactoriamente.

VHF portatil

Su finalidad es asegurar las comunicaciones de emergencia entre las embarcaciones de supervivencia o entre éstas y el barco. El equipo deberá estar homologado para su utilización en el SMSSM y dispondrán como mínimo de los canales 16, 13 y 6. Las pilas son recargables y dispondrá de su cargador correspondiente. Para casos de emergencia dispone de un equipo de baterías precintadas, con fecha de caducidad, quedando ésta anulada al romper el precinto.

Respondedor de radar

La baliza SART (Search and Rescue radar Transponder) equivalente a transpondedor radar para búsqueda y salvamento; consiste en una baliza flotante provista de un transmisor-receptor con una batería que le da autonomía para 8 horas de emisión ó 96 horas en "stand by". Transmite en la frecuencia de 9 GHz (gigahercios) una señal al ser interrogada por un radar de un barco o de un avión, consistente en 12 puntos que aparecen en la pantalla del radar y dirigidos en línea recta hacia el centro de la misma cuando el barco en peligro está a más de una milla. A medida que el radar se acerca los puntos se transforma, primero en arcos concéntricos y luego en círculos alrededor del SART separados o,6 millas.

Una vez el radar ha localizado la baliza SART, debido a la emisión electromagnética del radar, hace disparar una alarma audiovisual en la baliza, indicando con ello que ha sido localizada.

La baliza SART se instala a bordo o en la balsa salvavidas en un lugar despejado y separado del reflector radar para evitar interferencias y se acciona a voluntad. También puede ir integrada en la RLS.

El radar de un avión puede localizar el SART a unas 40 millas de distancia, sin embargo, el radar de un barco lo puede localizar entre 2 y 5 millas de distancia dependiendo de la altura de la baliza sobre el mar y la altura de la antena del radar del barco.

Centros de comunicaciones radio marítimas CCR´s

La Sociedad de Salvamento y Seguridad Marítima es el organismo responsable de los servicios de búsqueda, rescate, salvamento marítimo y lucha contra la contaminación del Estado español en el área geográfica de su responsabilidad, que abarca, aproximadamente, 1.500.000 km2.

Creada por la Ley de Puertos del estado y de la Marina Mercante, de 1.992, la Sociedad de Salvamento y Seguridad Marítima, se configura como una Entidad de Derecho Público, con personalidad jurídica y plena capacidad de obrar, adscrita al Ministerio de Fomento, que fija sus directrices de actuación, aprueba su plan anual de objetivos, efectúa el seguimiento de sus actividades y ejerce el control de su eficacia.

La sociedad cuenta con cuatro tipos de Centros de Coordinación de Salvamento:

-**CNCS:** Centro Nacional de Coordinación de Salvamento, que coordina a todos los Centros equivalentes a nivel internacional. E1 **CNCS** tiene cobertura de comunicaciones en la zona A3 (entre los paralelos 70º N y 70º S).

CZCS: Centro Zonal de Coordinación de Salvamento, que da cobertura radar y radiogoniométrica a Dispositivos de Separación de Tráfico Marítimo y cobertura de comunicaciones en la zona A2 (mínimo 100 millas).

CRCS: Centro Regional de Coordinación de Salvamento, que da cobertura radar y radiogoniométrica a zonas de aproximación a diferentes puertos y áreas costeras, así como comunicaciones en la zona A2 (mínimo 100 millas).

CLCS: Centro Local de Coordinación de Salvamento, que da a cobertura radar, radiogoniométricas y de comunicaciones en VHF a las maniobras de aproximación y entrada/salida/de puertos en especial riesgo. Los CLCS tienen cobertura de comunicación en la zona A1 (20-30 millas).

En la actualidad el Plan Nacional de Servicios de Salvamento Marítimo se encuentra en pleno desarrollo, estando en funcionamiento un total de 18 Centros Coordinadores de Salvamento Marítimo situados a lo largo de la costa española, coordinados por un Centro Nacional.

Las llamadas de emergencia a estos centros se pueden realizar desde cualquier punto de la costa a través del teléfono gratuito para emergencias marítimas **900 202 202** siendo atendidas las veinticuatro horas del día desde el centro coordinador más cercano.

La ejecución de los servicios de salvamento es llevado a cabo en estos momentos por 10 buques de salvamento, 20 embarcaciones de intervención rápida, 5 helicópteros de salvamento y 4 embarcaciones de limpieza.

Una Región de Búsqueda y Salvamento RBS o RSR/SRR es un área de dimensiones definidas relacionada con un Centro de Coordinación de Salvamento CCS/RCC en la que se prestan servicios de búsqueda y salvamento.

Las RSR/SRR ayudan a definir quién tiene la responsabilidad principal de coordinar las respuestas a las situaciones de auxilio en cada zona. La Organización de Aviación Civil Internacional (OACI) publica planes regionales de navegación aérea en los que se describen las RSR/SRR aeronáuticas.

El Servicio Radio médico

Este es un servicio de asistencia y consejos médicos para los buques en el mar. La consulta médica por radio es el medio más importante cuando surge un problema sanitario en alta mar. En España, el Centro Radio-Médico Español (CRME), está ubicado en Madrid y depende del Instituto Social de la Marina. También ofrece asesoramiento médico por radio desde el buque-hospital "Esperanza del Mar" en el banco canario-sahariano.

Forma de conectar con el CRME

Por radiofonía

Cualquier barco en navegación puede solicitar sus servicios por medio del Servicio Marítimo de Telefónica en España, indicando que la comunicación es para *consulta médica* (este tipo de comunicación es gratuito y tiene prioridad), o solicitando a cualquier Estación Costera extranjera comunicación telefónica (también gratuita) con el Centro Radio-Médico Español al número de teléfono de España: 91 310 34 75.

Disposiciones radioeléctricas para las embarcaciones de recreo de zonas de navegación 2, 3, 4 y 5

Las que naveguen por las siguientes zonas deberán llevar como mínimo:

Zona "2". Navegación hasta 60 millas de la costa a partir del 1 de enero de 2008.

-VHF con LSD (canal 70) y los canales 16, 13 y 6 de telefonía.

- Radiobaliza de 406 MHz.

- Equipo portátil bidireccional o un respondedor de radar de 9 GHz.

Zona "3". Navegación hasta 25 millas de la costa a partir del 1 de

Enero de 2009.

-VHF con LSD (canal 70) y los canales 16, 13 y 6 de telefonía.

-Radiobaliza de 406 MHz.

Zona "4". Navegación hasta 12 millas de la costa a partir del 1 de Enero de 2009.

-VHF con LSD (canal 70) y los canales 16, 13 y 6 de telefonía.

Zona "5". Navegación hasta 5 millas de un abrigo a partir de 1 de Enero de 2009.

-VHF con LSD (canal 70) y los canales 16, 13 y 6 de telefonía.

Personal de radiocomunicaciones

(Art. 53 b del Reglamento de Radiocomunicaciones.- Las embarcaciones de recreo dispondrán de personal titulado (patrón de navegación básica, patrón de embarcaciones de recreo, patrón de yate y capitán de yate) que deberá de responsabilizarse en la práctica de un correcto manejo de los equipos de embarcaciones y de navegación.

Licencias de estaciones de barco y otros documentos de servicio

Licencia de Estación de Barco

Se entiende por licencia de Estación de Barco, al certificado en el que se autoriza a instalar y utilizar el equipo radioeléctrico que se describe en dicho certificado. Esta licencia permanecerá en lugar visible, cerca de la estación de radiocomunicaciones del barco y será presentada a las Autoridades Marítimas nacionales e internacionales que así lo soliciten. Sin embargo, para las embarcaciones de recreo este certificado se engloba en el Certificado de Navegabilidad del barco.

Otros documentos

-Certificado de Operador General Restringido del SMSSM.

-Libro de Radioseñales.

-Nomenclátor de Estaciones Costeras.

-Nomenclátor de Estaciones de Buques.

-Diario de Servicio Radioeléctrico.

-Tabla de procedimiento Radiotelefónico.

Instalaciones de Equipos

Todos los equipos radioeléctricos, tanto para los barcos obligados a llevarlos como para aquellos que no lo están, están sujetos a la aprobación de la Dirección General de la Marina Mercante, debiendo estar homologados por ella y cumplir para su instalación los trámites y condiciones exigidos.

Según el SOLAS, Capítulo IV, parte C toda instalación radioeléctrica estará:

1.   Situada de modo que ninguna interferencia perjudicial de origen mecánico, eléctrico o de otra índole pueda afectar a su buen funcionamiento.

2.   Situada de modo que garantice el mayor grado posible de seguridad y disponibilidad operacional.

3.   Protegida contra los efectos perjudiciales del agua, las temperaturas extremas y otras condiciones ambientales desfavorables.

4.   Provista de alumbrado eléctrico de funcionamiento seguro, permanentemente dispuesto e independiente de las fuentes de carga de energía eléctrica principal y de emergencia.

5.   Claramente marcada con el distintivo de llamada y la identidad de la estación de buque para la utilización de la estación radioeléctrica.

La tarjeta del procedimiento radiotelefónico

Será conveniente preparar una tarjeta de procedimiento radiotelefónico y guardarla en un sitio bien visible cerca del equipo.

Ponga el distintivo de llamada del braco y el siguiente mensaje de emergencia. Se debe seguir el procedimiento al píe de la letra, y así cualquiera a bordo lo puede emplear aunque nunca sin el permiso del patrón o el operador. Un patrón prudente enseñará a todo el mundo como se sintoniza la frecuencia de socorro.

Seleccione el canal o la frecuencia de socorro y emplee la máxima potencia.

MAYDAY, MAYDAY, MAYDAY.

Aquí (Nombre del barco repetido tres veces o el indicativo de llamada tres veces, deletreado utilizando el alfabeto fonético).

MAYDAY (Nombre del barco o su indicativo). Situación (Demora a distancia a un punto en la carta o una situación en términos de latitud y longitud).

NATURALEZA DEL PELIGRO (hundimiento, incendio u otro).

LA CLASE DE AUXILIO NECESARIO (Rescate, remolque, médico, etc.)

OTRA INFORMACIÓN ÚTIL (Según la emergencia, las costeras querrán saber cuánta gente hay a bordo).

Hay otra llamada de emergencia, de menor prioridad que la llamada MAYDAY; me refiero a la llamada PAN, que se emplea cuando el barco no se encuentra en peligro inmediato, pero precisa ayuda para evitar un peligro a sí mismo o a alguien a bordo. Recuerde, si escucha una llamada MAYDAY o una llamad a PAN, debe intentar ayudar. La ley se lo exige. Si está claro que una estación costera, u otro barco más cercano, tiene la situación bajo control, puede mantenerse simplemente a la escucha a no ser que pueda prestar algún tipo de ayuda, especializada o más eficaz, que la del socorrista que está actuando.

El alfabeto fonético y la pronunciación de las cifras

Al lado de la tarjeta de procedimiento radiotelefónico, debe disponer una copia del alfabeto fonético. El acento cae en la sílaba en negrita.

Muchos libros que publican el alfabeto fonético no acompañan con la correspondiente lista de números fonéticos. Es imprescindible que esta información esté en la tarjeta, después de todo, si las condiciones de transmisión son malas, lo más importante es poder comunicar la situación en términos de latitud y longitud.

Letra	Palabra	Pronunciación
A	Alfa	**AL**FA
B	Bravo	**BRA**VO
C	Charlie	**CHAR**LI
D	Delta	**DEL**TA
E	Echo	**E**CO
F	Foxtrot	**FOX**TROT
G	Golf	GOLF
H	Hotel	JO**TEL**
I	India	**IN**DIA
J	Juliet	**YU**LIET
K	Kilo	**KI**LO
L	Lima	**LI**MA
M	Mike	**MAIK**
N	November	NO**VEM**BER
O	Oscar	**OS**CAR
P	Papa	**PA**PA
Q	Quebec	QUE**BEK**
R	Romeo	**RO**MEO
S	Sierra	SI**ERRA**
T	Tango	**TAN**GO
U	Uniform	I**UNIFORM**
V	Victor	**VIC**TOR
W	Whiskey	**UIS**KI
X	X-ray	**EKS**-REI

Y	Yankee	**IAN**KI
Z	Zulu	**Z**U**LU**

Pronunciación de las cifras

Número	Palabra	Pronunciación
0	NADACERO	NA-DA-SE-RO
1	UNAONE	U-NA-UAN
2	BISSOTWO	BIS-SO-TU
3	TERRATHREE	TE-RA-TRI
4	KARTEFOUR	KAR-TE-FOER
5	PANTAFIVE	PAN-TA-FAIV
6	SOXISIX	SO-SI-SICS
7	SETTESEVEN	SE-TE-SEVEN
8	OKTOEIGHT	OK-TO-EIT
9	NOVENINE	NO-VE-NAIN
Coma decimal	DECIMAI	DE-SI-MAL
Punto final	STOP	STOP

Abandonar el barco

Si ocurre lo peor, tendrá que abandonar el barco; pero debe ser éste el último recurso. Siempre tendremos presente que el barco es el mejor salvavidas y no se debe abandonarlo hasta que esté seguro de que no permanecerá a flote. Aún cuando haya subido a la balsa, permanezca cerca del barco por si no se hunde.

Los barcos de determinadas esloras y más los de regatas tienen la obligación de llevar balsas lo suficientemente grandes para albergar a toda la tripulación. Ya que hay un máximo permitido en las tripulaciones de regatas, es fácil saber el número de plazas requeridas en la balsa. Cuando se trata de un patrón de crucero no siempre sabe cuánta gente tendrá a bordo, por lo que debe llevar una balsa lo bastante grande para dar cabida a lo que él crea que será su máxima tripulación. Todos los patrones que llevan en su barco una balsa salvavidas tienen la obligación de hacer inspeccionar la balsa cada año y cuando se trata de un patrón de regatas entregar el certificado oficial de su club. No es así cuando se trata patrones de crucero que no tienen esta obligación si en su nación no se lo obligue por que la eslora de la embarcacikón no se lo exija. En España, tanto los certificados de las balsas salvavidas como el resto del equipamiento del barco están sujetos a la Inspección del Departamento de Marina.

Embarque en la balsa

La barca se echará al mar siempre por sotavento, pero si esto no fuese posible, se hará por barlovento y luego, antes de hincharla, se lleva a sotavento. Una vez hinchada y ante la imperiosa necesidad de tener que abandonar el barco, la tripulación embarcará en ella al ser posible sin tirarse al mar, pues hay que evitar en lo posible mojarse las ropas. De todas maneras, si hay personas en el agua, la balsa dispone de sistemas para subir fácilmente a bordo, bien sea con escalas de gato o bien por medio de una pequeña rampa.

Equipo que debe llevar una balsa salvavidas

Cuchillo de seguridad
Silbato
Linterna (con baterías y bombillas de respeto)
Bomba de hinchado
Remos (2)
Cohetes con paracaídas (2)
Bengalas de mano (3)
Bote de humo (1)
Esponjas (2)
Ancla de capa (2)
Kit de reparación
Pastillas anti mareo
Tabla de señales
Instrucciones de supervivencia
Botiquín
Bolsas para el mareo
Heliógrafo
Línea de vida
Mantas térmicas (2)

Este es el mínimo equipamiento que debe llevarse; si hay espacio para meter más cosas, conviene hacerlo. Si es así, prepare un contenedor especial de comida, de agua (lo más importante), cartas de navegación, radio, etc., y guárdelo al lado de la balsa para poder embarcarlo cuando se suba a ella. La balsa una vez hinchada dispone de mucho espacio.

Cuando tengamos que subir en la balsa, colóquela suavemente en el agua cerca de la popa. Nos aseguraremos de que tiene el cabo del disparador en la mano. Una vez que la balsa esté en el agua, tire suavemente del cabo hasta sentir una resistencia, entonces tire bruscamente y con fuerza. En cuanto a las botellas de gas del interior se dispararán y la bolsa se hinchará. Al recibir la presión del inflado abrirá el envase de la bolsa. Una vez hayamos terminado de inflarse, puede que la balsa aparezca invertida, por lo que habrá que darle la vuelta. Siempre resulta más fácil hacerlo desde el barco que desde el agua, sobre todo si el agua está fría. Como el barco se encuentre a flote todavía, permanezca cerca y átese a él. Tan solo debe cortar el cabo si la balsa se ve en peligro. Siempre es mucho más fácil ver un barco desde un avión que detectar la balsa.

Las emergencias

Las emergencias náuticas

Una de las situaciónes imprevista más importante con la que puede enfrentarse un velero en alta mar es la pérdida de la integridad del casco; o si lo decimos de forma más sencilla, un agujero. Esto puede deberse a una colisión; son cada vez más frecuentes las debidas a choques contra contenedores desechados por algún barco (este es quizá uno de los actos más mortíferos cometidos en el mar hoy en día), o contra un animal marino de gran tamaño o también puede ocurrir que nos golpeemos contra el tronco de un arbol. Todo el patrón que pase un poco de tiempo en alta mar sabe que los esfuerzos realizados para convertir a las ballenas en especie protegida han tenido éxito. La cantidad de avistamientos de ballenas en sus zonas de concentración han aumentado drásticamente, y las ballenas son un peligro.

Si consideramos el peligro que supone un agujero lo bastante grande como para amenazar hundir el barco. Hasta incluso un agujero pequeño dejará entrar 300 litros de agua por minuto. Si setrata de un agujero del tamaño de un puño por debajo de la línea de flotación permite una entrada de agua demasiado grande para ser neutralizada por las bombas de achique más corrientes. Tengamos siempre presente que una bomba impulsada por el motor, capaz de bombear entre 450 y 2.000 litros por minutos, es la única manera de vaciar el agua que entra por un agujero aunque éste sea pequeño.

Por lo pronto, vamos a imaginar que tenemos alguna posibilidad de vencer al agua. Como no tengamos la posibilidad de tener acceso al agujero, quizá tengamos que desmontar algunos de los muebles del barco. Lo primero que tenemos que hacer será, taponar el agujero con un cojín o una almohada; entonces, presionaremos con una pieza de madera el cojín, aunque tengamos que atravesar toda la cabina.

Con esto tendrá que ser suficiente para reducir la entrada hasta el nivel de una fuga y proporcionar el tiempo necesario para encontrar una solución permanente. Una vez hayamos taponado el agujero, podremos reducir la entrada de agua todavía más. Cuando el agujero está por debajo de la línea de flotación, probablemente tendremos que hacer un parche de fortuna enseguida; si no es así, hay algunos casos en que se puede seguir antes de poner el parche. Trataremos de hacer escorar el barco lo suficiente para que el agujero quede por encima de la línea de flotación, por lo menos, intermitentemente. Si lo conseguimos tendremos dos ventajas: primero, entra mucha menos agua; segundo, se puede trabajar en el agujero desde fuera a la vez que desde dentro.

Si conseguimos escorar para subir el agujero es útil aún cuando esté a mucha profundidad. Si nos amuramos a la banda que eleve el agujero, aunque siga por debajo de la línea de flotación, reducirá la presión del agua y conseguirá que entre menos cantidad. Es muy importante forzar la escora colocando las anclas y todos los demás pertrecho pasados a una banda, cuidando de no comprometer la estabilidad del barco.

Si llevamos una embarcación de madera, el método de reparación que se debe emplear, si se puede alcanzar el agujero desde fuera, es clavar una placa delgada de contrachapado sobre el agujero, con una capa de masilla de asiento entre el contrachapado y el casco. De esta forma, la entrada del agua se habrá reducido mucho. En ese momento, desde el interior del casco, rellene el agujero con cola epoxi y clave un cubrejuntas encima, El cubrejuntas puede ser de contrachapado, un trozo plano cortado de una lata, o cualquier otra cosa que aguante mientras se seca el sellador.

Como el agujero esté a mucha profundidad, puede emplearse un sellador epoxi de secado rápido, pero esto puede resultar difícil de realizar y, además, puede que el barco tenga más problemas si un tripulante se lanza al agua para hacer la reparación.

Los palletes de colisión

Los palletes de colisión nos permiten llevar a cabo una reparación sencilla desde el interior del barco y, cuando mejoren las condiciones, puede quitarse el parche y hacer una reparación más importante en el exterior. S llevamos un pallete de fortuna es la versión a menor escala de las lonas de colisión con las que van equipados los barcos grandes. Si se trata de estos barcos grandes, las lonas están permanentemente preparadas, afirmadas con cadenas. Estas lonas pueden trasladarse al lugar del agujero, bajarse hasta que esté sobre él, y tensarse para que quede firme en la posición adecuada.

Como se puede entender, no es muy corriente que un barco pequeño tenga una lona de colisión. Existen unos aparatos con forma de paraguas que pueden meterse por el agujero, abrirse y ajustarse contra el casco. Es conveniente llevar uno de estos aparatos en los viajes largos, pues no son muy grandes ni muy pesados. Ahora bien, será conveniente que la tripulación tenga que confeccionar algo que sirva como lona de colisión después del percance. Lo que tenemos más a mano en un velero será una vela pesada, y la mejor de las velas pesada es la vela de capa, que tiene cabos firmes al puño de la escota y, generalmente, de amura. Tendremos que colocar un peso en el puño de driza, y también un cabo. Al colocar el peso hará que la vela se hunda por debajo del casco y así podrá ser colocada en posición. Cuando consigamos situarla en la posición adecuada, se hacen firmes los cabos. Con la presión del agua se forzará a la vela contra el casco, donde quedará pegada; de ese modo, la entrada del agua se reducirá espectacularmente. Sería muy conveniente que la vela sirviera de junta incluso cuando se clave el cubre juntas en el casco. Pero será más sencillo emplear un trozo grande de lona, de unos 2 m x 2 m, y entonces clavar el cubre juntas, en vez de estropear la vela de capa, que además podríamos necesitar en caso de quedar muchas millas por la proa. Si se trata de una urgencia, la manera más rápida de improvisar una lona de colisión es emplear la vela de capa. No debemos tener en cuenta si su aspecto es hermoso o no; esto es algo que puede resolverse en tierra. Tenemos que procuparnos en ese momento en reparar el agujero y detener la entrada de agua.

El aluminio

Cuando tenemos que reparar un barco de aluminio es lago que resulta muy difícil, pero también se pude hacer una junta de trapos engrasados que se ponga como sellador ya que los remaches que se hagan no serán estancos. Siempre tendremos presente al tapar un agujero en un casco de aluminio que deben alisarse los bordes del agujero para que cualquier plancha que se coloque por dentro o por fuera se ajuste al máximo posible al casco.

Si podemos comprobar que el casco se ha hendido, taladraremos agujeros en cada extremo de la hendidura para que no siga abriéndose. Hay gente que recomienda que solo se utilice el aluminio para cubrir un casco del mismo metal por el peligro de electrólisis o la corrosión galvánica. Ahora bien, si tenemos en cuenta que nadie va a permanecer en la mar más de lo necesario con un casco agujereado, parece irrelevante el material que se utilice. Que tegamos estas consideraciones solo tienen importancia en las reparaciones permanentes.

La fibra de vidrio

Es posible emplear el metal o la madera flexible para reparar los agujeros en barcos de fibra de vidrio. Lo único que tendremos en cuenta será que el parche debe ser mucho más grande que el agujero. También en este material, si el casco se ha hendido o desgarrado, taladre los extremos para deshacer los puntos de tensión. Es posible emplear cualquier masilla o junta líquida y, si el agujero es grande, asegúrese de que el parche es mucho mayor para repartir la carga por todo el casco. Tenga en cuenta que las planchas interiores y exteriores pueden juntarse con pernos. En casi todas las tiendas de artículos de navegación tienen juegos de reparaciones de urgencia.

El acero

A bote pronto, el acero parece plantear más problemas que otro material al realizar una reparación de urgencia, aunque es el material que menos probabilidades tiene de necesitar tales reparaciones. En caso de que esto sea así, tendremos en cuenta que la soldadura queda claramente descartada; o sea, que hay que aplicar la misma técnica que en los barcos de aluminio. Si consigue fijar dos grandes planchas en la posición adecuada, con sellador entre ellas, la cantidad de agua que entra en el barco se reducirá hasta ser fácilmente manejable, que es nuestro propósito. Cuando lleguemos a puerto haremos la reparación definitiva.

El ferro cemento

El ferrocemento es uno de los materiales más fáciles de reparar, sobre todo si se tiene a bordo uno de los productos preparados mezclados que se secan nada más exponerse al aire. Al ser todo agujeros o cortes, el área debe estar limpia antes de que se rellene. Como no dispongamos de un producto preparado, fabricaremos uno con cola epoxi de dos componentes. Si por cualquier motivo tenemos dificultades para adherirla al cemento, colocaremos un cubre juntas a ambos lados del casco.

Los materiales exóticos

Como el Kevlar, la fibra de carbono y el "sándwich" deben tratarse como la fibra de vidrio. Todos los cubrejuntas deben ser muy grandes, sobre todo los exteriores, ya que la fuerza de estos materiales depende en gran medida de la integridad del casco. Estos materiales pueden perder su fuerza estructural cuando una sección se agujerea.

Otros peligros para el casco

Hay otros muchos peligros en los que puede estar envuelto el casco que no sean las colisiones o los accidentes, aunque el buen cuidado y mantenimiento del mismo puede reducirlos. Si su barco tiene grandes superficies acristaladas y estas se rompen en un temporal, la culpa será enteramente suya por no disponer de las contraventanas mencionadas en el capítulo sobre la seguridad. Resulta tremendamente difícil salvar el barco si tiene una gran superficie abierta al mal tiempo y carece de las piezas adecuadas para impedir la entrada de agua. Tambien le puede ocurrir, si navega con mar gruesa y no cierra el tambucho, se expone a un gran peligro en caso de volcar o embarcar una ola rompiente. Si usted es un buen marino tiene que preveer estas circunstancias y tomar las medidas adecuadas. Al mismo tiempo, también existen otros peligros que no son tan evidentes.

La apertura de las costuras

La apertura de costuras es un contratiempo muy difícil de predecir en los viejos cascos de madera; el barco tiene que estar en la mar para poder detectarlo. Si disponemos de un barco que presenta varias entradas de agua es un problema serio, ya que no hay casi nada que se pueda hacer para bloquearlas. Lo único que se puede intentar es mantener el agua a un nivel aceptable. La cantidad que entra de agua suele ser menor que la que pueda entrar por un agujero, aunque no siempre es así. Como tenga la mínima sospecha de que el casco del barco en que piensa hacerse a la mar no será estanco con algo de oleaje, no se embarque.

Como se encuentre en la mar y se da cuenta que entra agua por las costuras, haga rápidamente un cálculo para saber si puede manejar la cantidad de agua que entra. Si se hace asi, en los casos desesperados se hará eminente de inmediato –por el nivel de agua dentro de la cabina con todos los tripulantes empelándose a fondo con las bombas disponibles- si el problema tiene solución. Como no la haya, debe abandonar el barco.

Cuando vea que hay posiblidades de solucionar el problema, no se olvide del motor. En casi todos los motores hay una bomba que utiliza el agua del mar para enfriar el motor y que luego se expulsa de nuevo al mar. Cerrando la llave de entrada y la manguera se coloca en la sentina, el motor bombeará el agua a la mar por su salida normal. Hay un peligro: vigilaremos que no haya basura flotando en el agua, puede entrar en el motor y bloquear el circuito de refrigeración, causando problemas más importantes.

Con la mayor brevedad procure conectar un filtro al extremo del tubo para que no entre esa suciedad. Mientras tanto, ponga un tripulante a vigilar el agua y retire los pedazos mayores que se acerquen a la entrada del tubo. Sabemos que los motores de gasoil pueden funcionar parcialmente sumergidos, con tal de que su entrada de aire esté por encima del nivel del agua. También se puede conectar un tubo a la entrada de aire y pasarlo a la bañera, así el motor puede tragar el aire que necesita a la vez que aspira el agua que amenaza al barco. Tendremos en cuenta que el motor no se cansa, como lo hace la tripulación, bombea el agua más rápida y eficazmente y puede proporcionarle el tiempo que necesite para transmitir una llamada de socorro o encontrar y taponar la entrada de agua.

Las amenazas menores

Cuando se producen averías como una tubería reventada o un fallo en un sifón, pueden considerarse menos peligrosas, ya que, una vez descubiertas, pueden resolverse con el único inconveniente de la entrada de grandes cantidades de agua en poco tiempo. Pero, no es una situación de peligro mortal.

También resulta un riesgo importante, aunque no tanto como un agujero o la entrada de agua importante, es el lastre suelto. Cuando hablamos sobre la seguridad, vimos que deben trincarse firmemente las anclas y baterías, que las puertas deben tener cerraduras resistentes para impedir que el contenido de los pañoles vuele por la cabina y que todos los pertrechos pesados deben trincarse con seguridad. Sabemos que una embarcación, con una tripulación fuerte y experta que se hallaba atrapada en una tormenta de 90 nudos, casi pereció al soltarse la cocina y ponerse a volar por la cabina. Nos podemos imaginar como es el movimiento de un casco sometido a una tormenta de 90 nudos. Ademas que supuso un peligro para el casco, tambien puso a la tripulación en peligro de muerte. Cuando estaban intentando atrapar a la bestia sin perder la vida, ésta rompió uno de tubos de alimentación de gasoil del motor. En este momento, el agua que siempre se cuela en la cabina en una tormenta tan importante, cubrió de gasoil todas las superficies del interior. Por todo esto se complicarón aún más los esfuerzos para controlar la cocina, ya que la tripulación resbalaba a cada paso. Al final, lograron dominar la cocina y trincarla, pero se vieron con la desagradable perspectiva de pasar el resto de la tormenta en una cabina totalmente cubierta de gasoil.

El fuego

Lo más aterrador que hay es un incendio en la mar, sea que éste causado por un rayo, una explosión o la inocente llama de la cocina. Es considerado como una amenaza a la integridad del casco, ya que puede quemar la totalidad de la embarcación o convertirla en inhabitable. Generalmente, todos los barcos deben tener los extintores perfectamente cargados, pero cabe señalar que existen unas técnicas que mejoran las posibilidades de apagar el incendio.

Una de ellas puede ser, quitar arrancada a un barco que viaja deprisa. Cuando el viento es fuerte, podemos colocar el barco de tal manera que el viento aleje las llamas de la tripulación, o reducir la intensidad del fuego impidiendo la entrada de oxígeno.

Cuando se trata de un incendio eléctrico, podemos desconectar la batería, localizar la fuente del incendio y apágarlo con los medios de a bordo. Siempre que haya alguna cosa en llamas que pueda tirarse por la borda debe tirarse. Cuando un tripulante tiene la ropa prendida, debe envolverse en una manta contra incendio o una normal, o en su defecto, atarse con un cabo y tirarse por la borda, siempre y cuando el barco tenga poca o ninguna arrancada. Nunca, debe disparar con un extintor de CO_2 a la piel desnuda de una persona; la quemadura fría resultante será tan grave como la de las llamas.

Nunca se debe abrir una puerta o una escotilla. Por la única razón que puede hacerlo es para poder acceder mejor al incendio y apagarlo. Como no consiga apagarlo ni controlarlo, al abrir la puerta aumentará la ventilación, es decir, el suministro de oxígeno, y avivará el fuego. Suponiendo que la emergencia sucede en un lugar de donde no haya posibilidad de conseguir ayuda, prepare la barca y cárguela con el equipo de emergencia previamente preparado y cualquier otra cosa que considere útil (comida y sobre todo agua).

Lance un cabo que le permita tener la balsa alejada del barco incendiado. Asi, cuando los que luchan contra el incendio decidan que el riesgo de explosión de los tanques es demasiado grande, o que no tiene posibilidad de vencer a las llamas, podrán acercarse a la balsa y subir.

La rutina para después del incendio

Cuando la lucha contra el incendio ha sido exitosa, es importante que la temperatura de las áreas incendiadas se rebaje con agua. Si no lo hacemos así, podría volver a prenderse fuego. Haga un repaso del barco y asegúrese de que todas las zonas están a una temperatura segura.

Los rayos

Seguramente uno de los grandes temores de los navegantes es el rayo, aunque quizá no deba temerse tanto. Aunque no se conocen muchos barcos alcanzados por rayos, seguramente esto podría deberse a que la mayoría de los barcos desaparecidos sin rastro fueron atacados por rayos. También pudo ocurrir, que chocaran con un contenedor, una ballena o algo parecido. Una medida preventiva para impedir que le alcance un rayo es colocar una antena de VHF en el tope del palo y conectar todos los aparatos eléctricos a tierra; esto crea un cono de protección del barco. Si un rayo alcanza el barco y lo daña, suele agujerear el barco por la zona de los cadenotes. Cuando este agujero está al nivel de la cubierta, resulta desagradable pero de fácil arreglo. Suponiendo que los cadenotes bajan mucho por el casco, podría ocasionarse un agujero grande; la única manera de tratarlo sería escorar el barco para alejarlo del agua y efectuar un arreglo temporal.

Otro peligro derivado de ser alcanzado por un rayo es el incendio, el cual es mucho más peligroso que el propio rayo. En casi todos los barcos de regatas, y cada vez en más barcos de crucero, los cadenotes están conectados a la quilla que, junto con la antena VHF, ofrece la mejor protección posible.

La jarcia o el palo

Otro motivo que puede dejar un barco averiado, aunque pueda seguir teniendo capacidad para continuar navegando, es un fallo de la jarcia. Puede que esta situación a veces suponga una pérdida de velas. Muchas veces, un barco desarbolado es más difícil de llevar a puerto que otro que ha sufrido un incendio o una colisión sin consecuencias para el aparejo

Siempre que falle alguna parte de la jarcia firme es reducir la carga en el lado dañado. Cuando se parte el estay, el barco debe de ponerse a navegar de popa; suponiendo que sea el estay de popa, el barco debe orzar. Si el obenque de barlovento falta, el barco debe virar.

Nunca debe trasluchar pues es probable que desarbole, aparte de causar otros daños. Cuando se parte el estay y hay una vela de proa izada, ésta debe permanecer izada. La propia vela ayudará a aguantar el palo. Cuando el barco navega de través de la amura que reduce la carga, puede efectuarse una reparación adecuada.

Cuando navegamos en un barco de regatas, es probable que la jarcia esté en mejores condiciones que la de un barco de crucero, porque seguramente que tendrá burdas volantes. Como falle el estay de popa, puede tensar inmediatamente las dos burdas para apoyar el palo. Por el contrario si falla el obenque de estribor, puede cazar la burda de estribor para dar algo de soporte lateral.

Por lo general todos los yates tienen un amantillo que puede aceptar una parte de la carga. Uno de los más prácticos utensilios de a bordo en estos momentos son los escaña cables, también llamados "perrillos". Siempre se debe hacer una gaza para poder unir el extremo roto con lo que vaya a sustituir la otra parte. Por lo tanto se necesitan por lo menos dos escañacables para cada gaza.

Tendremos en cuenta que, si se ha roto la jarcia firme, la que le sustituya debe permitir ser tensada para que el aparejo de fortuna tenga la misma fuerza que el aparejo original. Todo esto es relativamente fácil si la rotura ocurre arriba o debajo de todo, o incluso si falta el tensor. Aun resulta más fácil si la rotura se produce en medio, y se precisa un trozo adicional para dar apoyo al palo.

Casi todos los consejos de cómo cortar la jarcia recomiendan el uso de cinceles y cizallas, pero yo prefiero los cortafríos.

En una ocasión vi la pérdida de un palo navegando y me quede impresionado como los cortafríos de a bordo cortaban la jarcia con suma facilidad. De esa forma es como debe ser. Todos los bordes habían quedado limpios y preparados para poder colocar el aparejo de fortuna. Al no disponer de cortafríos, tendrá que emplear cinceles o una sierra. Con el fin de evitar que las hebras de acero se levanten o salgan disparadas y lesionen a los tripulantes, envuelva el lugar del corte, y también unos centímetros a cada lado, con cinta aislante. Cuando se haya hecho el corte, los alambres mantendrán su forma original y, si tienen que pasar por algún componente de la jarcia, no tendrán al aspecto de un viejo cepillo de dientes y pasarán con facilidad por cualquier pieza. Podemos tener otra razón para tener a bordo unos pesados cortafríos que, en el caso de querer usar un trozo de la cadena del ancla para reemplazar una parte de un obenque, no tener dificultad de cortar la cantidad necesaria. Con ellos se tardan unos segundos, en vez de los angustiantes minutos que tardaría con una sierra. Tendremos en cuenta que todos los métodos para reparar la jarcia pueden servir para armar un aparejo de fortuna en caso de romper el palo.

Roturas menores de la jarcia

Las roturas menores de la jarcia representan una amenaza mucho menor, por lo que podemos considerar con más calma lo que hay que hacer. Cuando el palo no está en peligro, simplemente hagas una gaza usando la prensa de casquillos y engrilleta otro cable a su extremo. Por que el cable reparado ya puede cumplir con su antigua función. Es sabido que los casquillos prensados son tan fuertes que pueden considerarse casi como el cable original, así que vale la pena llevar una herramienta y los casquillos adecuados en la caja de las herramientas.

Roturas de la botavara

Seguramente la mejor manera de reparar una botavara es tener a bordo una camisa adecuada. Cortaremos los extremos rotos de la botavara para que queden lisos, se inserta la camisa, se juntan los bordes a testa y se remacha. Como esto no sea posible y se encuentra a bordo de un crucero con dos tangones, trínquelos a cada lado de la rotura para reforzar la botavara. Es posible que tengamos una dificultad y es que la vela tenga un pujamen envergado a la botavara por una relinga. Como sea así, tendrá que practicar agujeros en la mayor para poder pasar una trinca alrededor de la botavara. Son muchos los barcos que pueden navegar bien con el pujamen de la mayor suelto, puede que sea mejor navegar con el pujamen desenvergado y evitar daños a la mayor. Hay algunos barcos de regata, sobre todo los que tienen una mayor de gran superficie, el tangón del spinnaker sería suficientemente largo como para sustituir a la botavara, o para encajar dentro del muñón de la botavara todavía afirmado al pinzote. Como la botavara quede totalmente inutilizada, puede hacerse firme un aparejo al ollao del puño de escota y hacer el otro extremo firme en la regala de barlovento; así podría darle alguna forma a la mayor. Será conveniente que experimentemos para saber cuál es la posición idónea en la regala, pero es sorprendente lo eficaz que puede llegar a ser el sistema.

Aparejo de fortuna

Todas las reparaciónes que se haga a un barco y que sustituya la parte dañada con algo fabricado a bordo se conoce como aparejo de fortuna. De esta forma, puede encontrarse una botavara de fortuna, un palo de fortuna o un timón de fortuna. Todo navegante que cruce el océano debe tener una caña de timón de respeto y los materiales para fabricar un timón de fortuna en pocos minutos. Todos estos aparejos gobiernan un barco de manera eficaz si las velas se ajustan adecuadamente. En cuanto al timón de fortuna más corriente consta del tangón del spinnaker, unos pernos en forma de "U", y una tabla o tapa de pañol o puerta con los agujeros necesarios ya taladrados para que pueda ser montado en pocos minutos. Si tenemos una emergencia, se monta la tabla y el tangón apretando los pernos a tope. Entonces el aparejo lo trincaremos al balcón de popa. Cuando haya sido colocado el aparejo de fortuna, existe la tentación de pensar, "Con esto vale, ya está. Seguiremos adelante". Posiblemente no se intenta efectuar una reparación permanente. Esto es un fallo innecesario. Con mucha frecuencia, un tripulante competente, con máscara, pesos y aletas, puede lanzarse al agua y efectuar una reparación.

Por lo general, con el gobierno por rueda, es el sistema de guardines y poleas el que falla. Es igual si va de crucero o de regata, no ocupa mucho espacio a bordo un guardín de respeto, cortado y terminado debidamente. Por lo General, falla el sistema de gobierno cuando el barco ha forzado la marcha en condiciones adversas. Si llevamos un aparejo de respeto le proporcionará el tiempo suficiente para arreglar el sistema original, que luego cumplirá las funciones de aparejo de respeto.

Será muy necesario hacer un inventario de todas las poleas, aparejos, cabos, winches, velas pequeñas, etc. (o hacerlo antes de partir) por si necesita hacer un aparejo de fortuna. Pude comprobar el valor que tiene esto cuando perdímos el palo en medio del océano. Me dio la ieda uno de los tripulantes, un joven estudiante de ingeniería, había insistido –con todas las de la ley- en que, como prioridad absoluta, confeccionáramos una lista semejante. Hacer el recuento nos llevo más de medio día, pero al acabar sabíamos exactamente con lo que contábamos para montar el aparejo de fortuna. De esta forma pudimos diseñar uno que funcionara. Conseguimos un palo de 8 metros, y se decidió que los dos tangones que constituían el palo se solapasen 2 metros. Pudimos comprobar que la mayor de capa, izada por el puño de escota, actuaría como mayor, aunque careciéra de botavara y rozara la cubierta. Como sabíamos que podíamos izar el tormentín y colocar en cotas para que portara de manera marinera. Con este aparejo pudimos navegar durante 300 millas, sobrevivió a un temporal de 50 nudos, y ceñía eficazmente con vientos de hasta 30 nudos.

Gran contidad de los yates están equipados con un winche lo bastante fuerte como para levantar un palo de fortuna, pero ni el winche más potente puede trabajar si el ángulo no es el correcto. Como el ángulo de tiro sea muy agudo, es evidente que el palo no va a levantarse. Como se emplee una verga a modo de palanca, y se aumenta el ángulo hac a el tope de palo, entonces es muy posible que se levante. Cuando haya empezado a levantar el palo, debe tenerlo bajo control en todo momento. El timonel debe gobernar, otros dos deben asignarse a cada uno de los obenques, y un cuarto debe halar de nuevo el estay. Nc es facil imaginarse como menos de cuatro personas podrían levantar el palo de fortuna más pequeño. Conforme se suelten los obenques, debe cobrarse el estay. Toda esta coordinación debe mantenerse y llevarse a cabo lentamente hasta que el nuevo palo esté en posición vertical y pueda hacerse firme.

Hay distintas maneras de preparar un aparejo de fortuna. La forma más corriente es cuando el palo se ha partido a un tercio de su altura sobre cubierta, y se emplea una vela de proa con el pujamen por grátil para que el barco pueda navegar a un largo. No obstante, si quiere estar libre para navegar a donde le plazca, se precisa un aparejo bastante alto como para poder ceñir. Es posible que navegar a un largo le lleve a un país donde no tiene documentación de entrada, adecuada, a donde la aduana o las autoridades militares son hostiles; en definitiva, un lugar donde usted no quiere llegar. Por eso vale la pena hacer el máximo esfuerzo para idear un aparejo de fortuna que pueda ceñir. Nuestra propia experiencia e ingenio decidirán que aparejo debemos montar. Seguramente, si tiene varios miles de millas a proa, en vez de unas decenas, precisará un aparejo capaz de aguantar todo tipo de condiciones meteorológicas. Por eso, es una gran satisfacción llegar a puerto por medios propios en circunstancias adversas. Tanto usted como patrón como su tripulación estarán eufóricos si, después de un periodo de mucha tensión, entra en la bocana del puerto con el barco y la mayor parte de su equipo a salvo, y su orgullo no solamente intacto, sino a punto de estallar.

Las condiciones de supervivencia

Cuando hacenos una travesía cerca de la costa de una duración de dos días y perdemos el palo, no es muy probable que nos encuentre a más de 50 millas de la costa. Conseguir llegar a puerto no resultará muy difícil. Cuando hagamos una travesía transatlántica, o un viaje largo sobre un círculo máximo, podríamos encontrarnos a cientos de millas de la tierra. En el primer caso, habremos embarcado víveres para tres o cuatro días, por lo menos el doble de la duración del viaje. Cuando hacenos la travesía más larga, habremos calculado lo que necesitábamos, para luego añadir un margen prudente de agua y comida de más, por si acaso. Si nos encontramos con que las circunstancias son realmente malas –ha perdido el palo y el motor no puede avanzar a más de 2 o 3 nudos, con el peligro de que el viento cambie y le haga retroceder- entonces los víveres adquieren una tremenda importancia.

El agua

El agua es imprescindible. Tiene que averiguar de cuanta dispone y controlar su distribución enseguida. Si no disponemos de ella, un ser humano rara vez vive más de cinco días. Teniendo agua, pero sin comida, es posible sobrevivir hasta un mes, o incluso más, aunque se padezca debilidad y enfermedad. Existen dos escuelas de pensamiento respecto al agua; una dice que el cuerpo puede almacenar agua y por tanto no debe racionarse. Lo que ocurre es que, si solo se vive cinco días sin agua, ¿cómo puede el cuerpo almacenarla más tiempo? Como no tengamos la posibilidad de renovar el agua, me parece razonable ingerir una pequeña cantidad cada día en espera de que caiga del cielo. No obstante, hay otro punto a favor del racionamiento; si todo el mundo que comparte el peligro comparte también la misma cantidad de agua, no hay tanta posibilidad de que surjan problemas.

Sabemos que se ha de recoger el agua que caiga sobre las velas, el toldo o cualquier otra superficie cuando llueva. Ahora bien, si no llueve, hay otro problema. Han realizado algunos viajes experimentales muy largos en que la única agua bebida era la de mar; pero la gente que participa en estos experimentos estaba preparada; había ingerido cantidades cada vez mayores de agua salada antes de emprender el viaje. Resulta muy diferente coger a una persona acostumbrada al agua dulce y esperar que se adapte al agua del mar. Sencillamente, no es capaz.

Existe una historia de supervivencia que resulta la más increíble de los últimos tiempos, ocurrida a una familia que sobrevivió 154 días en una balsa en pleno Pacífico. En el momento que se les encontró, hubieran sido capaces de seguir hasta alcanzar la tierra. El motivo más importante que contribuyó a su supervivencia consistió en administrarse enemas de agua salada al fallar los suministros de agua dulce.

Se supo que la esposa y madre de familia era enfermera y sabía que el intestino podia filtrar la sal y absolver el agua, cosa que el estómago no puede hacer. Toda la familia evitó la deshidratación al acabarse el agua dulce y, además, conservó energía suficiente para recoger el agua dulce cuando llovía.

Los alambique solares

Se puede obtener agua dulce por medio de un alambique que se monta en la cocina, si esta funciona. Poner en funcionamiento el método de la cocina es más eficaz que el del sol, pero la energía del sol es ilimitada y, en cambio, si hacemos el método de la cocina, se usa mucho gas para hacer el agua. En este caso, el agua tiene más importancia que el gas, así que el método para conseguirla es éste. Necesitaremos una cacerola de metal y colocaremos un embudo encima, también puede utilizar una tetera con pitorro, y fijaremos un tubo al embudo. Colocaremos el tubo de tal manera que vaya a parar a un receptáculo de agua dulce. Envolveremos ahora el tubo con trapos mojados de agua de mar. Esto funciona según el principio por el cual el vapor del agua del mar que hierve en la cacerola sube por el tubo donde se condensa al encontrar la zona de los trapos mojados. Esta agua que sale del tubo no es salada, en el peor de los casos es algo salobre. Como estamos en un apuro no podemos andar con frivolidades. Como la necesidad no es muy grande, y disponemos de tiempo, podemos destilar el agua salobre de nuevo.

Si utilizamos el alambique solar es más sencillo pero produce menos agua. Seran necesarios dos recipientes, uno de los cuales debe ser unas cuatro veces mayor que el otro. El recipiente mayor se llena hasta algo menos de la mitad con trapos y agua salada. Al pequeño lo colocaremos en el centro del grande, apartando un poco los trapos. Pondremos una bolsa de plástico negro sobre el recipiente mayor y pondremos un peso en el centro. Entonces el cono invertido formado por la bolsa de plástico debe caer encima del recipiente pequeño. Pondremos el alambique al sol. Conforme el calor evapore el agua de los trapos, ésta se condensará en la bolsa de plástico y correrá por el cono hasta caer en el recipiente pequeño. Este es un alambique un poco burdo y produce poca cantidad de agua, pero tiene el mérito de emplear materiales fáciles de encontrar. Al no tener más recursos éste podría salvarle la vida.

La falta de alimentos

Este no es un problema tan serio como la falta de agua, pero si ocurre puede convertirse en un problema serio en caso de darse una, o ambas, las circunstancias siguientes. Vamos a suponer que es una tripulación numerosa y debe enfrentarse a un viaje mucho más largo de lo calculado, lo que convierte las reservas de víveres en unas raciones diarias muy escasas. En cuanto a la otra supongamos que las reservas de víveres se estropean por avería del sistema de refrigeración. Si nos ocurre esto con unas reservas limitadas en cantidad o en variedad. Usar el racionamiento es necesario y, mientras todos deben recibir las mismas cantidades de los mismos alimentos, debe tener en cuenta que algunas personas no toleran ciertos alimentos o sufren alergias. Todo esto se debe aclarar en negociaciones abiertas y honradas; de este modo, todos conocen y aceptan la situación.

Si se da la circunstancia de estropearse la comida, tire por la borda cualquier alimento podrido. Se debe hacer asi antes de que el hambre producida por la carestía empuje a alguien a comérselo. Cuando falla la refrigeración, puede pasar algún tiempo antes de que la comida sea incomestible. Nos comeremos lo más perecedero primero. Tendremos que calcular su proceso de degeneración y comer las existencias justo antes de que se estropeen. Cuando nos encontremos con comida fresca que se estropea rápidamente sin refrigeración a bordo, cocinaremos tantas comidas como sea posible. En el supuesto que la carne huela un poco fuerte, puede hacerse estofada y su sabor será aceptable. Tendremos en cuenta que la comida cocinada dura más que la comida fresca y así alargamos su vida unos cuantos días.

Pediremos consejo al cocinero de más experiencia de a bordo. Y lleguemos a un acuerdo con él en cuál debe ser el orden de cocinado y consumo de los productos y cuál es la preparación que les proporcionará más duración. Si llevamos galletas secas, duran mucho y deben guardarse el máximo tiempo posible. En cuanto a las cebollas se conservan si "respiran", así que guárdelas para más adelante. Haremos un cálculo del tiempo que duran los víveres administrados de esta manera y adoptaremos un racionamiento adecuado. Ponga a una parte de la tripulación a captar alimentos de la mar. Como nos encontremos relativamente cerca de la costa, lo más seguro es que haya peces. En muchas ocasiones están dando vueltas a la sombra del barco. Será muy conveniente llevar a bordo unos anzuelos de distintas medidas y unas rapalas o pulpitos para podear hacer el curricán y capturar peces como, atunes, bonitos, dorados etc., que además de ser comestibles los podemos anotar a la lista de víveres. También es posible secar algunos de estos peces pero tendremos presente que será necesario más agua para poderlos comer.

En las tripulaciones suelen haber algunos marineros que son buenos pescadores. Igual que ante cualquier experto, escuche sus consejos respecto a los peces que pueden comerse y los que no. Lo normal es que cuanto más feo sea el pez, menos probable es que pueda comerlo. Los especímenes con pinchos, que se hinchen, que tenga una piel con aspecto de verrugas o con apariencia repulsiva, tienen muchas posibilidades de ser venenoso. Si tiene la menor duda tírelo al agua.

Es conveniente saber que, en las aguas tropicales, los peces grandes pueden ser peligrosos. Estos se alimentan de peces más pequeños que, a su vez, se alimentan de peces todavía más pequeños. Es posible que los más pequeños sean de aquellos que, con su poderosa dentadura, trituran el coral para alimentarse. Muchas veces el coral resulta venenoso y, por la cadena alimenticia descrita puede llegar a los peces de tamaño grande. En las personas causan el envenenamiento conocido como "ciguatera" y es en muchas ocasiones fatal. Por todo lo anterior, en los trópicos, es una buena norma comer los peces más pequeños.

Otra fuente de alimentación en altamar son los pájaros, aunque lo más seguros es que no constituyan un bocado exquisito. Hay grandes extensiones del océano sin peces, pero rara vez navegaras un día sin ver un pájaro. Algunos son tímidos y difíciles de capturar, por lo que deberá espabilarse. Una forma de conseguirlo será colocar una pequeña red bastante túpida y colocarla a popa. Muchos navegantes han visto como un pájaro se ha lanzado en pos de su cebo al pescar al curricán. También se puede adaptar el cebo para atraer a los pájaros y permita que se acerquen aminorando la velocidad del barco. Como tenga la suerte de cazar uno, tendrá un buen suministro de proteínas y su sangre le proporcionará algo de líquido.

Los problemas de la recalada

Supongamos que, tras padecer una serie de desastres anteriores, ha podido acercarse a tierra. El mismo acercamiento del barco a la costa implica una nueva serie de problemas: encallar, la costa a sotavento y con aparejo de fortuna que reduce la capacidad de ceñir, el fondeo en la mar o la recalada con mala visibilidad.

Una de las mejores maneras de evitar una costa a sotavento es percatarse de que cualquier costa es potencialmente una de ellas. Suponiendo que el puerto de destino tiene un viento dominante, recuerde que cualquier viento que aparezca puede rolar y convertirse en el viento dominante; y éste puede ser el más peligroso. Tendremos que planificar nuestra recalada para evaluar el riesgo y trazaremos el rumbo que minimice o elimine el peligro. Como uno no se meta en una bahía, no puede quedarse atrapado. Como no nos acerquemos a una costa a sotavento, no acabaremos encallado en ella. Es muy posible que tenga que atrasar su llegada, quedándose en alta mar para evitar los peligros del mal tiempo. Que nos retrasemos valdrá la pena si ello significa sobrevivir.

Encallar

Que lleguemos a encallar puede ser uno de los peores percances que nos pueden ocurrir. Supongamos que las condiciones son malas, pero no tan malas como para romper el barco a pedazos. Lo primero que haremos, será averiguar si la marea sube o baja. Como baje, y no logre liberarse enseguida, no saldrá de allí en mucho tiempo. Será mejor que se prepare para quedarse donde está hasta que vuelva a tener la misma cantidad de agua que tiene ahora, pero con la marea entrante. Lo peor que nos puede pasar es encallar a pleamar con la marea más alta de ciclo. Seguramente no tendrá suficiente agua hasta que pase el ciclo de mareas de nuevo. Es muy posible que esté por encima del nivel medio del agua todo el tiempo, pero su barco estará en peligro constante.

Después de éste, el peligro más grave es encallar en la pleamar de una marea normal. Seguramente que tendrá la oportunidad de escapar si la próxima marea es tan alta o más, que la anterior. Como haya encallado en la entrante, quizá solo tenga que esperar un rato para flotar de nuevo y seguir su camino. Con independencia de la situación, lo primero que tiene que hacer es intentar reducir el calado del barco; la manera más fácil es escorarlo. Para ello, habrá que poner todo el peso en una banda. Tendremos que abrir la botavara y poner a toda la tripulación encima. Como haya encallado contra un acantilado sumergido que se inclina hacia tierra, intente escorar hacia la mar. Tenga mucho cuidado y procure que las olas no empujen, cada vez más, el barco hacia tierra. Si ha tenido la suerte de que su motor funcione, empléelo para intentar sacar el barco con el rumbo inverso al que le llevó a encallar.

Saber la dirección del viento es muy importante. Como sople hacia tierra, le costará más liberarse. Por el contrario, un viento terral le ayudará. Quizá tendrá que acuartelar las velas, escorar y liberarse.

En alguna ocasión, puede usar el ancla de respeto para liberarse pero, si no, no se rinda. Siga intentándolo y no deje que su fracaso al intentar liberarse le haga olvidar las consecuencias de la varada. Como la marea se vacíe deprisa, corre el riego de quedarse en seco allí mismo. Tine que establecer un plan de acción. Como por ejemplo, emplear los tangones como apoyos laterales que, afirmados a los costados del barco, impedirán que caiga sobre un costado, el peligro reside en la entrante. Como el agua entre en el barco-en otras palabras- si este no sube con la marea, puede perderlo.

CAPÍTULO .07

LEGISLACIÓN

Legislación

Convenio de Naciones Unidas sobre el Derecho del Mar (CNUD-MAR)

Reconociendo la importante contribución de la Convención de Naciones Unidas sobre el Derecho del Mar del 10 de Diciembre de1982 al mantenimiento de la paz, la justicia y el progreso de todos los pueblos del mundo, reafirmando que los fondos marinos y oceánicos y su subsuelo, fuera de los límites de la jurisdicción nacional, así como sus recursos, son patrimonio común de la humanidad.

Consciente de la importancia que reviste la Convención para la protección y preservación del medio marino y de la creciente preocupación por el medio ambiente mundial y a la vista de los resultados de las consultas oficiosas entre Estados a fin de facilitar la participación universal en la Convención, los Estados Partes en este acuerdo se comprometen a la aplicación de la Parte XI de la Convención de las Naciones Unidas sobre el Derecho del Mar, en el que se acuerda que los Estados Partes en la Convención organizarán y controlarán las actividades de la zona, particularmente con miras a la administración de los recursos sólidos, líquidos y gaseosos en la misma.

Líneas de base normal y rectas

La línea de base normal para medir la anchura del mar territorial es la línea de bajamar escorada a lo largo de la costa. En los lugares que la costa tenga profundas aberturas y escotaduras o en los que haya una franja de islas a lo largo de la costa situadas en su proximidad inmediata, puede adoptarse, como método para trazar la línea de base desde la que ha de medirse el mar territorial, el de líneas de base rectas que unan los puntos apropiados.

En los casos en que, por la existencia de un delta o de otros accidentes naturales, la línea de la costa sea muy inestable, los puntos apropiados pueden elegirse a lo largo de la línea de bajamar más alejada mar afuera y, aunque la bajamar retroceda ulteriormente, las líneas de base rectas seguirán en vigor hasta que las modifique el Estado ribereño.

Aguas interiores

Las aguas situadas en el interior de la línea de base del mar territorial forman parte de las aguas interiores del Estado.

Si un rio desemboca directamente en el mar, la línea será una línea recta trazada a través de la desembocadura entre los puntos de la línea de bajamar de sus orillas.

Si la distancia entre las líneas de bajamar de los puntos naturales de la entrada de una bahía no excede de 24 millas, se podrá trazar una línea recta entre las dos líneas de la bajamar y las aguas que queden cerradas serán consideradas como aguas interiores.

Mar territorial

La soberanía de un Estado se extiende fuera de su territorio y de sus aguas interiores, a una zona de mar adyacente a sus costas, designadas con el nombre de Mar Territorial.

La soberanía del Estado ribereño se extiende al espacio aéreo situado sobre el mar territorial, así como al lecho y al subsuelo de este mar.

El mar territorial o aguas jurisdiccionales está bajo el dominio y jurisdicción del Estado ribereño, el cual dictará normas en materia de defensa, fiscal, sanitaria, de orden público, navegación y pesca. También intervendrá en los hechos ocurridos en el mar territorial o materia de abordajes o delitos cometidos a bordo de los buques nacionales como de los extranjeros, excepto en estos últimos cuando el accidente haya ocurrido entre súbditos extranjeros y afecte solamente al orden interno del buque, en este caso se pondrá en manos de los agentes diplomáticos o consulares de su país.

El límite interior del mar territorial viene determinado por la línea de la bajamar escorada (la máxima bajamar).

El límite exterior del mar territorial estará determinado por una línea trazada de modo que los puntos que la constituyen se encuentren a una distancia de 12 millas náuticas de los puntos más próximos de la línea base.

Cuando las costas de los Estados se hallen situadas frente a frente, cada Estado tendrá derecho sobre las aguas hasta la línea media, de forma tal, que todos los puntos sean equidistantes de los puntos más próximos de las líneas de base.

Zona contigua

En una zona contigua a su mar territorial, designada con el nombre de zona contigua, el Estado ribereño podrá tomar las medidas de fiscalización necesarias para:

a)   Prevenir las infracciones de sus leyes y reglamentos aduaneros, fiscales, de inmigración o sanitarios que se cometan en su territorio o su mar territorial.

b)   Sancionar las infracciones de esas leyes y reglamentos cometidas en su territorio o en su mar territorial.

La zona contigua no podrá excederse más allá de 24 millas marinas contadas desde las líneas de base a partir de las cuales se mide la anchura del mar territorial.

Zona económica exclusiva

En una zona marítima denominada zona marítima exclusiva, que se extiende hasta el límite exterior de mar territorial español hasta una distancia de 200 millas náuticas, contadas a continuación de las líneas de base desde las que se mide la anchura de que, el Estado español tiene derechos soberanos, a los efectos de la explotación de los recursos naturales del lecho y del subsuelo marino y de las aguas suprayacentes. No se aplica en el Mediterráneo.

Alta mar

Se entenderá por "alta mar" la parte del mar no perteneciente al mar territorial, zona exclusiva ni aguas interiores de un Estado.

Todos los estados, sean ribereños o sin litoral, tienen derecho de que sus buques que enarbolan su pabellón naveguen en alta mar.

Estando "alta mar" abierta a todas las naciones, ningún Estado podrá pretender legítimamente someter a cualquier parte de ella a su soberanía.

La libertad de "alta mar" se extenderá a los Estados con litoral o sin él:

a)   La libertad de navegación.

b)   La libertad de pesca.

c)   La libertad de tender cables y tuberías submarinas.

d)   La libertad de volar sobre alta mar.

Para gozar de la libertad del mar en igualdad de condiciones con los Estados ribereños, los Estados sin litoral deberán tener libre acceso al mar.

No obstante, la navegación en alta mar entraña deberes y en este sentido, el artículo 10,1 dice que todo Estado dictará las disposiciones que sean necesarias para garantizar la seguridad en el mar sobre todo por lo que respecta:

a)   La utilización de señales, el mantenimiento de las comunicaciones y la prevención de los abordajes.

b)   La tripulación del buque y sus condiciones de trabajo.

c)   La construcción, el equipamiento y las condiciones de navegabilidad del buque.

En caso de abordaje en alta mar, las sanciones disciplinarias y penales contra el Capitán u otra persona al servicio del buque, solo se podrán ejercitar ante las autoridades judiciales o administrativas del Estado cuya bandera enarbola el buque.

No podrá ser ordenado ningún embargo o retención del buque por otras autoridades que las del Estado cuya bandera enarbola el buque.

Los Estados deberán obligar a los Capitanes de los buques que navegan bajo su bandera a que, siempre que puedan hacerlo sin grave peligro para el buque, su tripulación o sus pasajeros:

a)   Prestar auxilio a toda persona en el mar.

b)   Se dirigirán a toda velocidad posible para prestar Auxilio a las personas que se encuentren en peligro y hayan pedido socorro.

c)   En caso de abordaje prestar auxilio al otro buque, a su tripulación y pasajeros y si es posible, comunicar al otro buque el nombre del suyo, el puerto de inscripción y el puerto de destino.

Administracción Marítima Periférica

Capitanías Marítimas y sus funciones (Real Decreto 638/2007, de 18 de Mayo

En cada uno de los puertos que se desarrolle un determinado nivel de actividades de navegación o lo requieran las condiciones de tráfico o seguridad existirá una Capitanía Marítima.

La administración marítima periférica se estructura en:

a)   Capitanías Marítimas.

b)   Distritos Marítimos.

El Capitán Marítimo ejercerá, entre otras, las siguientes funciones:

a)   El Capitán Marítimo ejerce la jefatura de todas las unidades administrativas dependiendo directamente de la Capitanía Marítima, así como la dirección o coordinación de los Distritos Marítimos integrados en el ámbito geográfico de la misma.

b)   La autorización o prohibición de entrada y salida de buques en aguas situadas en zonas en las que España ejerce soberanía, así como el despacho de buques, sin perjuicio de las autorizaciones previas que correspondan a otras Autoridades.

c)   La determinación por razones de seguridad marítima de la zona de fondeo y maniobras en aguas jurisdiccionales españolas, correspondiendo a la Administración portuaria competente la autorización de fondeo y la asignación de puestos en la zona de servicio de los puertos.

d)   La intervención de los procedimientos de la determinación de las condiciones de los canales de entrada y salida de los puertos, mediante informe vinculante a lo que afecta a la seguridad marítima.

e)   La fijación por razones marítima de los criterios que determinen las maniobras, incluso el atraque, a realizar por barcos que porten mercancías peligrosas o presenten condiciones excepcionales.

f)   La posibilidad por razones de seguridad marítima de los servicios de practicaje y remolque en aguas jurisdiccionales.

g)   La supervisión que la inspección técnica de los buques civiles españoles, de los que se hallen en construcción en España, de los extranjeros en casos autorizados por los acuerdo internacionales y de las mercancías de a bordo de los mismos, especialmente de las clasificadas internacionalmente como peligrosas, así como de los medios de estiba y desestiba en los aspectos relacionados con la seguridad marítima.

h)   Y, en general, todas aquellas funciones relativas a la navegación, seguridad marítima, salvamento marítimo y lucha contra la contaminación del medio marino en aguas situadas en zonas en las que España ejerza soberanía, derechos soberanos o jurisdicción.

Abanderamiento y Matriculación: definición y efectos jurídicos (Real Decreto 544/2007, de 27 de Abril)

Abanderamiento: es el acto administrativo por el que se autoriza a una embarcación enherbole pabellón español y se inscriba en el registro de matrícula de buques de la capitanía marítima correspondiente a su matrícula.

Puerto de matrícula: o, simplemente "matrícula": puerto donde se encuentre la capitanía marítima en la que se pretenda registrar o esté registrada la embarcación.

Indicativo de matrícula: conjunto alfanumérico en el que, además de figurar el puerto de matrícula se identifica y se individualiza a cada embarcación de recreo. El indicativo de matrícula deberá figurar en ambas amuras.

Número de identificación del servicio móvil marítimo (MMSI): número de nueve cifras que sirve para identificar a cada buque a efectos de radiocomunicaciones y debe ser programado en los equipos automáticos y las radiobalizas por satélite.

Licencia de estación de barco (LEB): documento que permite a un particular o instalar o explotar una estación transmisora.

Certificado de registro español-permiso de navegación: documento integrado, expedido por la Administración marítima española, que acredita la inscripción de la embarcación en el Registro de matrícula de buques.

El permiso de navegación es el documento que sustituye a la licencia de navegación y que deben llevar todas las embarcaciones. En este documento figuran las características principales de la embarcación y los datos de su propietario y tendrá el formato que se indica en el anexo I y será exigible para las embarcaciones sin tripulación profesional.

Definciones
Abanderamiento y matrículación.

1.   El procedimiento de abanderamiento y matriculación se iniciará con la sclicitud del propietario de la embarcación ante la Capitanía Marítima correspondiente al puerto de matrícula elegido por el mismo. A dicha solicitud se acompañará en su caso, la asignación del número de identificación del Servicio Móvil Marítimo (MMSI): El modelo de la solicitud debe estar disponible en cualquier Capitana Marítima y en la página wed del Ministerio de Fomento.

2.   Las transferencias de titularidad y los demás actos registrales podrán realizarse ante la Capitanía Marítima, mediante la presentación del título de adquisición de la propiedad.

Nombre la de la embarcación

El nombre de la embarcación se asignará, a propuesta del interesado, con sujeción al siguiente:

a)   Al solicitar el abanderamiento el interesado propondrá tres nombres, con ndicación del nombre de preferencia, y se decidirá con sujeción a los siguientes requisitos:

1.   El nombre propuesto no puede coincidir con el asignado o reservado a otra embarcación inscrita en la Lista Séptima de la misma capitanía marítima.

2.   Los nombres compuestos no tendrán más de tres palabras, salvo toponímicos y nombres históricos.

3.   Podrán autorizarse anagramas, si no se presenta a confusión, así como números a continuación de un nombre, que habrán de ser escritos en letras y no en cifras.

4.   En todo caso, el nombre figurará utilizando el alfabeto español.

Renovación del certificado de registro español permiso de navegación.

1.   La renovación del certificado de registro-permiso de navegación, deberá realizarse cada cinco años, para lo cual la persona que figura como propietario en el registro de buques, deberá solicitar su renovación en el plazo de tres meses con anterioridad a la finalización de la validez del certificado.

La no renovación del certificado del registro-permiso de navegación implicará su cancelación de oficio.

Las embarcaciones ya abanderadas y registradas, seguirán usando las Licencias de Navegación de que van provistas hasta que realicen algunas de las operaciones o actos que motivan algún tipo de inscripción registral o anotación en hoja de asiento, en cuyo momento se sustituirán por el certificado de registro español-permiso de navegación.

Registro Marítimo R.D. 1027/1989 de 28 de Junio)

La presente disposición se aplica a todos los buques, embarcaciones y artefactos navegables, cualquiera que sea su procedencia, tonelaje y actividad.

Para estar amparados por la legislación española, los buques, embarcaciones y artefactos navales deberán estar matriculados en uno de los Registros de Matrícula de las Capitanías Marítimas.

Los Registros de Matrícula de Buques, serán públicos y de carácter administrativo, se llevarán en varios libros foliados denominados "Listas" en los que se registran los buques, embarcaciones y artefactos navales atendiendo a su procedencia y actividad según se expresa:

a)   En la Lista Primera, se registran las plataformas de extracción de productos del subsuelo marino, los remolcadores de altura, los buques de apoyo y los dedicados al suministro de dicha plataformas que no estén registrados en otra lista.

b)   En la Lista Segunda, se registrarán los buques de construcción nacional, o importados, con arreglo a la legislación vigente que se dediquen al transporte marítimo de pasajeros, de mercancías o de ambos.

c)   En la Lista Tercera, se registrarán los buques de construcción nacional, o importados, con arreglo a la legislación nacional vigente destinados a la captura y extracción con fines comerciales de pescado y de otros recursos marinos vivos.

d)   En la Lista Cuarta, se registrarán las embarcaciones auxiliares de pesca, las auxiliares de acuicultura y los artefactos dedicados al cultivo o estabulación de especies marinas.

e)   En la Lista Quinta, se registrarán los remolcadores, embarcaciones y artefactos navales dedicados a los servicios de puerto, radas y bahías.

f)   En la Lista Sexta, se registrarán las embarcaciones deportivas o de recreo que se exploten con fines lucrativas.

g)   En la Lista Séptima, se registrarán las embarcaciones de construcción nacional, o debidamente importadas, de cualquier tipo y cuyo uso exclusivo sea la práctica del deporte sin propósito lucrativo o la pesca no profesional.

h)   En la Lista Octava, se registrarán los buques y embarcaciones pertenecientes a organismos de carácter público tanto de ámbito nacional como autonómico o local.

i)   En la Lista Novena, o de "Registro Provisional", se anotarán con este carácter los buques, embarcaciones o artefactos navales en construcción desde el momento que ésta se autoriza, exceptuándose las embarcaciones deportivas construidas en serie, con la debida autorización.

Los buques que por precepto legal pasen a la propiedad del Estado y éste los subaste, se integraran en la Lista que corresponda a su actividad, a la solicitud del adjudicatario.

El titular de un buque, embarcación o artefacto naval de cualquier Lista tiene la obligación tanto de solicitar su matrícula como la baja en la Lista correspondiente.

En la Dirección General de la Marina Mercante se llevará un Registro Marítimo Central de todos los buques.

Patente de Navegación

Es el documento acreditativo de la nacionalidad del barco que lo autoriza a navegar bajo pabellón español y legitima al Capitán para el ejercicio de sus funciones.

Todo barco mayor de 20 TRB, una vez matriculado definitivamente beberá ir provisto obligatoriamente de su patente de navegación que estará bajo la custodia del Capitán.

Los Barcos que no tienen patente de navegación por no corresponderles, hará sus efectos de Rol de Despacho y Dotación, la Licencia de Navegación o el Certificado de registro español-permiso de navegación.

Rol y Licencia de Navegación

El rol es un libro en el cual van consignados todos los datos del barco, con una fotografía del mismo y las anotaciones de los certificados con su fecha de expedición y caducidad, personal titulado mínimo que debe llevar y el despacho para la navegación durante la vigencia del Certificado de Navegabilidad.

Los barcos menores de 20 toneladas de registro bruto llevarán un libro llamado Licencia de Navegación, en el que van consignados todos los datos del barco, datos de la tripulación, anotaciones de los Certificados con la fecha de expedición y caducidad y el despacho para la navegación durante la vigencia del Certificado de Navegabilidad.

Como se ha comentado en el epígrafe de Abanderamiento, el certificado de registro español-permiso de navegación sustituye al Rol y Licencia de Navegación para las embarcaciones de nuevo abanderamiento o que registren operaciones o actos que motivan algún tipo de inscripción registral o anotación en hoja de asiento.

Registro de Bienes Muebles: naturaleza, organización y contenido

Se puede definir el Registro de Bienes Muebles como el organismo estatal encargado de la función pública de proclamar oficialmente las situaciones jurídicas relativas a los bienes muebles en un momento determinado. En consecuencia, se trata de un Registro jurídico tanto de titularidad como de gravámenes sobre bienes muebles, es decir, de los derechos existentes de los bienes muebles así como de las cargas, es por ello que es competente para anotar embargos, hipotecas, arrendamientos financieros (Leasing), etc. Está a cargo de un Registrador de la Propiedad.

El buque debe estar inscrito primeramente en el Registro Marítimo y luego en el Registro de Bienes Muebles (RBM). El Registro Marítimo está formado por el Registro Marino Central en la Dirección General de la Marina Mercante y los Registros de Matrícula de cada Capitanía Marítima y por un registro marítimo especial que es el Registro Marítimo de Buques y Empresas Navieras de Canarias (REBECA). Ambos tienen carácter administrativo.

El RBM consta de una serie de Registros Territoriales de ámbito provincial y de un Registro de Bienes Muebles Central, con sede en Madrid. Cuando cada registro realiza la inscripción en cada una de las secciones, el Registrador competente remitirá copia al Registro Central.

El RBM está integrado por seis secciones, la primera de ellas tiene el objeto del registro de buques y aeronaves.

Las embarcaciones de recreo de la lista 6ª, al dedicarse a una tarea lucrativa, el registro Mercantil los considera buques mercantes, por lo que están obligados a inscribirse en el Registro de Bienes Muebles.

Las embarcaciones de recreo inscritas en la lista 7ª, pueden inscribirse en el RBM pero no es obligatorio.

Auxilios, Salvamentos, Remolques, Hallazgos, Extracciones Marítimas y Abordajes (Ley de 24 de Diciembre de 1962)

Auxilio y salvamento

El auxilio y salvamento de los barcos de navegación marítima o aeronaves en la mar que se encuentren en peligro y de las cosas que se hallen a bordo, quedan sometidas a las disposiciones siguientes sin que haya lugar a distinción entre ambas clases de servicios ni a tener en cuenta las aguas en que han sido prestados. (Art, 1).

Todo acto de auxilio o salvamento que haya producido un resultado útil dará lugar a una remuneración equitativa. (Art.2).

No tendrá derecho a remuneración alguna de las personas que hayan tomado parte en las operaciones de socorro, a pesar de la prohibición expresa y razonable de los barcos y aeronaves socorridos. (Art.3)

El remolcador no tendrá derecho a una remuneración por auxilio y salvamento del barco por el remolcado, sino cuando haya prestado servicios excepcionales que no puedan ser considerados como el cumplimiento del contrato de remolque. (Art.4).

Se deberá la remuneración aun en el caso de que el auxilio o salvamento haya tenido lugar entre buques o aeronaves pertenecientes al mismo propietario, salvo los pesqueros que pesquen formando unidad pesquera. (Art.5).

Para fijar el importe de la remuneración se estará a lo convenido entre ambas partes y en su defecto, a lo resuelto por el Tribunal Marítimo Central. (Art.6).

La tercera parte de la remuneración que se señale, una vez deducidos los gastos e indemnizaciones por daños o perjuicios, corresponderá al armador del barco auxiliador. En los dos tercios restantes participarán:
1º. Los componentes de la dotación.

2º. Las personas ajenas que hayan colaborado.

3º. Los salvadores de vidas humanas, aunque no pertenezcan al barco o aeronave auxiliadores.

Los componentes de la dotación participarán del premio en proporción a sus respectivos sueldos base. (Art. 7).

Las personas salvadas no están obligadas al pago de ninguna remuneración. (Art.10).

La acción para el cobro de la remuneración prescribe a los dos años.

Remolque en la mar

Fuera de los casos en que el remolque constituya auxilio o salvamento, el remolque prestado a un barco que lo pida hallándose en la mar, dará derecho a la indemnización de los daños y perjuicios sufridos como consecuencia del mismo por el barco que efectúe el remolque y el abono de un precio justo por el servicio prestado. (Art.15).

Para fijar el importe de la remuneración se estará a lo convenido entre las partes interesadas y en su defecto, a lo que resuelva el Tribunal Marítimo Central. (Art. 16).

El precio del remólque se distribuirá atribuyendo dos tercios al armador del barco remolcador y un tercio a la tripulación.

Cuando el servicio fuere prestado por barcos dedicados a la industria del remolque, el importe del premio corresponderá íntegramente al armador. (Art.17).

Hallazgos

El que encontrase cosas abandonadas en el mar o arrojadas por ella en la costa, que no sean producto de la misma mar, deberán ponerlas a disposición de la Autoridad de Marina en el plazo lo más breve posible. La misma obligación tendrá el que extrajese casualmente cosas hundidas o lo haga inmediatamente después de haberlas descubierto (Art. 9).

Las cosas halladas serán entregadas a sus propietarios cuando este aparezca y acredite su derecho de propiedad, previo pago de los gastos y el tercio del valor hallado. (Art. 20).

Si transcurrido el plazo de seis meses establecido en el apartado b) del Art. 29, no se hubiese presentado el propietario y el valor en tasación de la cosa que no fuese superior a 150.000 pesetas (901,52 euros), se entregará al hallador, previo pago de los gastos.

Cuando el valor de la tasación es superior a 150.000 pesetas (901,52 euros) el hallador tendrá derecho a esta suma y, además, una tercera parte de exceso sobre la misma que se haya obtenido en la subasta. (Art. 21).

Sin perjuicio de lo dispuesto en el párrafo primero del Art. 21, el Estado adquirirá la propiedad de cualquier buque, aeronave o cualquier objeto hundido, salvado o hallado cuando su propietario haga abandono de sus derechos o no los ejerza en plazos siguientes:

a)   Buques o restos de buques a los 3 años de hundimiento.

b)   En los demás casos, a los seis meses de la promulgación de los edictos establecidos (Art. 29).

Extracciones marítimas

Se refiere a la serie de labores preparatorias para la extracción de cosas hundidas como son los trabajos de -exploración, rastreo y localización de las mismas- y la extracción propiamente dicha.

Tratándose de cosas hundidas fuera de puerto, hay que considerar:

a)   Que las mismas constituyan peligro o incomodidad para la navegación o la pesca. En este caso la Autoridad de Marina señalará a los propietarios un plazo prudencial para su extracción.

b)   Si las cosas hundidas no constituyen peligro, la Autoridad de Marina permitirá su extracción a sus propietarios y si la propiedad perteneciera al Estado y no conviniere al mismo la extracción, el Ministerio de Defensa podrá conceder mediante concurso-subasta.

En cuanto a la extracción en sí, es preciso solicitar permiso a la Comandancia Naval para los trabajos de exploración, rastreo y localización. También habrá de tenerse en cuenta la posible aplicación a toda esta materia de la legislación específica sobre protección del patrimonio cultural y arqueológico.

Abordaje

Se considera abordaje al choque violento entre dos o más barcos, producido en alta mar, rada o puerto. El abordaje puede ser fortuito, culpable o dudoso.

Si un buque abordase a otro, por culpa, negligencia o impericia del Capitán u otro miembro de la tripulación, El naviero del buque abordador indemnizará los daños o prejuicios ocurridos, previa tasación pericial. (Art.826 del Código de Comercio).

Si el abordaje fuese imputable a ambos barcos, cada uno de ellos soportará sus propios daños.

La acción para el resarcimiento de daños y perjuicios que se deriven de los abordajes, no podrá admitirse si no presenta dentro de las 24 horas propuesta o declaración ante el Juzgado del punto donde tuviera lugar el abordaje, o la del primer puerto de arribada del buque, siendo en España, y ante el Cónsul de España, si ocurriese en el extranjero. Las acciones para reclamar indemnización por los abordajes prescribirán a los dos años del siniestro.

Diferencias legales entre remolcaje y salvamento, procedimiento y órganos competentes para tramitar los expedientes

El remolque ordinario consiste en la asistencia eventualmente prestada en el mar por un buque a otro que la solicite *sin encontrarse en situación de peligro.*

La distinción jurídica entre un mero remolque de un barco en la mar y, el concepto de salvamento del barco, efectuados en las circunstancias agravantes de la premura del momento, pueden cambiar los conceptos entre remolque y salvamento de un barco, ocasionando disputas a la hora de fijar la indemnización por los servicios prestados.

La Ley 60/1962 regula los casos de remolque para prestar auxilio a otro barco *en peligro,* quedando fuera de este ámbito el supuesto de remolque extraordinario o remolque de fortuna, que queda definido por Gavaldón y Ruiz Soroa en el Manual de Derecho y Navegación Marítima, como sigue:

a)   El remolque lo ha de haber solicitado un barco encontrándose en la mar (excluidas las aguas portuarias).

b)   El barco que solicita el remolque *no debe encontrarse en situación de peligro de perderse o sufrir graves averías,* pues en tal caso se tratará de un salvamento.

c)   El servicio solicitado y prestado debe consistir materialmente en una operación de remolque.

d)   No se han acordado las condiciones económicas del servicio (precio).

e)   Quedan exceptuados los casos en que, aún concurriendo las circunstancias anteriores, el buque solicitante se encuentra cerca de un puerto y el servicio solicitado tenga solo como objeto facilitar su entrada en él, cuando existan tarifas establecidas para este servicio. En este caso el servicio se retribuirá de acuerdo con el precio tarifado, considerándose un remolque maniobra.

Puede ocurrir que durante un remolque se ha encontrado en la mar hacia un puerto de destino, con carácter contractual, se transforme en auxilio o salvamento, como sucedería en el caso de que durante su ejecución el buque remolcador tenga que prestar al remolcado, servicios excepcionales que no puedan ser considerados como cumplimiento del contrato estipulado.

Extremos que han de constar en los partes de los Capitanes o Patrones (del Reglamento para la aplicación de la ley 60/1962).

a)   Su nombre, apellidos y demás circunstancias personales.

b)   Relato del acaecimiento.

c)   Situación inicial de las embarcaciones o aeronaves.

d)   Condiciones meteorológicas y de la mar.

e)   Como se verificó la petición de asistencia.

f)   Causas que determinan dicha petición.

g)   Duración del servicio y distancia navegada.

h)   Nombres y apellidos de la tripulación de las embarcaciones o aeronaves.

i)   Nombre de las embarcaciones, puerto de matrícula, lista, folio, tonelaje y carga.

j)   Calificación, a su juicio de la asistencia prestada.

k)   Si los buques o aeronaves están asegurados, en que Compañía y póliza suscrita.

l)   Si se ha producido algún servicio excepcional por parte de algún tripulante.

m)   Si hay acuerdo entre las partes, y su contenido.

Procedimiento a seguir por el Capitán o Patrón en caso de siniestro

(Del manual de normas de actuación de Gil y Carvajal, S.A., Corredores-Asesores de seguros.- Es responsabilidad del Capitán o Patrón informar de todos los accidentes que acaezcan al buque. El agente local del puerto puede asistirle, pero el Capitán o Patrón, aun así, es responsable de iniciar y enviar rápidamente los informes requeridos. Esta responsabilidad cubre la notificación directa por radio tan pronto como sea posible, después de que su buque haya sufrido una colisión, embarrancada, siniestro grave o desastre marítimo de cualquier tipo.

Esta responsabilidad también cubre el rellenar los impresos adecuados, que pueden consistir en:

1.-Informe de asiento.

2.-Protesta de mar. De ser necesaria por la importancia del hecho con todos sus trámites legales según   legislación española.

3.-Diario de Navegación.

4.-Declaración de testigos.

Jurisdicción y procedimiento

La jurisdicción en materia de auxilio, salvamento y remolque corresponde al Tribunal Marítimo Central y del que dependen directamente los Juzgados Marítimos Permanentes existentes en las Comandancias Navales (no Capitanías Marítimas).

El procedimiento se inicia con el correspondiente parte que están obligados a promover los capitanes o patrones que hayan intervenido en el acto de asistencia y el Juez Instructor iniciará el expediente tan pronto tenga noticias del hecho, publicando los oportunos edictos y dirigiendo las actuaciones a la comprobación de los hechos y circunstancias que puedan contribuir a la fijación de la remuneración, conservación de las cosas salvadas y garantías de los derechos de las partes, dando cuenta de su inicio al Tribunal Marítimo Central.

Respecto a los expedientes de hallazgos y extracciones marítimas se notificarán dentro de las veinticuatro horas de la llegada al Juzgado Permanente de la Comandancia Naval quien instruirá el oportuno expediente.

Régimen de tarifas por los servicios prestados por la Sociedad Estatal de Salvamento y Seguridad marítima (SESEMAR)

No están sujetos a tarifa, las funciones desarrolladas por (SESAMAR) por las actuaciones que constituyan prestación del servicio público de salvamento de la vida humana en la mar y de la lucha contra la contaminación del medio marino.

Se aplicarán las tarifas siguientes a las actividades de remolque, transporte de personas y medios técnicos y materiales así como cualquier asistencia en la mar excepto aquellas susceptibles de ser clasificadas como prestación del Servicio Público de Salvamento.

Las fracciones horarias se calcularán proporcionalmente al tiempo realmente utilizado. El tiempo comentará a contar desde que se inicie la asistencia efectiva objeto de tarificación.

Unidades marítimas

Tipología embarcación-asistida: Buques en general:

Eslora	Tarifas	Eslora máxima	Tarifa eslora Euros/hora (2007)
Menor de 5 m	...	...	50,09
5 m a 20 m	10,02 euros x eslora	20	Max 200,40

Eslora	Tarifas	Eslora máxima	Tarifa eslora Euros/ hora (2007)
20 m a 40 m	200,40 + (eslora -20 m) x 8,47	40	Max 369,80

Aeronaves.

Hora de helicóptero: 2.310,99 euros

Hora de avión: 3.292,00 euros

Seguro complementario de remolque

Por la presente cláusula se establece que, cuando la embarcación asegurada sea objeto de un remolque excluido del artículo de las Condiciones Generales, o en las del Institute Yacht Clauses cuando sean aplicables como Condiciones Particulares, el remolque quedará cubierto por la Compañía, siempre y cuando sea consecuencia de in-habilitación de la embarcación de navegar por sus propios medios, y sea necesario para que la embarcación arribe al puerto más cercano y siempre que, el importe de dicho remolque, no sea desproporcionado e inoportuno con respecto al valor asegurado de la embarcación.

Esta ampliación de cobertura no se extenderá a los siguientes casos que quedan expresamente excluidos:

-Los traslados de la embarcación, medie o no contrato de remolque.

-Las ayudas a maniobras, y

-Los remolques derivados de la falta de combustible que no sean consecuencia de un accidente cubierto por las garantías que otorga la póliza. (MAPFRE, Seguros de Embarcaciones deportivas y de recreo).

Seguro de Responsabilidad Civil Obligatorio

El seguro de responsabilidad civil garantiza dentro de los límites fijados, la responsabilidad civil extracontractual, que habiendo mediado culpa o negligencia, pueda derivarse para el asegurado por daños materiales y personales y pérdidas económicas causadas a terceros y daños causados a puertos e instalaciones marítimas, como consecuencia de colisión, abordaje y en general por los demás hechos derivados del uso de la embarcación asegurada en las aguas marítimas españolas, o por los objetos que ésta remolque en la mar.

Esta garantía se rige de acuerdo con los límites, términos y condiciones establecidos en el Real Decreto 607/99, de 16 de Abril, por el que se aprueba el Reglamento del Seguro de Responsabilidad Civil de

Suscripción Obligatoria para embarcaciones de recreo o deportivas, de acuerdo a lo regulado en la Ley 27/1992, de Puertos del Estado y de la Marina Mercante, en su artículo 78.

Se entiende por *siniestro* todo hecho que haya producido un daño del que pueda resultar civilmente responsable el asegurado y que se derive necesariamente el riesgo concreto objeto del seguro y que ocurra durante la vigencia de la póliza.

Riesgos que cubre la póliza de R.C.

- Abono a los perjudicados o a sus derechohabientes de las indemnizaciones a que diera lugar la responsabilidad civil del asegurado.

- Defensa del asegurado en cualquier procedimiento judicial en el que se dirima la responsabilidad civil, cualquiera que sea la jurisdicción por la que se sustancie la misma.

- El pago de las costas de gastos judiciales y extrajudiciales inherentes a la gestión del siniestro y a la defensa del mismo.

- La constitución de las fianzas pecuniarias exigidas al asegurado para garantizar su responsabilidad civil.

La protesta de mar

Según definición del profesor Vigier de Torres, la protesta de mar es una manifestación de voluntad del Capitán o Patrón de un barco, hecha por escrito y en forma legal ante la autoridad competente, para hacer constar su irresponsabilidad y la del personal a sus órdenes ante cualquier accidente, situación o avería, salvaguardando con ello los derechos contra terceros de sus armadores y demás interesados en la expedición.

Tanto el Código de Comercio como la Ley de Enjuiciamiento Civil establecen la necesidad de la protesta de mar en los siguientes casos:

- Por avería al casco, maquinaria y aparejo.
- Por naufragio.
- Por arribada forzosa.
- Por abordaje.
- Por ataque y despojo de nave.

La protesta de mar será presentada en el primer puerto de arribada y dentro de las 24 horas siguientes a su llegada al Juzgado de Primera Instancia (o el Comarcal de Paz, en su defecto, y el Consulado de España o la autoridad legal competente, en defecto de aquél), en puertos extranjeros. Su presentación ante cualquier autoridad o funcionario que no surtirá los efectos propios y de la protesta.

Documentos que deben acompañarse

A toda protesta de mar deberá acompañarse el Diario de Navegación y que será devuelto al Capitán con diligencia acreditativa de su presentación. En el cuerpo del escrito de protesta se indicarán los testigos en justificación de los hechos ocurridos.

Ratificación

Toda protesta deberá ser ratificada dentro de las 24 horas de la llegada del barco al puerto de destino o aquél en que se hagan las reparaciones. La ratificación de protesta deberá hacerse haciendo referencia al original, pero pudiendo ampliarse o aclararse en sus extremos.

Diario de navegación

El artículo 612.3 del Código de Comercio impone como obligación inherente al cargo de Capitán de un barco llevar un libro foliado llamado "Diario de Navegación". En el anotará día por día el estado de la atmósfera, los vientos que reinen, los rumbos que se hacen, el aparejo que se lleva, las revoluciones del motor, las distancias navegadas, las maniobras que se ejecuten y demás accidentes de la navegación; anotará también las averías que sufra el barco durante la navegación y todos aquellos percances que sean dignos de mención.

Las anotaciones en el Diario de Navegación darán fe de los acaecimientos relatados durante el viaje y que sean necesarios aportar para demostrar la veracidad de aquellos. Por ejemplo, para poder formular una protesta de mar se deberá presentar una copia literal del Diario de Navegación, sin cuyo requisito no tendrá ningún valor.

Las anotaciones no se harán nunca a lápiz, efectuándolas con letra clara, no debiendo aparecer enmiendas o raspaduras, y en caso de anotaciones erróneas se anulará con otra, que se expresará en la página de *acaecimientos,* pues no podrán arrancarse hojas por motivo alguno.

El Diario de Navegación deberá ser legalizado por la Capitanía Marítima.

Prevención de la contaminación

Idea elemental de lo dispuesto en los anexos I, IV y V del convenio MARPOL (Maritime Pollution) en lo que respecta a descargas y vertidos al mar

El enorme desarrollo del transporte marítimo de hidrocarburos y las dimensiones cada vez mayores de los buques tanque, así como el aumento de productos químicos por mar y la creciente preocupación por el medio ambiente del mundo en su totalidad, hicieron ver a muchos países la necesidad de regular por medio de convenios internacionales la prevención de la contaminación.

El Convenio MARPOL 73/78 consta de 20 artículos, 2 protocolos y 5 anexos.

Anexo I: Reglas para prevenir la contaminación por hidrocarburos

La definición de "hidrocarburo" se amplia para incluir en ella todas las manifestaciones del petróleo, el fuel-oíl, los fangos, los residuos petrolíferos y los productos de refinación.

Se obliga a los petroleros a pasar determinados reconocimientos y se regulan las descargas de las aguas de sentinas de los espacios de máquinas, que para poder efectuarlas han de estar en navegación, a más de 12 millas de tierra y siempre que el contenido de hidrocarburos del efluente sea inferior a 100 partes de millón.

Se prohíbe totalmente la descarga de hidrocarburos en ciertas "zonas especiales" en las que la amenaza al medio ambiente es especialmente grave. Entre las zonas especiales están incluidos el Mar Mediterráneo, el Mar Báltico, el Mar Negro, el Mar Rojo y la zona de los Golfos.

Anexo IV: Reglas para prevenir la contaminación por las aguas sucias de los buques

Se prohíbe a los barcos a descargar aguas sucias a una distancia inferior a 4 millas de la tierra más próxima, a menos que tengan en funcionamiento instalaciones aprobadas para el tratamiento de las mismas. Para descargas entre 4 y 12 millas de tierra, las aguas sucias habrán de ser desmenuzadas y desinfectadas previamente.

Anexo V: Reglas para prevenir la contaminación por las basuras de los buques

En lo referente a basuras, se han fijado distancias mínimas para el vencimiento de sus principales tipos, siendo tal vez el rasgo más importante de ese Anexo la absoluta prohibición de arrojar al mar materias plásticas.

Régimen de descargas y vertidos al mar de las embarcaciones de recreo según la orden fom/1144/2003

Vertidos de aguas sucias y contaminantes

Las embarcaciones estarán construidas y/o dotadas de modo que se evite que se produzcan vertidos accidentales de aguas sucias y de contaminantes tales como aceite o combustibles, en el agua.

Sistemas de retención de instalaciones sanitarias

1.   Toda embarcación de recreo dotada de aseo deberá estar provista, sin prejuicio de lo dispuesto en el marcado CE, de depósitos de retención o instalaciones que puedan contener depósitos, destinados a retener las aguas sucias generadas durante la permanencia de la embarcación en zonas para las cuales existan limitaciones del vertido de éste tipo de aguas, y con capacidad suficiente para el número de personas a bordo.

2.   Los depósitos fijos o instalaciones:

a) Estarán conectados con las descargas de los aseos instalados en la embarcación, con conexiones lo más cortas y directas que sean posible, y serán instalados en lugares accesibles.

b) Dispondrán de medios de ventilación adecuados.

c) Dispondrán de medios para indicar que el contenido de aguas sucias almacenado supera los ¾ de capacidad del depósito o instalación.

d) Su capacidad será suficiente para retener las aguas sucias generadas por el máximo número de personas autorizadas para la embarcación, durante al menos dos días a razón de 4 litros por persona y día.

3.   La embarcación que disponga de depósitos instalados de forma permanente estará provista de una conexión universal a tierra que permita acoplar el conducto de las instalaciones de recepción con el conducto de descarga de la embarcación.

4.   Además, los conductos destinados al vertido de residuos orgánicos humanos que atraviesen el casco dispondrán de válvulas que puedan cerrarse herméticamente para prevenir su apertura inadvertida o intencionada, tales como precintos o dispositivos mecánicos.

5.   El cumplimiento de la norma ISO 8099 de presunción de conformidad con los requisitos exigidos a los sistemas de retención de instalaciones sanitarias.

Descarga de aguas sucias:

1.   Está prohibida toda descarga de aguas sucias desde embarcaciones de recreo en las siguientes aguas en las que España ejerce soberanía, derechos soberanos o jurídicos:

a) zonas portuarias.

b) aguas protegidas y

c) otras zonas como rías, bahías y similares.

Infracciones y sanciones: El incumplimiento de las obligaciones establecidas en esta orden será sancionado de acuerdo con lo dispuesto en el Capítulo IV del Real Decreto 1434/1999 y en la Ley 27/1992, de Puertos del Estado y de la Marina Mercante.

Entrada en vigor

Esta Orden entrará en vigor a los tres meses de la publicación en el BOE.

Idea elemental de regimen de entrega de desechos generados por las embarcaciones de recreo según el R.D. 1381/2002, De 20 de Diciembre

Se resume citando solamente el artículo que afecta a las embarcaciones de recreo.

Artículo 1. *Finalidad.*

Este Real Decreto tiene por finalidad reducir las descargas al mar de los derechos generados por los buques y los residuos del cargamento que transportan, impidiendo las descargas de carácter ilícito, procedente de los buques que utilicen los puertos españoles.

Artículo 2. *Definiciones.*

A efectos de lo dispuesto en éste Real Decreto, se entiende por:

Desechos generados por los buques: Todos los desechos, incluidas las aguas residuales y los residuos distintos de los del cargamento, producidos durante el servicio del buque y que estén regulados por los anexos I, IV y V de Marpol 73/78.

Instalación portuaria receptora: La entidad gestora o la empresa autorizada para la recepción de desechos generados por los buques. Dicha empresa deberá estar dotada de los medios materiales, fijos, flotantes o móviles y medios humanos adecuados para el desarrollo de la actividad de recepción.

Embarcación de recreo: Todo tipo de embarcación, con independencia de su medio de propulsión, destinada a actividades deportivas o de ocio.

Artículo 7. *Entrega de los desechos generados por los buques.*

El Capitán de un buque que haga escala en un puerto español enrejará obligatoriamente, antes de abandonar el puerto, todos los desechos generados por el buque en una instalación portuaria receptora autorizada.

Las instalaciones portuarias receptoras expedirán a cada buque que utilice sus servicios de recepción, un recibo de residuos Marpol, según el modelo del ANEXO III.

Artículo 1'. *Cumplimiento.*

Los buques que entren en un puerto español podrán ser sometidos a las inspecciones que determine la Capitanía Marítima para comprobar el cumplimiento de lo dispuesto en el artículo 7.

Artículo 13. *Sanciones.*

La autoridad marítima y las autoridades portuarias de los puertos de interés general sancionarán los incumplimientos de las obligaciones establecidas en este Real Decreto, de conformidad con lo establecido en la Ley 27/1992, de 24 de Noviembre, de Puertos del Estado y de la Marina Mercante.

Plan de emergencia de contaminación marina por varada o abordaje

Los desastres ambientales producidos en el transporte marítimo de sustancias peligrosas (Exxon Valdez, Erika, Mar Egeo, Prestige, etc.) Han puesto de manifiesto que tan sólo con los Planes Estratégicos de Contingencias no es suficiente para garantizar una respuesta eficaz ante la emergencia. Se hace necesario en todos los casos el disponer de un Plan Operativo de Actuación, en el cual se definen anticipadamente los medios necesarios, las actuaciones a emprender que faciliten la minimización de los daños ambientales y el control seguro de la situación de crisis.

En España se distinguen tres ámbitos de lucha contra la contaminación marina: la lucha en la mar, en la costa y en las instalaciones portuarias o marítimas donde se manipulen hidrocarburos a granel.

Para organizar la lucha contra la contaminación en la mar se dispone de los instrumentos:

- Plan de Salvamento y de la Lucha contra la Contaminación del Medio Marino (SASEMAR).

- Plan Nacional de Contingencias por Contaminación Marina Accidental.

Este último fue aprobado el 23 de Febrero de 2001 y en el que se dispone la organización de los recursos humanos y materiales para dar respuesta a un proceso de contaminación marina. En este plan también se disponen recomendaciones a las Comunidades Autónomas y otras entidades para la realización de sus respectivos planes de contingencias.

A partir del momento que se detecta un vertido en la mar es primordial conocer su evolución futura para poder planificar las operaciones de lucha en la mar y en la costa.

Las técnicas para la lucha en la mar contra un vertido de hidrocarburos, antes de que llegue a la costa, son las siguientes:

- Recuperación/limpieza.
- Limpieza manual/eliminación manual del contaminante.
- Barreras flotantes.
- Recogida mecánica del contaminante.
- Absorbentes.
- Aspiración.
- Aplicación de dispersantes. Etc.

El patrón de una embarcación de recreo en el momento de producirse una varada o un abordaje que hagan presumir que hay riesgo de vertido de hidrocarburos al mar, deberá avisar inmediatamente a Salvamento Marítimo por el canal 16 o por teléfono 900 202 202, informando exclusivamente de la integridad del casco, estado del tiempo y cantidad de combustible a bordo a fin de que el Coordinador de la lucha contra la contaminación pueda establecer un plan de ataque inmediato. En el caso de haber derrames en lugares cerca de la playa, se puede extender un cabo largo que flote amarrado a unas defensas para hacer una barrera alrededor del vertido que impida la expansión de la mancha que contamine mientras lleguen los auxilios de Salvamento Marítimo.

Detector de incendio y de gases

1. Sin perjuicio del equipo de detección de incendio y de gases adecuado al riesgo de incendios, que deba llevar cada embarcación, las que tengan instalaciones de gas combustible, total o parcialmente en el interior del casco, deberán llevar medios de detección de gases (detector de gas).

2. En el caso de existir un sistema de detección de incendios o gases, éste cumplirá los siguientes requisitos:

a) Su indicación será automática.

b) Los indicadores se centralizarán en el puesto de mando.

c) Su alimentación eléctrica será directa.

d) Accionara tanto señales luminosas como sonoras

Líneas de fondeo

1. Todas las embarcaciones deberán disponer de una línea de fon-

deo cuya longitud no podrá ser inferior a 5 veces la eslora de la embarcación.

2.   La longitud del tramo de cadena será como mínimo igual a la eslora de la embarcación, excepto en las embarcaciones menores de 6 metros de eslora en las que la línea de fondeo puede estar constituida enteramente por estacha.

3.   No son admisibles cadenas ni estachas empalmadas sin grillete.

Luces y marcas de navegación

1.   Las luces y marcas de navegación deberán ajustarse al Convenio sobre el Reglamento Internacional para prevenir los Abordajes, 1972, y sus modificaciones posteriores.

2.   En caso de navegación diurna exclusivamente, hasta 12 millas de la costa y/o en embarcaciones menores de 7 metros de eslora, se podrá prescindir de las luces de navegación, pero se deberá llevar una linterna eléctrica de luz blanca con baterías de repuesto.

Reconocimiento e inspecciones de embarcaciones de recreo según R.D. 1433/1999

articulo 1 *objeto*.

Los reconocimientos e inspecciones de las embarcaciones de recreo y sus componentes y las condiciones que deben reunir las entidades colaboradoras de inspección para ser autorizadas a realizar dichos reconocimientos e inspecciones, en orden a garantizar la seguridad de la vida humana en la mar, se realizarán de acuerdo con lo dispuesto en el Real Decreto.

Artículo 2. Ámbito de aplicación.

Este real Decreto se aplicará a las embarcaciones de recreo matriculadas en España, considerándose como tales aquellas de todo tipo, con independencia de su medio de propulsión, que tengan una eslora de casco comprendida entre 2,5 y 24 metros, proyectadas y destinadas para fines recreativos y deportivos, y no transporten más de 12 personas.

Artículo 3. *Tipos de reconocimientos*.

A)   **Reconocimiento inicial.** Todas las embarcaciones de recreo deberán realizar un reconocimiento inicial que se llevará a cabo por la administración marítima para verificar el cumplimiento de la normativa vigente en materia de seguridad y prevención de la administración.

B)   **Reconocimientos periódicos.** Las embarcaciones de eslora mayor o igual a 6 metros y menor de 24 metros, registradas en la lista

7ª, estarán más sujetas a reconocimientos periódicos en el plazo establecido en el párrafo anterior, cualquiera que sea su eslora.

C)   **Reconocimientos intermedios.** Tal y como se indica en la tabla.

D)   **Reconocimientos adicionales.** Será obligatoria la realización de reconocimientos adicionales, en los supuestos siguientes:

a) Cuando una embarcación de recreo efectúe reparaciones en su casco, maquinaria y equipo, o sufra modificaciones o alteraciones en los mismos.

b) Después de haber sufrido varada, abordaje, serias averías por temporal u otro motivo que pueda afectar a las condiciones de seguridad de navegación de la embarcación.

E)   **Reconocimientos extraordinarios.** Los reconocimientos se realizarán:

a) A requerimiento de un órgano judicial.

b) Por resolución motivado por la Dirección General de la Marina Mercante, cuando tenga conocimiento fundado de hechos que puedan quedar en peligro la seguridad marítima, así como para prevenir la contaminación del medio ambiente marítimo.

Certificado de navegabilidad

Es un documento único que expide la Dirección General de la Marina Mercante a través de la Inspección de Buques de la Capitanía Marítima, en el que se especifican los datos del reconocimiento. En dicho certificado se fija para cada barco la categoría de navegación, el número de tripulantes y pasajeros, el equipo de salvamento y señales de socorro, el equipo contra incendios, luces y marcas, equipo de fondeo, material único y equipo de radio y de navegación radioeléctrico que le corresponde llevar sirviendo de inventario.

La fecha de expedición del Certificado de Navegabilidad será la que marque el comienzo de los Reconocimientos periódicos que se señalan en la tabla.

Responsabilidad de los propietarios y/o usuarios

Los propietarios y/o usuarios de las embarcaciones de recreo son los responsables únicos de que el material que se indica en el Certificado de Navegabilidad esté a bordo, así como el reconocimiento en perfectas condiciones del estado de la embarcación y de su equipo y de mantener al día los reconocimientos prescritos, teniendo a disposición de las Autoridades competente el Certificado de Navegabilidad en perfecto estado.

Breve descripción del código internacional de señales: señales de una sola bandera y destellos

El Código Internacional de Señales se ha hecho con la intención de proporcionar medios de comunicación, especialmente en los casos relacionados con la seguridad de la navegación y de las personas, en particular, cuando surjan dificultades con el idioma.

Las señales de ocupación consisten en:

a)   Señales de una sola letra,   correspondientes a mensajes que son muy urgentes, e importantes, o de uso muy común.

b)   Señales de dos letras para la Sección General.

c)   Señales de tres letras, que empiezan con "M", para la Sección *Médica*.

Los métodos que pueden emplearse para hacer señales son:

1.   Por banderas. Las Banderas del Código Internacional de Señales (C.I.S.) constan de 26 banderas alfabéticas, 10 gallardetes numéricos, 3 gallardetes repetidores y el gallardete característico de inteligencia.

2.   Por destellos empleando los símbolos del Morse.

3.   Por sonidos, empleando los símbolos Morse.

4.   A la voz, con megáfono.

5.   Por radiotelegrafía y por radiotelefonía.

Señales de una sola bandera

A. Tengo buzo sumergido; manténgase apartado de mí y a poca velocidad.

B. Estoy embarcando, descargando o transportando mercancías peligrosas.

C. Afirmación "Sí", o "El significado de los grupos debe interpretarse en sentido afirmativo"

D. Manténgase separado de mí; estoy maniobrando con dificultad.

E. Caigo a estribor.

F. Tengo avería; póngase en comunicación conmigo.

G. Necesito prático. Cuando se hace por barcos pesqueros trabajando próximos en los bancos de pesca, significa: "Estoy cobrando las redes".

H. Tengo práctico a bordo.

I. Caigo a babor.

J. Tengo incendio y llevo a bordo mercancías peligrosas; manténgase alejado de mí.

K. "Deseo comunicar con usted", o "invitación para transmitir". Esta señal hecha para guiar embarcaciones menores que transportan personas o tripulación en peligro significa: "Este es el mejor lugar para desembarcar".

L. Pare su buque inmediatamente.

M. Mi buque está parado y sin arrancada.

N. Negación "No", o "El significado del grupo anterior debe ser interpretado en sentido negativo". Esta señal se hará solamente por señales visuales o acústicas. La señal será "No" cuando se transmita a voz o por radio.

O. ¡Hombre al agua!

P. En puerto: Todo el personal debe regresar a bordo por tener el buque que hacerse a la mar.

Q. Mi buque está "sano" y pido libre plática.

R. "Recibido "o "He recibido su última señal".

S. Estoy dando atrás. Esta señal hecha para embarcaciones menores que transporten personas o tripulaciones en peligro significa: "Extremadamente peligroso desembarcar aquí".

T. Manténgase alejado de mí. Estoy pescando al arrastre en pareja.

U. Se dirige usted hacia un peligro.

V. Necesito auxilio.

W. Necesito asistencia médica.

X. Suspenda usted lo que está haciendo y preste atención a mis señales.

Y. Estoy garreando.

Z. Necesito remolcador. Cuando se hace por barcos pesqueros trabajando próximos a los bancos de pesca, significa: "Estoy cobrando redes".

CAPÍTULO .08

PREPARATIVOS PARA ZARPAR

Preparativos para zarpar

Planificación de una travesía

La duración de una travesía es una de las cosas menos importantes, la primera decisión que debe tomar se refiere a los sitios elegidos para repostar o efectuar reparaciones. Es necesario saber elegir el lugar donde nos conviene llegar, no pueden ser sitios cualesquiera, sino puertos grandes donde encontrará los medios que pueda necesitar. El navegar por el Pacífico durante meses sin tocar la civilización, es un sueño que no debemos realizar. Mas tarde o temprano, el barco, una máquina de complicado diseño y construcción moderna, precisará el apoyo que todo ingenio tecnológico necesita. Tambien al barco más preparado se le acaban las piezas de recambio, se le rompe un aparato electrónico o su aparejo despierta sospechas tras meses de navegación. Aún sabiendo que va a navegar durante un año, debe tener muy claro a dónde encontrar un puerto bien equipado cada dos o tres meses.

La investigación

Cuando se trate de un crucero corto, debe decidir de cuánto tiempo dispone y calcular hasta dónde puede llegar. Seguramente debe saber que su barco hace un promedio de 5 nudos, considerando una parte del tiempo con calma chicha, una parte con temporal y un periodo de navegación perfecta. Tendremos muy presente que cuanto más largo sea el viaje, más certero será el promedio. Si nos encontramos con una calma de 24 horas en un crucero corto puede hacer que su hora estimada de llegada difiera mucho de su hora de llegada real. No cabe duda, que debe dejar un buen margen. Poder disponer de puertos equipados es relativamente fácil en áreas donde la navegación es un deporte popular. Tendremos la suficiente información disponible entre los demás patrones de crucero para enterarse de cuál es el especialista más económico y profesional. Ahora bien, en las zonas más apartadas, el barco debe ser autosuficiente y es importante saber que puede alcanzar un puerto bien equipado en caso de necesidad. En el supuesto que haya planificado su crucero para incluir este tipo de puerto en el itinerario, no tendrá que improvisar en el último momento en caso de necesidad urgente. Es relativamente fácil investigar en tierra y guardar la información junto con la documentación del barco por si acaso. Siempre ha de tener presente, al planificar su viaje al extranjero, que debe entrar por los puertos oficiales de entrada. Por fortuna, la mayoría de los puertos bien equipados son puertos de entrada, en parte por su equipamiento y en parte porque suelen estar en las rutas comerciales. Será muy importante poder recibir dinero, correo y otra información en estos puertos. Si es así, podrá ir de crucero con total libertad al tiempo que mantiene el contacto por si sucede algúna noticia importante o de otro signo.

Toda la información que acumule antes de partir marcará la diferencia con un crucero placentero y bien logrado por uno más desagradable. Será muy difícil que un barco de crucero no tienga límites de tiempo. Incluso la gente que va para cinco seis años tiene algún tipo de itinerario, por flexible que sea. De esta forma, partiendo del tiempo disponible y el tiempo que quiere pasar en los distintos puertos que visite, sabrá el tiempo disponible para la navegación. Naturalmente es este tiempo el que le condiciona la cantidad de combustible, agua y comida que necesita y el número y tipo de tripulantes necesarios.

El rumbo idóneo

Será conveniente trazar un rumbo idóneo y, si ya ha elegido parte de la tripulación, puede empezar a repartir las responsabilidades. Como usted no sea quien se ocupa de la navegación, debe informar al navegante de las responsabilidades en cuanto a la consecución de las cartas, los pertrechos de la navegación astronómica, los aparatos de navegación electrónica, los libros de consulta, etc. Un poco más adelante haremos mención en una serie de listas de los materiales que deben prepararse antes de zarpar. Algo muy importante, por ejemplo, es la estopa que colocaremos en el prensa estopas de la bocina cuando este gote. Como todo el mundo conoce, es una fuente de entrada del agua en la mayoría de los barcos y es imprescindible que haya suficiente material para rellenar la chumacera varias veces.

Suponiendo que alguno de los tripulantes tenga conocimientos médicos, es fácil que le pidamos que se ocupe de todas estas áreas. Como no haya nadie, revise la tripulación y pida al tripulante que usted consideree más adecuado que se haga cargo de ello. La la tripulación de un barco de crucero se compone de un grupo de habilidades y funciones interrelacionadas, y el crucero más relajado es aquel en el que se han repartido y asumido las responsabilidades antes de zarpar. Como no haya podido definir nada más, asegúrese de definir la fecha de partida. En el momento que ya tenga la fecha para zarpar, todo lo demás puede orientarse hacia ella. En el supuesto que usted sea socio de un club náutico, es el momento de amortizarlo. El club de crucero, sobre toco si es un club que forma parte de una asociación de cruceros, tendrá un banco de datos donde encontrar información sobre los lugares que piensa visitar, ya que otros socios lo habrán visitado y habrán entregado sus informes a la biblioteca del club. Todos estos informes oueden consultarse. Al mismo tiempo, verá que ser socio de un club en su país natal le otorga una serie de derechos en los clubes asociados que existen en todo el mundo. Todo esto es particularmente útil en los países que hablan un idioma distinto al suyo.

La documentación del barco

Será muy importante que guarde todos sus documentos en un archivo, o si es un barco grande, en un ordenador. Procure que el archivo contenga la información necesaria. Toda esta información incluye las dimensiones de la jarcia firme, la mena y longitud de las drizas, la marca y modelo del motor, la marca y modelo de todos los aparatos electrónicos y mecánicos de a bordo, el peso y tipo de ancla y su cadena, los detalles del sistema eléctrico del barco y sus fusibles, en fin, toda la información que pueda necesitar si se encuentra en un puerto extranjero en busca de recambios y reparaciones. Será necesario repasar todos los sistemas del barco y apuntarlo todo. De lo que se trata es de archivar más que de investigar, ya que toda la información existe a bordo, o en los manuales del fabricante, en sus propias listas o en su cabeza. Si hay alguna cosa que ignore debe ser investigada y apuntada.

Como haça cierto tiempo que un perito no ha revisado su baraco, debe hacerlo antes de zarpar; de este modo, le dirá los defectos que presenta mientras aun está a tiempo de arreglarlos. Si hace un peritaje a fondo le ayudará a recopilar datos para su archivo.

Será necesario confeccionar una lista del material de seguridad a bordo; la balsa, los arneses, las bombas de achique, las bengalas, los extintores, etc.

Los planos del barco

Deberá Llevar varios planos del barco a bordo. En estos planos no hace falta que detallen las líneas de agua del baraco, pero deben dibujar las diversas instalaciones con claridad. Las tomas de agua pueden estar representadas en uno de ellos, la estiva de la comida en otro, el sistema eléctrico en otro, etc. Cuando todo el mundo conoce que hay un lugar que centraliza la información, desaparecerán las búsquedas histéricas en caso de surgir una urgencia. Será sumamente importante apuntar el tipo de lubricante empleado en los diferentes componentes, sobre todo teniendo en cuenta que algunos solo precisan agua. Tambien sería un desastre echarle aceite a un componente que chirría y ver, como único resultado, que se atasca.

En el botiquín, que ha de incluirse en el plano de seguridad, debe tener la lista de su contenido dentro de una funda impermeable en la tapa. Ocurre muy a menudo, que los botiquines ocupan más de un contenedor y es muy práctico poder ver que contiene cada caja sin tener que abrirla. Con este sistema nos permitirá además tachar algo de la lista al agotarse, lo que facilita tener un nivel correcto de equipamiento.

Hay muchos barcos que disponen de equipos informáticos que controlan los niveles de aceite, agua, combustible, revoluciones del motor, horas del motor, etc. Como dispongamos de un sistema que permite guardar toda su información en disquete o CD, asegúrese de tener un disquete de seguridad por si un fallo de la corriente le deja sin información.

La información sobre el motor y sus sistemas relacionados, como los generadores, los alternadores, los compresores etc., deben incluirse en los planos del barco; no obstante, es preciso contar con los manuales del fabricante también. Todo el sistema eléctrico debe detallarse y es necesario conocer la capacidad de las baterías. Será necesario y muy práctico calcular el consumo máximo de todos y cada uno de los aparatos para poder controlar el consumo total del sistema. Sin duda alguna, debe apuntar la situación y la función de todos los fusibles instalados a bordo, por si cualquiera de ellos fallara.

Tanto la radio y los aparatos de navegación son parientes cercanos y, por tanto, deben incluirse en la misma lista junto con los manuales de la sonda, la corredera, el compás electrónico, el GPS, o cualquier otro aparato de este tipo. En cuanto a las señales y procedimiento radiotelefónico deben estar cerca de la radio y ser perfectamente visibles.

También otro documento importante que debe tener bien archivado es la póliza de seguros. Será muy conveniente llamar a su compañía antes de zarpar, y averiguar exactamente que sucursales tiene en el extranjero que puedan servirle en su travesía.

Casi todos los barcos disponen de un inventario completo de las velas. Una información sumamente importante es la fecha de estreno de la vela, la fecha de fabricación y el fabricante. No podemos fiarnos de la memoria ya que puede engañarnos y, si quiere reemplazar una vela gastada por el uso, pero satisfactoria, estos datos le permitirán dar con el fabricante original a la primera.

Si detallamos la jarcia de labor y la jarcia firme puede llevarnos bastante tiempo, pero vale la pena apuntar cada uno de los componentes a bordo, ya que todo lo que funciona bien en un barco permanece bastante tiempo, mientras que los componentes que no dan la talla se cambian por otros más adecuados. Como cambie una pieza válida por su gemelo, la eficacia continua, pero si no, se arriesga a perder eficacia, a veces con resultados nefastos.

Una vez tenga toda la información archivada, haga una copia y déjela con alguien de su confianza en tierra. De esta forma, si pierde su información podrá recuperarla. Cuando haya terminado esta tarea y haya decidido la ruta y sus puntos de recalada, puede empezar a planificar su viaje.

El trabajo de investigación previo a zarpar

Siempre que planifique una travesía, es aconsejable consultar aquellos libros de navegación que le permitan obtener información de los países que quiera visitar. Si es así, evitará visitarlos en las estaciones en que el tiempo puede ser peligroso. Por lo tanto, no será prudente visitar un país en la zona de los huracanes durante la temporada en que estos son más frecuentes. También sería muy torpe planificar un viaje en contra de los vientos alisios.

Cuando tenga bastante adelantada su planificación podrá dedicarse a esbozar algunos rumbos sobre la carta. No se trata de trazar cada parte del viaje, ya que ello quitaría la libertad que lleva implícito cualquier travesía. Una parte muy importante de la diversión consiste en decidir sobre la marcha un destino y zarpar hacia él.

Los reglamentos de entrada a un país

El primer paso que debe tomar es contactar con las autoridades de Marina y el Departamento de Sanidad de cada país que piense visitar y solicitar que le envíen la información necesaria para asegurarse una correcta entrada en su país. Lo que no puede hacer es simplemente aparecer y desaparecer y esperar a que todo vaya bien. Aunque no todos los países insisten en que tenga los documentos que demuestran que el barco es legalmente suyo, que éste está registrado y que tenga un certificado de competencia; pero muchos sí que lo hacen y es prudente contar con la documentación adecuada. Tener la embarcación registrada, normalmente en su propio país, es una gran ventaja, ya que, si necesita ayuda, las autoridades del país donde la registró pueden prestarla ya que el barco forma parte de su territorio y está bajo su protección.

Una vez que tenga la información sobre las condiciones de entrada, guárdela con los documentos de a bordo para tenerla a mano al acercarse a sus costas. Cuando llegue al país de destino, la primera impresión que le interesa causar en la aduana es la de un patrón bien organizado y competente. Tenga en cuenta que las noticias vuelan. Como las autoridades puedan advertir que no están tratando con una persona descuidada que probablemente les causaría problemas, le facilitarán las cosas. Esta gente son personas normales que reaccionan bien al saber que usted ha facilitado su trabajo.

La aduana y la inmigración

Hay mucha gente que dice a menudo que navegar a vela es una de los reductos de libertad, y de algún manera es así. Si tiene una embarcación sea velero o motora debe registrarla. Lo mismo ocurre en cuanto a la necesidad de disponer de un título que le permita poder navegar con las distintas embarcaciones. Existen algunas limitaciones sobre la velocidad dependiendo por donde se navegue. En los reglamento de la mayoría de los países, 3 nudos son suficientes para circular en un fondeadero concurrido, en la entrada en los puertos, etc. No obstante, la velocidad óptima tiene en cuenta la buena educación y la consideración hacia los demás. Se ha mencionado varias veces en este libro; el ser marino o tripulante en una embarcación no consiste simplemente en dominar el barco, sino en saber interpretar las circunstancias y reaccionar correctamente. Como saber navegar sea entender una tormenta y actuar en consecuencia, también lo es entender como maniobrar en un lugar concurrido y pensar en los demás. Conforme nos vamos alejando de tierra, hay cada vez menos reglamentos, pero es una equivocación pensar que no hay ninguno. Tendremos en cuenta, que toda la capacidad de una sociedad para el rescate se movilizará si alguien lanza una llamada de socorro; pero, si se realiza la llamada de manera frívola o negligente, el socorrido puede acabar pagando el coste total del rescate. Todos los patrones tienen sus responsabilidades, cuanto más cerca está de tierra, más son las restricciones. Por descontado que, nadie le impedirá que salga de un puerto, pero si llega a un puerto extranjero sin constancia de su última escala, es posible que en la aduana piense que es contrabandista o, todavía peor, traficante de drogas. También pueden pensar que trae consigo alguna enfermedad indeseable. Es posible que le pregunten si ha robado el barco y precintarlo mientras investigan. Como cause problemas por carecer de los documentos adecuados de inmigración, puede acabar intentando aclarar el asunto desde una celda. Como haya habido un desastre y alguien ha caído por la borda y otro está gravemente enfermo, puede que los parientes de aquel le reclamen una indemnización y los de este, los costes del tratamiento médico y su repatriación. Supongo que ahora empieza a vislumbrar algunas de sus obligaciones. Unas de las más importantes se refieren al barco, pues es el barco quien le proporciona a usted, y a su tripulación cobijo y su medio de transporte. El tener que iformar a las autoridades de un país de cuando piensa llegar y cuando piensa marcharse es simplemente una práctica de sentido común. Tendrá que llevar los documentos que demuestren que el barco es suyo, que cumple con las normas de seguridad, que el seguro es bueno y que la tripulación está asegurada contra fallecimiento y accidentes. Igual que en cualquier otra empresa humana, la responsabilidad básica es ser prudente y eficaz. Seguramente que un tribunal marino que investigue la pérdida de un barco, o peor, de un tripulante, no se mostrará muy indulgente con alguien que no haya cumplido con sus responsabilidades. Todas las leyes marítimas son complejas y varían mucho de un país a otro.

Esta parte hace referencia a los reglamentos que afectan a los navegantes que viajan por los países en que la navegación deportiva es una práctica extendida. Seguramente que una de las principales responsabilidades se refieren a la salud. Tiene que comprobar el estado de salud de sus tripulantes de paso que pueda recoger en algún puerto exótico y remoto. Tendrá que saber si padecen alguna enfermedad crónica o seria. También si se medican, debe asegurarse de tener suficiente medicación a bordo. Igual que tendrían que embarcar suficiente cantidad de agua y comida, debe hacer lo propio con los medicamentos. De la misma manera que no es muy probable que le achacaran la responsabilidad de la enfermedad de una persona que no trajera consigo la medicación necesaria –negligencia seria por parte del enfermo-, no puede descartarse una demanda en los tribunales, algo que es mejor evitar.

Casi todos los países permiten que un yate entre en sus aguas para realizar un crucero; otorgan un permiso de residencia temporal, de hasta un año de duración, al patrón y a las demás personas de a bordo. En Estados Unidos se aplica un reglamento especial a los barcos que llegan para participar en regatas. Como el barco no salga de las aguas nacionales en el plazo de 90 días, debe pagarse una fianza. Como no se pague la fianza, ni se saque el barco de las aguas jurisdiccionales, se retiene la embarcación. Lo de embargar el barco es muy corriente en todos los países del mundo como represalia por faltar al reglamento nacional.

Las fianzas

Los armadores o patrones que presentan sus barcos en las aduanas de manera adecuada y que deseen permanecer en un país menos de un año pueden verse sometidos al pago de su fianza. Será mejor prever que deberá pagar una fianza y tener los recursos económicos necesarios disponibles. En algunos países como por ejemplo **Australia**, Te imponen una fianza que es el equivalente a los impuestos de importación y venta de un barco que fuera a quedarse en el país permanentemente. En la aduana Australiana solo aceptan un aval válido en Australia. Al salir del país se devuelve el importe, pero es necesario comunicar la fecha de salida con antelación para poder cobrar en el momento de marcharse. En el Reino Unido no se suele pedir fianza, pero los oficiales de aduana pueden imponer una si lo creen aconsejable. De cualquier forma, el barco debe salir del país transcurridos seis meses. Si nos vamos a **Estados Unidos,** la fianza es el doble del impuesto estimado que gravaría sobre el barco. El patrón recupera la fianza si informa a la aduana y saca el barco dentro del límite del tiempo estipulado.

En algunos paises expenden permisos de crucero para los barcos que desean pasar las vacaciones en sus aguas. Entre otros muchos países existen acuerdos recíprocos y aconsejamos que antes de zarpar hagan las gestiones pertinentes para saber cuáles son en cada uno de ellos.

Si disponemos de un permiso de crucero permite al barco emplear todos los puertos que se visitan sin pagar los impuestos, con tal de que el primer puerto de visita sea un puerto de entrada. Por lo tanto este es un punto clave. Al navegar con un barco de crucero no pueden pasar la aduana en cualquier puerto.

Todos los países designan unos puertos como puertos de entrada y debe recalar en uno de ellos al llegar al país. Únicamente en estos puertos los oficiales pueden librar el permiso de crucero. Poder disfrutar de un permiso de crucero no significa que no tenga que pagar una fianza, solo significa que los costes del viaje se reducen un tanto.

Ahora ya esta en la mar

Si ha leído este libro con atención, o si es un navegante experimentado, está preparado para hacerse a la mar, donde será plenamente responsable de su propio destino. Dispone de medios para pedir socorro en caso de necesidad, pero no creo que llame al guardacostas para pedir hielo o por que el inodoro está atascado otra vez. Tiene que ser plenamente suficiente. Toda la gente que practica cruceros largos suele ser ingeniosa. Todas las cosas que puedan estropearse en la mar se estropearán tarde o temprano, y los navegantes de crucero han pasado por todo tipo de apuros, lo que les da una buena idea de cómo salir a flote en cualquier situación. Ya que nadie es experto en todas las materas, este capítulo pretende darle algunos trucos práticos.

Una de las cosas más importantes será, que disponga del manual de todos los aparatos de a bordo. Suponiendo que ha comprado el barco a una empresa desorganizada que no disponía de todos los manuales, escriba a los fabricantes. Por lo general proporcionan los manuales, o una fotocopia de ellos, encantados. Procure conseguir todos. En el supuesto de que de algunos de los aparatos ya no sea posible encontrarlos, consiga los manuales de los aparatos más parecidos. En muchas ocasiones un manual de un aparato similar, debidamente interpretado, puede ayudarle a terminar el trabajo. En esta parte cubrimos los principios generales de los paratos principales. Como combine la inteligenca de la tripulación con la información aquí expuesta, podrá resolver todos los problemas salvo los más recalcitrantes.

Vamos hacer a continuación la descripción de los motores que dividiremos en dos secciones: motores de gasoil y motores de gasolina.

Cómo funciona el motor de gasoil

Es sabido que el principio en que se basa el motor de gasoil es que el combustible se comprime hasta tal punto que se sobre calienta y explota. Por este motivo es tremendamente eficaz, ya que el combustible sin quemar puede volver al depósito, y solo depende de la electricidad para arrancar. En el momento que hablemos de los motores de gasolina veremos cuán ventajoso resulta esto para un barco de crucero. Antiguamente las desventajas de los motores de gasoil eran que pesaban mucho, lo que daba una relación peso/potencia muy pobre, y que eran muy caros. Después de muchos años de investigación han hecho posible que las desventajas ya no existan y, casi sin excepción, cualquier motor nuevo instalado es de gasoil. De momento esto no es así en los cruceros a motor, pero incluso allí, los motores Diesel se imponen.

Seguramente que el mejor sistema, y el más seguro, para el crucero de altura o costero sean los motores gemelos. Tiene la ventaja este sistema que si falla un motor el otro puede llevar el barco a buen puerto. También los motores de gasoil tienen otra ventaja: son totalmente de fiar y les encanta trabajar. Contra más se hace funcionar un motor de gasoil, mejor resulta. Por lo general el único mantenimiento que hará en un motor de gasoil es averiguar si entra aire en el sistema de combustible, si hay suministro de combustible y si el sistema eléctrico de arranque funciona.

Las herramientas que se necesita
Dependerá del trabajo que deba realizar.
Aerosol anti humedad.
Destornilladores.
Herramientas para electricidad (destornilladores, alicates, pelacables, etc.)
Llaves Allen y llave Inglesa.
Un juego de llaves para motor.
Tenazas de presión

Recambios que son necarios:
Aceite para el motor.
Aerosol de éter.
Bomba de combustible.
Bridas varias.
Correas.
Filtros de combustible y de aceite.
Grasa para la bomba de agua.
Inyectores.
Juntas.

Mangueras de combustible de alta presión.

Sellado de juntas.

Solenoide.

Tapón.

Turbinas de las bombas.

Los fallos del motor

En el momento que se produce el primer problema es cuando el motor se niega a arrancar después de haber estado funcionando bien durante un tiempo. Puede ocurrir este tipo de avería en medio de una travesía, y el momento de lo más inoportuno. En el Instante que el motor se niega a arrancar, puede significar aplazar una salida, pero si ocurre en la mar puede ser peligroso.

El funcionamiento del sistema de combustible

En el momento que se para un motor de gasoil, la causa puede ser un problema de combustible; compruebe que haya combustible en el depósito y que éste llegue al motor. Cuando el depósito está vacío, tendrá que cebar el sistema entero para sacar el aire que haya entrado en los tubos. Más adelante describiremos esta técnica. Igual puede ocurrir si alguna parte del sistema de combustible se ha dañado o golpeado, por tal motivo, que ha podido entrar aire en los tubos, aunque haya combustible en el depósito.

Como tenga que cebar el sistema, es un buen momento para comprobar si existen otros fallos, sobre todo filtros sucios u obturados. Cerraremos la llave de paso del combustible, que debe estar en la base del depósito. Revise bien el primer filtro, colocando debajo un recipiente por si se derramara algo de combustible; compruebe que no está atascado. Como está atascado, cámbielo. Cuando sea del tipo que separa el agua en un cuenco del fondo (y por lo menos un filtro del sistema debe hacer esto) y el filtro está limpio, tire el agua y vuelva a colocar el filtro. Cuando está sucio, debe cambiarse también. Como no tenga un segundo filtro en su sistema, ahora es el momento de instalar uno. A pesar de que gran parte del combustible que se emplea hoy en día es de una gran calidad, si va de crucero puede haber algún lugar donde el combustible sea, digamos, sospechoso. El sistema de filtros debe ser lo bastante bueno como para separar el agua y otras impurezas del combustible.

En el momento que el combustible pase ambos filtros, llegará hasta la bomba de combustible. Los motores tienen una pequeña válvula de cebado o bomba de cebado. Puede accionar la bomba y ver si el combustible se derrama. Como no sea así, el atasco está ahí. Es muy posible que tenga que desmontar la bomba y ver si hay algo roto, doblado o atascado. Si la avería es visible, puede que sea capaz de arreglarla a bordo, pero lo más seguro es que no pueda hacerlo.

Una vez más tenemos el problema del espacio. ¿Es posible llevarse una bomba de respeto a bordo? Sin lugar a dudas, esto sería lo ideal. Como haya reparado la bomba usted mismo, tendrá que volver a montarla, conectarla al sistema de combustible y cebarlo. Será necesario hacer una nueva junta y junta líquida. Como no tenga ninguna, busque un material a bordo que se parezca a la vieja junta y corte el perfil adecuado. Tiene que ir con cuidado, la goma parece ideal pero a veces se disuelve, según el combustible que pasa por la bomba. En caso de emplear una junta casera, vigílela hasta que esté seguro de que funciona correctamente y coloque la junta adecuada en cuanto le sea posible.

Como haya fluido el combustible al accionar la bomba, el sistema está bien hasta aquí. Lo próximo que debemos mirar son los inyectores. Como haya varios inyectores, es poco probable que estén todos estropeados. Es muy posible que usted haya encontrado el problema en la bomba, en particular si una sola bomba alimenta a todos los inyectores.

Cuando un inyector está bajo sospecha (el que derrama combustible cuando se suelta la tuerca de fijación), lo más sencillo es sacarlo y montar uno de respeto. Si queremos encontrar la avería del inyector que falla y repararlo, se necesita ser muy hábil sin contar con que no es posible llevar a bordo la compleja maquinaria requerida. Por lo tanto, es obligatorio que los inyectores estén en la relación de piezas de recambio de abordo.

Si después de todo lo dicho no ha encontrado ningún problema, solo queda una opción: compruebe la entrada de aire.

Comprobación de la entrada de aire

Cuando hay falta de aire en el sistema de combustible para un motor de gasoil, ya que este necesita mucho aire, a través del filtro, para funcionar correctamente. En ese momento si el filtro restringe el suministro de aire, el motor se para. A veces el simple hecho de limpiar el filtro suele permitir que el motor arranque de nuevo. Como no ocurra así, puede que tenga que desmontar el respiradero. Como lo haga asi, controle rigurosamente el número de horas que funciona el motor, y haga que un especialista lo revise cuando llegue a puerto.

Como se ceba el motor

La función de cebar el motor es una operación sencilla, pero ensucia mucho. Lo primero que haremos será poner combustible en el depósito. Si vemos que no hay, y abrir la llave de paso del fondo del depósito. Por lo general es más importante mantener lleno un depósito de gasoil que uno de gasolina. El motivo es que un depósito casi vacío, con el movimiento del mar, permitirá que el aire entre en el sistema mucho antes de consumir todo el combustible.

Será necesario un recipiente bastante grande para recoger todo el combustible que se derrame y tener a alguien preparado para vaciarlo. Iremos al primer filtro en el sistema y aflojarremos la tuerca en el tubo de salida, o que permitirá que el combustible pase por el tubo del filtro y llegue a su recipiente. Una vez esté seguro que ya no salen más burbujas de aire, apriete la tuerca. Continue hasta el próximo filtro y haga lo mismo. En el caso de que hubiera otro filtro, repita el proceso. Una vez que llegue a la bomba de combustible, desconecte la salida, y haga girar el motor para que el combustible pase por ella, y siga girando hasta que no haya más burbujas.

En el momento que llegue a los inyectores, suelte las tuercas de fijación y haga girar el motor para expulsar las burbujas. Una vez pasados unos minutos, apriete las tuercas y compruebe de nuevo el motor. Como no arranque después de dos o tres intentos en los inyectores, vuelva al principio y repase todo el proceso de nuevo. Una vez hecho todo esto, por la experiencia que tenmos es muy poco corriente que tenga que repetir el proceso entero. Después de hecho todo lo anterior el motor está listo para arrancar.

Comprobación del arranque

Cuando el motor no arranca de ninguna manera, lo primero que hay que averiguar es si el problema se debe al sistema de combustible o al de electricidad. Aplique un chorro con el aerosol de éter en el filtro de aire mientras alguien hace girar el motor. Retirese mientras hace esto, pues es posible que el motor le salpique. Cuando el motor intenta arrancar, el problema está en el sistema de combustible. Como no sea así, compruebe si el motor de arranque gira.

Cuando llega esta etapa de su ciclo, casi todos los motores de gasoil dependen de la electricidad para arrancar, aunque es sorprendente lo grandes que son algunos motores se pueden arrancar a mano.

Nada más que las comprobaciones más probables de surtir efecto se mencionan aquí. Como no den resultado, mire la lista completa de comprobaciones del sistema eléctrico en los motores de gasolina, que explicaremos más adelante.

Comprobación de la batería

Cuando el motor de arranque no gira, compruebe la batería. Como no haya ningún ruido ni señal de movimiento al apretar el botón de arranque, la causa más habitual será una batería completamente agotada. Veremos que no está baja sino totalmente descargada. No obstante, puede que sean los terminales de batería los que fallan. Tendremos que comprobar que están bien apretados, como debe ser. Como estén sueltos o corroídos, límpielos, aplique una capa de grasa no conductora y apriételos. En cualquiera de estas circunstancias reduciría la potencia que llega al motor de arranque hasta tal punto que impediría cualquier reacción del motor de arranque y la batería aparecería descargada. Como quiera que la batería esté en mal estado, recárguela hasta la carga plena o cámbiela. Cuando la batería está bien, tendrá que comprobar todo el sistema eléctrico de arranque, pero, en primer lugar, verifique si tiene combustible y si el acelerador se abre. Como sea así, compruebe los cables del motor de arranque y el solenoide.

La potencia en el slenoide

Tenemos la ventaja que aquí el sonido nos ayuda. Una vez comprobado que la potencia eléctrica que llega al solenoide es suficiente, el eje del solenoide se embraga con un "clón" o una serie de "clics". Si es así, esto nos indica que el problema está en la batería y no en el solenoide, aunque es posible que los contactos del solenoide estén corroídos. Si hechamos un vistazo lo aclarará rápidamente. Como sea así, límpielos. Cuando hay un silencio absoluto en el solenoide, puede deberse a un cortocircuito, o que se haya quemado. De cualquier forma, lo más seguro es que tenga que sustituirlo ya que no es probable que pueda repararlo solo.

Comprobación del contacto de arranque

Podemos seguir con el solenoide y antes de rendirse, pruebe el contacto de arranque, ya que es posible que falle. Lo mejor será hacer un puente en el circuito. Cogeremos un trozo de cable de las mismas dimensiones que el del circuito y haremos contacto entre el positivo de la batería y el solenoide. Como el solenoide se embrague, el fallo está en el contacto. Se tiene que recordar que tendrá que desconectar el cable cuando el motor de arranque se ponga en marcha.

Comprobación del motor de arranque

Como no haya podido aislar el fallo ni en el solenoide ni en el contacto, puede que esté en el motor de arranque. Cuando un motor de gasoil gira lentamente al arrancar, tiene que recordar que cuestan más de arrancar que los motores de gasolina, y que el aceite espeso en condiciones climatológicas frías puede hacer que haya una gran diferencia en su capacidad de arranque. Además, si el motor gira pero se resiste a arrancar, puede que una o más de las palancas de descompresión estén trabadas en posición abierta, lo que impide la correcta compresión, permiten bajar ésta hasta obtener un número de vueltas correctas; entonces, al cerrar la palanca para que se comprima el combustible, el motor arranca y ya está.

Como no le sea posible hacer que el motor de arranque funcione, compruebe que sus pernos de fijación estén bien apretados. Como estén sueltos, puede que el piñón, el eje y el volante no estén bien alineados y los engranajes no encajen. Hay que comprobar que no haya suciedad en el motor porque puede interferir en el sistema eléctrico, y es sorprendente lo poco que interfiere en el sistema mecánico.

Cuando llegue la potencia adecuada al motor de arranque, y si lo oye girar pero no sucede nada, es probable que haya una avería grave. Puede ser que el muelle del bendix este roto o doblado, o faltar algunos dientes del volante, o estar roto el embrague. Tan solo puede remediar el segundo caso, a no ser que lleve un motor de arranque de respeto, o pueda arrancar a mano.

Seguiremos las instrucciones para arrancar el motor con la descompresión abierta y haga contacto, muy brevemente, para que el sector de la rueda sin dientes se aparte del motor de arranque. Continue intentando arrancar hasta que oiga que engranan los dientes del motor y gira. Insista lo suficiente para arrancar el motor.

Si ve que el motor de arranque no sufre al intentar hacer girar el motor. Ademas de quedarse sin batería, y crearse el problema monumental de no poder cargar las baterías, sino que proporcionar potencia insuficiente al motor de arranque pueda causar daños serios por sobrecalentamiento, que en el mejor de los casos, reducirá la vida del motor de arranque, y en el peor, lo quemará.

Como después de todo esto, todavía no puede arrancar y está seguro que el sistema de arranque está bien, deberá llevar a cabo las comprobaciones del sistema de combustible expuestas en la sección sobre fallos del motor.

Revisar el aceite

Supongamos que ha conseguido que el sistema de arranque funcione y que el motor ha arrancado, pero le falta brío. Deberá comprobar que haya, en primer lugar, bastante aceite, y en segundo lugar que éste no sea demasiado viscoso. Dependiendo del clima donde nos encontremos, puede que el aceite esté simplemente demasiado frío. Si es así, el motor irá equipado con calentadores para calentar los cilindros y ayudar al combustible a atomizarse. Con esto no se calienta el aceite del motor, pero al facilitar el arranque, ayuda al aceite indirectamente a que se caliente con rapidez una vez que el motor esté en marcha. Cuando el aceite esté negro y espeso, debe cambiarse, pero en cualquier caso, no debe permitir que se deteriore tanto.

Revisar el color del humo

Para poder hacer un diagnóstico de los fallos de un motor en marcha un síntoma muy útil es el humo y su color, así que cualquiera otra manifestación indica que algo va mal en el motor. Esposible que el humo sea de color negro, blanco o azul. Más adelante detallaremos lo que significa cada color, pero todos tienen algo en común: indica que se está empleando un tipo inadecuado de combustible, de aceite lubricante, o de ambos a la vez.

Cuando sale el humo negro que es el más corriente, sobre todo cuando un patrón emplea el motor sin ningún cuidado, esto significa una sobre carga o una falta de aire. Si se trata de sobrecarga, reducir las revoluciones será suficiente para evitar el humo. En el caso de que se deba a una falta de aire, limpiar el filtro de aire dará un buen resultado. Existe una tercera causa del humo negro que es el exceso o goteo de combustible. Esto solo puede arreglarse con el ajuste de los inyectores, que debe hacerse en tierra. Por fortuna, este no es un fallo grave y puede tolerarse en la mar.

Cuando el humo es blanco significa que la distribución necesita ajustarse y, de nuevo, tiene que hacerse en tierra y puede tolerarse en la mar.

Si el humo es azul significa que el aceite lubricante llega a los cilindros y se quema. En el momento que esto se deba a una grieta en el bloque o al aceite sobrecalentado, puede ser un problema grave ya que el aceite puede haber entrado en la cámara de combustión. Si consigue usar el motor, debe vigilarlo de cerca y hacerlo revisar por un mecánico cuanto antes.

El problema sería menos serio si los aros de los pistones se hubieran desgastado, permitiendo que el aceite pasara a la cámara de combustión. En ese caso el motor perdería algo de potencia y consumiría mucho aceite, pero se podría usar con seguridad. Como el humo azul nos indique que el motor se sobrecalienta, comprobaremos el indicador de temperatura si es que tiene. Como no sea así, abra el compartimiento del motor para comprobar si las señales habituales están allí: un fuerte olor a pintura, un fuerte olor a aceite o una radiación de color superior a la normal.

Cuando el calor desprendido es muy superior al normal, pare el motor enseguida y mire directamente la bomba de refrigeración. Tiene que desmontarla y compruebe si la turbina está dañada. Por lo general, la avería más frecuente es un fractura en la base de una de las palas de la turbina Sáquela cámbiela por una turbina de respeto. Es imprescindible llevar siempre una turbina de respeto en la bomba, y otra más Siempre que el viaje sea largo, más recambios deben llevarse. Si no disponemos de una turbina no podemos usar el motor, no se pueden cargar las baterías, la nevera no funciona y no podremos usar el GPS o la radio etc.

Aun en el caso de que la turbina nueva funcione perfectamente y haya un buen flujo de agua por el motor (que no debe arrancar enseguida porque el agua fría puede romper el bloque caliente), compruebe el resto del circuito de refrigeración. Esto se debe hacer sobre todo, si al arrancar, el flujo de agua es suficiente para enfriar el motor un poco, pero no lo suficiente como para enfriarlo hasta su temperatura de trabajo. Es posible que la bomba empuje el agua por las galerías de refrigeración que durante años se han ido estrechando por los depósitos de sales e impurezas del agua. Es posible comprobar algunas cosas en la mar como los tubos principales del motor e incluso algunos de los conductos accesibles del bloque, pero por lo general hay que hacer este trabajo en tierra. Como sospeche que su sistema de refrigeración necesita ser limpiado, debe minar su motor hasta que pueda hacerlo. Aun así, puede comprobar si algún tubo, entre el motor y la mar, impide la entrada de agua. Como la bomba vaya bien, y el flujo del agua sea correcto, compruebe el termostato.

La comprobación del termostato

La forma más fácil de comprobar el termostato es retirarlo y colocar un tapón. Sera necesario dejar que fluya el agua por el sistema y vigile la temperatura. Como caiga hasta situarse alrededor de la temperatura normal, el problema está en el termostato. Es posible llevar un termostato de respeto si quiere, pero yo no lo considero necesario. Como el termostato funcione bien y la bomba también pero el motor se caliente demasiado, puede que el problema esté en el exterior del barco.

Tomas de agua de mar

Todas las tomas de mar, deben tener una rejilla colocada encima para impedir que entren los pequeños objetos que podrían bloquear los tubos. Nos encontramos con ese azote moderno que es la bolsa de plástico que tiene una gran facilidad para pegarse justo a donde no queremos, de la misma manera que algas y alguna otra cosa, pueden bloquear la toma. De la única forma que hay de averiguar lo que ocurre es mandar a bajo un buzo o, si está solo, bajar usted mismo. Este buzo que baje debe ir convenientemente equipado con máscara, lastre y cuchillo. Irá cogido por un cabo, y debe haber otro con varios senos tendidos por la borda, para ayudarle a subir a bordo. Como no disponga de una tripulación numerosa, puede aparejar una escala de baño y mandar un tripulante que vigile al buzo. Como no sea así, la operación depende de usted mismo y otra persona más. La persona que baje debe desbloquear la toma si está obstruida. Como esta operación no resuelve el problema, puede que un tubo se haya doblado o que se haya hecho un agujero en un tubo y el agua se escape. Tiene que comprobarlo todo hasta encontrar la causa.

Comprobar el aceite

Nunca nos olvidaremos del aceite, aparte de lubrificar el motor, lo enfría también. Como hayamos hecho funcionar el motor durante mucho tiempo, puede que el nivel de aceite haya descendido por debajo del mínimo. Rellenaremos el depósito con aceite de recambio hasta alcanzar la marca de la varilla y vea si la temperatura desciende. Como por la circunstancias que sea se quedó sin aceite, puede usar aceite de cocina, mejor mineral que vegetal, que funciona muy bien.

Tendremos mucho cuidado que los motores no trabajen escorados durante mucho tiempo. Los manuales de los fabricantesde motores recomienda un ángulo máximo de escora para el motor. Es muy conveniente que respetemos rigurosamente las recomendaciones. En el momento que el motor se escora, durante mucho tiempo, el aceite sigue la inclinación de la superficie del mar e importantes sectores del motor se quedan sin aceite, se sobre calientan y dan lugar a una distorsión en el motor. Si se produce esta distorsión puede que sea permanente.

La distribución

Seguramente la última causa posible de sobrecalentamiento es la distribución, y muy poco se puede hacer en el mar para corregirla. Lo que podemos hacer es revisar el motor: lo usaremos cuando no podamos hacer otra cosa y el menor tiempo posible, y apagarlo cuando se caliente.

Tendremos mucho ciuidado con los motores de gasoil ya que tienen un defecto que no presentan los de gasolina. Y es que pueden "desbocarse" y nadie sabe a ciencia cierta la causa. Cuando ocurre esta circunstancia es inútil cerrar la entrada de combustible, porque el motor puede consumir sus propios gases e incluso su propio aceite lubricante y acelerarse descontroladamente hasta tal punto que se cause graves daños. De la única forma que podemos parar un motor desbocado es bloquear su entrada de aire. Sacaremos la tapa del filtro y sostedremos algo fuerte pero flexible contra la tobera; cúbralo entonces con un trozo de tela o algo que pueda bloquear totalmente la entrada de aire. Si coloca la tela primero y sin la protección, la verá desaparecer por la toma de aire.

Los motores de gasolina

Herramientas que necesitará

Dependerá del trabajo que deba realizar. Como mínimo, necesitará:
Aerosol anti humedad.
Herramientas varias (destornillador, alicates pela cables).
Juego de destornilladores.
Llaves inglesas.
Llaves Allen.
Llaves para bujías.
Llaves para el motor.
Tenazas (tenazas de presión).

Recambios necesarios

Aceites para el motor.
Aerosol éter
Bujías.
Bobina.
Bomba de combustible.

Bombas de combustible (o diafragmas, juntas y turbinas).

Correas.

Filtros de combustible.

Filtros de aceite.

Grasa para la bomba de agua.

Galgas.

Inyectores.

Juntas.

Junta líquida.

Platinos.

Turbinas de las bombas.

Tapón para el orificio del termostato.

El motor de gasolina

Como motor auxiliar el motor de gasolina tiene dos ventajas: depende de un sistema eléctrico mientras funciona, y el combustible es explosivo. Además tiene una gran ventaja: su tecnología se conoce y se emplea en todo el mundo, por lo que no hay lugar donde no se pueda encontrar un mecánico para llevar a cabo hasta las reparaciones más importantes.

Tener la necesidad de un encendido eléctrico permanente es un punto débil. Otro inconveniente es el salitre-habitual en el ambiente marino-Esto es el enemigo de los sistemas eléctricos. Hasta los barcos que navegan por los lagos de agua dulce sufren por la humedad, que tanto desagrada a los sistemas eléctricos. Por lo tanto, el sistema que más averías acumula es el eléctrico, que comprende: las baterías, el contacto, el solenoide, el motor de arranque, el distribuidor, los platinos, el condensador, las bujías, el rotor y el generador o alternador.

Cuando el motor no arranca

Lo primero que haremnos será descubrir si el fallo está en el sistema eléctrico o en el sistema de combustible, para luego seguir la lógica secuencia de condiciones que deben existir en uno o en otro sistema para descubrir el fallo. Teniendo en cuenta que tanto los motores de gasoil como los de gasolina dependen de un arranque eléctrico (el motor de gasoil no usa la electricidad una vez en marcha), la lista de comprobaciones es la misma para ambos hasta el momento de arrancar. (Con el fin de no volver atrás en el libro, explicaremos los pasos más relevantes del apartado de motores de gasoil). Lo primero que haremos será; comprobar si el motor de arranque hace ir el motor. Si vemos que no es así, el fallo se encuentra en alguna parte del sistema de arranque.

Comprobación de la batería

Cuando el motor de arranque no gira, compruebe la batería. Como no haya ningún ruido ni señal de movimiento al apretar el botón de arranque, la causa más habitual sería una batería completamente descargada. No será baja sino totalmente descargada. No obstante, puede que sean los terminales de la batería que fallan. Hay que comprobar si están bien apretados, como debe ser. Como estén sueltos o corroídos, límpielos, aplique una capa de grasa no conductora y apriételos. Que sea cualquiera de estas circunstancias reducirá la que llega al motor de arranque y la batería parecía descargada. Suponiendo que la batería esté en mal estado, recárguela hasta la carga plena o cámbiela. Si no es así y la batería está bien, tendrá que comprobar todo el sistema eléctrico de arranque.

La potencia del Solenoide

En este caso el sonido nos ayuda. En el momento que la potencia eléctrica que llega al solenoide se embraga con un "clon" muy claro. Suponiendo que la potencia es insuficiente, se escuchará un "clic" o una serie de "clics". Si es asi, es una buena indicación de que el problema está en la batería y no en el solenoide, aunque es posible que el circuito esté abierto entre la batería y el solenoide; en otras palabras, será que un cable se ha partido o no hace el contacto como debe. Como haya una rotura en el circuito, cambie el cable por otro de las mismas características de alta tensión. Como tenga un cortocircuito, lo que es mucho menos probable, lo sabrá enseguida por las violentas chispas, casi como rayos despedidos, que producirá. Que se produzca un cortocircuito en un circuito de alta tensión es muy peligroso.

Puede ser otra razón para el silencio del solenoide, la corrosión en los terminales. Si le hechamos un vistazo rápido lo aclarará. Como sea así, límpielos. Como haya un silencio absoluto en el solenoide, puede deberse a unos cortocircuitos o que se haya quemado. Sabemos que los profesionales con mucha experiencia colocan un destornillador pesado entre los terminales sin provocar chispas. Como el motor arranque, es señal de que el solenoide ha fallado. La forma más segura de comprobar un motor de gasolina es usar un testigo. Como la luz se encienda, la corriente pasa por el solenoide y el problema se encontrará más adelante en el motor de arranque.

Es muy posible que no pueda arreglar un solenoide estropeado, por eso figura en la relación de recambios que debe llevar a bordo.

Comprobación del contacto de arranque

Será conveniente probar el contacto de arranque pues es posible que falle. Seguramente la mejor forma es hacer un puente en su circuito. Cogeremos un trozo de cable de las mismas dimensiones que el circuito y haremos contacto entre el positivo de la batería y el solenoide. Como el solenoide se embrague, el fallo está en el contacto. Tenga en cuenta que tendrá que desconectar el cable cuando el motor se ponga en marcha. Como no haya podido encontrar el fallo en el solenoide o en el contacto, puede que esté en el motor de arranque.

Comprobación del motor de arranque

Como no consiga que el motor de arranque funcione, compruebe que los pernos de fijación estén bien apretados. En el caso de que estén sueltos, puede que el piñón, el eje y el volante no estén bien alineados y los engranajes no encajen. Al mismo tiempo, compruebe que no haya suciedad alrededor del motor porque puede interferir el sistema eléctrico, y es sorprendente lo poco que interfiere en el sistema mecánico.

Como llegue la potencia adecuada al motor de arranque, y se le oye girar pero no sucede nada, es probable que nos encontremos ante una avería grave. Puede ser que el muelle del bendix esté roto o doblado, pueden faltar algunos dientes del volante, o estar roto el embrague. Lo único que puede remediar son los dientes del embrague, a no ser que lleve un motor de arranque de respeto, o consiga arrancarlo a mano.

Tiene que seguir las instrucciones de arrancar el motor con la descompresión abierta y haga contacto, muy brevemente, para que el sector de la rueda sin dientes se aparte del motor de arranque. A continuación siga intentando arrancar hasta que oiga que engranan los dientes y el motor gira. Insista lo suficiente para arrancar el motor.

Sobre todo no insista si ve que el motor de arranque sufre al intentar hacer girar el motor. Si insiste, no tan solo puede quedarse sin batería, y crearse el problema monumental de no poder cargar las baterías, sino que proporcionar potencia insuficiente al motor de arranque puede causar daños serios por sobrecalentamiento, que en el mejor de los casos, reducirá la vida del motor de arranque, y en el peor, lo quemará. Como, después de todo, todavía no puede arrancar y está seguro de que el sistema de arranque está bien, deberá llevar a cabo las comprobaciones del sistema de combustible.

Revise el sistema de combustible

En primer lugar, asegúrese de que no se ha quedado sin combustible. Es difícil poder comprobar si el indicador no es muy preciso. A continuación, asegúrese que la llave de paso del fondo del depósito está abierta. Como haya combustible y la llave está abierta, siga el camino del combustible al motor. Es muy posible que haya que cambiar los filtros o puede que haya agua en el combustible; esto último se vería en el fondo de los filtros de cristal pero debe averiguarse en filtros de otro tipo. La forma de hacerlo es verter un poco de combustible en un recipiente y mirar si hay agua debajo de la gasolina.

Comprobación de la bomba de combustible

En algún lugar del sistema de combustible moderno hay una bomba que debe comprobarse como cualquier otra, usando el testigo. Como la parte eléctrica de la bomba resulte satisfactoria, desmonte la bomba, apuntando cada paso que de, si no dispone de manual. Compruebe si la turbina o el diafragma están rotos. Como sea necesario, cambie el componente.

Entrada de aire en el sistema

Como la bomba pareca estar en perfecto estado, la última posibilidad que nos queda es que haya entrado aire en el sistema. Todo esto es particularmente posible en los días de mucho calor. Como sea este el caso, tendrá que cebar el sistema exactamente de la misma manera que un sistema de gasoil.

Empezando por el depósito, cerciórese de que el combustible alcance el primer filtro, haga girar el motor para asegurarse que no hay burbujas y siga por el sistema hasta que esté satisfecho y el combustible llegue al carburador sin aire.

Las chispas

Cuando hayamos comprobado que el combustible llega al carburador, si el motor no arranca, cerciorarse también que haya chispa. Con indiferencia del tamaño del motor que quiera arrancar, debe seguir este procedimiento: en el extremo del distribuidor, desconecte el cable de alta tensión que une la bobina y el distribuidor. Mande que alguien gire el motor mientras usted aguanta el cable a 1 centímetro del bloque. Como haya una chispa sana, saltará del cable de alta tensión hasta el bloque. A través de la bobina convierte la electricidad de la batería en una corta ráfaga de alta tensión que pasa por el distribuidor y llega a cada bujía. Como no se produzca ninguna chispa, debe cambiar la bobina. Es imposible arreglarse. Como haya una chispa o ha sustituido la bobina, compruebe cada bujía por turno. En el momento que cada una recibe su chispa "caliente", compruebe que estén limpias y que el galgado o separación entre las poleas sea correcto.

El encendido de las bujías

Las bujías, deben encenderse cada una en su momento preciso si el motor funciona correctamente. Se tendrá siempre a bordo un juego de galgas y también se dispondrá de un manual de galgado. Cogeremos cada bujía, limpiaremos el espacio entre los polos con papel de lija fino, tela abrasiva, o incluso, una lima de uñas de cartón, hasta que se vea el metal brillante. Dejaremos el galgado a su valor correcto y volveremos a colocar la bujía. A continuación haremos lo mismo con cada una de las demás. Como las bujías estén desgastadas, las cambiaremos por el modelo recomendado por el fabricante del motor.

Cada vez que saque las bujías, mírelas con atención. Le pueden decir mucho sobre cómo funciona su motor, aunque no le dé problemas en ese momento. Seguro que un experto podría hacer un diagnóstico más exacto que el que haremos aquí, pero las indicaciones más sencillas son éstas:

* Si sale un depósito de carbón húmedo en la bujía. Esto significa que llega aceite del combustible o por los aros del pistón.

* Cuando sale carbón en la bujía pero está seco. La bujía estará demasiado fría, debe ajustarse el galgado.

* Cuando la bujía está seca y parece raspada. Estas son buenas noticias, es una bujía sana.

* Si hay una grieta en la porcelana, por dentro o por fuera. Es posible que la chispa salte fuera de secuencia.

Una vez hecho todo lo anterior su motor debería ahora arrancar. Si saltó la chispa cuando hizo la comprobación con el cable de alta tensión pero las bujías no mostraron ninguna chispa cuando se las probó contra el bastidor, significa que el distribuidor falla.

Fallos en el distribuidor

Es muy posible que el fallo más corriente es la acumulación de humedad en la tapa del distribuidor. Revisaremos la tapa del distribuidor y veremos si está en perfectas condiciones ya que la más mínima grieta dejará pasar humedad como para estropear el delicado interior.

La mejor forma de remediar un fallo de estas carácterísticas es cubrir el exterior de la grieta con una cola epoxi de dos componentes del tipo Araldite; y esperar que funcione. Como no sea así, va a necesitar una tapa nueva. Será conveniente que todos los componentes (rotor, platinos etc.) los colóque en un horno a baja temperatura durante 10 minutos para que se sequen del todo.

Lijaremos los platinos con mucha suavidad con papel de lija para que hagan un mejor contacto. Una vez que todo esté bien seco, rocíe los componentes con aerosol hidrófugo. Seguidamente, conviene comprobar que el distribuidor rompa la corriente correctamente. Como sabemos, su función es enviar ráfagas de alta tensión a las bujías por turno y en el momento preciso para que se encienda la gasolina y comience el tiempo de trabajo útil de cada cilindro. Como la distribución sea inadecuada, el motor funcionará irregularmente o, quizá, no marchará de ninguna manera.

La forma de comprobarlo será conectando una bombilla de 12 voltios (en un sistema de 12 voltios) entre el cable que une el distribuidor, la bobina y el bastidor. Será muy conveniente tener siempre un testigo de este tipo como parte permanente del juego de herramientas eléctricas. Uniremos los cables a cada uno de los contactos de la base, utilizando unos contactos tipo pinza en el extremo de los cables. En ese momento resulta fácil conectar los cables como he descrito y, mientras se hace girar el motor, se observa el testigo. Como la bombilla parpadee regularmente, la distribución es correcta. Cuando el parpadeo es irregular, la distribución debe corregirse. Si tenemos una distribución inadecuada no impedirá que un motor arranque; solo impedirá que marche de una manera eficaz.

Ahora biene la buena noticia. Los sistemas modernos de encendido apenas dan problemas. El mejor mantenimiento es instalar uno de ellos y en el sistema anticuado que hemos descrito.

El aceite lubricante

Como el motor haya arrancado pero le falta brío, tendrá que comprobar que haya bastante aceite y que éste no sea demasiado viscoso. Dependiendo en el lugar que nos encontremos y el clima, puede suceder que el aceite esté demasiado frío. Los motores deben equiparse con algún tipo de calentador que permita que el aceite se haga más fluido. Como el aceite esté negro y espeso, debe cambiarse, pero en cualquier caso, no debe permitir que se deteriore tanto. En el mantenimiento del barco una de las cosas que son imprescindibles es cambiar el aceite regularmente, si no se hace así, esta negligencia causa muchos problemas.

Tenga en cuenta que el aceite, aparte de lubricar el motor, también lo enfría. Como haya hecho funcionar el motor durante bastante tiempo, puede que su nivel haya descendido por debajo del mínimo. Utilice su aceite de recambio para rellenar el depósito hasta alcanzar la marca de la varilla y vea si la temperatura desciende. Como no tenga aceite, puede usar aceite de cocina, mejor mineral que vegetal, pues funciona muy bien.

Tendremos siempre presente que a los motores marinos no les conviene trabajar escorados durante mucho tiempo. Al consultar el manual del fabricante, verá que recomienda un ángulo máximo de escora para el motor. Es muy importante respetar rigurosamente las recomendaciones. Siempre que el motor se escora durante demasiado tiempo, el aceite sigue la inclinación de la superficie del mar e importantes sectores del motor se quedan sin aceite, se sobrecalientan y dan lugar a una distorsión en el motor. Toda esta distorsión puede ser permanente.

El humo y su color

Lo que debemos tener en cuenta en el diagnostico de los fallos del motor en marcha es el humo y su color.Sabemos que el escape normal en un motor marino apenas tiene color, así que cualquier otra manifestación nos indica que algo va mal en el motor. Indistintamente el humo puede que sea de color negro, blanco o azul. Todo lo que significa cada color lo explicamos más abajo, pero todos tienen algo en común: indican que se está empleando un tipo inadecuado de combustible, de aceite lubricante o de ambos a la vez.

Lo más corriente es que el humo sea negro y esto nos indica que la mezcla es demasiado rica, por lo que debe ajustarse el reglaje del carburador, o que el aire está cerrado. Lo que nos indica en general, que la mezcla de aire o el combustible no es la correcta. Cuando el motor acaba de arrancar, puede que no esté lo bastante caliente como para soportar una carga pesada. Sabemos que los motores de gasoil aceptan una carga plena enseguida, pero los motores de gasolina necesitan tiempo para ponerse a tono. Lo que acostumbra a dar buen resultado es reducir las revoluciones o esperar antes de aplicar cualquier carga. Cuando el problema se debe a la falta de aire, deberá de limpiar el filtro de aire o cambiarlo en caso de necesidad.

Cuando el humo sale blanco significa que la distribución necesita ajustarse y, aunque esto tiene que hacerse en tierra, la anomalía puede tolerarse en la mar.

Cuando el humo sale, azul significa que el aceite lubricante llega a los cilindros y se quema. Como esto puede ser se una grieta en el bloque o al aceite sobrecalentado, puede ser un problema grave ya que el aceite es posible que haya entrado en la cámara de combustión. Siempre que podemos usar el motor, debe vigilarlo de cerca y hacerlo revisar por un mecánico cuanto antes.

El problema sería menos serio si los aros de los pistones se hubieran desgastado, permitiendo que el aceite pasara a la cámara de combustión. De esta forma, el motor perdería algo de potencia y consumiría mucho aceite, pero se podría usar con seguridad.

El sobrecalentamiento del motor

En el momento que el humo azul nos indica que el motor se sobrecalienta, compruebe el indicador de temperatura si es que tiene, Como no sea así, abra el compartimento del motor para comprobar si las señales habituales están allí: un fuerte olor a pintura, un fuerte olor a aceite o una radiación de calor superior a la normal.

Como el calor desprendido sea muy superior a lo normal, pare el motor enseguida y mire directamente la bomba de refrigeración. Tendremos que desmontarla y comprobaremos si la turbina está dañada. Por lo general, la avería más frecuente es una fractura en la base de una de las pa as de turbina, Si es así, la cambiaremos por una de respeto. No nos podemos olvidar de que las turbinas son imprescindibles y debemos llevar siempre una en la bomba, una de respeto y otra más. Siempre que la travesía sea larga, más recambios deben llevarse. Si la turbina no funciona no podemos usar el motor, no podemos cargar baterías, la nevera no funciona y no podremos usar el GPS o la radio. Con independencia de que la turbina nueva funcione perfectamente y haya un buen flujo de agua por el motor (que no debe arrancar enseguida porque el agua fría puede romper el bloque caliente), compruebe el resto del circuito de refrigeración. Siempre, debe hacer esto si, al arrancar, el flujo de agua es suficiente para enfriar el motor un poco, pero no lo suficiente para enfriarlo hasta su temperatura de trabajo. Es posible que la bomba empuje el agua por las galerías de refrigeración que durante años se han ido estrechando por los depósitos de sales e impurezas del agua. Es posible comprobar algunas cosas en la mar, como los tubos principales del motor e incluso algunos de los conductos accesibles del bloque, pero generalmente hay que hacer este trabajo en tierra. Si considera que su sistema de refrigeración necesita ser limpiado, debe minar su motor hasta que pueda hacerlo. No obstante, puede comprobar si algún tubo, entre el motor y el mar, impide la entrada de agua.

Comprobación del termostato

Suponiendo que la bomba vaya bien y el flujo del agua es correcto, compruebe el termostato. La forma más fácil de comprobar el termostato es retirarlo y poder un tapón. Tendremos que dejar que fluya el agua por el sistema y vigile la temperatura. Como baje hasta situarse en la temperatura normal, el problema está en el termostato. Si lo desea es posible llevar un termostato de respeto, pero yo no lo creo necesario. Como el termostato funciona bien y la bomba también pero el motor se calienta demasiado, puede que el problema esté en el exterior del barco.

Las tomas de mar y sus protecciones

Todas las tomas de mar tienen una rejilla encima para impedir que entren los pequeños objetos que podrían bloquear los tubos. Tendremos muy presente ese azote moderno que es la bolsa de plástico que tiene una gran facilidad para pegarse justo donde no queremos, de la misma manera que las algas o cualquier otra cosa pueden bloquear la toma. Una forma de averiguar lo que ocurre es mandar abajo un buzo o, sí está solo, bajar usted mismo. Irá convenientemente equipado con máscara, lastre y cuchillo. Tiene que ir cogido por un cabo, y debe haber otro, con varios senos tendidos por la borda, para ayudarle a subir a bordo. Como tenga una tripulación numerosa, puede aparejar una escala de baño y mandar un vigilante que vigile al buzo. Como no lo haga así, la operación depende de usted mismo y otra persona más. Cuando el buzo baje debe desbloquear la toma si está obstruida. Como esta operación no resuelva el problema, puede que un tubo se haya doblado, o que se haya hecho un agujero y el agua se escape. Debe comprobarlo todo hasta encontrar la causa.

Los problemas con la reparación del inodoro

Una de las cosas más desagradables que puede estropearse en la mar, y seguro que por eso se estropea siempre, es el inodoro. Será necesario poder disponer del manual del fabricante para repararlo porque, hay muchos modelos de inodoros vigentes en todo el mundo, como respuesta a los distintos reglamentos existentes sobre la contaminación, los depósitos de aguas negras, las estaciones de bombeo, etc.

No se pcr que razón, pero el trabajo de arreglar el inodoro le pertenece al patrón. Probablemente se deba al hecho de que si es preciso desmontarlo y se hace incorrectamente, se pone el barco en una situación de peligro. Se tendrán que cerrar todas las válvulas de las tomas de agua ya que, en caso de obstruirse o dejar de funcionar, lo sensato es desmontarlo completamente, limpiarlo y pasar un chorro de agua por su sistema. Este trabajo, es algo así como un mantenimiento obligatorio más que una reparación.

Será conveniente, que un inodoro deba desmontarse y limpiarse con un detergente de enzimas por lo menos una vez al año. Tiene que ser así, ro es tan solo para que funcione, sino para que el sistema no genere malos olores.

No cabe duda, de que la mejor manera de mantener el inodoro y su zona colindante agradablemente fragante es educar bien a la tripulación e ntimidar a los invitados. Se debe tener colocado un cartel grande a la altura de los ojos explicando cómo funciona el inodoro, y lo que no debe echarse a la taza. A pesar de que cuente con un cartel así, algunas personas harán caso omiso, por estupidez, por ignorancia o ambas cosas a la vez. Solicite a los invitados que lean el cartel y explíqueles las instrucciones. Todo esto tiene que hacerse de una manera agradable pero inflexible. Toda la tripulación tiene que saber que son responsables, cuando usan el inodoro, de dejarlo exactamente como lo han encontrado y de seguir las instrucciones. Será necesario que explique a todo el mundo lo incomoda que será la situación para todos si no se respetan las normas. Cuando se eduque a la tripulación y a los pasajeros, intente inculcarles un hecho básico: ir al inodoro en tierra resulta una cosa sencilla, podría decirse única. Cuando se hace en la mar es una operación en tres fases. Lo más eficaz para embozar el inodoro es que la cantidad habitual de excrementos, más el doble de esta cantidad en papel, presentes en la taza cuando se comienza a bombear. Será mucho más sensato bombear en dos o incluso en tres tandas, mientras permanece sentado, para que el sistema vacíe menos volumen en cada operación.

El inodoro básico

Lo que hemos de tener muy presente es que todos los inodoros funcionan siguiendo el mismo principio: el sistema empieza limpio y listo para el uso, se abren las válvulas de entrada y salida, se emplea el inodoro, el contenido se vacía, el agua limpia entra para limpiar el sistema y las válvulas se vuelven a cerrar para que el sistema sea seguro y pueda usarse de nuevo. Hay inodoros que bombean directamente al mar, otros a un depósito de aguas negras, algunos a un depósito de tratamiento con cloro, y otros a un depósito de tratamiento químico. Hay otras variantes que son el bombeo eléctrico, por vacio o por presión de aire, y si el sistema se limpia con agua dulce de la instalación de a bordo (es el caso en algunos barcos grandes) o del lago o mar donde navega.

Es muy posible que cualquier sección de una tubería del inodoro pase por debajo de la línea de flotación con cualquier ángulo de escora, con el fin de evitar todo esto debe instalarse un cuello de cisne para elevar la tubería unos 90 centímetros por encima del nivel del agua y evitar que ésta entre por el efecto de sifón, y para impedir que el sistema se anegue.

La legislación de casi todos los países obliga a todos los barcos instalar una salida para bombear a una depuradora de tierra el contenido de un tanque de abordo.

En algunos sistemas tienen una válvula de entrada que forma parte de la manivela de la bomba y actúa automáticamente. En otros casos, tienen una válvula a parte, al lado de la taza. Esta válvula es una pequeña palanca en ángulo recto con las posiciones para vaciar y para limpiar claramente señalizadas.Y por último, hay otros que tienen un sistema casi totalmente automático que funciona a motor. Lo que no varía es el conjunto de válvulas que es básicamente el mismo en todos ellos.

Para poder hacer el mantenimiento o al desembozar un aparto de estas características, emplee el manual del fabricante. Como no disponga de él tome notas a medida que lo desmonta. Tenemos que hacerlo a conciencia, pues va a tener que montarlo de nuevo. Es muy posible montar una válvula de entrada al revés y lo descubrirá en cuanto intente montar el inodoro; no tendrá más remedio que volver a desmontarlo para dar la vuelta a la pieza de la válvula que montó mal.

Hay patrones que modifican su sistema (para evitar que se monte incorrectamente) cambiando los pernos de la base para que haya una sola manera de montarlo.

Herramientas que va a necesitar para este trabajo
Aceite lubricante
Destornillador
Grasa para bomba
Llaves de fontanero
Llave inglesa

Recambios que va a necesitar

Juego de recambios del fabricante

Muelle de retorno

Válvulas planas

Los motores pequeños de gasolina

Todos los procesos de búsqueda de fallos expuestos para los motores de gasoil y gasolina también son válidos para los motores pequeños como los fueraborda y los generadores; pero los motores de gasolina más pequeños presentan algunas peculiaridades que exigen realizar unas comprobaciones especiales. Es muy difícil que se emplee el gasoil en los motores pequeños, pero la lista de comprobaciones de los motores grandes servirá en este caso.

Normas a seguir cuando cambiemos piezas

A continuación y antes de adentrarnos en el detalle, hay una serie de normas generales que deben seguirse. En primer lugar, si sustituye alguna pieza, la nueva debe ser del mismo material, la misma dimensión y tener la misma resistencia que la pieza original. Si no es así, las piezas que coloca causarán más problemas que las piezas antiguas. En especial, los pernos tienen que ser iguales. Hay veces, que las tuercas de seguridad especiales en los pernos, tiene que asegurarse que solo se emplean las adecuadas y que se aprietan hasta el par de torsión original y no más. Como se sustituyan pernos rotos, agrietados o doblados, es muy importante que se coloque la pieza adecuada. Teniendo en cuenta a pesar de todo, que no se habrían roto de no haber sido sometidos a una carga superior a sus fuerzas, así que el reemplazarlos con piezas más débiles no es ninguna solución; es casi seguro que las piezas nuevas se romperán otra vez.

En segundo lugar, recuerde que aunque el motor auxiliar es más pequeño es igualmente peligroso. Cuando llenemos el depósito, un pequeño derrame de gasolina puede prenderse y causar una explosión. Por lo tanto vaya con mucho cuidado.

A continuación vamos a repasar las comprobaciones necesarias en un pequeño motor de gasolina.

Comprobaciones en el sistema eléctrico

Se emplearón las mismas comprobaciones de los motores grandes en los cables y los sistemas de alta tensión. Tamto los generadores como los fuera borda dependen de los tornillos y tuercas para fijar la carcasa, manguitos y capuchones y para fijar los cables e impedir que salten chispas. Será conveniente comprobar estos elementos, puede que bloqueen el paso de la corriente.

Nos aseguraremos al mismo tiempo, de que los capuchones y manguitos estén bien colocados y que no presenten fracturas o desgarros. Tambien comprobaremos que los capuchones de las bujías estén firmemente colocados. Con mucha frecuencia, están sueltos y el motor no recibe suficiente corriente para arrancar y, cuando el patrón investiga para determinar el fallo, recibe una fuerte descarga debido a la fuga.

En los motores fuerabordas en particular hay una serie de correas y de bridas que apartan los cables de las piezas mecánicas que podrían desgastarlos. Será necesario que siempre que se cambian estas piezas, se sustituyan por otras exactamente iguales y se coloquen exactamente de la misma manera.

Será necesario que comprobemos las bujías a menudo, pues una grieta en la parte de cerámica permite que la chispa salte e interrumpa la secuencia del encendido. Ahora sabemos que, los sistemas eléctricos de encendido han eliminado muchos de los problemas de arranque de los pequeños motores, pero todos los sistemas de alta tensión deben tratarse con sumo cuidado.

A continuación, la siguiente relación de comprobaciones descubrirá todos los fallos menos los más graves. Como no pueda arrancar el motor aplicando estas técnicas, necesita ayuda profesional.

Como intente arrancar el motor con un arranque eléctrico y, sencillamente, este se niega a girar, busque cables sueltos y/o conexiones corroídas (sobre todo en los terminales de la batería). Cuando la batería no tiene potencia suficiente para mover el motor, puede que tenga problemas de carga. Con anteriridad hablamos del sistema de comprobaciones eléctricas para los motores de gasolina y le dará la secuencia adecuada. Si el sistema eléctrico no aprueba el examen, compruebe el sistema de combustible.

Comprobar el respiradero del depósito de gasolina

Revisaremos que el respiradero del depósito de gasolina esté abierto, si no lo está, el combustible no pueda fluir por el sistema. Tambiem nos aseguraremos de que las mangueras flexibles del carburante no estén dobladas, un fallo frecuente en los motores pequeños. Tendremos sumo cuidado que con un depósito móvil, los tubos pueden quedar atrapados fácilmente debajo del depósito y el carburante no pueda circular. En ocasiones, la bomba manual de cebado debe apretarse para conseguir un buen flujo de carburante al motor. También revisaremos los filtros del depósito y del motor, sobretodo en el caso de un generador, y comprobaremos que no haya agua o suciedad en el sistema.

Compruebe el proceso de arranque

¿Si hemos abierto el aire? ¿Si hemos cebado el motor? (suponiendo que fuera necesario) ¿Tenemos el conector correctamente colocado en el bastidor? ¿Hemos accionado la bomba manual en el sistema del carburante? ¿Si hemos comprobado la tapa del distribuidor? ¿Hemos visto si el rotor está agrietado, roto o desgastado? ¿Hemos comprobado si están bien las bujías? ¿Sabemos si están firmemente apretadas? ¿Tenemos bien apretados los conectores? ¿Están bien los platinos? Todo esto, es lo que podemos hacer nosotros, a partir de aquí, salimos del campo de lo que podemos hacer por sí mismos y entramos en el campo del experto, pero también más atrás se exponen una serie de comprobaciones de los platinos que podrían emplearse aquí. Como no haya resuelto su problema, está en un gran apuro; debe buscarse el paro de su motor en la siguiente lista y resolverlo.

Si la marcha es irregular compruebe la mezcla del carburante

Lo primero que haga será, comprobar que la mezcla del carburante sea la recomendada por el fabricante.

Tambien será conveniente que compruebe si tiene el aceite adecuado, o en las proporciones adecuadas. Por lo general, en estos casos basta con añadir más carburante correctamente mezclado; pero en un caso extremo, puede que tenga que vaciar el depósito y poner carburante nuevo.

Revisaremos si el diafragma de la bomba de combustible no esté agujereado. Como sea es así, debe sustituir el diafragma. Revisaremos el contacto, es posible que en el sistema eléctrico haya una mala conexión. Como haya algún problema, haga un puente, pero recuerde que debe quitarlo para poder parar el motor.

El motor falla a altas revoluciones

Es muy posible que las bujías sean las culpables en este caso. Revisaremos el galgado y, en caso necesario, ajústelo según las especificaciones del fabricante. Nos aseguraremos de que las bujías y sus cables estén limpios. Tambiém es muy posible que el fallo esté en los platinos o que la distribución precise un reglaje.

También podría haber agua en el carburante, por lo que debe comprobar los filtros. Cuando el motor "tose", escupe o se ralentiza y cuando funciona a grandes revoluciones, puede que las agujas de ralentí o de alta velocidad estén ajustadas para una mezcla demasiado pobre, o quizá al carburador le falte sincronización. Otra vez, el carburador es aquí el sospechoso principal, por lo que debe comprobar que no haya obstrucciones en los tubos de combustible, que el diafragma no esté dañado, o que no exista una fuga en el conector de combustible, lo que podría provocar variaciones en la mezcla.

Comprobar la vibración si es excesiva

Cuando la vibración va acompañada por una marcha irregular y mucho humo, puede que las válvulas de aguja del carburador estén ajustadas para una mezcla demasiado rica, o que haya demasiado aceite en el carburante, lo cual producirá mucho humo. El color de este humo sería más bien azul.

También son posibles la falta de sincronización del carburador, que el flotador de carburante esté demasiado alto, el aire no abra bien, o que la circulación del aire por el carburador esté obstruida y como consecuencia de esto la mezcla sea incorrecta.

Cuando el problema no esté en el sistema de carburante, es posible que haya problemas con el soporte del motor, que podría estar suelto, o quizá la hélice esté descompensada, o el ángulo de incidencia del eje no sea el adecuado.

En el caso de que el motor se puso en marcha y funcionó durante un tiempo para que luego ralentizarse y pararse, puede que haya un problema serio, sobre todo si la entrada de agua está bloqueada y el motor se calienta. Como este sea el caso, desbloquéela lo antes posible; y si esto le lleva demasiado tiempo, pare el motor.

Posiblemente el sobrecalentamiento no se deba a la falta de refrigerante. También es posible que las algas se hayan posado sobre la hélice o que sea algún otro elemento que aumente la fricción, y por tanto la carga, hasta tal punto que sobre cargue el motor y éste se caliente. Revisaremos que el carburante no esté sucio, que el respiradero esté totalmente abierto y que el lubricante llegue al eje del motor.

Por último considere la posibilidad que las bujías se enciendan demasiado pronto, en cuyo caso necesitan limpiarse, o que el ajuste de velocidad necesite girarse hasta que el ralentí esté lo más bajo posible sin que el motor se cale.

Comprobar el petardeo

Por lo general esto sucede porque los cables de las bujías se han conectado a los cilindros equivocados, o porque el motor necesita urgentemente una puesta a punto. Como no sea ninguna de estas dos cosas, puede que el engranaje del volante se haya roto. Cuan es así, solo un recambio solventará el problema.

Si el motor tiene falta de aceleración

Cuando el motor arranca pero no alcanza las revoluciones adecuadas o no acelera, puede que necesite una puesta a punto o un ajuste de la distribución; también es posible que sea el carburador el que precise un ajuste. Si es así, debe comprobar el encendido por si las bujías, los platinos o los cables de encendido presentan alguna anomalía. Tambien revisaremos que los tubos del carburante no se obstruyan, y que la mezcla del carburante sea la adecuada; al mismo tiempo también comprobaremos si algo impide que la hélice gire libremente.

Cuando el motor se calienta demasiado, asegúrese en primer lugar de que la mezcla de combustible y aceite sea la adecuada (puede ver por las muchas veces que esta comprobación aparece en la búsqueda de fallos, lo importante que es la mezcla para los pequeños motores fuera borda). Puede haber otra clara posibilidad y es que el termostato haya fallado, por lo que debe revisarse. Nos cercioraremos de que el motor se haya colocado lo bastante bajo en el espejo de popa para que la hélice trabaje a la profundidad correcta y no gire demasiado rápido en aguas poco densas. Revisaremos también la entrada de agua en la parte baja y asegúrese de que entra bastante. Comprobaremos que la turbina y la junta de la bomba de agua por si hay una fuga que reduce la presión del agua.

Como a pesar de todo esto no pueda localizar la avería, es casi seguro que la distribución y el motor necesitan una puesta a punto. Cuando el motor funciona bien a una velocidad pero no acelera, puede que haya un problema con el sistema de alimentación de combustible, por ejemplo, que el aire esté bloqueado en posición abierta o cerrada, que haya suciedad en las agujas, o que la mezcla sea demasiado pobre en la salida del carburador. Solicitaremos que nos hagan una puesta a punto si es que usted mismo no puede hacerla.

Comprobar la falta de potencia bajo carga

Nuevamente, comprobaremos que la mezcla de carburante y aceite corresporde a las recomendaciones del fabricante y que los tubos de combustible no estén obstruidos o disminuidos. Revisaremos que la chispa llega a los cilindros. Nos aseguraremos de que la hélice y la parte inferior no están obstruidas por las algas o por las bolsas de plástico. Una vez más, puede que los platinos estén desgastados o les falte sincronización.

Comprobar la parada súbita

Cuando un motor que funciona a la perfección se para súbitamente, lo más probable es que se haya acabado la gasolina pero, una vez más, puede ser debido a la mezcla. Revise que la bomba de agua proporcione bastante caudal y que la parte inferior tenga suficiente lubricante. También comprobaremos que la correa podría haber perdido su tensión correcta o haberse roto.

Como el motor no solo se ha parado si no que parece haberse clavado, puede haber un problema mucho más grave, como una pieza rota o doblada del pistón o del cigüeñal o incluso de la transmisión del eje de la hélice. Por lo general, no pueden repararse estas averías en la mar.

El excesivo movimiento del motor

Una vez más, lo primero que hay que revisar es la mezcla del combustible. Nos aseguraremos de que todas las conexiones mecánicas estén ajustadas para que la potencia se transmita suavemente. También comprobaremos que la tuerca del volante no esté suelta. Como ninguna de estas medidas no da resultado, busque ayuda profesional.

Ajustar el ralentí

Cuando se decida a repasar la lista de comprobaciones, que el ralentí debe ajustarse, puede hacerlo usted mismo pero debe asegurarse de que el acelerador esté en la posición de marcha lenta y que el motor haya alcanzado su temperatura de trabajo. Para aumentar la velocidad del ralentí se hará girando la tuerca en el sentido de las agujas del reloj, y se disminuye girándola al revés. Es muy posible que usted decida hacer algo con el carburador si muestra alguno de los síntomas de la lista de comprobaciones, pero debe tener presente que la fábrica calibra y ajusta las agujas de baja y alta velocidad, y rara vez precisan un reajuste. Es muy posible que nunca necesite ajustar la aguja de alta velocidad.

El ajuste de las agujas del carburador

Como la aguja de baja velocidad se ajusta en la fábrica, también existe la posibilidad de ajuste para adaptar el carburador a la calidad de los combustibles y las variaciones del clima. Hasta cuando hay un cambio de un tiempo cálido a un tiempo frío puede afectar al rendimiento. La forma de obtener una mezcla más pobre en la posición de baja velocidad es rotar la válvula en el sentido de las manecillas del reloj. Si queremos enriquecer la mezcla tendremos que hacer lo contrario. Lo primero que haremos, será parar el motor cuando haya alcanzado la temperatura normal de operación. Retiraremos la tapa y usaremos un destornillador para girar la válvula en el sentido de las agujas del reloj hasta llegar al tope. Lo haremos con suma suavidad, pues se trata de un mecanismo delicado. Una vez que ha llegado al tope, gire en el sentido contrario una vuelta y media, arranque el motor de nuevo y acelere. Cuando haya hecho esto, puede parar el motor y volver a colocar la tapa; este ajuste debe durar un tiempo considerable.

Cuando el motor se sumerge

Aunque seamos muy cuidadosos y tomemos todas las precauciones, los fuerabordas a veces se caen por la borda. Con mucha más frecuencia ocurre que los fuerabordas estibados en el balcón de popa de los cruceros oceánicos se mojan porque las olas alcanzan la popa. Cuando ocure el primer caso, el motor debe recuperarse lo antes posible y entregarse al servicio técnico dentro de las tres horas siguientes. Si nos referimos al segundo caso, el problema es más serio porque el servicio técnico puede estar a unos centenares de millas. Todas las piezas de precisión, como el cigüeñal, las bielas y sus cojinetes, se corroen una vez que salen del agua y se exponen al aire.

Como no podamos llegar a un servicio técnico antes de tres horas, lo que hay que hacer es retirar la tapa y aclarar el motor con agua dulce, sacar las bujías y desconectar sus cables. Hecho todo esto, coloque el motor de lado, con los asientos de las bujías puestos hacia abajo, y emplee el arranque para expulsar el agua de los cilindros. Hacer esto supondrá unas 25 rotaciones del volante. Como el volante se atasque cuando lo gire para sacar el agua, significa que la viela está torcida. Como sea así, no debe arrancar el motor y si llevarlo al servicio técnico lo antes posible.

A continuación, coloque el motor en posición vertical, quite la válvula de alta velocidad y vacié el carburador. Es evidente, que debe sacar todas las piezas que pueda; como mínimo, aquellas que ha desmontado. Una vez sacadas estas piezas, rocíelas con aerosol e inyecte una pequeña cantidad de éste en los cilindros.

Montaremos de nuevo el motor, asegurándose de cambiar el carburante (si el depósito cayó por la borda). Utilice el método habitual para arrancar el motor. Como consiga hacerlo arrancar, Si deja que funcione durante una horaserá suficiente para que todo pueda secarse. Como se encuentre en su domicilio y disponga un tanque de pruebas (por ejemplo, un bidón de agua), entonces haga funcionar el motor con la rueda de comprobación en lugar de con la hélice. Como no lo haga arrancar, compruebe las bujías a fondo, o coloque bujías nuevas.

Suponiendo que no ha podido arrancar el motor y no puede llevarlo a un servicio técnico, vuelva a sumergirlo en agua dulce. Tan solo el agua no es lo que provoca el daño, aunque haga bastante, sino también la mezcla de agua y aire que se produce después. Dar este paso no deja de ser un paso drástico, si no lo toma se enfrentará a un reparación importante y cara. Es posible que igualmente sea así si vuelve a sumergir el motor, pero no es tan probable.

El tipo de equipo que colocaremos en la cocina

Siempre resulta difícil seleccionar el tipo de combustible de cocina que se va a emplear en un barco-de vela o motor-es otra de las cuestiones difíciles que exige la navegación. Cuando llevamos combustibles bien eleborados y seguros tienen el inconveniente de que no generan mucho calor, y los que generan calor pueden hacer volar el barco por los aires. Sin lugar a dudas el más seguro es el quemador de alcohol, pero éste apenas fríe un filete, sin hablar de asar un pavo. Hasta estos pueden derramar el alcohol y causar un incendio muy peligroso. Por lo tanto, su puntuación no es muy alta.

Otra opción es la cocina de queroseno a presión, que puede ser muy eficaz. Lo malo es que solo encontrará una cocina de dos quemadores, para freír o hervir. Si instalamos queroseno tenemos el problema que desprender un olor muy fuerte cuando tienen demasiado o demasiado poco queroseno en el depósito. La colocación de estas cocinas se coloca a medio camino entre segura y eficaz.

Llegamos al siguiente nivel, el butano y el propano, que cocinan también como cualquier cocina doméstica; Estas cocinas tienen cuatro quemadores superiores y pueden cocinar a la parrilla de maravilla. El problema viene dado porque estos gases son más pesados que el aire y si se deja abierto un quemador, o no se apaga toda la cocina cuando no se usa, el gas que se pierde se acumula en la sentina donde espera para hacer una mezcla con el aire y los vapores de gasolina para explotar a la más mínima provocación.

Ante todo esto ¿Qué podemos instalar? Seguramente lo mejor que hay en estos momentos es el gas natural comprimido, que, se utiliza en Estados Unidos y en Australia y que aun es poco frecuente en Europa, Asia, o el Pacifico. Este gas tiene toda la eficacia del butano y es más ligero que el aire. Todo esto significa que el gas que se escape saldrá impulsado por el flujo natural del aire de la cabina. Lo malo es que no podemos creer que el gas que se escape hacia arriba nos vá a libra de peligro. Piense que el gas que queda atrapado en un rincón o detrás de un pañol también puede ser mortal.

A continuación vamos a analizar los diferentes sistemas uno por uno, para que, tenga el sistema que tenga, pueda arreglarlo si le da problemas en el mar.

Herramientas necesarias

Cinta de fontanero
Destornilladores
Equipo básico de fontanero
Limas, Llaves Allen
Papel de lija

Recambios

Aguja
Arandelas
Quemador
Válvula a presión

Como funcionan las cocinas de alcohol

La gran mayoría de las cocinas de alcohol llevan un sistema para desobstruir incorporado. Cuando el chiclé del quemador se obstruye, gire el control principal bruscamente a la izquierda y la aguja penetrará en la apertura del chiclé. Al penetrar la aguja limpia el chiclé. A continuación, gire el control a la derecha de nuevo para que la llama siga quemando. Como se apague, vuelva a encenderla. La ventaja de estas cocinas es que no se estropean y, si se mantienen correctamente, dan un buen servicio durante años.

Algunos modelos de cocinas de alcohol aumentan su producción de calor por medio de presión. Colocando una sencilla bomba de calor presuriza el combustible dentro del depósito. El combustible llega al quemador bajo presión, donde, al calentarse, se gasifica desprendiendo más calor al quemarse. Los quemadores, y los chicles sitos en el centro, deben calentarse antes de encenderse. Si colocamos un vertedor especialmente diseñado para alcanzar el recipiente situado debajo del quemador, se vierte alcohol de quemar. El alcohol de quemar se enciende y se espera hasta que se haya consumido. Al hacerla trabajar día a día, le dirá la cantidad adecuada que debe emplear. Una vez hayamos adquirido experiencia sabremos el momento justo en el que debe abrir el control de gas para que el gas del depósito se encienda y proporcione una llama perfecta para cocinar. Otra cosa que puede hacer es dejar que se consuma todo el alcohol y luego encender el gas con una cerilla.

Por lo general, el fallo más corriente de estas cocinas se produce al intentar conseguir la presión adecuada con la bomba. En ese momento, la manilla se atasca y no puede introducirse a fondo. Todo esto es motivado a que la válvula se ha estropeado. Por lo tanto debe sustituirla. Otro fallo frecuente que se produce es por no hacer un calentamiento preliminar eficaz. Todo esto tiene varias causas, la más habitual es la acumulación de suciedad en el recipiente del alcohol (comida seca cabezas de cerillas, etc.) Todo esto, interfiere en el calentamiento ya que se encienden y desvían el calor del centro del quemador. Como se encienda con llamas grandes, pueden sobrecalentar el quemador, lo cual es peligroso: Porque el combustible prenderá antes de evaporarse, se derramará por todas partes, y usted tendrá un incendio descontrolado y alimentado por el suministro de combustible de la cocina. Por todo esto el recipiente de precalentamiento debe mantenerse escrupulosamente limpio para evitar esta posibilidad.

Tendremos sumo cuidado de que sea parte del buen mantenimiento del barco, cualquier escape en la cocina debe arreglarse de inmediato para que no se convierta en un problema importante. Se pueden producir fugas en el depósito, en el eje del quemador o en sus conexiones. Revisaremos las conexiones que pueden estar sueltas o dañadas. Tan pronto como vea una señal de fuga, sustituya cualquier pieza desgastada, ajuste todo lo que pueda ajustarse y compruebe si las conexiones del conjunto del quemador necesitan estopa nueva.

En algunas ocasiones, la llama es amarillenta y no proporciona mucho calor. Todo esto se debe a que el combustible no se ha calentado lo suficiente, pero también puede significar una falta de presión, en cuyo caso debe dar unos golpes de bomba. Es muy posible que indique que el chiclé está sucio o suelto o que hay un depósito de carbón en el quemador.

Como el quemador no puede apagarse, la aguja está mal ajustada. Tendremos que comprobar el conjunto de la aguja atentamente y, si es necesario, instale una nueva aguja siguiendo las recomendaciones del fabricante. Cuando salga una llama débil significa que no llega bastante combustible. Nos aseguraremos de que el chiclé o que el conjunto del aguja no estén bloqueados. Seguramente el problema se deba a la baja presión, en cuyo caso intente bombear. Como no pueda aumentar la presión así, ponga algo más de combustible en el depósito, aunque no esté vacio. A pesar de lo digan los fabricantes, estas cocinas funcionan mejor con el depósito lleno entre una tercera y dos terceras partes. Cuando no alcance la presión adecuada después de rellenarlo, deben estar perdiendo aire en alguna parte. Revise las juntas, la junta del tapón de relleno, y las mangueras de combustible y sus juntas. Una vez revisado ajústelo todo y es casi seguro que la llama volverá a arder correctamente.

Las cocinas de queroseno

Hay una empresa sueca llamada Primus que dominó el mercado de este tipo de cocina hasta tal punto que durante décadas todas ellas, sean de la marca que sean, se conocen como "Primus". Estas cocinas se basan en el mismo principio que la cocina de alcohol pero emplean el queroseno, que genera más calor al quemarse bajo presión. Todos estos sistemas necesitan muy poco mantenimiento si se emplean con seguridad, y los mismos comentarios hechos sobre la resolución de problemas en las cocinas de alcohol se aplican aquí. Sabemos que el queroseno produce un olor fuerte, aunque algunas marcas han superado este problema. Tanto el alcohol como el queroseno tienen la ventaja de que el combustible es fácil de encontrar en los países menos desarrollados del mundo.

Los sistemas de gas en botella

Antes hemos comentado los niveles de seguridad que produce el butano y el gas natural y, en mi opinión el gas natural gana con mucha diferencia. El único punto débil es que el gas natural no se distribuye tan ampliamente como el butano, y los componentes de sus sistemas, son diferentes ya que el gas natural desprende más calor al quemarse. Pueden reconvertirse los sistemas, pero debe hacerlo un técnico profesional. Si sale una empresa que idee un sistema que un marino en alta mar pueda adaptar a ambos gases ganará una gran fortuna. Como ya hemos comentado, los sistemas de gas requieren poco mantenimiento, y puede almacenar bastante gas en una sola botella. Cuando una embarcación que emprenda una travesía larga y pueda usar botellas grandes y llevar varios recambios, que es posible cambiar con facilidad sin más herramientas que una llave inglesa.

Si llevamos botellas de gas deben viajar en compartimientos especiales, con ventilación y, preferiblemente en cubierta, donde el flujo natural del aire dispersará cualquier escape. Seguramente que el único enemigo natural de estos sistemas es la vibración. Será una medida prudente pintar las jaulas con una mezcla de jabón y agua de vez en cuando para detectar las fugas que puedan producirse. Es inecesario decir que no se busca una fuga con una cerilla encendida. Si llegamos a descubrir una fuga, tendremos que llamar a un lampista profesional para arreglarla. Nunca lo haga usted mismo.

Seguramente que uno de los peligros principales inherentes a estas cocinas están en que, debido al escaso mantenimiento que necesita y que el combustible se guarda lejos de la cocina, se tienden a limpiar muy poco. Es posible que se limpie la parte superior y el horno de vez en cuando, pero al cabo de unos cuantos meses habrá una acumulación de grasa bastante gruesa alrededor de la cocina. Como se dé esta circunstancia y se declare un incendio, la capa de grasa puede prenderse fácilmente, y lo que en principio era un peligro menor se convierte en una amenaza mortal.Haremos un comentario más sobre el gas y la seguridad. Será conveniente tomar medidas para que el gas pueda apagarse desde una posición cercana a la cocina además de con la llave de la botella. Por lo general, se acostumbra a poner un cartel grande al lado de la cocina que rece. "Recuerde". Hay que cerrar la válvula de la botella" Repita muchas veces a la tripulación que el cocinero llamará a cubierta pidiendo que cierren la botella cuando él termina de cocinar.

Las herramientas necesarias para la bomba
Destornilladores
Llaves de fontanero
Llave inglesa
Teflón

Recambios necesarios
Abrazaderas
Arandelas de distintos tamaños
Diafragmas
Juego de recambios del fabricante
Turbina

Las bombas de agua

Hay distintos tipos de bombas que se encuentran a bordo de los barcos tanto de vela como de motor. Hace bastante tiempo que hasta los barcos más pequeños disponen de sistemas de agua a presión. Son motores muy sencillos.Se trata de un motor eléctrico que presuriza el sistema para que, si se abre un grifo, el agua fluya. Cuando cerramos el grifo el motor sigue funcionando hasta que la presión aumenta de nuevo. La instalación de estos sistemas puede usarse para el agua caliente o fría, y pueden incorporarse a los inodoros. La verdad es que no es mucho lo que el mecánico de abordo puede hacer cuando falla el motor de un sistema de agua, a no ser que disponga de un motor de respeto, anote cuidadosamente donde van las conexiones eléctricas antes de desmontar el motor viejo, y conecte el nuevo de la misma manera. Como no disponga de motor de respeto, emplee una bomba manual. Si no es así, tendrá que sacar agua del depósito como si fuera un pozo.

Con alguna frecuencia en un sistema presurizado, la bomba no arranca cuando se abre un grifo. Cuando ocurre esto es de lo más irritante y delata una avería grave. Este tipo de fallos no se pueden arreglar en la mar, pero, por suerte, esto no importa. Por lo general el fallo se debe a que el sensor del interruptor que debe encender el motor ha fallado. Aunque la bomba en si funciona muy bien. Separaremos el interruptor de la bomba y llevaremos unos cables hasta el fregadero que más se emplea. Seguramente necesitará bastante cable para poder hacerlo. Coloque los cables para que puedan tocarse los extremos. Saque el plástico de los extremos de los cables. En el momento que necesite agua junte los extremos de los cables pelados, el circuito se cerrará y la bomba funcionará.

Igual que las entradas o vías de agua de la mar al interior del barco son indeseables, también las fugas del sistema de agua dulce resultan nefastas. Todos los barcos por lo general llevan poco agua, y aunque se cargue la cantidad adecuada para la travesía antes de zarpar, no hay mucho margen para el error, así que debe repararse cualquier fuga, por pequeña que sea. Será necesario llevar a bordo suficientes arandelas de los tamaños adecuados para arreglar una fuga en cualquier grifo. Lo más conveniente será que los depósitos de agua deben separarse en dos unidades individuales que puedan cerrarse de manera independiente para que, si ocurre una fuga importante que no puede arreglarse, por lo menos el agua de un depósito se salve.

Si la travesía es realmente larga, recomendoamos como mínimo dos depósitos principales, cada uno de los cuales puede dividirse en dos y aislarse en caso necesario. Igualmente debe tener un depósito flexible de urgencia; flexible porque puede estibarse en cualquier sitio y seguirá el contorno del casco. Este depósito solo se utilizará en caso de emergencia. Por lo general el agua de este depósito tendrá un sabor horrible, pero es un precio bajo por lo que representa su seguridad. Sería igual que beber el agua del radiador del coche en el desierto, es desagradable pero le salva la vida. De cualquier forma, unas pastillas para potabilizar disueltas en agua de emergencia en el momento de usarla hacen mucho para convertirla en realmente potable.

La búsqueda de avería en los sistemas a presión

La primera prueba que tendremos de que algo no funciona bien con el sistema del agua es que al abrir el grifo no sale nada o sale muy poca agua. Como no haya ningún flujo, es probablemente que sea un fallo eléctrico, pero también puede que haya una fuga. Revisaremos si hay una fuga de agua en alguna parte, y si la hay, arréglela. Seguro que la fuga estará bajo presión, así que se perderá mucha agua al principio, agua que además estará corriendo de un lado al otro del barco. Seguro que la fuga perderá fuerza a medida que se iguale la presión. Como haya agua en el depósito, compruebe el fusible o diferencial. En el supuesto de que el circuito esté averiado, busque y arregle el fallo antes de instalar un motor de respeto. Será completamente inútil sustituir un motor por otro, y luego ver como se quema por no haber arreglado el fallo que provocó la avería. En el caso de que no parece haber nada averiado, desconecte el sensor del interruptor. Como el grifo escupa agua y haga ruido, puede que haya una obstrucción en las tuberías, o que los filtros o los respiraderos estén bloqueados. Que tengamos una avería que es muy corriente es que los pequeños filtros de red metálica que airean el agua se taponen. Hay muchos patrones que no están de acuerdo en que estos filtros estén instalados en el barco, acostumbran a dar muchos problemas a cambio de un beneficio muy pequeño.

Comprobar las averías en los sistemas sin presión

Los sistemas sin presión son los más corrientes en los barcos. Es muy posible que tengan una bomba eléctrica para repartir el agua, pero es mucho más sencillo localizar una avería. Como la bomba no se ceba y no salga nada de agua del grifo, emplee los mismos métodos de búsqueda que en el sistema a presión. Revise el depósito para saber si hay bastante agua, si la tubería se ha doblado en algún punto, si los respiraderos están obstruidos o si alguna de las tuberías tiene fugas. Como haya fugas, ajuste todas las conexiones y/o sustituya las secciones dañadas de las tuberías. Como la bomba siga sin cebarse, inténtelo a mano, cosa que es posible hacer con algunos tipos. Como aún no funcione, compruebe el diferencial o los fusibles y las conexiones eléctricas. Por último, saque la bomba y desmóntela para ver si se ha desgastado el diafragma o, si tiene turbina, o si ésta se ha roto. Con independencia de cuál sea su bomba, debe tener los recambios adecuados. Como no funcione, está ante una avería que debe repararse en tierra. Haga uso de la bomba manual de reserva que debería estar instalada en algún punto del circuito.

La bomba de achique

Todos los marinos conocen el dicho que dice que "dos marinos asustados y un cubo constituyen la mejor bomba de achique del mundo" pero, afortunadamente, los otros tipos generalmente nos sirven. Da la sensación de que fue tan solo hace unos años cuando una bomba de achique consistía en una caja de bronce tan grande como una cabeza humana, de la cual salían unas palancas de madera que precisaban más fuerza de la que yo poseía para moverlas, y, por supuesto, ni hablar de bombear eficazmente. Todas estas bombas perdían agua, eran de color verde por la corrosión y se obstruían cada dos por tres. En estos momentos hay bombas más eficaces que sacan grandes cantidades de agua con un esfuerzo mínimo y, al ser completamente de plástico, sufren pocos problemas de corrosión. Por lo dicho anteriormente, la pieza más propensa a la corrosión es la brida que sujeta el diafragma en su montura. Se ve con facilidad y puede cambiarse cuando muestra síntomas de estar muy deteriorada. Por si alguna de aquellas partes internas que pueden corroerse, el fabricante vende juegos de recambios. Como decidamos hacer una travesía larga debemos llevar, por lo menos, un juego por bomba.

En cuanto a la cantidad de bombas que se debe tener a bordo, el mínimo son dos, una de las cuales debe poderse manejar desde la bañera. Todo lo anterior parece ser obvio en los países donde es obligatorio montar una bomba en la bañera, pero hay muchos países que no insisten en ello. Poder disponer de una bomba en la bañera se hace patente cuando tiene que bombear agua de la cabina ¡ y, la única bomba que funciona queda debajo del agua!.

Con estas bombas modernas, como los monstruos antiguos, pueden atacarse, pero son tan fáciles de desmontar que no cuesta nada de hallar el problema y subsanarlo. No obstante, la prevención es mejor que la cura en cuanto a las bombas de achique. Todas las comunicaciones en la cala, que permiten que el agua corra libremente desde los extremos del barco y se acumule en el punto más hondo, deben examinarse si el agua se acumula en cualquier otro sitio. Por supuesto, el extremo del tubo de la bomba terminará en este punto y llevará un filtro para que cualquier elemento extraño entre y atasque la bomba.

Por suerte es cada vez más corriente ver alguna salida de agua única en donde se juntan todos los desagües de los fregaderos, la ducha, el agua de refrigeración del motor y las bombas de achique. Todos se juntan en una especie de árbol de navidad y todos salen por un mismo grifo de fondo. Todo esto simplifica la detección de fallos, y reduce el riesgo de las fugas en las tomas de mar.

Será una buena idea tener una palanca de bomba trincada cerca de la bomba, tal y como estipula el reglamento de regatas oceánicas, para que esté a mano en caso de necesidad.

Tendremos siempre presente que el motor puede convertirse en una bomba de achique mucho más eficaz que una manual. Será necesario cerrar la toma de mar del agua del motor. Tambien desconectaremos la manguera de la toma de mar y colocaremos su extremo abierto en el agua de la sentina. Deseemos que esto no sea necesario.

La refrigeración

El tipo de placa eutéctica es el tipo de placa refrigerante más coriente que llevan los barcos, aunque algunos de los barcos grandes emplean sistemas de 220 voltios, lo que permite una instalación refrigerante del tipo doméstico. Los productos químicos y agua, por los que pasa un tubo de cobre que contiene el refrigerante. El compresor, que funciona con el motor auxiliar, comprime y refrigera el gas refrigerante que convierte en hielo la mezcla de agua y productos químicos. Tendremos en cuenta que la temperatura de la nevera baja al emplear su calor para fundir el hielo. Sin lugar a dudas es la necesidad de calor la que produce el efecto refrigerante ya que el aislamiento de la nevera obliga a la placa a sacar el calor de la nevera para fundir el hielo. Conforme la nevera se enfríe, el hielo se fundirá más lentamente y la temperatura de la nevera bajará todavía más. Por último, se alcanza el equilibrio entre el aislamiento y el hielo en fundición, y la nevera alcanza su temperatura más baja. A partir de ese momento, la temperatura de la nevera vuelve a subir hasta que el motor se ponga en marcha de nuevo, repitiendo el proceso.

Existe una diferencia entre una placa eutéctica y una nevera doméstica y radica en que la nevera doméstica no tiene la mezcla de los productos químicos y el agua. El refrigerante pasa por una espiral de tubos y el calor, adquirido por el producto que enfría la nevera, se irradia en un serpentín situado en la parte superior de la nevera. Casi todos los procedimientos para localizar y subsanar las averías son comunes a ambos sistemas.

Las herramientas necesarias

Alicate
Bomba de vacio
Cinta aislante
Destornilladores
Jabón
Luz testigo
Llave inglesa
Llaves Allen
Manómetro
Ohmímetro
Pelacables
Teflón
Voltímetro

Los recambios

Compresor
Filtros secadores
Tubo capilar
Tubos de cobre como los instalados
Termostato
Unidad electrónica

Forma de instalar un grupo frigorífico

Un frigorífico de placa es muy eficaz si se instala correctamente. Como veremos, las palabras son "instalar" y "correctamente". De lo que se trata es de obtener el máximo de comodidad con el mínimo de molestias, es decir, el mínimo número de horas de motor y la máxima refrigeración. Como es natural, al armador de una motora le molesta menos tener el motor en marcha que a un patrón de velero, ya que estos suelen ser amantes de la tranquilidad y el silencio. Tiene que llegar a un equilibrio, y el ruido es solo uno de los factores. Tambien es muy importante el calor desprendido; es muy agradable disfrutar de cubitos de hielo en los cócteles, pero cocerse durante todo el día a causa del calor desprendido por la nevera quita algo de aliciente al asunto.

Seguramente que uno de los sistemas más eficaces que he visto estaba a bordo de un barco ya entrado en años y con muchas millas en la quilla. Tenía una nevera que era de placa corriente con compresor, pero encima tenía un contenedor refrigerado para el uso diario. De esta forma la nevera principal se abría menos veces, aunque se hubieran olvidado algún artículo, y permitía mantenerla fría empleando el motor durante menos tiempo.

También hay otro sistema que es muy eficaz y es tener dos placas, una en cada lado de la nevera. Tiene tal capacidad que, si se enfría la nevera mientras está vacía, puede congelar todos los alimentos perecederos que coloca dentro con unos 10 minutos diarios de motor.

Formas de localización de averías

Como la nevera no enfríe, compruebe los dos tubos que van desde el compresor hasta la placa. Es muy probable, que se vean con facilidad; uno debe estar caliente, el otro frío. Como esto no sea así, la nevera no puede funcionar. Como sea así, y la nevera no esté fría, puede ser que esté sobrecargada, que el aislamiento esté estropeado o que no se enfrió la nevera antes de colocar la comida.

Como el tubo refrigerado no esté frío y el refrigerante no alcanza la placa, debe sospechar una pérdida de gas. Por lo general, casi todos los fallos en la nevera se deben a la pérdida de gas. Por la siguiente descripción de como comprobar y, en su caso, restaurar la presión de gas se acompaña con una advertencia muy seria.

Tenga la seguridad de que todas las conexiones de los grifos frigoríficos comerciales se comprobaron en fábrica antes de despacharse. Como cualquier componente este suelto, roto o agrietado, lo más seguro es que el daño se haya producido durante el transporte, la instalación o la navegación. Todos los reglamentos de la mayoría de los países insisten en que las instalaciones o reparaciones en los sistemas de gas estén hechos por un técnico cualificado que debe entregar un documento en el que declare que el trabajo se ha realizado según el reglamento vigente. Si se produce una reclamación, tenga por seguro que su compañía de seguros se interesará mucho por cualquier reparación realizada.

Cuando nos encontramos en la mar, el patrón tiene otra serie de prioridades de que ocuparse que cuando ve que no hay llama en la cocina o la nevera no funciona. Muchas de las cosas que se le ocurren no serían del grado del asegurador, pero esto no cambia su actitud. Es muy posible cue la nevera no funcione tras pasar por un periodo de mal tiempo; el barco ha caído en el seno de las olas varias veces y quizá se han soltados los tubos. Es muy probable que las conexiones eléctricas se hayan aflojado con el movimiento. Como esto haya ocurrido, debe averiguar que una avería esté en el sistema de gas o en el eléctrico. Como cargar un sistema con gas implica más trabajo, vamos a comenzar con la comprobación del sistema eléctrico.

Como haremos la comprobación del sistema eléctrico

Empezaremos a realizar las comprobaciones sencillas. Revisaremos los cables en busca de cortocircuitos, cables sueltos, rotos o desconectados. Hay patrones que dispondrán de un multitester, y si saben emplearlo resultará muy eficaz.

Será necesario comprobar los fusibles o los diferenciales; puede que una subida de tensión haya disparado el dispositivo. Pondremos un fusible nuevo si es necesario (siempre del amperaje correcto). Como vuelva a fundirse el fusible, compruebe la polaridad de la batería. Como sea correcta, compruebe el circuito con la luz testigo.

Funcionamiento de la luz testigo

Si disponemos de la luz testigo de doble circuito veremos que es una herramienta indispensable. Este aparato funciona con pilas de linterna y cuenta con un interruptor de dos vías que permite cambiar de un circuito a otro.

Si queremos comprobar el circuito del refrigerador, primero tendremos que aislarlo del resto de los circuitos del barco. Comprobaremos si la bombilla se enciende débilmente al conectar el testigo entre el terminal positivo de la batería y el cable de retorno de la placa. Cuando se enciende débilmente, significa que hay un cortocircuito y debe encontrarlo.

Cuando el compresor parece más caliente de lo habitual, es posible que falle. Tenemos que conectar el testigo en los polos del compresor. Como no se encienda la bombilla, hay un fallo. Puede que esto sea un problema importante ya que, por falta de espacio, es posible que el patrón ro cuente con un compresor de recambio, y no suele ser posible realizar una reparación en alta mar. Tiene que decidir antes de dejar su puerto base si lleva un compresor de recambio o no pero, al ser esencial para la conservación de sus alimentos, parece una buena idea disponer de uno.

El suministro de electricidad

Cuando el circuito no presenta problemas pero el compresor falla al cabo de poco rato, puede ser por causa de la corriente de la batería del barco. Es posible que el circuito electrónico que controla el frigorífico no funcione bien por debajo de cierto nivel, generalmente, 11 voltios. Suponiendo que las baterías se han descargado o están en malas condiciones, el voltaje caerá por debajo del nivel mínimo y el circuito electrónico no funcionará. Una vez más, vemos la necesidad de mantener las baterías en perfectas condiciones; si no se rectifica la situación, los circuitos electrónicos se estropearán.

Cuando el compresor funciona durante un tiempo y las baterías están bien, es muy probable que un tubo capilar esté obstruido o el filtro/secador esté congestionado, lo que causa una sobrecarga en el sistema electrónico. La forma de tratar esta avería no es eléctrica.

Cuando el termostato da problemas

Cuando el termostato está estropeado puede hacer que la nevera congele demasiado o demasiado poco. Cuando ocurre el primer caso, se percatará enseguida del problema, pues la nevera se cubre de una escarcha blanca. Pero es más difícil determinar el segundo caso, ya que hay muchos otros factores que pueden causar este síntoma. Lo priemero que haremos será comprobar que el termostato esté en la posición correcta. Como funcione bien pero su indicador marca demasiado alto o bajo, simplemente rectifique su posición. Haga girar en sentido contrario a las manecillas del reloj si su nevera enfría demasiado poco, y a la inversa si enfría demasiado. Como no se apague la nevera y siga cubriéndose de escarcha, busque un fallo eléctrico en el termostato. Podemos hacer un puente en los terminales y, si la nevera sigue funcionando, es señal de que el termostato falla por lo que debe cambiarse.

También puede haber un fallo menos corriente, pero lo que sucede, es que se han colocado los cables equivocados en la instalación. Como ya hemos visto si el voltaje cae por debajo de un nivel mínimo, la unidad electrónica puede apagarse y sufrir daños.

Cuando, después de todas comprobaciones, no ha encontrado el fallo eléctrico, debe investigar la parte mecánica de la instalación; este trabajo corresponde a un técnico cualificado. Si tenemos el técnico someterá el sistema a presión y comprobará las posibles fugas con agua y jabón. Cuando encuentre la fuga la reparará y volverá a comprobar el estado con agua de jabón. A continuación colocará un nuevo filtro/secador y cargará el sistema con gas.

Realizar este trabajo es de gran responsabilidad. Poder cargar un sistema con gas es algo que solo los técnicos cualificados pueden emprender. Por tal motivo, el reglamento insiste en ello, y por otro, las neveras emplean una cantidad pequeña de gas y una sobrecarga puede estropear el compresor. Otra razón es que precisa una bomba de vacío para vaciar el sistema antes de introducir la nueva carga de gas.

Forma de cargar el gas

Conectaremos los manómetros adecuados a las entradas y salidas de gas para poder leer los niveles de vacío y de presión. Nos tenemos que asegurar en primer lugar, que no hay fugas en el sistema. Todo esto se consigue mediante un bombeo continuo durante 30 minutos con el fin de alcanzar el vacío total. Después, se permite la entrada al sistema del gas adecuado a una presión de 105 kPa. Pondremos el sistema en marcha, se para y se reduce la presión a cero de nuevo. Como la presión se iguale, es señal de que el tubo capilar no está obstruido. Una vez igualada la presión, vacíe el sistema de gas y bombee hasta que obtenga el vacío total. Cerraremos la bomba de vacío y abriremos totalmente la espita del gas, asegurándonos de que la botella esté en posición vertical para que no entre nada de líquido en el sistema. Entonces la presión indicada en los manómetros bajará hacia cero, por lo que debe abrir de nuevo y alcanzar una presión de entre 28 kPa y 35 kPa.

La línea de escarcha en los tubos

Para poder controlar la cantidad de gas que debe entrar en el sistema será mediante la marca de la escarcha en el tubo que sale del evaporador. No debe haber nada de escarcha en el tubo que vuelve al compresor; todo esto nos indicará un exceso de gas en el sistema. Será muy importante que, al liberar el gas, los manómetros no indiquen un vacío.

El filtro y el tubo capilar

Es muy posible que, tras probar la presión del gas en el sistema, la presión no se iguale al parar.Todo esto nos indica que el tubo capilar está obstruido. Si es así, debe limpiarse o sustituirse. El único medio que nos permite determinar que esto sucede son los manómetros. Una vez hayamos limpiado el tubo y colocado un nuevo filtro/secador, debemos volver a cargar el sistema.

El compresor

Cuando el compresor no bombea, y no dispone de uno de recambio, tiene un problema serio ya que no es muy corriente que las juntas o las válvulas fallen. Tenemos que hacer un par de comprobaciones. Primero, comprobaremos la correa. Si hay una ligera pérdida de tensión le restará eficacia. Como esté suelta, apriétela hasta que solo pueda desplazarla un poco al empujarla con un dedo. El siguiente paso será averiguar si el circuito del compresor presenta un cortocircuito. Esperemos que no haya problemas de mayor importancia, pues no podrá repararlo en la mar a no ser que sea usted un experto.

Regimen de descargas y vertidos al mar de las embarcaciones de recreo según la orden del FOM/1144/2003

Vertido de aguas sucias y contaminantes

Todas las embarcaciones estarán construidas y/o dotadas de modo que se evite que se produzcan vertidos accidentales de aguas sucias y de contaminantes tales como aceite o combustibles en el agua.

Sistema de retención de instalaciones sanitarias

1.   Toda embarcación de recreo deberá estar provista, sin prejuicio de lo dispuesto en el marcado CE, de depósito de retención o instalaciones que puedan contener depósitos, destinados a retener las aguas sucias generadas durante la permanencia de la embarcación en zonas para las cuales existan limitaciones del vertido de este tipo de aguas y con la capacidad suficiente para el número de personas a bordo.

2.   Los depósitos fijos o instalaciones:

a)   Estarán conectados con las descargas de los aseos instalados en la embarcación, con conexiones lo más cortas y directas que sea posible, y serán instalados en lugares accesibles.

b)   Dispondrán de medios de ventilación adecuados.

c)   Dispondrán de medios para indicar que el contenido de aguas sucias almacenado no supera los ¾ de capacidad del depósito o instalación.

d)   Su capacidad será suficiente para retener las aguas sucias generadas por el máximo número de personas autorizadas para la embarcación, durante al menos dos días a razón de 4 litros por persona y día.

3.   La embarcación que disponga de depósitos instalados de forma permanente estará provista de una conexión universal a tierra que permita acoplar el conducto de las instalaciones de recepción con el conducto de descarga de la embarcación.

4.   Además, los conductos destinados al vertido de residuos orgánicos humanos que atraviesen el casco dispondrán de válvulas que pueden cerrarse herméticamente para prevenir su apertura inadvertida o intencionada, tales como precintos o dispositivos mecánicos.

5.   El cumplimiento de la norma ISO 8099 da presunción de conformidad con los requisitos exigidos a los sistemas de retención de instalaciones sanitarias.

Descargas de aguas sucias

1.   Está prohibida toda descarga de aguas sucias desde embarcaciones de recreo en las siguientes aguas de las que España ejerce soberanía, derechos soberanos o jurisdicción:

a)   Zonas portuarias, zonas protegidas, rías bahías etc.

Hasta 3 millas. Se permite la descarga con tratamiento.

Desde 3 millas. Se permite desmenuzada y desinfectada.

Hasta 12 millas. Para descargar el tanque, la velocidad de la embarcación debe ser superior a 4 nudos.

Más de 12 millas. Se permite en cualquier condición. Para descargar el tanque la velocidad de la embarcación debe ser superaos a 4 nudos.

Regimen de entrega de desechos generdos por las embarcaciones de recreo según el R.D. 1381/2002, de 20 de Diciembre

Se resume citando solamente el artículo que afecta a las embarcaciones de recreo.

Artículo 1. *Finalidad.*

Este real Decreto tiene por finalidad reducir las descargas al mar de los desechos generados por los buques y los residuos del cargamento que transportan, impidiendo las descargas de carácter ilícito, procedente de os buques que utilicen los puertos españoles.

Artículo 2. *Definiciones.*

A efecto de lo dispuesto en este Real Decreto, se entiende por:

Derechos generados por los buques: Todos los desechos, incluidos las aguas residuales y los residuos distintos de los del cargamento, producidos durante el servicio del buque y que estén regulados por los anexos I, IV y V de Mariol 73/78.

Instalación portuaria receptora: La entidad gestora o la empresa autorizada para la recepción de desechos generados por los buques. Dicha empresa deberá estar dotada de los medios materiales, fijos, flotantes o móviles y medios urbanos adecuados para el desarrollo de la actividad de recepción.

Embarcación de recreo: Todo tipo de embarcación, con independencia de su medio de propulsión, destinada a actividades deportivas o de ocio.

Artículo 7. *Entrega de los desechos generados por los buques.*

El capitán de un buque que haga escala en un puerto español entregará obligatoriamente, antes de abandonar el puerto, todos los desechos generados por el buque en una instalación portuaria receptora autorizada.

Las instalaciones portuarias receptoras expedirán a cada buque que utilice sus servicios de recepción de desechos un recibo de residuos Mariol, según el modelo del ANEXO III.

Artículo 11. *Cumplimiento.*

Los buques que entren en un puerto español podrán ser sometidos a las inspecciones que determine la Capitanía Marítima para comprobar el cumplimiento en lo dispuesto en el artículo 7.

Artículo 13. *Sanciones.*

La autoridad marítima y las autoridades portuarias de los puertos de interés general sancionarán los incumplimientos de las obligaciones establecidas en este Real Decreto, de conformidad con lo establecido en la Ley 27/1992, de 24 de Noviembre, de Puertos del Estado y de la Marina Mercante.

Plan de emergencia de contaminación marina por varada o abordaje

Los desastres ambientales producidos en el transporte marítimo de sustancias peligrosas (Exxon Valdez, Erika, Mar Egeo, Prestigie, etc.) Han puesto de manifiesto que tan sólo con Planes Estratégicos de Contingencias no es suficiente para garantizar una respuesta eficaz ante la emergencia. Se hace necesario en todos los casos el disponer de un Plan Operativo de Actuación, en el c cual se definen anticipadamente los medios necesarios, las actuaciones a emprender que faciliten la minimización de los daños ambientales y el control seguro de la situación de crisis.

En España se distinguen tres ámbitos de lucha contra la contaminación marina: lucha en el mar, en la costa y en las instalaciones portuarias o marítimas donde se manipulen hidrocarburos a granel.

Para organizar la lucha contra la contaminación en la mar se dispone de los siguientes instrumentos:

-Plan de Salvamento y de la Lucha contra la Contaminación del Medio Marino (SESAMAR).

-Plan de Contingencias por Contaminación Marina Accidental.

Este último fue aprobado el 23 de Febrero de 2001 y en él se dispone la organización de los recursos humanos y materiales para dar respuesta a un proceso de contaminación marina. En este plan también se disponen recomendaciones a las Comunidades Autónomas y otras entidades para la realización de sus respectivos planes de contingencias.

A partir del momento que se detecta un vertido en la mar es primordial conocer su evolución y tratar de predecir su evolución futura para poder planificar las operaciones de lucha en la mar y en la costa.

Las técnicas para luchar en la mar contra un vertido de hidrocarburos, antes de que llegue a la costa, son las siguientes:

- Recuperación/limpieza.
- Limpieza manual/eliminación manual del contaminante.
- Barreras flotantes.
- Recogida mecánica del contaminante.
- Absorbentes.
- Aspiración.
- Aplicación de dispersan tés Etc.

El patrón de una embarcación de recreo en el momento de producirse una varada o un abordaje que hagan comprender presumir que hay riesgo de vertido de hidrocarburos al mar, deberá avisar inmediatamente a Salvamento Marítimo por el canal o por el teléfono 900 202 202.

CAPÍTULO .09

REGLAMENTOS Y SEÑALES

Reglamentos y señales

Reglamento internacional para la prevención de abordajes en la mar

PARTE A. Generalidades

Regla 1. Ámbito y aplicación

a)   El presente Reglamento se aplicará a todos los buques en alta mar y en todas las aguas que tengan comunicación con ella y sean navegables por los buques de navegación marítima.

b)   Ninguna disposición del presente Reglamento, impedirá la aplicación de reglas especiales, establecidas por la autoridad competente para las radas, puertos, ríos lagos o aguas interiores que tengan comunicación con alta mar y sean navegables por los buques de navegación marítima. Dichas reglas especiales deberán coincidir en todo lo posible con lo dispuesto en el presente Reglamento.

c)   Ninguna disposición del presente Reglamento, impedirá la aplicación de reglas especiales, establecidas por el Gobierno de cualquier Estado en cuanto a utilizar luces de situación y señales luminosas y señales de pito adicionales para los buques de guerra y buques navegando en convoy, o en cuanto a utilizar luces de situación y señales luminosas adicionales para los buques dedicados a la pesca en flotilla. En la medida de lo posible, dichas luces de situación y señales luminosas o señales de pito adicionales, serán tales, que no puedan confundirse con ninguna luz o señal autorizada en otro lugar del presente Reglamento.

d)   La Organización (IMO) podrá adoptar dispositivos de separación de tráfico a los efectos de esta Reglamento.

e)   Siempre que el Gobierno interesado considere que el buque de construcción especial , o destinado a un fin especial, no pueda cumplir plenamente con lo dispuesto con alguna de las presentes reglas sobre número, posición, alcance o sector de visibilidad de las luces o marcas, y sobre la disposición y características de los dispositivos de señales acústicas, tal buque cumplirá con otras disposiciones sobre número , posición, alcance o sector de visibilidad de las luces o marcas y sobre la disposición o características de los dispositivos de señales acústicas que, a juicio de su Gobierno, representen al cumpiliento de este Reglamento.

Regla 2. Responsabilidad

a)   Ninguna disposición del presente Reglamento, eximirá a un buque, o a su propietario, al Capitán o a la dotación del mismo, de las consecuencias de cualquier negligencia en el cumplimiento de este Reglamento o de negligencia en observar cualquier precaución que pudiera exigir la práctica normal del marino o las circunstancias especiales del caso.

b)   En la interpretación y cumplimiento del presente Reglamento se tomarán en consideración todos aquellos peligros de navegación y riesgos de abordaje y todas las circunstancias especiales, incluidas las limitaciones de los buques interesados, que pudieran hacer necesario apartarse de este Reglamento, para evitar un peligro inmediato.

Regla 3. Definiciones generales

A los efectos de este Reglamento, excepto cuando se indique lo contrario:

a)   La palabra "buque" designa a toda clase de embarcaciones, incluidas las embarcaciones sin desplazamiento los hidroaviones, utilizadas o que puedan ser utilizadas como medio de transporte sobre el agua.

b)   La expresión "buque de propulsión mecánica" significa todo buque movido por una máquina.

c)   La expresión "buque de vela" significa todo buque navegando a vela siempre que su maquinaria propulsora, caso de llevarla, no se esté utilizando.

d)   La expresión "buque dedicado a la pesca" significa todo buque que esté pescando con redes, líneas, aparejos de arrastre y otros artes de pesca que restrinjan su maniobrabilidad; esta expresión no incluye a los buques con curricán u otro arte de pesca que no restrinja su maniobrabilidad.

e)   La palabra "hidroavión" designa a toda aeronave proyectada para maniobrar sobre las aguas.

f)   La expresión "buque sin gobierno" significa todo buque que por cualquier circunstancia excepcional es incapaz de maniobrar en la forma exigida por el Reglamento y, por consiguiente, no puede apartarse de la derrota de otro buque.

g)   La expresión de "buque con capacidad de maniobra restringida" incluirá pero no se limitará a todo buque que, debido a la naturaleza de su trabajo, tiene reducida su capacidad de maniobrar en la forma exigida por este Reglamento y, por consiguiente, no puede apartarse de la derrota de otro buque.

La expresión "buque de capacidad de maniobra restringida" incluirá pero no se limitará a:

1) buques dedicados a colocar, reparar o recoger marcas de navegación, cables o conductos submarinos;

2) buques dedicados a dragados, trabajos hidrográficos, oceanográficos u operaciones submarinas;

3) buques en navegación que estén haciendo combustible o transbordando carga, provisiones o personas;

4) buques dedicados al lanzamiento o recuperación de aeronaves:

5) buques dedicados a operaciones de limpieza de minas.

6) buques dedicados a operaciones de remolque que por su naturaleza restrinjan fuertemente al buque remolcador y su remolque en su capacidad para apartarse de su derrota.

h)   La expresión "buque restringido por su calado" significa un buque de propulsión mecánica que, por razón de su calado en relación con la profundidad y la anchura disponibles del agua navegable, tiene una capacidad muy restringida de apartarse de la derrota que está siguiendo.

i)   La expresión en "navegación" se aplica a un buque que no esté ni fondeado, ni amarrado a tierra, ni varado.

j)   Por"eslora" y "manga" se entenderá la eslora total y la manga máxima del buque.

k)   Se entenderá que los buques están a la vista uno del otro únicamente cuando uno pueda ser observado visualmente desde el otro.

l)   La expresión "visibilidad reducida" significa toda condición en que la visibilidad está disminuida por niebla, bruma, nieve, fuertes aguaceros, tormentas de arena o cualesquiera otras causas análogas.

PARTE B. Reglas de rumbo y gobierno

Sección 1. Conducta de los buques en cualquier condicion de visibilidad

Regla 4. Ámbito de aplicación

Las reglas de la presente Sección se aplicarán en cualquier condición de visibilidad.

Regla 5. Vigilancia

Todos los buques mantendrán en todo momento una eficaz vigilancia visual y auditiva, utilizando asimismo todos los medios disponibles que sean apropiados a las circunstancias y condiciones del momento, para evaluar plenamente la situación y el riesgo de abordaje.

Regla 6. Velocidad de seguridad

Todo buque navegará en todo momento a una velocidad de seguridad tal que le permita ejecutar la maniobra adecuada y eficaz para evitar el abordaje y pararse a la distancia que sea apropiada a las circunstancias y condiciones del momento.

Para determinar la velocidad de seguridad se tendrán en cuenta, entre otros, los siguientes factores:

a)   En todos los buques:

1) el estado de visibilidad;

2) a densidad de tráfico, incluidas las concentraciones de buques de pesca o de cualquier otra clase;

3) la maniobrabilidad del buque teniendo muy en cuenta la distancia de parada y la capacidad de giro en las condiciones del momento;

4) de noche, la existencia de resplandor, por ejemplo, el producido por luces de tierra o por el reflejo de las luces propias;

5) el estado del viento, mar y corriente, y la posibilidad de peligros para la navegación;

6) el calado con relación a la profundidad disponible de agua.

b)   Además, en los buques con radar funcionando correctamente:

1) las características, eficacia y limitaciones del equipo de radar;

2) toda restricción impuesta por la escala que esté siendo utilizada en el radar;

3) el efecto en la detección por radar del estado de la mar y del tiempo, así como de otras fuentes de interferencia;

4) la posibilidad de no detectar en el radar, a distancia adecuada, buques pequeños, hielos y otros objetos flotantes;

5) el número situación y movimiento de los buques detectados por radar;

6) la evaluación más exacta de la visibilidad que se hace posible cuando se utiliza el radar para determinar la distancia a que se hallan los buques u otros objetos próximos.

Regla 7. Riesgo de abordaje

a)   Cada buque hará uso de todos los medios de que disponga a bordo y que sean apropiados a las circunstancias y condiciones del momento, para determinar si existe riesgo de abordaje. En caso de abrigarse alguna duda, se considerará que el riesgo existe.

b)   Si se dispone de equipo radar y funciona correctamente, se utilizará en forma adecuada, incluyendo la exploración a gran distancia para tener pronto conocimiento del riesgo de abordaje, así como el punteo radar u otra forma análoga de observación sistemática de los objetos detectados.

c)   Se evitará las suposiciones basadas en información insuficiente, especialmente la obtenida por radar.

d)   Para determinar si existe riesgo de abordaje se tendrán en cuenta, entre otras, las siguientes consideraciones:

1) se considera que existe riesgo, si la demora de un buque que se aproxima no varía en forma apreciable.

2) En algunos casos puede existir riesgo aun cuando sea evidente una variación apreciable de la demora, en particular al aproximarse un buque de gran tamaño o a un remolque o a cualquier buque a muy poca distancia.

Regla 8. Maniobras para evitar el abordaje

a)   Si las circunstancias del caso lo permiten, toda maniobra que se efectúe para evitar un abordaje será llevada a cabo en forma clara, con la debida antelación y respetando las buenas prácticas marineras.

b)   Si las circunstancias del caso lo permiten, los cambios de rumbo y/o velocidad que se efectúen para evitar un abordaje serán lo suficientemente amplios para ser fácilmente percibidos por otro buque que los observe visualmente o por medio del radar. Deberá evitarse una sucesión de pequeños cambios de rumbo y/o velocidad.

c)   Si hay espacio suficiente la maniobra de cambiar solamente de rumbo puede ser más eficaz para evitar una situación de aproximación excesiva, a condición de que se haga con bastante antelación, sea considerable y no produzca una nueva situación de aproximación excesiva.

d)　La maniobra que se efectúe para evitar un abordaje será tal que el buque pase a una distancia segura del otro. La eficacia de la maniobra se deberá ir comprobando hasta el momento que el otro buque esté pasado y en franquía.

e)　Si es necesario con objeto de evitar el abordaje o de disponer de más tiempo para estudiar la situación, el buque reducirá su velocidad o suprimirá toda su arrancada parando o invirtiendo sus medios de propulsión.

f)　i) Los buques que en virtud de cualquiera de las presentes reglas estén obligados a no estorbar el tránsito seguro de otro buque maniobrarán prontamente, cuando así lo exijan las circunstancias, a fin de dejar espacio suficiente para permitir el tránsito seguro del otro buque.

ii) Los buques que estén obligados a no estorbar el tránsito o tránsito seguro de otro buque con riesgo de que se produzca un abordaje y, al efectuar las maniobras, respetarán rigurosamente lo dispuesto en las reglas de la presente Parte.

iii) Cuando los buques se aproximen el uno al otro con riesgo de que se produzca un abordaje, el buque cuyo tránsito no deberá ser estorbado seguirá estando plenamente obligado a cumplir con lo dispuesto en las reglas de la presente Parte.

Regla 9. Canales angostos

a)　Los buques que naveguen a lo largo de un paso o canal angosto, se mantendrán lo más cerca posible del límite exterior del paso o canal que quede por un costado de estribor, siempre que puedan hacerlo sin que ello entrañe peligro.

b)　Los buques de eslora inferior a 20 metros o los buques de vela, no estorbarán el tránsito del buque que solo pueda navegar con seguridad dentro de un paso o canal angosto.

c)　Los buques dedicados a la pesca, no estorbarán el tránsito de ningún otro buque que navegue dentro de un paso o canal angosto.

d)　Los buques no deberán cruzar un paso o canal angosto, si al hacerlo estorban el tránsito de otro buque que solo pueda navegar con seguridad dentro de dicho paso o canal. Este otro buque podrá usar la señal acústica prescrita en la Regla 34 d).

e)　En un paso o canal angosto, cuando únicamente sea posible adelantar si el buque va a ser adelantado tiene que maniobrar para permitir el adelantamiento con seguridad, el buque que intenta adelantar indicará su intención haciendo sonar la señal adecuada prescrita en la Regla 34 c) 1). El buque alcanzado dará su conformidad haciendo sonar la señal adecuada prescrita en la Regla 34 c) 2) y maniobrando para permitir el adelantamiento con seguridad. Si abriga dudas podrá usar la señal acústica prescrita en la Regla 34 d).

3)   Esta Regla no exime al buque que alcanza de sus obligaciones según la Regla 13.

f)   Los buques que se aproximen a un recodo o zona de paso o canal angosto en donde, por estar obstaculizada la visión, no pueden verse otros buques, navegarán alerta y con precaución, haciendo sonar la señal adecuada prescrita en la regla 34 e)

g)   Siempre que las circunstancias lo permitan, los buques evitarán fondear en un canal angosto.

Regla 10. Dispositivos de separación de tráfico

a)   Esta Regla se aplica a los dispositivos de separación de tráfico adoptados por la Organización y no exime a ningún buque de las obligaciones contraídas en virtud de las otras reglas.

b)   Los buques que utilicen un dispositivo de separación de tráfico deberán:

1) navegar en la vía de circulación apropiada, siguiendo la dirección general de la corriente del tráfico indicada por dicha vía;

2) en lo posible, mantener su rumbo fuera de la línea de separación o de la zona de separación de tráfico;

3) normalmente, al entrar en una vía de circulación o salir de ella, hacerla por sus extremos, al entrar o salir de dicha vía por uno y otro de sus límites laterales, hacerlo con el menor ángulo posible en relación con la dirección general de la corriente del tráfico.

c)   Siempre que puedan, los buques evitarán cruzar las vías de circulación, pero cuando se vean obligados a ello, lo harán los más aproximadamente posible formando una perpendicular con la dirección general de la corriente de tráfico.

d)   1) Los buques que puedan navegar con seguridad por la vía de circulación adecuada de un dispositivo de separación de tráfico no utilizarán la zona de navegación costera adyacente. Sin embargo, los buques de eslora inferior a 20 metros, los buques de vela y los buques dedicados a la pesca podrían utilizar la zona de navegación costera.

2) No obstante lo dispuesto en el subpárrafo d) 1), los buques podrán utilizar una zona de navegación costera cuando estén en ruta hacia o desde un puerto, una instalación o estructura mar a dentro,

una estación de prácticos o cualquier otro lugar situado dentro de la zona de navegación costera, o bien para evitar un peligro inmediato.

e) Los buques que no estén cruzando una vía de circulación o que estén entrando o saliendo de ella, no entrarán normalmente en una zona de separación ni cruzarán una línea de separación excepto:

1) en caso de emergencia para evitar un peligro inmediato;

2) para dedicarse a la pesca en una zona de separación.

f) Los buques que naveguen por zonas próximas a los extremos de un dispositivo de separación de tráfico, lo harán con particular precaución.

g) Siempre que puedan, los buques evitarán fondear dentro de un dispositivo de separación de tráfico o en zonas próximas a sus extremos.

h) Los buques que no utilicen un dispositivo de tráfico deberán apartarse de él dejando el mayor margen posible.

i) Los buques dedicados a la pesca no estorbarán el tránsito de cualquier buque que navegue en una vía de circulación.

j) Los buques de eslora inferior a 20 metros, o los buques de vela, no estorbarán el tránsito seguro de los buques de propulsión mecánica que naveguen en una vía de circulación.

k) Cuando estén dedicados a una operación de mantenimiento de la seguridad de la navegación de un dispositivo de separación de tráfico, los buques con capacidad de maniobra restringida quedarán exentos de cumplimiento de esta Regla en la medida necesaria para llevar a cabo la operación.

1) Cuando estén dedicadas a una operación de colocación o recogida de un cable submarino en un dispositivo de separación de tráfico, los buques con capacidad de maniobra restringida quedarán exentos de cumplimiento de esta Regla en la medida necesaria para llevar a cabo dicha operación.

Sección II. Conducta de los buques que se encuentren a la visa uno del otro

Regla 11. Ámbito de aplicación

Las Reglas de esta Sección se aplican solamente a los buques que se encuentren a la vista uno del otro.

Reglas 12. Buques de vela

a) Cuando dos buques de vela se aproximan una al otro, con riesgo de abordaje, uno de ellos se mantendrá apartado de la derrota del otro en la forma siguiente:

1) cuando uno de ellos reciba el viento por bandas contrarias, el que lo reciba por babor se mantendrá apartado de la derrota del otro en la forma siguiente:

2) cuando ambos reciban el viento por la misma banda, el buque que esté a barlovento se mantendrá apartado de la derrota del que esté a sotavento.

3) Si un buque que recibe el viento por babor avista a otro buque por barlovento y no puede determinar con certeza si el otro buque recibe el viento por babor o estribor, se mantendrá apartado de la derrota del otro.

b)   A los fines de la presente Regla, se considerará banda de barlovento la contraria a la que lleve cazada la vela mayor, o en el caso de los buques de aparejo cruzado, la banda contraria a la que se lleve cazada la mayor de las velas de cuchillo.

Regla 13. Buque que "alcanza"

a)   No obstante lo dispuesto en las Reglas de la parte B, secciones 1 y 2, todo buque que alcance a otro se mantendrá fuera de la derrota del buque alcanzado.

b)   Se considera como buque que alcanza a todo buque que se aproxime a otro viniendo de una marcación mayor de 22,5 grados a popa del través de este último, es decir, que se encuentre en una posición tal respecto del buque alcanzado, que de noche solamente le sea posible ver la luz de alcance de dicho buque y ninguna de las luces de costado.

c)   Cuando un buque abrigue dudadas de si está alcanzando o no a otro, considerará que lo está haciendo y actuará como buque que alcanza.

d)   Ninguna variación posterior de la marcación entre los buques hará del buque que alcanza un buque que cruza, en el sentido que se da en este Reglamento, ni le dispensará de su obligación de mantenerse apartado del buque alcanzado, hasta que lo haya adelantado completamente y se encuentre en franquía.

Regla 14. Situación "de vuelta encontrada"

a)   Cuando dos buques de propulsión mecánica naveguen de vuelta encontrada a rumbos opuestos o casi opuestos, con riesgo de abordaje, cada uno de ellos caerá a estribor de forma que pase por la banda de babor del otro.

b)   Se considerará que tal situación existe cuando un buque vea a otro por su proa o casi por su proa de forma que, de noche, vería las luces de tope de ambos palos del otro enfiladas o casi enfiladas y/o las dos luces de costado, y de día, observaría al otro buque bajo el ángulo de apariencia correspondiente.

c)   Cuando un buque abrigue dudas de si existe tal situación supondrá que existe y actuará en consecuencia.

Regla 15. Situación "de cruce"

Cuando dos buques de propulsión mecánica se crucen con riesgo de abordaje, el buque que tenga al otro por su costado de estribor, se mantendrá apartado de la derrota de otro y, si las circunstancias lo permiten, evitará cortarle la proa.

Regla 16. Maniobra del buque que "cede el paso"

Todo buque que esté obligado a mantenerse apartado de la derrota de otro buque, maniobrará, en lo posible, con anticipación suficiente y de forma decidida para quedar bien franco del otro buque.

Regla 17. Maniobra del buque que "sigue rumbo"

a)   1) Cuando uno de los buques deba mantenerse apartado de la derrota cel otro, este ´-ultimo mantendrá su rumbo y velocidad.

2) No obstante, este otro buque puede actuar para evitar el abordaje con su propia maniobra, tan pronto como le resulte evidente que el buque que debería apartarse no está actuando en la forma preceptuada por este Reglamento

b)   Cuando, por cualquier causa, el buque que haya de mantener su rumbo y velocidad se encuentre tan próximo al otro que no pueda evitarse el abordaje por la sola maniobra del buque que cede el paso, el primero ejecutará la maniobra que mejor pueda ayudar a evitar el abordaje.

c)   Un buque de propulsión mecánica que maniobre en una situación de cruce, de acuerdo con el párrafo a) 2) de esta Regla, para evitar el abordaje con otro buque de propulsión mecánica, no cambiará su rumbo a babor para maniobrar a un buque que se encuentre por esa misma banda, si las circunstancias del caso lo permiten.

d)   La presente Regla no exime al buque que cede el paso, de su obligación de mantenerse apartado de la derrota del otro.

Regla 18. Obligaciones entre categorías de buques

Sin perjuicio de lo dispuesto en las Reglas 9, 10 y 13:

a)   Los buques de propulsión mecánica, en navegación, se mantendrá apartados de la derrota de:

1) un buque sin gobierno;
2) un buque de capacidad de maniobra restringida;
3) un buque dedicado a la pesca;
4) un buque de vela.

b)   Los buques de vela, en navegación, se mantendrá apartados de la derrota de:

1) un buque sin gobierno;
2) un buque con capacidad de maniobra restringida.
3) un buque dedicado a la pesca.

c)   en la medida de lo posible, los buques dedicados a la pesca, en navegación, se mantendrán apartados de la derrota de:

1) un buque sin gobierno;
2) un buque con capacidad de maniobra restringida.

d)   1) Todo buque que no sea un buque sin gobierno o un buque con capacidad de maniobra restringida evitará, si las circunstancias del caso se lo permiten, estorbar el tránsito seguro de un buque restringido por su calado, que exhiba las señales de la Regla 28.

2) Un buque restringido por su calado navegará con particular precaución teniendo en cuenta su condición especial.

e)   En general, un hidroavión amarado se mantendrá alejado de todos los buques y evitará estorbar su navegación. No obstante, en aquellas circunstancias en que se exija un riesgo de abordaje, cumplirá con las Reglas de esta Parte.

Sección 3. Conducta de los buques en condiciones de visibilidad reducida

Regla 19. Conducta de los buques en condiciones de visibilidad reducida

a)   Esta Regla es de aplicación a los buques que no estén a la vista uno de otro cuando naveguen cerca o dentro de una zona de visibilidad reducida.

b)   Todos los buques navegarán a una velocidad de seguridad adaptada a las circunstancias y condiciones de visibilidad reducida del momento. Los buques de propulsión mecánica tendrán sus máquinas listas para maniobrar inmediatamente.

c)   Todos los buques tomarán en consideración las circunstancias y condiciones de visibilidad reducida del momento al cumplir las Reglas de la Sección 1 de esta Parte.

d)   Todo buque que detecte únicamente por medio del radar la presencia de otro buque, determinará si se está creando una situación de aproximación excesiva y/o un riesgo de abordaje. En caso afirmativo maniobrará con suficiente antelación, teniendo en cuenta que si la maniobra consiste en un cambio de rumbo, en la medida de lo posible se evitará lo siguiente:

1) un cambio de rumbo a babor, para un buque situado a proa del través, salvo que el otro buque esté siendo alcanzado;

2) Un cambio de rumbo dirigido hacia un buque situado por el través o a popa del través.

e)   Salvo en los casos en que se haya comprobado que no existe riesgo de abordaje, todo buque que oiga, al parecer a proa de su través, la señal de niebla de otro buque, o que no pueda evitar una situación de aproximación excesiva con otro buque situado a proa de su través, deberá reducir su velocidad hasta la mínima de gobierno. Si fuera necesario, suprimirá su arrancada y en todo caso navegará con extrema precaución hasta que desaparezca el peligro de abordaje.

PARTE C. Luces y marcas

Regla 20. Ámbito de aplicación

a)   Las Reglas de esta parte deberán cumplirse en todas las condiciones meteorológicas.

b)   Las Reglas relativas a las luces deberán cumplirse desde la puesta del sol hasta su salida, y durante ese intervalo no se exhibirá ninguna otra luz, con la excepción de aquellas que no puedan ser confundidas con las luces mencionadas en este Reglamento o que no perjudiquen su visibilidad o carácter distintivo, ni impidan el ejercicio de una vigilancia eficaz.

c)   Las luces preceptuadas por estas Reglas, en caso de llevarse, deberán exhibirse también desde la salida hasta la puesta del sol si hay visibilidad reducida y podrán exhibirse en cualquier otra circunstancia que se considere necesario.

d)   Las Reglas relativas a las marcas deberán cumplirse de día.

e)   Las luces y marcas mencionadas en estas Reglas cumplirán las especificaciones del Anexo 1 de este Reglamento.

Regla 21. Definiciones

a)   La "luz de tope" es una luz blanca colocada sobre el eje longitudinal del buque, que muestre su luz sin interrupción en todo un arco del horizonte de 225 grados, fijada de forma que sea visible desde la proa hasta 22,5 gados a popa del través de cada costado del buque.

b)   Las "luces de costado" son una luz verde en la banda de estribor y una luz roja en la banda de babor que muestran cada una su luz sin interrupción en todo un arco del horizonte de 112,5 grados, fijadas de forma que sean visibles desde la proa hasta 22,5 grados a popa del través de su costado respectivo. En los buques de eslora inferior a 20 metros, las luces de costado podrán estar combinadas en un solo farol llevado en el eje longitudinal del buque.

c)   La" luz de alcance" es una luz blanca colocada lo más cerca posible de la popa, que muestra su luz sin interrupción en todo un arco del horizonte de 135 grados, fija de forma que sea visible en un arco de 67,5 grados contados a partir de la popa hacia cada una de las bandas del buque.

La "luz de remolque" es una luz amarilla de las mismas características que la luz de alcance definida en el párrafo c) de esta Regla.

d)   La "luz todo horizonte" es una luz que es visible sin interrupción de un arco de horizonte de 360 grados.

e)   La "luz centelleante" es una luz que produce centelleos a intervalos regulares, con una frecuencia de 120 o más centelleos por minuto.

Regla 22. Visibilidad de las luces

Las luces preceptuadas en estas Reglas deberán tener la intensidad especificada en la Sección 8 del anexo 1, de modo que sean visibles las siguientes distancias mínimas:

a)   En los buques de esloras igual o superior a 50 metros:
-luz de tope, 6 millas;
-luz de costado, 3 millas;
-luz de alcance, 3 millas;
-luz de remolque, 3 millas
-luz todo horizonte blanca, roja, verde o amarilla, 3 millas.

b)   En los buqes de eslora igual o superior a 12 metros, pero inferior a 50 metros:
-luz de tope 5 millas; pero si la eslora del buque es inferior a 20 metros, 3 millas:
-luz de costado, 2 millas;
-luz de alcance, 2 millas;
-luz de remolque, 2 millas
-luz todo horizonte blanca, roja, verde o amarilla, 2 millas;

-luz de alcance, 2 millas

c)   En los buques de eslora inferior a 12 metros:

-luz de tope, 2 milla;

-luz de costado, 1 milla;

-luz de alcance, 2 millas;

-luz de remolque, 2 millas;

d)   En los buques u objetos remolcados poco visibles y parcialmente sumergidos:

-luz blanca todo horizonte, 3 millas.

Regla 23. Buques de propulsión mecánica en navegación exhibirán

a)   Los buques de propulsión mecánica en navegación exhibirán:

1) una luz de tope a proa;

2) una segunda luz de tope, a popa y más alta que la de proa, exceptuando a los buques de menos de 50 metros de eslora, que no tendrán obligación de exhibir esta segunda luz, aunque podrían hacerlo;

3) luces de costado;

b)   Los aéreos deslizadores, cuando operen en la condición sin desplazamiento, exhibirán, además de las luces prescritas en el párrafo a) de esta Regla, una luz amarilla de centelleo todo horizonte.

c)   1) Los buques de propulsión mecánica de eslora inferior a 12 metros podrán exhibir, en lugar de las luces prescritas en el párrafo a) de esta Regla. una luz blanca de todo horizonte y luces de costado.

2) Los buques de propulsión mecánica de eslora inferior a 7 metros y cuya velocidad máxima no sea superior a 7 nudos, podrán exhibir, en lugar de las luces prescritas en el párrafo a) de esta Regla, una luz blanca todo horizonte y, si es posible, exhibirán también luces de costado.

3) En los buques de propulsión mecánica de eslora inferior a 12 metros, la luz de tope o luz blanca todo horizonte, podrán apartarse del eje longitudinal del buque si no es posible colocarla en dicho eje, a condición de que las luces de costado vayan combinadas en un solo farol, que se llevará en el eje longitudinal del buque o colocado tan cerca como sea posible de la línea proa popa en que vaya la luz de tope o la luz blanca todo horizonte.

Regla 24. Buques remolcando y empujando

a)   Todo buque de propulsión mecánica cuando remolque a otro exhibirá:

1) en lugar de la luz prescrita en los apartados 1) o 2) de la Regla

23 a) 1) dos luces de tope a proa en línea vertical. Cuando la longitud de remolque, medido desde la popa del buque que remolca hasta el extremo de popa del remolcado, sea superior a 200 metros, exhibirá tres luces de tope a proa, según una línea vertical;

2) luces de costado;

3) una luz de alcance;

4) una luz de remolque en línea vertical y por encima de la luz de alcance;

5) una marca bicónica en el lugar más visible cuando la longitud de remolque sea superior a 200 metros.

b) Cuando un buque que empuje y un buque empujado están unidos mediante una conexión rígida formando una unidad compuesta, serán considerados como un buque de propulsión mecánica y exhibirán las luces prescritas en la Regla 23.

c) Todo buque de propulsión mecánica que empuje hacia proa o remolque por el costado exhibirá, salvo en el caso de constituir una unidad compuesta.

1) en lugar de la luz prescrita en los apartados 1) o 2) de la Regla 23 a) dos luces de tope en una línea vertical;

2) luces de costado.

3) una luz de alcance.

d) Los buques de propulsión mecánica a los que sean de aplicación los párrafos a) o c) anteriores, cumplirán también con la Regla 23 a) 2).

e) Todo buque remolcado u objeto distinto de los que se mencionan en el párrafo g) de esta Regla exhibirán

1) luces de costado;

2) una luz de alcance;

3) una marca bicónica en el lugar más visible, cuando la longitud de remolque sea superior a 200 metros.

f) Teniendo en cuenta que cualquiera que sea el número de buques que se remolquen por el costado o se empujen en un grupo, deberán iluminarse como si fueran un solo buque.

1) un buque que sea empujado hacia proa, sin que llegue a constituirse una unidad compuesta, exhibirá luces de costado en el extremo de proa;

2) un buque que sea remolcado por el costado exhibirá una luz de alcance y en el extremo de proa, luces de costado.

g) Todo buque u objeto remolcado, poco visible y parcialmente sumergido y toda combinación de buques y objetos en los que se den esas mismas circunstancias, exhibirán:

1) Cuando su anchura sea inferior a 25 metros, una luz blanca todo horizonte en el extremo de proa o cerca de este y otra en el extremo de popa o cerca de este, con la salvedad de que los dragones no tendrán que exhibir una luz en el extremo de proa o cerca del mismo.

2) Cuando su anchura sea igual o superior a 25 metros, dos luces blancas todo horizonte en los puntos extremos de esa anchura o cerca de éstos.

3) Cuando su longitud sea igual a 100 metros, llevará luces blancas todo horizonte entre las luces prescritas en los párrafos 1) y 2), de modo que la distancia entre luces no exceda de 100 metros.

4) Una marca bicónica en el extremo popel del último buque u objeto remolcado o cerca de este extremo, y cuando la longitud de remolque sea superior a 200 metros, una marca bicónica adicional en el lugar más visible y tan cerca como sea posible del extremo proel.

h)   Cuando por alguna causa justificada, no sea posible que el lugar u objeto remolcado exhiba las luces o marcas prescritas en los párrafos e) o g) de esta Regla, se tomarán todas las medidas posibles para iluminar el buque y objeto remolcado, o para indicar al menos la presencia de dicho buque u objeto.

i)   Cuando por alguna causa justificada, resulte imposible que un buque no dedicado normalmente a operaciones de remolque no muestre las luces prescritas en los párrafos a) o c) de esta Regla, dicho buque no tendrá obligación de exhibir tales luces cuando esté remolcando a otro buque que esté en peligro o que, por motivos cualesquiera, necesite ayuda. Se tomarán todas las medidas posibles para indicar la naturaleza de la conexión existente entre el buque remolcado tal y como se autoriza en la Regla 36, en particular iluminando el cable de remolque.

Regla 25. Buques de vela en navegación y embarcaciones de remo

a)   los buques de vela en navegación exhibirán:
   1) luces de costado;
   2) una luz de alcance.

b)   En los buques de vela de eslora inferior a 20 metros, las luces prescritas en el párrafo a) de esta Regla podrán ir en un farol combinado, que se llevará en el tope del palo o cerca de él, en el lugar más visible.

c)   Además de las luces prescritas en el párrafo a) de esta Regla, los buques de vela en navegación podrán exhibir en el tope del palo o cerca de él, en el lugar más visible, dos luces todo horizonte en línea vertical, roja la superior y verde la inferior, pero estas luces no se exhibirán junto con el farol combinado que se permite en el párrafo b) de esta Regla.

d)   1) Las embarcaciones de vela de eslora inferior a 7 metros exhibirán, si es posible, las luces prescritas en los párrafos a) o b) de esta Regla, pero si no lo hacen, deberán tener a mano para uso inmediato una linterna eléctrica o farol encendido que muestre una luz blanca, la cual será exhibida con tiempo suficiente para evitar el abordaje.

2) Las embarcaciones de remos podrán exhibir las luces prescritas en esta Regla para los buques de vela, pero si no lo hacen deberán tener a mano para uso inmediato una linterna eléctrcia o farol encendido que muestre una luz blanca, la cual será exhibida con tiempo suficiente para evitar el abordaje.

e)   Un buque que navegue a vela, cuando sea también propulsado mecánicamente, debe exhibir a proa, en el lugar más visible una marca cónica con el vértice hacia abajo.

Regla 26. Buques de pesca

a)   Los buques dedicados a la pesca, ya sea en navegación o fondeados, exhibirán solamente las luces y marcas prescritas en esta Regla.

b)   Los buques dedicados a la pesca de arrastre, es decir, remolcando a través del agua redes de arrastre u otros artes de pesca, exhibirán:

1) dos luces todo horizonte en línea vertical, verde la superior y blanca la inferior, o un marca consistente en dos conos unidos por sus vértices en línea vertical, uno sobre el otro.

2) una luz de tope a popa, y más elevada que la luz verde todo horizonte; los buques de eslora inferior a 50 metros no tendrán obligación de exhibir esta luz, pero podrán hacerlo:

3) cuando vayan con arrancada, además de las luces prescritas en este párrafo las luces de costado y una luz de arranque.

c)   Los buques dedicados a la pesca, que no sea de la pesca de arrastre, exhibirán:

1) dos luces todo horizonte en línea vertical, roja la superior y blanca la inferior, o una marca consistente en dos conos unidos por sus vértices en línea vertical, uno sobre el otro.

2) cuando el aparejo largado se extienda más de 150 metros

horizontalmente a partir del buque, una luz blanca todo horizonte o un cono con el vértice hacia arriba, en la dirección del aparejo.

3) cuando vayan con arrancada, además de las luces prescritas en este párrafo, las luces de costado y una luz de alcance.

d)   Todo buque dedicado a la pesca en las inmediaciones de otros buques dedicados también a la pesca podrá exhibir las señales adicionales prescritas en el Anexo 2 de este Reglamento.

e)   Cuando no estén dedicados a la pesca, los buques no exhibirán las luces y marcas prescritas en esta Regla, sino únicamente las prescritas para los buques de su misma eslora.

Regla 27. Buques sin gobiernes o con capacidad de maniobra restringida

a)   Los buques sin gobierno exhibirán:

1) dos luces rojas todo horizonte en línea vertical, en el lugar más visible;

2) dos bolas o marcas similares en línea vertical, en el lugar más visible;

3) cuando vayan con arrancada, además de las luces prescritas en este párrafo, las luces de costado y una luz de alcance.

b)   Los buques que tengan la capacidad de maniobra restringida, salvo aquellos dedicados a la limpieza de minas, exhibirán:

1) tres luces todo horizonte en línea vertical, en el lugar más visible. La más elevada y la más baja de estas luces serán rojas y la luz central será blanca.

2) tres marcas en línea vertical en el lugar más visible. La más elevada y la más baja de estas marcas serán bolas y la marca central y la será bicónica.

3) cuando vayan con arrancada, además de las luces prescritas en el apartado 1), una o varias luces de tope, luces de costado y una luz de alcance;

4) cuando estén fondeados, además de las luces o marcas prescritas en los apartados 1) y 2), las luces o marcas prescritas en la Regla 30.

c)   Los buques de propulsión mecánica dedicados a operaciones de remolque que restrinjan en extremo tanto la capacidad del buque remolcador como la de su remolque para apartarse de su derrota exhibirán, además de las luces o marcas prescritas en los párrafos b) 1) y 2) de esta Regla.

d)   Los buques dedicados a operaciones de dragado o submarinas, que tengan su capacidad de maniobra restringidas, exhibirán las luces y marcas prescritas en los apartados 1), 2) y 3 del párrafo B) de esta Regla y cuando haya obstrucción, exhibirán además:

1) dos luces rojas todo horizonte o dos bolas en línea vertical, para indicar la banda por la que se encuentra la obstrucción.

2) dos luces verdes todo horizonte o dos marcas bicónicas en línea vertical para indicar la banda por la que puede pasar otro buque;

3) cuando los buques a los que se aplique este párrafo estén fondeados exhibirán las luces y marcas prescritas en este párrafo en lugar de las luces y marcas prescritas en la Regla 30.

e)	Cuando debido a las dimensiones del buque dedicado a las operaciones de buceo resulte imposible exhibir todas las luces y marcas prescritas en el párrafo d) de esta Regla, se exhibirán:

1) tres luces todo horizonte en línea vertical, en el lugar más visible. La más alta y la más baja de esas luces serán rojas y la luz central será blanca;

2) una reproducción en material rígido, y de altura no inferior a un metro, de la bandera "A" del Código Internacional. Se tomarán medidas para garantizar su visibilidad en todo horizonte.

f)	Los buques dedicados a operaciones de limpieza de minas, además de las luces prescritas para los buques de propulsión mecánica en la Regla 23 o las luces o marcas prescritas en la Regla 30 para buques fondeados, según proceda, exhibirán tres luces verdes todo horizonte o tres bolas.

Una de estas luces o marcas se exhibirán en la parte superior del palo de más a proa y las otras dos en cada uno de los penoles de la verga de dicho palo. Estas luces o marcas indican que es peligroso para otro buque acercarse a menos de 1000 metros por la popa del buque dedicado a la limpieza de minas.

g)	Los buques de menos de 12 metros de eslora, salvo los dedicados a operaciones de buceo, no tendrán obligación de exhibir las luces y marcas prescritas en esta Regla.

h)	Las señales prescritas en esta Regla no son las señales de buques en peligro que necesiten ayuda. Dichas señales se encuentran en el Anexo 4 de este Reglamento.

Regla 28. Buques de propulsión mecánica restringidos por su calado

Además de las luces prescritas en la Regla 23 para los buques de propulsión mecánica, todo buque restringido por su calado podrá exhibir en el lugar más visible, tres luces rojas todo horizonte en línea vertical, o un cilindro.

Regla 29. Embarcaciones de práctico

a)   Las embarcaciones en servicio de practicaje exhibirán:

1) en la parte superior del palo de más a proa, o cerca de ella, dos luces todo horizonte en línea vertical, siendo blanca la superior y roja la inferior.

2) cuando se encuentren en navegación, además, las luces de costado y una luz de alcance;

3) cuando estén fondeados, además de las luces prescritas en el apartado 1), la luz o las luces o marcas prescritas en la Regla 30 para los buques fondeados.

b)   Cuando no estén en servicio de practicaje, la embarcación del práctico exhibirá las luces o marcas prescritas para las embarcaciones de su misma eslora.

Regla 30. Buques fondeados y buques varados

a)   Los buques fondeados exhibirán en el lugar más visible:

1) en la parte de proa, una luz blanca todo horizonte o una bola;

2) en la popa, o cerca de ella, y a una altura inferior a la de la luz prescrita en el apartado 1), una luz blanca todo horizonte.

b)   Los buques de eslora inferior a 50 metros podrán exhibir una luz blanca todo horizonte en el lugar más visible, en vez de las luces prescritas en el párrafo a) de esta Regla.

c)   Los buques fondeados podrán utilizar sus luces de trabajo o equivalentes, para iluminar sus cubiertas. En los buques de 100 metros de eslora o más la utilización de las mencionadas luces será obligatoria.

d)   Además de las luces prescritas en los párrafos a) o b) de esta Regla, un buque varado exhibirá, en el lugar más visible:

1) dos luces rojas todo horizonte en línea vertical;

2) tres bolas en línea vertical.

e)   Las embarcaciones de menos de 7 metros de eslora cuando estén fondeadas en un lugar que no esté dentro ni cerca de un canal angosto, paso, fondeadero o zona de navegación frecuente, no tendrán obligación de exhibir las luces o marcas prescritas en los párrafos a) y b) de esta Regla.

f)   Los buques de menos de 12 metros de eslora, cuando estén varados, no tendrán obligación de exhibir las luces o marcas prescritas en los apartados 1) y 2) del párrafo d) de esta Regla.

Regla 31. Hidroaviones

Cuando a un hidroavión no le sea posible exhibir luces y marcas de las características o en las posiciones prescritas en las Reglas de esta Parte, exhibirá luces y marcas lo más parecidas posible, por sus características y situación.

PARTE D. Señales acústicas y luminosas

Regla 32. Definiciones

a)   La palabra "pito" significa todo dispositivo que es capaz de producirlas pitadas reglamentarias y que cumple con las especificaciones del Anexo 3 de este Reglamento.

b)   La expresión "pitada corta" significa un sonido de una duración aproximada de un segundo-

c)   La expresión "pitada larga" significa un sonido de una duración aproximada de cuatro a seis segundos.

Regla 33. Equipo para señales acústicas

a)   Los buques de eslora igual o superior a 12 metros irán dotados de un pito y una campana, y los buques de eslora igual o superior a 100 metros llevarán además un gong cuyo tono y sonido no pueda confundirse con el de la campana. El pito, la campana y el gong deberán cumplir con las especificaciones del Anexo 3 de este Reglamento. La campana o el gong, o ambos, podrán ser sustituidos por otro equipo que tenga las mismas características sonoras respectivamente, a condición de que siempre sea posible hacer manualmente las señales sonoras reglamentarias.

b)   Los buques de eslora inferior a 12 metros no tendrán obligación de llevar los dispositivos de señales acústicas prescritas en el párrafo a) de esta Regla, pero si no los llevan deberán ir dotados de otros medios para hacer señales acústicas eficaces.

Regla 34. Señales de maniobra y advertencia

a)   Cuando varios buques estén a la vista unos de otros, todo buque de propulsión mecánica en navegación, al maniobrar de acuerdo con lo autorizado o exigido por estas Reglas, deberá indicar su maniobra mediante las siguientes señales emitidas por el pito:

-una pitada corta para indicar: "caigo a estribor";

-dos pitadas cortas para indicar: "caigo a babor";

-tres pitadas cortas para indicar: "estoy haciendo atrás":

b)   Todo buques podrá complementar las pitadas reglamentarias del párrafo a) de esta Regla mediante señales luminosas que se repetirán, según las circunstancias durante toda la duración de la maniobra:

1) el significado de estas señales luminosas será el siguiente:
- un destello: "caigo a estribor";
- dos destellos: "caigo a babor";
- tres destellos: "estoy dando atrás";

2) la duración de cada destello será de un segundo aproximadamente y el intervalo entre señales sucesivas no inferior a 10 segundos;

3) cuando se lleve, la luz utilizada para estas señales será una luz blanca todo horizonte visible a una distancia mínima de 5 millas, y cumplirá con las especificaciones del Anexo 1.

c) Cuando dos buques se encuentren a la vista uno de otro en un paso o canal angosto:

1) el buque que pretenda alcanzar al otro deberá, en cumplimiento de la Regla 9 e) 1), indicar su intención haciendo las siguientes señales con el pito:
- dos pitadas largas seguidas de una corta para indicar: "pretendo alcanzarle por su banda de estribor";
- dos pitadas largas seguidas de dos cortas para indicar: "pretendo alcanzarle por su banda babor";

2) el buque que va a ser alcanzado indicará su conformidad en cumplimiento de la Regla 9 e) 1) haciendo la siguiente señal con el pito.
-una pitada larga, una corta, una larga y una corta, en este orden.

d) Cuando varios buques a la vista unos de otros se aproximen, y por cualquier causa uno de ellos no entienda las acciones e intenciones del otro o tenga duda sobre si el otro está efectuando maniobra adecuada para evitar el abordaje, el buque en duda indicará inmediatamente esa duda emitiendo por lo menos cinco pitadas cortas y rápidas. Esta señal podrá ser complementada con una señal luminosa de un mínimo de cinco destellos cortos y rápidos.

e) Los buques que se aproximen a un recodo o zona de un paso o canal en donde, por estar obstruida su visión, no puedan ver a otros buques, harán sonar otra pitada larga por cualquier buque que se aproxime, que pueda estar dentro del alcance acústico al otro lado del recodo o detrás de la obstrucción.

f) Cuando los pitos estén instalados en un buque a una distancia entre sí superior a 100 metros, se utilizará solamente uno de los pitos para hacer señales de maniobra y advertencia.

Regla 35. Señales acústicas en visibilidad reducida

En la proximidad o dentro de una zona de visibilidad reducida, ya sea de día o de noche, las señales prescritas en esta Regla se harán en la forma siguiente:

a)   Un buque de propulsión mecánica, con arrancada, emitirá una pitada larga a intervalos que no excedan de 2 minutos.

b)   Un buque de propulsión mecánica en navegación, pero parado y sin arrancada, emitirá a intervalos que no excedan de 2 minutos, dos pitadas largas consecutivas separadas por un intervalo de 2 segundos entre ambas.

c)   Los buques sin gobierno o con su capacidad de maniobra restringida, los buques restringidos por su calado, los buques de vela, los buques dedicados a la pesca y todo buque dedicado a remolcar o empujar a otro buque, emitirá a intervalos que no excedan de 2 minutos, tres pitadas consecutivas, a saber, una larga seguida de dos cortas, en lugar de las señales prescritas en los apartados a) o b) de esta Regla.

d)   Los buques dedicados a la pesca cuando estén fondeados y los buques con capacidad de maniobra restringida que operen hallándose fondeados, emitirán, en lugar de las señales prescritas en el párrafo c) de esta Regla. O sea, una pitada larga y dos cortas cada 2 minutos.

e)   Un buque remolcado o, si se remolca más de uno, solamente el último del remolque, caso de ser tripulado, emitirá a intervalos que no excedan de 2 minutos, cuatro pitadas consecutivas, a saber, una pitada larga seguida de tres cortas. Cuando sea posible, esta señal se hará inmediatamente después de la señal efectuada por el buque remolcador.

f)   Cuando un buque que empuje y un buque que sea empujado tengan una conexión rígida de modo que formen una unidad compuesta, serán considerados como un buque de propulsión mecánica y harán las señales prescritas en los apartados a) o b) de esta Regla.

g)   Un buque fondeado dará un repique de campana de unos 5 segundos de duración a intervalos que no excedan de un minuto. En un buque de eslora igual o superior a 100 metros, se hará sonar la campana en la parte de proa del buque y, además, inmediatamente después del repique de campana, se hará sonar el gong rápidamente durante 5 segundos en la parte de popa del buque. Todo buque fondeado podrá, además, emitir tres pitadas consecutivas, a saber, una corta, una larga y una corta, para señalar su posición y la posibilidad de abordaje a un buque que se aproxime.

h)   Un buque varado emitirá la señal de campana y en caso necesario también la de gong citada en el párrafo g) de esta Regla y, además, dará tres golpes de campana claros y separados inmediatamente antes y después del repique rápido de campana. Todo buque varado podrá, además, emitir una señal de pito apropiada.

i)   Un buque de eslora inferior a 12 metros no tendrá obligación de emitir las señales antes mencionadas pero, si no lo hace, emitirá otra señal acústica eficaz a intervalos que no excedan de 2 minutos.

j)   Una embarcación de práctico, cuando esté en servicio de practicaje, podrá emitir, además de las señales prescritas en los párrafos a), b) o g) de esta Regla, una señal de identificación consistente en cuatro pitadas cortas.

Regla 36. Señales para llamar la atención

Cualquier buque, si necesita llamar la atención de otro, podrá hacer señales luminosas o acústicas que no puedan confundirse con ninguna de as señales autorizada en cualquiera otra de estas Reglas, o dirigir el haz de su proyector en la dirección de peligro, haciéndolo de forma que no le moleste a otros buques. Toda luz que se utilice para llamar la atención de otro buque será de tal índole que no pueda confundirse con ninguna ayuda a la navegación. A los efectos de intensidad de esta Regla se evitará la utilización de luces impertinentes o giratorias de gran intensidad, como las luces estroboscópicas.

Regla 37. Señales de peligro

Cuando un buque esté en peligro y requiera ayuda, utilizará o exhibirá las señales prescritas en el Anexo 4 de este Reglamento.

Anexo 4. Señales de peligro

1.   Las señales siguientes, utilizadas o exhibidas juntas o por separado, indican peligro y necesidad de ayuda:

a) Un disparo de cañón, u otra señal detonante, repetidas a intervalos de un minuto aproximadamente.

b) un sonido continuo producido por cualquier aparto de señales de niebla;

c) cohetes o granadas que despidan estrellas rojas, lanzados uno a uno y a cortos intervalos;

d) una señal emitida por radiotelegrafía o por cualquier otro sistema de señales consistente en el grupo ... --- --- --- ... (SOS) del Código Morse;

e) una señal emitida por radiofonía consistente en la palabra

"Mayday";

f) la señal de peligro "NC" del Código Internacional de Señales;

g) una señal consistente en una bandera cuadrada que tenga encima o debajo de ella muna bola u objeto análogo;

h) llamaradas a bordo (como las se producen al arder un barril de brea, petróleo, etc.);

i) un cohete-bengala, con paracaídas o una bengala de mano que produzca una luz roja;

j) una señal fumígena que produzca una densa humareda de color naranja;

k) movimientos lentos y repetidos, subiendo y bajando los brazos extendidos lateralmente;

l) la señal de alarma radiotelegráfica;

m) la señal de alarma radiotelefónica; que consiste en dos tonos transmitidos alternativamente en periodos de 30 segundos a un minuto.

n) señales transmitidas por radiobalizas indicadoras de la posición en caso de emergencia;

o) señales aprobadas transmitidas mediante sistema de radiocomunicaciones.

2. Está prohibido utilizar o exhibir cualquiera de las señales anteriores, salvo para indicar peligro y necesidad de ayuda, y utilizar cualquier señal que pueda confundirse con las anteriores.

3. Se recuerdan las secciones correspondientes del Código Internacional de Señales, del Manual de Búsqueda y Salvamento para Buques Mercantes y de las siguientes señales:

a) un trozo de lona de color naranja con un cuadrado negro y un círculo, u otro símbolo pertinente (para identificación desde el aire);

b) una marca colorante del agua.

Balizamiento. Sistema lateral, region "A"

Ámbito de aplicación

Este sistema establece las rejas aplicables a todas las marcas fijas y flotantes (excepto faros, luces de sectores, luces y marcas de enfilaciones, buques-faros y boyas gigantes de navegación), destinadas a indicar:

Los límites laterales de los canales navegables.

Los peligros naturales y otros obstáculos, tales como los naufragios.

Otras zonas o configuraciones importantes para el navegante.

Los peligros nuevos.

Tipos de marcas

El sistema de balizamiento comprende cinco tipos de marcas que pueden emplearse combinadas.

Marcas aterales, utilizadas generalmente para canales que estén bien definidos, asociadas a un sentido convencional del balizamiento. Estas marcas indican los lados de babor y estribor de la derrota que debe seguirse. En la bifurcación de un canal puede utilizarse una marca lateral modificada para indicar el canal principal. Las marcas laterales son distintas según se utilicen en una u otra de las regiones de balizamiento A y B, descritas en las secciones 2 y 8.

Marcas cardinales, que se utilizan asociadas al compás del buque, para indicar al navegante donde están las aguas navegables.

Marcas de peligro aislado, para indicar peligros aislados de dimensiones limitadas, enteramente rodeados de agua navegables.

Marcas de aguas navegables, para indicar que las aguas son navegables a su alrededor, por ejemplo: marca de centro de canal.

Marcas especiales, cuyo objetivo principal no es ayudar a la navegación, sino indicar zonas o configuraciones a las que se hace referencia en las publicaciones náuticas.

Método empleado para caracterizar las marcas

De noche: Color y ritmo de la luz.
De día: Color, forma y marca de tope.

Marcas laterales

Definición del sentido convencional del balizamiento

El sentido convencional del balizamiento, que debe indicarse en los documentos náuticos apropiados, puede ser:

El sentido general que sigue el navegante que procede de alta mar, cuando se aproxima a un puerto, río, estuario o vía navegable, o

El sentido determinado por las autoridades competentes, previa consulta, cuando proceda, con los países vecinos. En principio, conviene que siga los contornos de las masas de tierra en el sentido de las agujas del reloj.

Regiones de balizamiento

Existen dos regiones de balizamiento, A y B, en las que las marcas laterales son distintas. Estas regiones de balizamientos se indican en la sección 8.

Descripción de las marcas laterales de la Región A

Marcas de babor
Color: Rojo.
Forma (boyas): Cilíndricas, de castillete o de espeque.
Marca de tope (si tiene): Un cilindro rojo.
Luz (si tiene):
Color: Rojo.
Ritmo: cualquiera, excepto en el punto de bifurcación de un canal, siguiendo el sentido convencional del balizamiento.

Marcas de estribor
Color: Verde.
Forma (boyas): Cónica, de castillete o de espeque.
Marca de tope (si tiene): Un cono verde con el vértice hacia arriba.
Luz (si tiene):
Color: Verde.
Ritmo: Cualquiera, excepto en el punto de bifurcación de un canal, siguiendo el sentido convencional del balizamiento.
En el punto de bifurcación de un canal, siguiendo el sentido convencional de balizamiento, se puede indicar el canal principal mediante una marca lateral de babor o estribor modificada de la manera siguiente:

Canal principal a estribor
Color: rojo con una banda ancha horizontal verde.
Forma (boyas): Cilíndrica, de castillete o de espeque.
Marca de tope (si tiene): Un cilindro rojo.
Luz (si tiene):
Color rojo.
Ritmo: Grupos de dos más uno destellos. GpD (2+1)

Canal principal a babor
Color: Verde con una banda ancha horizontal roja.
Forma (boyas): Cónica, de castillete o de espeque.
Marca de tope (si tiene): Un cono verde con el vértice hacia arriba.
Luz (si tiene):
Color: Verde.
Ritmo: Grupos de dos o más destellos. GpD (2+1).

Reglas generales para las marcas laterales

Formas

Cuando las maras laterales no se puedan identificar por la forma de boya cilíndrica o cónica, deberán estar provistas, siempre que sea posible, de la marca de tope adecuada.

Ordenación numérica o alfabética

Si las marcas de la margen del canal están ordenadas mediante números o letras, la sucesión numérica o alfabética seguirá el sentido convencional del balizamiento.

Numeración o letras. Si las marcas de las márgenes del canal están identificadas por números o por letras seguirán el sentido convencional del balizamiento.

Marcas cardinales

Definición de los cuadrantes y de las marcas

Los cuadrantes (Norte, Este, Sur y Oeste) están limitados por las orientaciones verdaderas NO-NE, NE-SE, SE-SO, SO-NO, cuyo origen es el punto a señalar.

Una marca cardinal recibe el nombre del cuadrante en el que está colocada.

El nombre de una marca cardinal indica que convine pasar, en relación con la marca, por el cuadrante que lleva este nombre.

Utilización de las marcas candiales

Una marca cardinal puede ser utilizada por ejemplo:

Para indicar que las aguas más profundas se encuentran en el cuadrante que tiene el nombre de la marca.

Para indicar de qué lado de un peligro se encuentran las aguas navegables.

Para llamar la atención sobre una configuración particular de un canal, como un codo, una confluencia, una bifurcación o la extremidad de un banco.

Descripción de las marcas cardinales

Marca de cuadrante norte

Marca de tope b): dos conos negros superpuestos, con las puntas hacia arriba.
Color: Negro encima de amarillo.

Forma: Castillete o espeque.
Luz (cuando está dotada de ella):
Color. Blanco.
Ritmo: CR c) o C d).

Marca de cuadrante Este

Marca de tope b): Dos conos negros superpuestos, opuestos por la base.
Color: Negro con una faja ancha horizontal amarilla.
Forma: Castillete o espeque.
Luz (cuando está dotada de ella):
Color: Blanco.
Ritmo: CR c) 3) cada 5 segundos, o C d) 3) cada 10 segundos.

Marca de cuadrante Sur

Marca de tope b): Dos conos negros superpuestos, con las puntas hacia abajo.
Color: Amarillo encima de negro.
Forma: Castillete o espeque.
Luz (cuando está dotada de ella):
Color: Blanco.
Ritmo: CR 6) + 1 destello largo e) cada 10 segundos, o C d) 6) + 1 destello largo e) cada 15 segundos.

Marca de cuadrante Oeste

Marca de tope b): Dos conos negros superpuestos opuestos por el vértice.
Color: Amarillo con una faja ancha horizontal negra.
Forma: Castillete o espeque.
Luz (cuando está dotado de ella);
Color: Blanco.
Ritmo: CR c) 9) cada 10 segundos, o C d) 9) cada 15 segundos.

Marcas de peligro aislado

Definición de las marcas de peligro aislado

Marca de tope f): Dos esferas negras superpuestas.
Color: Negro con una u varias fajas anchas horizontales rojas.
Forma: Castillete o espeque.
Luz (cuando está dotada de ella):
Color: Blanco.
Ritmo: Grupos de dos destellos.

Marcas de aguas navegables

Definición de las marcas de aguas navegables

Las marcas de aguas navegables sirven para indicar que las aguas son navegables alrededor de la marca; éstas incluyen las marcas que definen los ejes de los canales y las marcas de centro de canal. Estas marcas pueden también utilizarse para indicar una recalada si esta no está indicada por una marca cardinal o lateral.

Descripción de las marcas de aguas navegables

Color: Fajas verticales rojas y blancas.
Forma: Esférica, castillete o espeque con una marca de tope esférica.
Marca de tope (en su caso): Una esfera roja.
Luz (cuando está dotada de ella): Color: Blanco.
Ritmo: Isofase, de ocultaciones, un destello largo cada 10 segundos, o la señal Morse "A".

Marcas especiales

Definición de las marcas especiales

Estas marcas no tienen por objeto principal ayudar a la navegación, sino que indican una zona especial o una configuración mencionada en los documentos marítimos apropiados, por ejemplo:
Marcas de las estaciones de adquisición de datos oceánicos (SADO).
Marcas de separación de tráfico donde el balizamiento clásico del canal puede prestarse a confusión.
Marcas para indicar los depósitos de materiales.
Marcas para indicar las zonas utilizadas para ejercicios militares.
Marcas para indicar la presencia de cables o de oleoductos.
Marcas para indicar las zonas reservadas de recreo.

Descripción de las marcas especiales

Color: Amarillo.
Forma: A elegir, pero que no se preste a confusión con las marcas para ayudar a la navegación.
Marca de tope (en su caso): Una marca de tope en forma de X amarilla.
Luz (cuando está dotada de ella):
Color: Amarillo.
Ritmo: Cualquiera, excepto los señalados en las secciones 3, 4 o 5.

Otras marcas especiales

Además de las marcas especiales enumeradas en el párrafo 6. 1 y descritas en el 6. 2, pueden ser establecidas otras por la Administración responsable para adaptarse a las circunstancias excepcionales. Estas marcas no se prestarán a confusión con las marcas que proporcionan informaciones relativas a la navegación y serán publicadas en los documentos náuticos apropiados, poniéndose en conocimiento de la Asociación Internacional de Señalización tan pronto como sea posible.

Peligros nuevos

Definición de peligro nuevo

La expresión "peligro nuevo" se utiliza para designar peligros descubiertos recientemente que aún no figuran en las publicaciones náuticas. Los peligros nuevos comprenden los obstáculos naturales, como bancos de arena o escollos, y los peligros resultantes de la acción del hombre, como los naufragios.

Balizamiento de los peligros nuevos

Los peligros nuevos serán balizados de acuerdo con las presentes reglas. Si la autoridad responsable considera que el peligro es particularmente grave, al menos una de las marcas utilizadas se duplicará tan pronto como sea posible.

Cualquier señal luminosa utilizada para este caso tendrá el ritmo centelleante o centelleante rápido, correspondiente a la marca lateral o cardinal apropiada.

Toda marca duplicada será idéntica a su pareja en todos sus aspectos.

Un peligro nuevo puede ser utilizado por una baliza RACON, codificada con la letra Morse "D", que dé en la pantalla del radar una señal correspondiente a una longitud de una milla náutica.

La marca duplicada puede ser retirada cuando la autoridad competente considere que la información concerniente a este nuevo peligro ha sido suficientemente difundida.

Índice

---

92 CAPÍTULO .03
LA SEGURIDAD EN EL MAR

92   La seguridad en el mar

---

404 CAPÍTULO .09
REGLAMENTOS Y SEÑALES